L'Histoire de Dieu

ou comment tout a commencé

par
Guy Steven Needler

Traduit de l'anglais par
Alain Mouchel-Vallon

© 2011 par Guy Steven Needler
Traduction Française : 2025

Tous droits réservés. Ce livre ne peut être reproduit, transmis ou utilisé, en tout ou en partie, sous quelque forme ou par quelque moyen que ce soit, électronique, photographique ou mécanique, y compris par photocopie, enregistrement ou tout autre système de stockage et de récupération d'informations, sans l'autorisation écrite d'Ozark Mountain Publishing, Inc., à l'exception de brèves citations intégrées dans des articles et des critiques littéraires.

Pour toute autorisation, sérialisation, condensé, adaptation, ou pour obtenir le catalogue de nos autres publications, écrivez à Ozark Mountain Publishing, Inc., P.O. Box 754, Huntsville, AR 72740, USA, à l'attention du Service des Autorisations (ATTN: Permissions Department).

Données de catalogage avant publication de la Bibliothèque du Congrès :
Needler, Guy, 1961 -
L'Histoire de Dieu, par Guy Steven Needler
Dialogues méditatifs avec l'Origine, l'Entité Source et d'autres êtres à des fréquences et dimensions supérieures à celles de l'humanité.

1. L'Origine ; 2. L'Entité Source ; 3. Les dimensions ; 4. Dieu ; 5. Métaphysique
I. Needler, Guy, 1961 - II. Dieu ; III. Métaphysique ; IV. Titre

Numéro de fiche de catalogue de la Bibliothèque du Congrès: 2025948253
ISBN: 978-1-962858-90-8

Couverture et mise en page : www.noir33.com
Format du livre : Times New Roman
Conception du livre : Nicklaus Pund
Traduit de l'anglais par Alain Mouchel-Vallon
Publié par :

PO Box 754, Huntsville, AR 72740, USA
Tél. : +1 800-935-0045 ou +1 479-738-2348 ; fax : +1 479-738-2448
WWW.OZARKMT.COM
Imprimé aux États-Unis d'Amérique

Table des matières

Avant-propos .... *i*

**Partie 1 : La mécanique de l'univers créé par l'Origine
et notre place au sein de celui-ci** **1**
Chapitre 1 : La Suède, berceau de mon nouvel éveil 5
Chapitre 2 : Contacts avec des êtres des niveaux 14 à 27 10
Chapitre 3 : Byron et l'Entité Source 35

Partie 2 : L'Histoire de Dieu **55**
Chapitre 4 : L'Histoire de Dieu 57
Chapitre 5 : Au commencement 59
Chapitre 6 : Les Entités Sources prennent conscience
d'Elles-mêmes et de Leur environnement 73
Chapitre 7 : L'Entité Source s'exprime sur la création
de Ses univers 91
Chapitre 8 : L'Entité Source s'exprime sur les théories
de la création 98
Chapitre 9 : Les déplacements entre les dimensions selon
L'Entité Source 101
Chapitre 10 : L'Entité Source s'exprime sur le
développement des êtres humains 130
Chapitre 11 : Le karma 165
Chapitre 12 : Galaxies, systèmes solaires, planètes
et création 177
Chapitre 13 : À l'extérieur 184
Chapitre 14 : D'autres grandes civilisations ont existé
sur Terre 201
Chapitre 15 : L'histoire de l'humanité 213
Chapitre 16 : Des humains capables de voyager dans
l'espace 226
Chapitre 17 : Le deuxième cordon d'argent 232
Chapitre 18 : Les archives akashiques et autres bases
de données 237
Chapitre 19 : Vivre plusieurs incarnations simultanément .. 247
Chapitre 20 : Les maladies 252
Chapitre 21 : Relaxation, méditation et Essence Pure 266
Chapitre 22 : Le retour des âmes à l'Entité Source 268
Chapitre 23 : Observations de l'Entité Source sur les
âmes incarnées sur Terre 274
Chapitre 24 : Un aperçu des vies antérieures de
l'auteur 279
Chapitre 25 : Étoiles, âmes incarnées et races racines 283
Chapitre 26 : Les pouvoirs psychiques n'existent pas 286

Partie 3 : Communication avec les extraterrestres   **291**
Chapitre 27 : Hum s'exprime sur ces autres entités
                communément appelées « extraterrestres »   293
Chapitre 28 : Hum s'exprime sur les Om   298
Chapitre 29 : Les extra-terrestres ou entités autres et
                le fonctionnement de l'intention   300
Chapitre 30 : Les extra-terrestres/entités autres
                s'expriment sur les univers, l'espace nul,
                l'hyperespace, les êtres collectifs et les
                bases spatiales à flanc de colline   303
Chapitre 31 : Dialogues supplémentaires avec les
                extraterrestres/entités autres   312
Chapitre 32 : L'Entité Source et le Conseil des Douze   329

Partie 4 : Au-delà des aspects mécaniques de l'univers   **333**
Chapitre 33 : Des esprits de la nature dans mon jardin   337
Chapitre 34 : Le choix   356
Chapitre 35 : Les coïncidences n'existent pas   358
Chapitre 36 : Le retour de notre pouvoir   361
Chapitre 37 : Religion   366
Chapitre 38 : La conscience christique   385
Chapitre 39 : Être au service d'autrui   392
Chapitre 40 : Un éveil spirituel accéléré   400
Chapitre 41 : Le pardon comme règle de vie dans
                le monde physique   404
Chapitre 42 : Informations supplémentaires sur la
                communication avec notre soi supérieur   407
Chapitre 43 : Des anges, des oranges et des pommes   409

Lettre aux lecteurs   *412*
Annexe   *414*
Glossaire   *427*
À propos de l'auteur   *431*

Avant-propos

Lorsque j'ai entamé la rédaction de cet ouvrage, je m'attendais à aborder uniquement les aspects techniques de l'univers à l'exclusion de tout ce qui a trait à la progression personnelle. En effet, le début du livre aborde le sujet sous un angle mécanique, ce qui transparaît dans la façon dont je me suis initialement préparé à évoquer des contenus portant sur la physique de l'univers avec les différentes entités contactées, l'*Origine*, et l'*Entité Source*. Au début, j'avais besoin de compter littéralement les niveaux d'énergie à franchir pour me hisser jusqu'à ceux de mes interlocuteurs avec lesquels je serais en contact pendant les deux années de dialogue qui allaient suivre. Le processus de canalisation se déroulait devant mon ordinateur le vendredi après-midi, sauf si j'étais en vacances ou à l'étranger. Puis, les sujets abordés au fil des années ayant évolué de semaine en semaine, un travail de réorganisation du contenu a été nécessaire afin de gagner en fluidité. Il semble également que j'aie développé un style de communication consistant à contacter les entités juste assez longtemps pour générer un millier de mots environ, à 10 ou 20% près, une façon de procéder qui s'est avérée pour le moins intéressante.

Si certains chapitres font clairement plus de 1 000 mots, d'autres dépassent les 2 000 mots, car tout dépendait de la complexité du sujet abordé ou, en réalité, de son ampleur. Parfois, il me fallait plusieurs heures d'affilée afin de coucher ces communications par écrit, chaque mot nécessitant une extraction douloureuse. D'autres fois, le texte coulait comme une rivière, au point que j'avais du mal à le garder en mémoire suffisamment longtemps pour pouvoir le taper ensuite sur mon ordinateur. Comme vous pouvez l'imaginer, ce processus générait, en soi, un niveau de frustration qui pouvait parfois avoir pour effet de ralentir le flux de communication.

Néanmoins, je suis à présent parvenu au stade où il est temps de refermer mon ordinateur, de publier ces dialogues et de laisser l'information ainsi recueillie faire son chemin. Je ne suis pas fan des livres épais comme des butées de porte, car ils ont tendance à m'ennuyer. Par conséquent, je me suis attaché à ne pas susciter l'ennui de mes propres lecteurs en évitant de publier un ouvrage de plus de 600 pages. Il était évident qu'ils auraient plus de plaisir à lire les informations reçues par le biais d'une présentation davantage échelonnée dans le temps. Ensuite, le fait de limiter ainsi le nombre de pages du présent ouvrage me donne également l'occasion de faire une pause après en avoir transmis le manuscrit à mon éditeur qui, d'ailleurs, au moment précis où j'écris ces lignes, ignore que le volume total des informations canalisées va largement dépasser ses prévisions. En fait, la raison pour laquelle je m'arrête ici est double : 1) j'ai besoin de repos ; et 2) je veux contacter les autres Entités Sources mentionnées dans ce texte afin de décrire leurs univers respectifs et d'offrir ainsi au monde l'opportunité de découvrir la réalité plus vaste telle que ces entités la perçoivent de leur propre point de vue.

Je m'excuse pour les changements de style qui interviennent au fur et à mesure de la rédaction de cet ouvrage, mais ils ne font que suivre les différences de tonalité successives des propos qui m'ont été transmis. Je suppose que cela confère au texte une certaine authenticité. Néanmoins, j'espère que vous apprécierez la lecture de ces dialogues et les précieux détails qu'ils m'ont permis de glaner grâce à ma capacité à communiquer avec ces entités.

Et ensuite, me direz-vous, que fait-on une fois terminée la rédaction d'un livre dont le contenu a été obtenu par canalisation ? Eh bien, d'une part, je savais que ce ne serait pas le dernier, car je m'intéressais personnellement aux univers censés être contrôlés par les 11 autres Entités Sources, chacune d'elles ayant pour objectif d'essayer de se comprendre elle-même ainsi que sa propre créativité tout en faisant remonter ses propres apprentissages à l'Origine.

D'autre part, il était clair que les concepts qui m'étaient présentés allaient, dans de nombreux cas, dépasser mon entendement. C'était en effet l'aspect le plus frustrant de ce travail, car j'aime vraiment comprendre les mécanismes de tout ce qu'on me montre, aussi rudimentaire que puisse être cette compréhension. Or, j'avais le sentiment bien légitime que si je pouvais comprendre les informations qui m'étaient présentées, alors ceux qui liraient ces textes les comprendraient eux aussi. Je suppose que le fait que ma chère épouse, Anne, comprenne aussi une grande partie de ce que j'ai canalisé dans ce livre est le résultat du haut niveau de compréhension de l'Entité Source et de l'Origine quant à la capacité de l'humanité à assimiler l'information dans son existence à basse fréquence. En bref, c'est bien parce que l'Entité Source et l'Origine savent quelles informations nous sommes en mesure de digérer qu'elles nous proposent ainsi des concepts édifiants d'une manière que nous pouvons comprendre dans le cadre de nos capacités limitées.

J'ai également été surpris par la dualité du contenu de ce livre au fur et à mesure de sa rédaction. Et de ce point de vue, je voudrais tout d'abord rappeler au lecteur que cet ouvrage était censé être consacré uniquement à l'histoire de Dieu et de l'univers qu'Il/Elle a créé. Du coup, je n'étais pas très à l'aise avec le fait que les dialogues abordaient aussi régulièrement les aspects plus ésotériques de la façon de vivre notre vie au mieux de nos capacités tout en étant au service des autres. Toutefois, il semble bel et bien exister un lien puissant entre les deux domaines ainsi explorés, du fait de l'interdépendance qui existe entre la vie que nous menons et les règles de l'univers, selon que nous les suivons ou non. Car si le fait d'aller à l'encontre de la physique de l'univers finit par entraîner notre disparition prématurée en tant qu'êtres physiques, cela nous lie également de façon irrévocable aux énergies inférieures du monde physique, et d'une manière qu'il est vraiment difficile d'inverser sans un changement significatif de notre nature personnelle. Apprendre à pardonner ce que les autres nous font est sans doute l'une des choses les plus difficiles à faire, tout comme peut l'être la démarche consistant à se débarrasser de la cupidité que nous avons acquise en vivant dans une société matérialiste ; cependant, ces deux éléments pris ensemble – le pardon et le rejet de la cupidité – constituent sans aucun doute la voie qui mène à notre propre évolution personnelle et, en fin de compte, à l'évolution de l'ensemble de l'humanité incarnée, c'est-à-dire la voie du retour à la Source et à l'Origine.

Il est important de comprendre la physique de l'univers afin de comprendre les lois de l'ésotérisme. Ces deux aspects sont étroitement liés car ils créent les conditions d'une existence efficace et positive à tous égards. En fait, cette compréhension nous aide à suivre le courant au lieu d'aller, précisément, à contre-courant de l'univers. Et c'est bien pour cette raison que j'ai décidé de conserver les deux types d'informations canalisés dans le même ouvrage : les informations portant sur la physique de l'univers et les informations portant sur l'ésotérisme. Le premier type d'information concerne notre espace vital et la façon dont il a évolué ; le second nous fournit les règles d'existence au sein de cet espace. Il aurait été logique de créer deux livres et de maximiser ainsi le potentiel de vente des informations canalisées, mais cette démarche bien matérialiste aurait privé le public de l'opportunité de tout avoir au même endroit. Pourquoi, en effet, acheter un livre alors qu'il ne présente qu'un seul aspect du problème sans vous proposer de véritable réponse ou de voie à suivre ?

Environ deux ans avant d'entamer ce travail, j'avais rédigé quelque 180 pages de mes « flâneries méditatives », dont certaines, comme je l'ai remarqué plus tard, étaient déjà pertinentes pour cet ouvrage. C'est pourquoi j'ai également inclus ces pages, car je sais maintenant qu'elles constituaient, en fait, le début de ce dialogue et qu'elles possèdent donc leur propre pertinence dans l'ensemble du texte. En tant que telles, elles sont maintenant pleinement intégrées et contribuent à fournir une image plus complète des univers de Dieu ainsi que des créatures énergétiques qui existent en leur sein, chacun de ces univers aidant l'Origine à se comprendre Elle-même et l'univers général qu'Elle a créé à travers les Entités Sources et nous-mêmes. Les univers sont des environnements véritablement pleins et dynamiques. En tant que tels, ils offrent aux entités qui les habitent une myriade d'opportunités d'évolution et, par conséquent, la possibilité de se rapprocher de la Source et de retrouver le chemin du retour afin de faire à nouveau partie du Tout. Or, cela ne peut se faire sans comprendre et travailler selon les règles de l'univers. Et c'est précisément ce que ce livre s'efforce de nous aider à faire, en nous offrant à toutes et à tous un moyen de sortir des ténèbres, à la façon d'un flambeau qui nous guide sur le chemin du retour.

Partie 1: La mécanique de l'univers créé par l'Origine et notre place au sein de celui-ci

L'Histoire de Dieu

L'auteur s'éveille

Tout au long de ma vie, j'ai éprouvé de l'intérêt pour le paranormal. J'avais en effet le sentiment constant que mon être était bien plus conséquent que ma petite personne ordinaire. Dans l'un de mes premiers souvenirs sur ce sujet, je revois distinctement ma mère me dire un jour que je ne pouvais pas voir le vent alors que je le voyais clairement passer en sifflant au-dessus du toit d'un bâtiment. J'ai aussi pratiqué la méditation lorsque j'étais jeune adolescent, et je sentais que je pouvais voyager dans l'astral et léviter ou pratiquer la télékinésie, même si je n'y parvenais pas lorsque j'essayais vraiment de faire ces choses. Il faut dire que je m'étais déjà réveillé plusieurs fois au milieu d'un rêve en découvrant que j'étais hors de mon corps, à l'extérieur de notre maison, et que je pouvais léviter à volonté. À la fin de l'adolescence, je pratiquais assidûment la méditation chaque nuit en essayant de prendre le contrôle des facultés que j'étais certain de posséder. Puis, un matin, j'ai fait un rêve éveillé. Dans ce rêve, quatre individus souriants et revêtus d'une robe blanche se tenaient devant moi. Ils communiquaient avec moi par télépathie et me disaient que tout ce en quoi je croyais était vrai. Je pouvais faire tout ce que je pensais pouvoir faire, mais... pas pour l'instant ! Ils m'ont dit que ce n'était pas encore le bon moment et que je devais d'abord faire mes apprentissages terrestres. À partir de ce jour-là, mon intérêt pour le paranormal a décliné, et je me suis alors concentré sur le fait de faire de mon mieux dans le monde physique. Il en est allé ainsi jusqu'à ce qu'un ami me fasse découvrir le Reiki, une pratique qui m'a ensuite conduit à d'autres arts de guérison énergétique. De fil en aiguille, je suis devenu l'élève d'un élève direct de Barbara Brennan. Mon intérêt pour le paranormal s'était enfin réveillé !

Au cours de mes années de formation aux arts de la guérison énergétique, j'ai remarqué que je pouvais ressentir et percevoir les énergies. Non seulement cela, mais je pouvais même parler aux chakras pour découvrir les problèmes qui les affectaient et aussi ressentir la présence d'autres entités. J'ai également remarqué que je pouvais aller bien au-delà des niveaux d'énergie que mon professeur m'avait appris à reconnaître, et c'est pourquoi il m'a par la suite réprimandé parce que je ne restais pas suffisamment ancré. Le problème résidait dans le fait que je me sentais tout simplement bien là-haut.

L'auteur rencontre les Om

C'est au cours de l'une de mes premières méditations de guérison, que j'effectuais avec un instructeur invité, que j'ai rencontré pour la première fois les Om et qu'un condisciple m'a identifié comme étant l'un d'eux. Mais je ne me doutais pas qu'au cours d'un voyage entrepris pour aller voir un ami qui travaillait en Suède, je disposerais des connexions dont j'avais besoin pour communiquer avec des êtres énergétiques et manipuler les énergies, le tout grâce à un groupe d'extraterrestres.

Chapitre 1: La Suède, berceau de mon nouvel éveil

En Suède, la maison de mon ami dégageait un niveau d'énergie élevé. Elle était entourée de l'énergie émanant de lignes telluriques qui n'étaient pas connectées et qui se déplaçaient en tous sens de manière désordonnée, un peu à la façon d'un câble à haute tension qui fouette le sol en déchargeant son énergie électrique. Les pierres situées au fond de son jardin donnaient l'impression de faire partie d'un sanctuaire qui concentrait et dirigeait les énergies des lignes telluriques (un peu à la façon des pierres d'Avebury[1] et de Kilmartin). À cet endroit, je me sentais énergisé.

L'harmonisation de l'auteur par les extraterrestres dans le but d'équilibrer les énergies de la Terre et des autres mondes
Un jour, alors que je me promenais avec ma femme et mon ami, j'ai ressenti le besoin d'aller vers un rocher particulier situé près de la rivière. La rivière coulait au milieu d'une petite vallée. Arrivé au rocher, j'ai ressenti le désir de m'y asseoir en position du lotus et de méditer. Au cours de la méditation la plus profonde que j'aie jamais vécue, j'ai senti une grande quantité de lumière entrer dans ma tête et mes yeux scintiller de manière incontrôlable. Une voix dans ma tête m'a dit que j'étais en harmonie avec les énergies de la Terre et que je devais rester calme. J'ai également eu l'impression qu'une sorte d'engin planait devant moi. Cette impression s'est confirmée lorsque j'ai vu, juste après être sorti de ma méditation, l'étrange mouvement qui parcourait l'eau devant moi.

Pendant que je méditais sur le rocher, ma femme, qui est également dotée d'une grande sensibilité, se tenait sur un pont suspendu en amont de la rivière. Elle m'a dit qu'elle avait perçu un certain nombre d'ovnis s'approcher de la zone, laquelle était en réalité un portail reliant plusieurs univers. Le pont se trouvait à la pointe d'un triangle ou cône, et les ovnis se dirigeaient vers cette pointe. Elle a

---

[1] Avebury est un site néolithique situé dans le comté du Wiltshire, dans le sud de l'Angleterre. Il est constitué de plusieurs ensembles de mégalithes. Kilmartin est un village de la région d'Argyll and Bute, en Écosse, et présente une importante collection de pierres sculptées.

L'Histoire de Dieu

ajouté qu'on lui avait dit que les extraterrestres voulaient communiquer avec moi afin de me donner « des moyens non-terrestres d'utiliser les énergies ». Elle m'a dit que, pour ce faire, ils avaient travaillé directement sur moi (en particulier sur mon cerveau) pour effectuer un « recâblage », selon le terme qui lui était venu à l'esprit. Après un moment, elle avait senti les ovnis partir et le portail se refermer. Mon ami, qui pratique aussi les arts de la guérison, m'a alors indiqué que la pierre sur laquelle je me trouvais était alignée sur un point du pont et que c'était précisément là que se trouvait le flux d'énergie. Il a précisé que c'était comme si l'énergie recueillie à cet endroit près du pont était canalisée vers la colline via la pierre qui se trouvait dans la rivière.

Un an plus tard, je me suis rendu à nouveau en Suède accompagné de mon ami qui était revenu entre-temps au Royaume-Uni. Pendant ce voyage, j'ai médité, et je me suis connecté aux extraterrestres. Ils étaient excités à l'idée de ma venue, et j'ai entendu une voix dans ma tête qui me disait : « Il arrive/ils arrivent. » Mais avant le vol, un sentiment étrange nous avait envahis entre 11h et midi. Mon ami et moi nous sentions tous les deux un peu léthargiques, comme étourdis, et nous n'arrivions pas à réfléchir correctement. Je sais maintenant que c'était le résultat de la mise en œuvre des énergies utilisées par les extraterrestres, et dont la puissance à ce moment-là était écrasante. J'ai pensé que j'étais en train d'attraper un virus ou quelque chose comme ça. En conséquence, j'ai confondu les horaires de vol et nous avons raté notre avion. Je me suis alors demandé si nous étions peut-être censés rater ce vol pour d'autres raisons. Peut-être avions-nous échappé à un accident ou à un événement de ce genre. Je n'ai jamais vérifié après coup s'il y avait eu des accidents à cette période, mais il se peut que je serais arrivé au mauvais moment pour les extraterrestres et leurs projets à mon sujet. Je ne le saurai sans doute jamais, mais ce dont je suis certain, c'est qu'il y avait une raison à tout ça. Nous avons finalement pris un vol le lendemain et nous sommes arrivés sans encombre.

Le jour suivant, alors que nous marchions vers la rivière et les ponts où se trouvait le portail des extraterrestres, j'ai eu le sentiment qu'ils étaient en train de se frayer un accès jusqu'à moi, et en particulier à mes fonctions autonomes. Alors que nous marchions le long du sentier qui longeait la rivière, j'ai senti le niveau d'énergie dans mes mains et mes bras augmenter. Mon ami m'a indiqué qu'il sentait que nous traversions des vagues d'énergie. Puis, lorsque nous sommes arrivés au pont, nous savions tous les deux que les extraterrestres étaient en train de franchir le portail. J'ai alors reçu un ordre dans ma tête et je suis redescendu vers le rocher sur lequel je m'étais assis l'année précédente. Une voix m'a ensuite expliqué que je ne devais m'attendre à rien d'étrange ni prévoir quoi que ce soit de spécial, car cela bloquerait le travail qu'ils allaient entreprendre sur moi afin de m'apporter des réglages et d'ouvrir mes compétences ainsi que mes capacités ou fonctions. Alors que je continuais de marcher vers le rocher, j'ai vu dans mon esprit des images d'extraterrestres qui travaillaient sur des appareils et des ordinateurs. Ils préparaient des machines et des équipements de manière à ce qu'ils soient exactement calibrés sur moi en prévision de mon arrivée à l'endroit prévu.

Une fois arrivé au rocher, je me suis installé confortablement, assis en position du lotus, et j'ai médité. J'ai fini par avoir l'impression que les extraterrestres travaillaient sur mon troisième œil afin de l'ouvrir complètement et de me permettre ainsi de tout percevoir correctement grâce à lui. Ils m'ont dit que cette ouverture se produirait progressivement au cours des cinq à dix prochaines années. Ils m'ont également expliqué qu'ils devaient harmoniser mon troisième œil avec la ligne temporelle actuelle car il était capable de voir le passé, le présent et le futur. Ils ont précisé que je serais confus si je pouvais percevoir ce niveau d'information plus complexe.

Soudain, j'ai senti qu'ils avaient activé mes capacités auditives et j'ai remarqué, pendant une fraction de seconde, que je pouvais entendre les pensées de mon ami alors qu'il se tenait près du pont. Puis une série d'instructions m'a été transmise. On m'a dit que je ne devais pas m'accrocher à une fonction en particulier parmi celles qui seraient activées et que je devais traiter chacune d'elles comme un simple outil parmi d'autres sans en faire une sorte de capacité unique. Pour autant, le travail d'harmonisation initial engagé en 2002 a nécessité un certain temps de stabilisation avant de pouvoir connaître sa pleine activation.

Un dispositif extraterrestre de distorsion dimensionnelle

J'ai ouvert les yeux et, ce faisant, j'ai remarqué que ma vision était un peu instable sur ma gauche et sur ma droite, comme si elle était déphasée par rapport au spectre visible normal. Juste devant moi, j'ai cru voir un grand objet orange posé devant les arbres. Cet objet n'avait cependant aucune forme. Je parvenais seulement à voir des objets similaires sur d'autres parties de la berge bordée d'arbres. Soudain, j'ai aperçu le contour d'un objet que je ne peux décrire que comme ressemblant à une machine. Il était totalement invisible, mais pendant une fraction de seconde ou deux, j'ai pu voir son contour et sa profondeur en 3D. Les extraterrestres m'ont alors expliqué qu'ils utilisaient une sorte de dispositif de distorsion dimensionnelle qui permettait à cet engin de se fondre dans l'arrière-plan. Cependant, si quelqu'un possédait la capacité de le percevoir, seul son contour lui serait visible car en réalité cet engin reflète l'apparence visuelle de son environnement. J'ai aussi remarqué que même s'il y avait un peu de vent, les arbres situés dans la zone où se trouvaient ces objets bougeaient comme s'ils étaient agités par le souffle descendant généré par les pales d'un hélicoptère. On m'a alors dit que je ne devais pas trop m'attacher à essayer de voir ces choses car cela mettrait une pression excessive sur le résultat du travail de réglage et d'alignement qu'ils avaient effectué sur moi.

Pour aider le lecteur à bien comprendre ce que j'ai vu, le contour de l'engin est illustré ci-dessous. Son apparence visuelle était celle d'un triangle inversé doté d'un sommet arrondi et de quelques protubérances situées un peu plus bas que je ne peux décrire que comme étant des capteurs ou des antennes. Les arbres et les rochers environnants donnaient l'impression qu'ils se trouvaient sur une plaque ou une lentille convexe.

Figure 1 : Illustration du contour de l'engin tel que je l'ai perçu

Les arbres situés à proximité immédiate du contour de l'engin se détachaient clairement de leur environnement habituel.

Une dimension dans une dimension

Alors que nous étions assis sur le rocher avant de retourner à la maison de mon ami, nous avons tous les deux senti que les extraterrestres vivaient ici dans un complexe situé à flanc de colline, le tout maintenu en place par des mécanismes dimensionnels, comme

L'Histoire de Dieu

s'il s'agissait d'une dimension dans une dimension formant un phénomène local.

Mon ami m'a dit qu'il pensait que le rocher était un lieu focal pour les échanges d'énergies entre deux dimensions différentes, et que les rochers de chaque côté du pont étaient spéciaux à cet égard car ils permettaient le transfert d'énergies (spirituelles, cosmiques et terrestres) ainsi que leur fusion, créant ainsi un portail interdimensionnel. Il pensait également que les capacités de ces rochers étaient rares, tels qu'ils se trouvaient dans cette configuration sur Terre, et que par conséquent cet endroit était vraiment spécial.

Pendant un jour ou deux après ces deux réglages énergétiques, je me suis senti très instable et j'avais du mal à articuler les mots d'une simple phrase, comme si j'étais légèrement ivre. C'était une sensation très étrange.

Une preuve indépendante

Un contrat avec des extraterrestres

Quelques mois plus tard, alors que je rendais visite à une médium au College of Psychic Studies de Londres,[2] je lui ai montré quelques photos de la rivière et du rocher en question ainsi que du paysage suédois qui les entourait. Je ne lui avais encore jamais parlé des extraterrestres et de mon association avec eux auparavant. Or, elle a immédiatement reconnu la présence d'extraterrestres à cet endroit et m'a indiqué sans ambiguïté que j'avais un contrat avec eux. Et c'est d'ailleurs peu de temps après cette visite au College of Psychic Studies que j'ai commencé les cours de guérison énergétique basés sur les enseignements de Barbara Brennan. Grâce à eux, j'ai appris à utiliser certaines de mes capacités et j'ai commencé à communiquer avec des entités énergétiques, dont notamment l'Entité Source et l'Origine.

---

[2] Le College of Psychic Studies est une organisation à but non lucratif basée à South Kensington, à Londres. Elle se consacre à l'étude des phénomènes psychiques et spiritualistes et propose des séances et des cours sur le développement psychique, la formation à la médiumnité, le développement personnel et la guérison (NdT).

Chapitre 2: Contacts avec des êtres des niveaux 14 à 27

Je construis mon lien avec l'Esprit et le 20e niveau

Au cours de mes nombreuses méditations, j'ai souvent essayé de faire le vide dans mon esprit afin de permettre aux assistants du monde spirituel et aux autres entités de toutes les autres dimensions de me connecter ou de mettre en place mon lien avec l'Esprit. Et c'est au cours de l'une de ces méditations que j'ai remarqué leur aide en action. Au début de cette méditation particulière, alors que je m'efforçais d'être en paix avec moi-même, j'ai remarqué que des entités semblables à des chérubins construisaient ce que je ne peux décrire que comme l'échafaudage d'un mât ou d'une antenne, un peu comme celle d'une voiture ou d'un transistor radio. C'était comme si elles assemblaient toutes les pièces et les attaches concernées une par une, jusqu'à ce que l'ensemble soit finalement assez haut pour atteindre l'ionosphère, et au-delà vers l'exosphère. Chaque fois que je laissais mon esprit vagabonder et que je relâchais mes efforts de concentration sur la réalité plus vaste, c'était comme si ces entités étaient maintenues dans un état de stase. Puis, lorsque je revenais en méditation, je les voyais reprendre leur activité avec vigueur, me réjouissant du fait qu'elles étaient capables de reprendre la construction. Jour après jour, l'antenne ou le lien devenait de plus en plus haut jusqu'à ce qu'il se trouve en dehors de notre système solaire. Lorsque je me suis projeté au sommet de cette construction, j'ai pu voir le reste de notre galaxie natale qui s'étendait à mes pieds. Quand j'ai regardé cette construction (en 2004), j'ai commencé à voir le reste des autres galaxies de notre univers se fondre en une seule boule de lumière. Lorsque j'ai interrogé l'Entité Source de la Terre [vous entendrez bientôt parler davantage de cette Entité] à ce sujet, Elle s'est montrée très heureuse et surprise de la vitesse à laquelle j'étais capable de progresser dans mes méditations, ce qui a ensuite aidé mes assistants du monde spirituel à établir mon lien avec l'Esprit.

Remarque :

Pendant la rédaction de ce texte en vue de sa publication (en février 2011), j'ai remarqué que le lien avait progressé au-delà de la

L'Histoire de Dieu

réalité physique de notre univers. Le mât unique s'était scindé à la façon des branches d'un arbre, créant ainsi un réseau de connexions semblable à une toile qui s'aventurait à travers le multivers de notre Entité Source et au-delà jusqu'au créateur des Entités Sources, l'Origine, et les onze autres Entités Sources (là encore, je vous en dirai plus sur l'Origine et ses créations dans les chapitres suivants), et les environnements qu'Elles ont créés. Le spectacle que je contemplais alors était tout simplement extraordinaire. L'espace d'un instant, j'ai senti l'Origine sourire en signe d'approbation. GSN.

Le 20e niveau

Mes voyages jusqu'au 20e niveau via le chakra coronal

Le développement de mes capacités résultant de la construction de cet échafaudage a trouvé à s'illustrer lors d'une méditation matinale réalisée à l'ombre d'un vieux pommier de notre jardin. Je m'étais ancré en absorbant l'énergie de la ligne de hara de la Terre à travers mon Tan Tien, et alors que j'ouvrais tous mes chakras ordinaires j'ai eu l'impression que je devais également ouvrir mes chakras supérieurs. Pour ce faire, j'ai imaginé qu'une trappe s'ouvrait vers le haut au-dessus de mon chakra coronal et que je la traversais pour atteindre le niveau suivant. Ouvrir et faire tourner les chakras était une méthode qui m'avait été enseignée dans le cadre de ma formation sur les techniques de guérison afin de m'aider à élever mes niveaux de fréquence pour atteindre ceux des niveaux de l'aura ou du chakra avec lesquels je voulais travailler. J'ai compté chaque niveau un par an, du 8e jusqu'au 15e où je m'étais déjà rendu auparavant, puis j'ai eu l'impression que je pouvais aller encore plus haut. J'ai donc continué à énumérer les chakras jusqu'au 20e niveau. À ce stade, je ne pouvais pas aller plus loin et j'ai senti que c'était le niveau le plus élevé que je pouvais atteindre pour le moment.

Une passerelle de contournement du 14e au 20e niveau

En arrivant, j'ai pensé au niveau dont les Om étaient originaires et j'ai réalisé que je venais de passer directement devant (le 14e niveau étant celui où j'ai rencontré les Om pour la première fois). J'ai alors eu l'impression que je pouvais créer une sorte de raccordement entre le 14e et le 20e niveau pour que les Om puissent monter jusqu'au 20e niveau. J'ai également eu l'impression qu'ils étaient, en fait, montés par ce raccordement jusqu'à mon niveau. Quelque chose me disait que c'était la façon dont les trous de ver sont utilisés dans les niveaux physiques de l'univers. Un raccordement passe ainsi d'un niveau à un autre puis revient au niveau d'origine mais dans un endroit différent qui permet alors un voyage instantané entre des points éloignés dans la même réalité. Puis, les Om m'ont répondu.

Les Om : Les Om sont originaires du 14e niveau mais peuvent monter jusqu'au 20e et au-delà. La seule raison pour laquelle tu nous as rencontrés pour la première fois au 14e niveau tient au fait que nous devions descendre au 14e niveau pour te rencontrer. Tu venais tout juste de comprendre qu'il y avait un 14e niveau et tu n'envisageais même pas qu'il puisse en exister un 20e. Le 14e niveau est en fait le niveau le plus bas auquel nous puissions descendre, car le fait de descendre encore plus bas constitue pour nous une expérience douloureuse qui épuise notre énergie. Pour descendre plus bas, nous avons besoin de nous incarner dans des corps physiques liés à cette fréquence. Les Om ont consenti un grand sacrifice en descendant aussi bas dans les fréquences pour venir à ta rencontre, et de ce point de vue, tu es spécial. Mais s'il s'agissait effectivement d'un grand sacrifice, il était essentiel à leur travail ici sur Terre.

J'ai alors senti que d'autres êtres, dont mes guides, étaient également présents. Je leur ai demandé pourquoi je ne voyais aucune étoile ni aucune galaxie à ce niveau (le 20e), et ils m'ont répondu qu'il n'y en avait pas à ce niveau et que si je descendais au 14e niveau, je les verrais à nouveau. C'est ce que j'ai fait l'espace d'un instant, et je me suis retrouvé à nouveau à l'extrémité de la galaxie (et les Om étaient avec moi). Puis, je suis retourné au 20e niveau.

Les Om : Tu n'es pas encore prêt pour pouvoir percevoir ou comprendre ce qui se passe à ce niveau pendant que tu es incarné dans ton corps terrestre, c'est pourquoi cette zone te semble noire ; cependant, elle remplit sa fonction. Tu peux atteindre ce niveau et y communiquer sans problème.

On m'a alors dit que c'était suffisant pour cette journée, suite à quoi j'ai redescendu tous les niveaux avant de réintégrer mon corps physique.

Je me glisse entre les différentes dimensions et univers
Une autre méditation m'a fait de nouveau monter au 20e niveau. J'ai regardé autour de moi, avec les yeux de l'esprit, pour voir si

quelqu'un était là. À ma grande surprise, j'ai découvert que j'étais entouré d'entités. Des Om ainsi que d'autres entités que je ne pouvais pas identifier étaient présents. Ils étaient tous heureux et honorés de me rencontrer. (Je commençais à en être gêné.) Je m'attendais aussi à voir beaucoup d'étoiles et de galaxies comme c'est le cas lorsque je me rends au 15e niveau, mais on m'a répondu que la couleur neutre que je voyais à la place des étoiles et des galaxies était due au fait que j'étais dans tous les niveaux et tous les univers et dimensions en même temps. Malgré l'étonnement que je ressentais, cela semblait logique. Je me suis alors assuré que j'étais bien ancré. En concentrant mon attention sur un système stellaire d'une galaxie particulière, j'ai découvert que je pouvais m'y rendre à volonté. Le fait de me glisser dans différentes dimensions et univers me donnait la sensation de me glisser à travers les différentes couches d'une poupée russe sphérique. En chemin vers une autre planète, j'ai aperçu plusieurs vaisseaux spatiaux ; l'un ressemblait à une soucoupe volante et l'autre à un orbe de lumière. Je suis entré dans le vaisseau qui ressemblait à un orbe et je me suis retrouvé dans une sorte de salle de contrôle. Là, j'ai été accueilli par trois êtres de forme humanoïde dotés de grands yeux noirs qui se sont inclinés, les mains jointes comme pour prier, lorsqu'ils ont remarqué que j'étais avec eux. Après m'avoir déclaré qu'ils étaient contents de me voir, je leur ai demandé s'ils savaient pour quelle raison j'étais sur Terre, et ils m'ont répondu que j'y étais pour évoluer. Je leur ai alors demandé quel était mon travail sur Terre, et ils m'ont répondu que ma mission était d'aider la Terre et ses habitants à évoluer. Ils ont ajouté que tout deviendrait clair quand le moment serait venu, quand j'aurais appris mes leçons terrestres et que j'aurais acquis des bases solides. J'ai alors réfléchi à ma mission dans la vie, et ils m'ont expliqué que je pouvais accomplir simultanément deux ou trois missions dans ce monde, y compris ma propre évolution, du fait de ma nature multidimensionnelle. J'ai trouvé ça drôle, car à cette époque, j'avais vraiment le sentiment de vivre trois ou quatre vies à la fois !

Plus tard, en me dirigeant vers ma voiture pour aller travailler, j'ai eu l'impression que notre évolution était plus rapide en nous incarnant ici sur Terre en raison de notre faible espérance de vie et des possibilités d'apprentissage accéléré qui en découlent. J'ai alors remarqué que je me sentais un peu déphasé et étourdi. J'ai supposé que c'était dû au niveau des énergies avec lesquelles j'avais travaillé. Heureusement que je m'étais solidement ancré pendant cette méditation !

L'Histoire de Dieu

Le pouvoir de la pensée

Le lendemain, lorsque j'ai ouvert mes chakras de la même manière que la dernière fois, j'ai réalisé que je me frayais un chemin à toute vitesse à travers toutes ces trappes qui permettaient d'accéder aux niveaux supérieurs. Arrivé au niveau 20, je me suis arrêté et j'ai regardé autour de moi. J'étais à nouveau entouré d'êtres, mais cette fois-ci j'ai eu l'impression que seuls les Om étaient là.

Les Om : Nous sommes à la fois surpris et ravis des progrès que tu as réalisés en si peu de temps. Tu progresses plus vite que prévu.
MOI : *Pourquoi t'adresses-tu à moi en me disant « nous » ?*
Les Om : Parce que nous répondons collectivement, et non de manière individuelle.
MOI : *Et pourquoi es-tu « surpris » de mes progrès ?*
Les Om : Parce que le 20e niveau est très élevé et que pour cela tu dois être très solidement ancré. Tu apprends vite, et tu t'éveilles rapidement. Il ne te faudra pas longtemps avant d'être pleinement conscient. Mais n'essaye pas d'y aller trop fort, car tu bloquerais ta progression.
MOI : *D'accord. Et où suis-je à présent ?*
Les Om : Tu es partout, à tous les endroits à la fois.

J'ai alors regardé autour de moi, et j'ai découvert que chaque univers était représenté comme une sphère distincte.

MOI : Il doit falloir beaucoup de temps pour voyager entre les univers ?
Les Om : Les déplacements sont plus faciles à effectuer à une fréquence plus élevée, car les molécules sont plus éloignées les unes des autres et génèrent moins de friction ; par conséquent, elles permettent de voyager beaucoup plus vite, aussi vite que la vitesse de la pensée.

Cette explication m'a confirmé ce que j'avais précédemment perçu et compris en méditation.

Les Om : Nous utilisons beaucoup le pouvoir de la pensée. La pensée se compose de trois parties : la pensée, l'intention et l'action. La pensée est le début du processus et initie le désir. L'intention focalise

L'Histoire de Dieu

la pensée et lui donne de l'inertie. L'action est le produit final, la pensée qui a pris forme.

MOI : Pourquoi ai-je besoin de savoir cela ?

Les Om : Parce que c'est un processus universel, et que c'est un processus que tu devras comprendre et auquel tu devras croire pleinement à l'avenir.

Les effets de l'alcool sur notre évolution

Je pensais depuis un moment à la possibilité de boire la vraie bière anglaise que j'adore et à la façon dont cela pouvait affecter le contact avec mon soi supérieur et avec les autres êtres, y compris ma capacité à m'élever vers les niveaux supérieurs. J'ai donc décidé de poser une question aux Om à ce sujet.

MOI : Quel rôle joue l'alcool chez moi ?

Les Om : Il brouille la communication entre ton soi physique et ton soi supérieur. Il aliène ton intention et, par conséquent, ta concentration.

MOI : Est-ce que je bois trop ?

Les Om : Tu as failli te retrouver dans ce cas de figure. Mais nous ne comprenons pas ce besoin que vous avez, sur Terre, d'empoisonner vos corps, bien que votre méthode de limitation de la consommation d'alcool et d'allongement progressif de la durée de vos « dry days » sur une période donnée constitue un bon moyen d'éliminer votre dépendance.

MOI : J'essaie de m'accorder trois à quatre jours sans alcool par semaine en ce moment, mais j'apprécie toujours de boire un verre avec mes amis.

Les Om : Le fait de s'empoisonner à des fins de sociabilité est un concept qui nous est particulièrement étranger.

Je devais me remettre au travail à ce moment-là, et j'ai redescendu les fréquences en plongeant à travers les trappes qui représentaient les niveaux supérieurs jusqu'à ce que j'arrive au 7e niveau et à mon corps physique. Mon ancrage avait dû mieux fonctionner, car je ne me sentais pas étourdi cette fois-ci.

Le collectif divin

Une autre méditation m'a fait monter les niveaux jusqu'au 20e. Je bondissais d'un niveau à l'autre en suivant une série de nombres impairs : 7, 9, 12, 13, 15, 17, et enfin 20. J'ai trouvé cela surprenant et je me suis demandé un instant pourquoi il en était ainsi. On m'a soudain expliqué que c'était à cause de mon intention. Je me suis alors rappelé des trois étapes de la pensée : d'abord la pensée, puis l'intention, et enfin l'action.

MOI : À qui je parle ? À l'un des Om ?
MSS (mon soi supérieur) : D'une certaine manière, oui, mais c'est de toi dont il s'agit : tu parles à ton soi supérieur, et ton soi supérieur est aussi un Om.
MOI : D'accord. Et de quoi allons-nous parler aujourd'hui ?
MSS : Nous pouvons parler de tout ce que tu veux. De choses banales ou intéressantes, comme tu le souhaiteras.
MOI : Dois-je attendre d'être assis devant mon ordinateur avant de commencer à vous parler, afin de pouvoir éviter le phénomène d'oublis partiels ?
MSS : Oui, si tu le souhaites, mais auras-tu assez de temps pour y parvenir ? C'est une possibilité qui s'offre à toi, mais toutes les informations que tu obtiendras ne devront pas nécessairement être présentées sous forme de conversation.
MOI : Pourquoi choisir cette méthode de présentation ?
MSS : Parce que cela rend ces informations plus faciles à lire et, par conséquent, accessibles à tous, et pas seulement aux intellectuels. La méthode du dialogue est un très bon moyen de transmettre au grand public les informations que tu recevras.

J'ai alors perçu l'image d'une bactérie, de forme ronde et dont la périphérie était entourée de milliards de petits tentacules.

MSS : C'est une image qui décrit bien ce que nous sommes. Nous sommes tous autant de petites vrilles ou de petits capteurs de l'entité principale qui partent de celle-ci pour apprendre et recueillir des informations avant de les ramener à l'ensemble. Certains d'entre nous veulent revenir, et d'autres veulent rester dans la boucle d'apprentissage ou d'expérience ou même aider d'autres vrilles dans leur processus d'apprentissage et d'expérience. Note bien que nous conservons toujours notre singularité même si nous faisons partie d'un collectif, car nos connaissances acquises sont spécifiques à une Source, et cette même Source peut être reconnue.
MOI : Tu viens de dire « nous ». Je croyais pourtant que nous étions tous « un »... Et comment Dieu peut-il être « nous » ? Cela veut-il dire qu'il existe d'autres Dieux ?

L'Histoire de Dieu

La façon dont les univers ou le continuum pouvaient créer plus d'une entité divine me posait un sérieux problème de compréhension. Mes capacités mentales terrestres restreintes limitaient vraiment ma capacité à comprendre ce concept.

MSS : Si tu prenais une seule et unique tranche temporelle ou dimensionnelle du grand tout à un moment donné, tu Nous verrais, Nous, le collectif de Dieu, comme des entités séparées par de fines tranches de couches dimensionnelles ou temporelles. (Et même si le temps est un concept terrestre, il fera l'affaire pour cette explication). Tout ce que tu pourrais faire, c'est voir des parties de Nous, Moi, Dieu (qui est la plus grande partie de Nous) à travers différentes couches de réalité. Sépare toutes ces réalités les unes des autres, et tu obtiendras plusieurs Dieux/êtres. Regroupe-les toutes ensemble, et tu obtiendras un être unique, un Dieu qui existe dans tous les temps, dans tous les espaces, dans toutes les dimensions et dans tous les continuums simultanément. Représente-toi cette entité totale ou Dieu comme un grand bâtiment, le nombre d'étages de ce bâtiment représentant le nombre total de réalités dimensionnelles que Moi, Nous, Dieu englobons. Chaque étage de ce bâtiment est une réalité qui lui est propre, avec des populations ou civilisations qui travaillent et vivent à ce seul niveau. Les êtres d'un étage spécifique ne font l'expérience de Moi, Nous, Dieu qu'à ce seul niveau, cette partie spécifique de Dieu qui recouvre l'intégralité de leur niveau d'existence, c'est-à-dire un niveau unique du bâtiment. Regroupe tous ces niveaux ensemble, et tu obtiendras un grand bâtiment ou une entité unique qui recouvre tous les êtres de tous les niveaux en même temps. Car Nous, Toi, Dieu est une entité qui est littéralement partout simultanément. Je précise toute cela en espérant que cette explication amènera le plus grand nombre possible de personnes sur Terre à remettre en question leur environnement et leur paradigme habituel.

MOI : Très bien. Mais je dois y aller maintenant. Je dois me rendre à mon travail et je suis en retard. J'espère que je n'oublierai pas ces informations.

MSS : Tu ne les oublieras pas. Je veillerai à ce que tu t'en souviennes. Revoyons cela brièvement en précisant les titres des sujets abordés.

C'est ce que nous avons fait, et il ne m'a fallu que quelques secondes pour obtenir un plan de référence sur chaque sujet abordé afin que je puisse m'en souvenir. Je suis ensuite redescendu dans les fréquences, sautant à nouveau plusieurs niveaux d'un coup, jusqu'à ce que j'arrive aux niveaux physiques.

Je me suis dirigé vers ma voiture et j'ai pensé : « J'espère que je n'oublierai pas toutes ces informations. »

« Tu ne les oublieras pas », me répondit-on depuis un endroit lointain dans mon esprit. Mon soi supérieur était toujours en communication avec moi !

Les innombrables formes et tailles des galaxies

Lors d'une autre méditation, je suis à nouveau monté à travers les niveaux pour atterrir au 20e, avec la sensation de me retrouver sur le bord d'un lit plutôt confortable. Alors que j'étais assis là, j'ai vu toutes les autres galaxies dans la troisième dimension, et une entité m'a dit que je pouvais changer de point de vue à volonté. J'ai alors zoomé sur l'une des autres galaxies plutôt que sur celle dont je me trouvais actuellement le plus proche. Je n'avais aucune idée de quelle galaxie il s'agissait ; elle ressemblait beaucoup à notre propre Voie Lactée, mais on m'a fait savoir que ce n'était pas elle. On m'a alors expliqué que je pouvais voir les galaxies dans une autre dimension, une dimension où la lumière ambiante était en fait blanche au lieu du noir qui règne dans l'espace interstellaire. Dans cette dimension, il y avait de nombreuses formes et tailles différentes de galaxies, allant de formes plates à des formes totalement rondes en passant par des formes ressemblant à une boule rouge au milieu avec deux vrilles d'étoiles en forme de tire-bouchon qui partaient vers le haut et vers le bas, ainsi que d'autres qui ressemblaient à de simples piliers de lumière. On m'a dit qu'il y avait autant de tailles et de formes de galaxies qu'il y avait d'étoiles dans la galaxie qui héberge la Terre.

Sur ce, j'ai redescendu tous les niveaux jusqu'au 7e niveau, celui auquel j'appartiens, et je me suis mis au travail.

Le 27e niveau

Rencontre avec le Dragon

Le jour suivant, j'ai ouvert mes chakras et je me suis rendu compte que je n'étais pas totalement dans mon corps. J'étais légèrement à côté et au-dessus de moi-même. J'ai élevé mon niveau de fréquence jusqu'au 20e niveau, mais cette fois-ci en franchissant un niveau à la fois. Lorsque j'ai atteint le 20e niveau, j'ai senti que je pouvais aller plus loin, car le 21e niveau semblait facile d'accès. J'ai donc poussé plus loin et j'ai constaté que les niveaux suivants, jusqu'au 27e niveau,

L'Histoire de Dieu

étaient à peu près identiques en termes de réponse. Passer d'un niveau à l'autre me donnait l'impression de pousser de la main un rideau souple qui cédait soudainement lorsque je dépassais sa limite d'élasticité. À ce stade, j'ai réalisé qu'il était nécessaire que je sois bien ancré et j'ai donc aussitôt lancé une corde mentale vers les niveaux inférieurs, jusqu'au plan Terrestre, tout en imaginant qu'une ancre arrimée au sol retenait la corde nouée à ma taille. Ce travail d'ancrage terminé, j'ai regardé tout autour du 27e niveau et j'ai remarqué qu'un être se tenait à mes côtés. Ce niveau semblait complètement plongé dans les ténèbres, mais je distinguais cependant que cet être noir sur fond noir avait la forme d'un dragon.

D (le dragon) : Que fais-tu ici ? Tu ne devrais pas être là.
MOI : Et pourquoi pas ?
D : Tu n'es pas au bon niveau vibratoire.
MOI : Pourquoi est-ce si noir et si sombre ici ? Je pensais au contraire que le 27e niveau regorgerait de lumière.
D : C'est noir parce que c'est tout ce que tu peux percevoir ici.
MOI : Et pourquoi as-tu la forme d'un dragon ?
D : J'essaie de t'effrayer, mais cela n'a visiblement pas fonctionné.
MOI : Je pensais que tout ici était censé être bon.
D : Oui, c'est le cas en général. Mais tu ne devrais pas être ici.
MOI : Si je n'ai pas le bon niveau vibratoire, comme tu le dis, comment ai-je pu arriver jusqu'ici ?
D : Tu viens d'utiliser la force brute pour percer les voiles qui séparent les niveaux. Je sens que tu es plus fort que tu ne peux l'imaginer.
MOI : Ok, merci pour tes explications, mais je dois y aller. J'ai aussi des choses à faire au niveau terrestre (comme aller travailler…).

De la difficulté de se désolidariser des niveaux situés au-dessus du 20e niveau

En redescendant les niveaux, j'ai eu l'impression qu'il était difficile de me désolidariser des niveaux situés au-dessus du 20e niveau. J'avais l'impression de descendre à travers un tube dont les graduations étaient imprimées à l'extérieur et que le trajet vers le bas se limitait désormais à ce seul tube. Après réflexion cependant, je pense que j'avais trouvé un autre raccourci ou que j'avais été autorisé à utiliser ce raccourci pour sortir du 27e niveau le plus rapidement possible.

Le 60e niveau

L'Histoire de Dieu

De la nécessité de l'ancrage au 60e niveau

Le lendemain de mon ascension au 27e niveau, j'ai ouvert tous mes chakras et j'ai décidé de remonter au 27e niveau juste pour y jeter un petit coup d'œil. J'ai franchi les niveaux à toute vitesse et c'est tout juste si j'ai pu voir dans mon esprit les chiffres indiquant où j'en étais dans mon parcours. J'ai remarqué qu'il me manquait des chiffres et que je sautais des niveaux. Arrivé au 20e niveau, j'ai continué et j'ai remarqué que j'avais accumulé beaucoup d'élan et que je déchirais littéralement les voiles qui séparaient les niveaux au fur et à mesure que je m'élevais, à tel point que j'ai complètement raté le 27e niveau. Je n'ai saisi qu'un vague aperçu des contours du dragon du 27e niveau en passant devant lui ! À ma grande surprise, j'ai vu défiler devant moi les 30e, 40e et 50e niveaux avant de finalement réussir à concentrer mon attention sur le fait que je devais m'arrêter. Finalement, j'ai stoppé mon ascension fulgurante au 60e niveau, mais j'ai réalisé que je devais à nouveau lancer une corde mentale jusqu'au plan Terrestre pour assurer mon ancrage. J'ai donc rapidement imaginé un crochet fermement enfoncé dans le sol et attaché à une longue corde menant jusqu'à moi. Je me suis demandé comment j'avais pu aller aussi loin dans les niveaux supérieurs alors que le dragon du 27e niveau m'avait dit que je n'aurais pas dû me trouver à son niveau. J'ai regardé autour de moi et j'ai eu l'impression d'être sur le bord extérieur de ce qui ressemblait à un très gros oignon dont toutes les couches représentaient les niveaux que je venais de traverser. Une voix m'a alors adressé la parole.

Le port d'attache de l'auteur

V (la voix) : Tu es arrivé ici parce que tu peux le faire.
MOI : Comment puis-je atteindre ce niveau alors que l'entité Dragon du 27e m'a dit que je n'aurais pas dû me trouver à son niveau ?
V : Parce que tu vis ici, que tu viens d'ici, et que tu traverses tous ces niveaux à longueur de temps.
MOI : Qui es-tu ? Mon soi supérieur ?
V : D'une certaine manière, je suis toi, et tu es moi.
MOI : Tu n'es donc pas mon soi supérieur immédiat.
V : Non, mais nous sommes « un » au sens supérieur du terme.
MOI : Alors, es-tu l'entité que nous appelons Dieu ou l'Entité Source ?
V : Oui, tu pourrais M'appeler comme ça.

L'Histoire de Dieu

MOI : Mais si c'est le 60e niveau ici, y a-t-il d'autres niveaux au-delà ?
V : Il y en a en effet un grand nombre au-dessus et en dessous de ta position actuelle.
MOI : Mais pourquoi l'entité Dragon ne savait-elle pas que je pouvais monter jusqu'à son niveau et y rester ?
V: Parce qu'elle t'a vu pour ce que tu es actuellement, c'est-à-dire un être incarné dans les niveaux les plus bas qui soient.
MOI : Oh, je vois. Mais puis-je revenir ici ?

La réponse qui suit m'est venue à l'esprit pendant que je tapais le texte que vous êtes en train de lire.

V : Oui, mais n'oublie pas d'où tu viens et le travail que tu as à accomplir. Ne te laisse pas distraire. Il est si facile de se laisser distraire.
MOI : OK, je vais essayer de ne pas me laisser distraire. Je ferais mieux d'y aller maintenant, j'ai du travail qui m'attend aux niveaux inférieurs.
V : Vas en paix.

Au fur et à mesure que je redescendais les niveaux, j'ai remarqué que je franchissais à nouveau les niveaux de dix en dix plutôt qu'un par un. Alors que je passais le 27e niveau, l'entité Dragon m'a remarqué et m'a donné un conseil amical.

D : Sois prudent, ne te perds pas !
MOI : Je n'y manquerai pas. Merci.

J'ai ensuite ralenti ma course en atteignant les niveaux inférieurs au 20e niveau et je me suis finalement arrêté lorsque j'ai réintégré mon corps terrestre. C'était un voyage particulièrement inattendu.

Une explication sur les niveaux

La raison d'être des 100 niveaux

En août 2003, une méditation matinale m'a permis de me connecter à ma ligne de hara. Après avoir ouvert mes chakras, je me suis demandé ce qui m'attendait cette fois-ci. Alors que mes pensées se tournaient vers le nombre de niveaux et le commentaire de l'Entité Source selon lequel il y avait des niveaux au-dessus et en dessous du 60e niveau, on m'a répondu qu'il y avait 100 niveaux. J'étais un peu méfiant, trouvant ce nombre un peu trop rond. J'ai alors entendu la voix de l'Entité Source dans mon esprit :

ES : Pourquoi pas cent ? C'est un chiffre pratique.
MOI : *C'est un chiffre un peu trop rond, c'est tout. Ça éveille les soupçons. Je suis étonné que Tu puisses me contacter à ce niveau (je n'étais qu'au 7e niveau après tout).*
ES : Je peux te parler à n'importe quel niveau.

Mes pensées se sont alors dirigées vers le 27e niveau et l'entité Dragon.

ES : Cette entité que tu as vue n'a plus l'apparence d'un dragon, mais elle l'utilisera lorsque tu auras besoin de la contacter. Cela t'aidera à discerner et à reconnaître de qui il s'agit.
MOI : *OK. Mais pourquoi avoir choisi 100 niveaux ? Pourquoi pas 12 ou 96 ?*
ES : J'ai choisi le chiffre 100 parce que cela donne à l'âme individuelle un objectif à atteindre. J'aurais pu avoir autant de niveaux qu'il y a d'âmes dans le multivers, mais 100 me semblait être un bon chiffre. C'est aussi un nombre reconnu par la plupart des êtres qui se sont incarnés dans le multivers. Chaque niveau apporte une augmentation des connaissances, des capacités et de la compréhension potentielles. Sachant qu'une âme ne peut progresser à travers les niveaux que par le processus d'acquisition d'expérience.

Les différences entre les niveaux
MOI : *Et quelle différence y a-t-il entre tous ces niveaux ?*
ES : Ils sont à une certaine distance de Moi. Plus une âme se rapproche de Moi sur son chemin du retour à la Source, plus les niveaux auxquels elle peut accéder ou dans lesquels elle peut vivre sont élevés. La différence entre chaque niveau est similaire aux différences qui existent entre les niveaux aurique et corporel, étant précisé qu'une fois que tu as évolué au-delà du besoin de t'incarner dans la forme la plus basse (celle dans laquelle tu te trouves en ce moment même) ou que tu n'as plus besoin d'apporter ton aide dans les niveaux physiques, tu t'élèves et tu existes dans les niveaux supérieurs, mais tu es toujours soumis à la nécessité d'évoluer pour te rapprocher de Moi. C'est juste que l'évolution se fait alors à une échelle beaucoup plus fine. La différence entre les niveaux dans lesquels tu existes actuellement (de 1 à 7) est assez marquée. En revanche, la différence entre les niveaux supérieurs,

L'Histoire de Dieu

disons jusqu'au 50e niveau, est beaucoup plus subtile car tu concentres alors ton attention évolutive sur des questions très spécifiques, des questions qui sont en réalité des détails d'une grande finesse.

La relation entre les niveaux et les dimensions
MOI : Que rapport tout cela a-t-il avec la nécessité d'avoir des dimensions dans ton univers ?
ES : Les dimensions permettent de faire beaucoup de choses en même temps. En d'autres termes, elles permettent à la partie individuelle de Moi, c'est-à-dire toi, ton âme, d'évoluer plus rapidement car tu apprends et expérimentes alors beaucoup de choses simultanément. Tu peux appeler cela un « traitement parallèle ».
MOI : Fascinant, nous sommes donc vraiment multidimensionnels.
ES : Bien sûr.

La mission d'aide à l'éveil spirituel
MOI : Est-ce que je peux intégrer toutes ces informations dans un livre que j'ai l'intention d'écrire ?
ES : Oui, bien sûr. Tout cela contribue à la mission d'aide à l'éveil spirituel de l'humanité. Je ne dis pas que cela te rendra célèbre ou te fera gagner de l'argent, mais ces informations combleront certaines lacunes sur des aspects que d'autres ont négligé d'aborder. Il est important d'expliquer la réalité dans sa globalité, plutôt que d'en décrire de simples fragments. Car toutes celles et ceux qui contribuent à accélérer l'évolution de l'humanité sur Terre en ce moment ne représentent chacun qu'une petite pièce du puzzle ; mais chacune de ces pièces est tout aussi importante que les autres. C'est juste que certaines trouveront un écho auprès d'un plus grand nombre de gens que d'autres et que, par conséquent, elles deviendront plus populaires, ce qui par défaut rapportera plus d'argent à l'auteur concerné... Mais elles sont toutes importantes, en ce sens qu'elles contribuent toutes à l'ensemble, étant précisé naturellement que l'argent n'est PAS ce qui nous intéresse ici.
MOI : OK, je dois y aller maintenant. Puis-je Te reparler de ce sujet plus tard ?
ES : Tu peux Me parler à tout moment. Tu n'as pas besoin d'atteindre le 20e ou le 60e niveau pour Me contacter ; tout ce dont tu as besoin, c'est d'en avoir l'intention.

Retour au 27e niveau

L'Histoire de Dieu

L'entité Dragon s'exprime sur l'aide à l'éveil spirituel de nos semblables

Le jour suivant, je me suis connecté à l'énergie du hara et j'ai ouvert mes chakras, puis j'ai attendu un moment avant de franchir les niveaux. Lorsque j'ai finalement décidé de monter aux niveaux supérieurs, je suis passé directement au 20e niveau. Je me suis dit que c'était un peu trop rapide, alors j'ai décidé de recommencer par le bas (le 7e niveau) et d'y aller progressivement, niveau par niveau. Je dois admettre que j'ai été surpris par la rapidité avec laquelle je suis arrivé au 20e niveau. J'ai ensuite décidé de passer au 27e niveau pour rendre visite à l'entité Dragon. Une fois arrivé, elle m'a accueilli et je lui ai offert des pensées d'amour. Elle s'est ensuite transformée en l'être de lumière que j'avais initialement pensé rencontrer à ce niveau. Cet être présentait une silhouette humaine revêtue d'une robe blanche brillante. Sa peau et sa tenue émettaient une lumière blanche éclatante. Et même s'il était désormais transformé, je continuerai à l'appeler l'entité Dragon pour des raisons de continuité.

D : L'Entité Source est satisfaite de toi.
MOI : Pourquoi ? Je n'ai rien fait de spécial.
D : Elle était heureuse que tu aies pu La contacter. Rares sont les personnes qui ont réussi à faire cela. Bien que tout le monde en soit capable, très peu y parviennent. C'est parce que la plupart des gens sont occupés à vivre leur vie et à faire ce qu'ils doivent faire pour évoluer ; ils sont totalement absorbés par leur vie sur le plan Terrestre. Les gens qui La/Le contactent commencent à s'éveiller ou se sont déjà éveillés à qui ils sont vraiment. Lorsqu'ils font cela, ils veulent naturellement que les autres vivent le même émerveillement et se consacrent ensuite à la plus grande tâche qui soit, à savoir : contribuer à l'éveil spirituel du reste de l'humanité. Leur but ultime est alors d'élever les niveaux vibratoires jusqu'à un point où tout le monde sera à nouveau éveillé. Ils y parviennent en faisant passer le message, comme tu le fais avec ce livre que tu es en train d'écrire, et en discutant de ce sujet avec d'autres personnes suffisamment ouvertes d'esprit pour faire passer le message à leur tour.

La grande catastrophe

MOI : Pourquoi voudraient-ils faire cela ?
D : C'est exactement la même chose que quand une personne a été impliquée dans un accident ou une grande catastrophe (comme le

grand oubli,³ qui a été une catastrophe colossale !). Les survivants aident naturellement les blessés dans le but de leur sauver la vie, car ils aimeraient bien que quelqu'un leur vienne en aide s'ils se trouvaient dans la même situation.

MOI : Il se passe donc la même chose chez ceux qui sont éveillés ou en voie de l'être. Ils veulent naturellement aider les autres à devenir comme eux ?

DD : Oui, et c'est la raison pour laquelle l'Entité Source est contente de toi. Car Elle/Il a maintenant quelqu'un d'autre qui l'aide à ramener les autres parties d'Elle-même/Lui-même à Elle-même/Lui-même plus rapidement.

MOI : Oh, c'est magnifique.

D : Ça l'est, en effet.

MOI : OK, je dois y aller maintenant.

J'ai commencé à redescendre les niveaux un par un, et au passage j'ai entendu l'entité Dragon m'appeler.

D : Tu peux aller directement au niveau que tu souhaites atteindre, tu sais. Tout ce dont tu as besoin c'est d'en avoir l'intention. Mais ça, tu le sais déjà.

J'ai fini ma descente vers le plan Terrestre en un éclair, tout en me disant : « Il a raison. Je n'ai pas besoin de passer par chaque niveau. Je peux tout simplement choisir un niveau spécifique et m'y rendre directement. »

L'Entité Source identifie l'entité Dragon comme étant Byron

La méditation suivante fut courte mais néanmoins intéressante. Je me suis connecté au hara⁴, j'ai ouvert mes chakras, puis je suis monté directement au 27e niveau où se trouvait l'entité Dragon. Elle irradiait à nouveau une lumière blanche éclatante. J'ai alors perçu, à côté d'elle, une lumière dorée iridescente en forme de sphère. J'ai su instantanément qu'il s'agissait de l'Entité Source.

---

³ Par cette expression, l'auteur fait ici référence à l'époque où nous avons collectivement réduit nos fréquences à un point tel que nous avons perdu notre « bande passante de communication » ainsi que notre capacité à nous connecter à notre véritable soi énergétique et à la réalité plus vaste, devenant ainsi des entités associées au corps physique (NdT).

⁴ Cf. glossaire.

L'Histoire de Dieu

ES : Je suis de couleur or parce que c'est ce que les gens s'attendent à voir. De plus, cela Me différencie des autres entités lorsque nous sommes ensemble, et je Me représente en adoptant une taille adaptée à celle de Mes créations.

Il/Elle semblait planer au-dessus et à droite de l'entité Dragon.

ES : Son nom est Byron, et il t'aidera à répondre à tes questions. C'est un meilleur nom que l'« entité Dragon », n'est-ce pas ?
MOI : *Oui, en effet. Mais, je pensais pouvoir Te contacter personnellement.*
ES : Tu peux le faire. Tu Me contactes en ce moment-même à travers lui et à travers toi-même. Car Nous sommes tous connectés, et Nous sommes tous un, n'est-ce pas ? Il sera donc ton guide. Et lorsque tu auras besoin de Me parler directement, tu le pourras.
MOI : *Je dois y aller maintenant.*

De toute façon, j'étais en retard.

ES : Il faut toujours y aller à un moment donné, mais même ces courtes séances ont leur utilité.

Les caractéristiques des entités Om

Lors de ma méditation suivante, je me suis rendu directement au 27e niveau, et j'ai immédiatement perçu Byron dans mon esprit. Comme j'étais intéressé de savoir ce que Byron faisait à son niveau, je lui ai posé la question.

MOI : *Où résides-tu dans ton niveau ?*
B : Je vis sur la planète d'un système solaire qui évolue au sein d'une galaxie située dans un univers différent du tien et, bien sûr, dans une dimension différente.
MOI : *As-tu une existence physique ?*
B : Pas dans le sens où tu entends ce terme, mais les choses peuvent être considérées comme physiques dans la dimension et le niveau dans lesquels j'existe.
MOI : *Et que fais-tu sur ta planète ?*
B : Nous faisons des choses similaires à celles que vous faites sur Terre. Nous vivons pour évoluer et nous rapprocher de l'Entité Source. Mais nous travaillons à un niveau universel.

L'Histoire de Dieu

MOI : Vous incarnez-vous dans des corps ?
B : Pas de la manière dont vous le faites sur Terre. En fait, nous existons aussi longtemps que nous le voulons, sous la forme nécessaire à la vie dans notre environnement et aussi longtemps que nous en avons besoin pour effectuer notre travail.
MOI : Et quelle est ta mission ?
BB : Elle consiste à évoluer et à aider la planète à évoluer et à maintenir les fréquences à un niveau élevé. Nous travaillons tous à maintenir les fréquences à un niveau élevé. La majeure partie de ce que nous faisons, nous le faisons pour l'ensemble ; nous travaillons pour le bien de tous afin de garantir que l'ensemble soit capable de progresser collectivement.
MOI : Et comment vous y prenez-vous ?

Des images me sont alors parvenues de personnes travaillant avec les archives akashiques.

B : Nous sommes des êtres collectifs ; nous sommes donc tous liés, de sorte que tout le travail que nous faisons, nous le faisons pour le bien de tous.
MOI : Vous faites donc partie d'un esprit collectif ?
B : Nous sommes toujours des individus, mais nous sommes à la fois un et tous. Nous ne nous ignorons pas les uns les autres et ne travaillons pas les uns contre les autres comme le fait ta race au seul profit de l'individu. Nous travaillons au profit de tous ; nous voulons tous progresser vers l'Entité Source en même temps. Et nous tirons une grande satisfaction en œuvrant à cet objectif.
MOI : Peux-tu créer des choses en utilisant uniquement ta pensée ?
B : Bien sûr, il suffit d'en avoir l'intention.

Le travail des Om avec les archives akashiques
MOI : Travaillez-vous avec les archives akashiques ?
B : C'est une partie de notre travail, en effet, mais il s'agit d'un travail que nous effectuons au profit de l'ensemble. Nous veillons sur les histoires et les connaissances de toutes les entités.
MOI : J'ai l'impression que les histoires sont aussi bien passées, présentes, que futures, est-ce exact.
B : C'est une hypothèse raisonnable pour un être qui est lié à un temps unidimensionnel pendant la majeure partie de sa vie consciente passée dans cette incarnation Terrestre. Mais il y a plus que cela, car nous enregistrons toute la gamme des expériences (émotion, douleur, joie,

amour, stress, communications télépathiques, etc.) qui accompagnent la connaissance. La liste des expériences que nous enregistrons est bien trop longue pour être mentionnée ici, et encore une fois, ce n'est qu'une partie du travail que nous faisons au profit de l'ensemble.

L'auteur en tant que Om
MOI : Dois-je toujours te rencontrer au 27e niveau ?
B : Pour initier la communication, oui, mais une fois que tu es connecté et que ton intention est de communiquer avec moi, tu peux te déplacer vers les autres niveaux et continuer à communiquer avec moi.
MOI : Pourquoi en est-il ainsi ?
B : Tu fais partie des Om, et tu es capable de te déplacer sur de nombreux niveaux. Je pense que tu peux aller jusqu'au 80e niveau.
MOI : Appartenons-nous au même type d'entité ?
B : Nous sommes similaires mais pas identiques. Notre similitude réside dans le fait que nous sommes des êtres énergétiques mais que nous n'appartenons pas aux densités et vibrations basses et niveaux inférieurs qui sont nécessaires afin de pouvoir être incarné comme tu l'es actuellement.
MOI : Et que font les Om ?

Le centre d'intérêt des Om
B : Ils font ce que font la plupart des êtres hautement évolués : ils travaillent pour le bien de l'ensemble dans le but précis de retourner vers l'Entité Source. Les Om aident également les esprits sur le plan Terrestre car il s'agit d'une expérience cruciale. Il y a de nombreux Om qui travaillent avec la Terre, et tu es l'un d'eux.
MOI : La Terre est une expérience ?
B : Oui.
MOI : Et en quoi consiste cette expérience ?
B : Elle consiste à ouvrir la voie au libre arbitre individuel plutôt qu'au choix collectif. Cette démarche est nécessaire car elle permet d'obtenir une évolution plus rapide des entités impliquées. De ce point de vue, il a été intéressant d'observer la progression des entités concernées vers le haut comme vers le bas des fréquences.
MOI : J'espère que je serai capable de me souvenir de toutes ces informations quand viendra le moment de les coucher par écrit.
B : Tu t'en souviendras encore, car je serai encore avec toi quand tu écriras.
MOI : Merci.

L'Histoire de Dieu

Je suis redescendu jusqu'au niveau Terrestre, et une fois arrivé à destination, j'ai entendu sa voix dans ma tête qui me disait :

B : Sois prudent sur ta moto.

Comme c'était une belle journée, je me rendais au travail sur ma vieille Triumph Bonneville de 1977.

MOI : Promis.

Byron s'exprime sur la question de l'intention et des constructions mentales
Une semaine plus tard, je me suis rendu directement au 27e niveau où Byron m'attendait. Après l'avoir salué, je me suis rendu compte que nous nous tenions sur un balcon muni d'une balustrade en acier et que nous regardions dans l'espace où gravitaient plusieurs planètes, juste à côté de nous.

B : Voici un exemple de ce que nous pouvons faire en utilisant une construction mentale.

En un clin d'œil, nous nous sommes retrouvés au-dessus d'une gorge ou d'une vallée qui rappelait un paysage terrestre.

MOI : C'est impressionnant. Comment fais-tu ça ?
B : Nous en émettons simplement l'intention et nous la mettons en œuvre.

Nous nous sommes retrouvés à nouveau dans l'espace. Byron m'avait ramené à la même position, avec les planètes en face de nous.

B : C'est votre système solaire.
MOI : Mais comment les planètes peuvent-elles être si proches les unes des autres ?
B : Je t'ai amené à un moment précis, dans ton niveau vibratoire, où elles étaient proches les unes des autres pour que tu puisses avoir une bonne perspective.
MOI : Utilises-tu des vaisseaux spatiaux pour voyager dans l'espace ?

L'Histoire de Dieu

B : En général, non. Nous allons simplement là où nous avons besoin d'aller en utilisant notre intention. Si nous devons descendre dans tes niveaux vibratoires et voyager dans l'espace physique, nous devons construire une barrière mentale afin de nous protéger.

MOI : *S'agit-il de ce que nous appelons des ovnis ?*

B : Vous avez plusieurs façons de les percevoir. Vous les voyez comme des orbes dorés ou parfois même comme des vaisseaux spatiaux en forme de disque. Mais vous interprétez ces informations à votre façon, en fonction de vos connaissances physiques et de votre capacité mentale à traiter ces informations.

L'objectif ici est de te montrer que tu n'es limité que par ta propre imagination, une imagination qui est elle-même limitée par ton expérience de ce que tu crois pouvoir faire ici sur le plan Terrestre. Tu pourrais faire beaucoup de choses, mais tu ne crois pas pleinement et sans équivoque que tu peux accomplir certaines tâches et fonctions mentales, et par conséquent, tu échoues à les accomplir.

Explications de Byron sur la notion de temps sphérique

Aujourd'hui, alors que j'atteignais le 27e niveau, Byron m'a dit : « Je vais te parler du temps. » Je me suis dit que ce serait intéressant car je pensais être plutôt expert dans le domaine de la philosophie du temps et de son fonctionnement.

B : Le temps est sphérique.

MOI : *Quoi ? (Et un canard doré[5] pour moi !) Comment ça, sphérique ?*

B : Le temps est sphérique, en ce sens que tous les événements qui se sont déjà produits ou qui se produiront un jour se produisent maintenant ou se produisent tous en même temps.

MOI : *Peux-tu m'expliquer ce que tu veux dire par là ?*

B : En fait, ta perception du temps est linéaire et comporte trois points : le passé, le présent et le futur. Tu ne perçois pas de point final et tu ne te souviens pas d'un point de départ. Cependant, tu sais où tu te trouves actuellement, ou du moins c'est ce que tu penses, et par conséquent tu perçois le futur comme étant devant toi, et le passé comme étant derrière toi.

MOI : *Tu veux dire que nous nous représentons le temps comme une ligne droite.*

---

[5] Cf. glossaire.

L'Histoire de Dieu

B : Oui, mais en fait tel n'est pas le cas. Tout ce qui s'est déjà produit et qui se produira un jour se produit en même temps. Vois plutôt le temps comme une série finie d'événements. Si tu voyages dans une direction au sein de la sphère du temps, tu feras l'expérience des événements qui sont le résultat de ce qui s'est passé auparavant dans cette direction. Mais si tu changes de direction...

MOI : *Tout un ensemble d'autres interactions se produisent qui provoquent la survenue de cet événement ?*

B : C'est exact. Si tu voyages du point d'événement A au point d'événement D via les points d'événement B et C, tu sais quels autres événements ont eu lieu pour arriver au point D. Cependant, si tu es allé des points d'événement A à D via B1 et C1, une autre série d'événements aurait pu se produire pour modifier le point d'événement D, ou ne pas le modifier, selon le cas. En fait, tu peux également utiliser le terme « holographique » pour expliquer la survenue des événements, puisque cette sphère possède un espace intérieur et pas seulement une surface.

MOI : *Mais pourquoi le temps est-il fini ?*

B : Parce que la Source a décidé du moment de notre départ et de notre arrivée, et que nous serions tous ensemble une fois l'apprentissage et les expériences nécessaires terminés. La tâche est donc achevée et le concept individuel d'événements qui se produisent les uns après les autres n'est plus, par conséquent, nécessaire, et n'a donc plus lieu d'être.

Temps et espace superposés et simultanés

MOI : *Quel est le rapport de tout cela avec l'espace ?*

B : Il y a bien évidemment un espace physique, mais aussi un espace non physique (de fréquence supérieure, ou spirituel), un espace dimensionnel, et un espace lié à chaque niveau – tous ces espaces se déployant simultanément. Il est plus juste de dire qu'ils se déploient tous « ensemble ». Tu peux ainsi voyager instantanément vers n'importe quel point d'événement que tu souhaites visiter et expérimenter ce qui s'y passe lorsque tu y arrives.

MOI : *Comment l'espace de chaque niveau intervient-il dans ce contexte ? Je croyais que les niveaux étaient comparables aux corps auriques.*

B : Ils le sont jusqu'à un certain point, mais lorsque tu dépasses la relation qui te lie aux mondes physiques et que tu te rapproches de Moi...

L'Histoire de Dieu

Niveaux de perception

MOI : Attends une seconde : à qui est-ce que je parle maintenant ? (J'avais remarqué un changement de voix). Est-ce que je parle à l'Entité Source ?

ES : Oui. En fait, plus tu te rapproches de Moi, plus tu deviens comme Moi en tant qu'individu, de sorte que tu t'élèves dans les niveaux jusqu'à ce que tes corps soient finalement Mon corps. Ils le sont de toute façon, bien sûr, mais cette explication t'aidera à les considérer comme étant séparés, l'espace d'un instant. Pour l'essentiel, plus tes perceptions des niveaux qui nous séparent sont élevées, plus tu te rapproches de Moi. Cette distance est fonction des niveaux de perception ou des niveaux du corps aurique tels qu'ils se manifestent selon ta position dans le processus d'évolution.

MOI : Et tout cela se passe en même temps ?

ES : Oui. Tu peux percevoir ou visiter n'importe quel moment dans le temps, à n'importe quel niveau de perception, dans n'importe quelle dimension et à n'importe quelle fréquence spirituelle que tu souhaites. Si tu en avais la capacité mentale (mais à ce stade, ce n'est pas le cas), tu pourrais tout expérimenter à partir du même point ou à partir de tous les autres points. Je m'abstiens d'utiliser ici le mot « temps », car il est trompeur.

J'avais la tête qui tournait tandis que je les remerciais tous les deux et redescendais les niveaux jusqu'au plan Terrestre. Cette tête humaine n'était décidément pas assez grande...

L'erreur de la boucle temporelle

Le lendemain, nous avons encore parlé de la question du temps. J'étais de nouveau avec Byron.

B : Le temps n'est pas linéaire, comme tu le sais maintenant, et à cause de cela, la représentation populaire de la « boucle temporelle » n'existe pas.

MOI : Quoi ? Je croyais pourtant que c'était une théorie éprouvée. Qu'en est-il du scénario classique du petit-fils qui tue son grand-père et cesse d'exister ?

B : Oui, il est valable mais à condition que tu sois dans un temps linéaire et que tu partes du principe que la modification de la chronologie est telle que l'existence du petit-fils s'en trouve annulée, mais le temps n'est pas linéaire. Lorsque tu considères que la chronologie – qui représente en réalité une série d'événements – est modifiée et que l'effet en est que le petit-fils naît toujours mais a un grand-père différent, alors la nécessité de remonter le temps pour tuer le grand-père peut ne pas exister, et la chronologie suit son cours. On peut aussi considérer qu'une fois le grand-père tué, le petit-fils reste en vie dans cette séquence temporelle car cela n'a pas modifié sa chronologie personnelle. La série d'événements qui suivent cet événement, en ce sens que ses parents sont toujours les mêmes, compense la modification apportée à la chronologie. Tout ce qui s'est déjà produit ou se produira se produit maintenant, donc il est naturel que le flux d'événements passe de l'événement le plus proche à l'événement suivant qui aurait dû se produire, car il s'est déjà produit.

MOI : Cela a-t-il quelque chose à voir avec le fait que le temps soit sphérique ou holographique ?

B : Oui, rappelle-toi que tu vis le temps comme une série d'événements mais que chaque événement et toutes ses variantes se produisent tous ensemble. Par conséquent, l'individu qui traverse les événements dans le but d'affecter une personne spécifique dans un événement donné passe automatiquement à un autre événement, un événement qui est similaire mais pas exactement le même que celui auquel il vient de participer.

MOI : Cela signifie donc que la théorie de la boucle ne fonctionne pas.

B : Oui, bien sûr.

MOI : Il va me falloir un certain temps pour intégrer toutes ces informations, même avec l'intérêt que je porte aux concepts temporels.

B : C'est inévitable, car tu évolues dans un environnement où l'on te martèle sans cesse que le temps est linéaire.

Figure 2 : Le temps sphérique

L'Histoire de Dieu

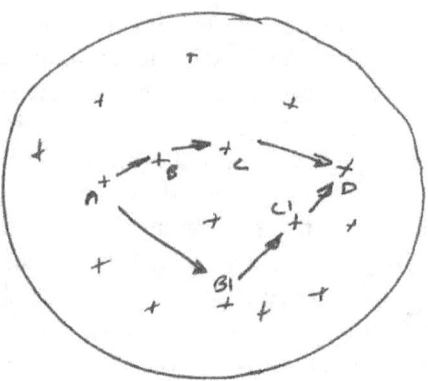

Chapitre 3: Byron et l'Entité Source

Visites au 100e niveau

Apparence et formes de l'Entité Source et de Byron

Lors d'une méditation ultérieure, j'ai décidé de me rendre au 60e niveau en contournant tous les autres niveaux intermédiaires. Puis, j'ai décidé de pousser jusqu'au 100e niveau. Arrivé sur place, j'ai senti la présence de l'Entité Source. Cependant, Elle m'est apparue visuellement sous la forme d'une galaxie ou d'une nébuleuse au milieu d'un espace complètement noir. Quant à moi, j'étais positionné au bord de cette nébuleuse. Je me suis alors adressé à la Source.

MOI : Alors voilà donc à quoi Tu ressembles !
ES : Oui. Je n'ai aucune forme spécifique, mais Je ne suis pas pour autant informe.

Byron est soudainement apparu à mes côtés, mais son apparence n'était pas humanoïde. Il ressemblait aussi à une boule d'énergie sans forme spécifique.

ES : Voici l'apparence réelle de Byron. Lorsqu'il est avec Moi, il n'a pas besoin de ressembler à ce que toi ou tout autre être qui communique avec lui attendriez de lui, et il adopte par conséquent son état naturel.
MOI : Je croyais pourtant qu'il vivait au 27e niveau.
ES : C'est bien le cas, mais Je l'ai fait venir ici afin de te permettre de voir à quoi il ressemble vraiment.
MOI : Est-ce que seules les personnes qui accèdent aux niveaux supérieurs, le 60e et au-dessus, peuvent Te parler ?
ES : Je parlerai à n'importe quelle personne, à n'importe quel niveau, si cette personne souhaite Me parler, mais en général, seules les personnes suffisamment évoluées ou qui se souviennent de qui elles sont vraiment, ont la capacité de visiter le 60e niveau et les niveaux supérieurs et parviennent à Me contacter comme tu viens de le faire. J'utilise le 60e niveau comme une zone tampon.
MOI : C'est intéressant. Je compte bien en reparler plus longuement demain.

L'Histoire de Dieu

ES : Je serai là.

L'Entité Source s'exprime sur le temps comme flux d'événements

Le lendemain, j'ai décidé de retourner au 100e niveau et de m'entretenir à nouveau avec l'Entité Source. J'y suis allé directement sans avoir besoin de sauter un niveau ou une série de niveaux à la fois.

ES : Ah, tu es de retour.
MOI : Il s'est écoulé exactement un jour sur Terre. Combien de temps cela a-t-il duré pour Toi ?
ES : Cela n'a duré aucun moment et tout le temps à la fois. C'est comme si tu n'étais jamais parti, ou que tu étais parti depuis deux ans.
MOI : Oh, et où est Byron ? Je m'attendais à ce qu'il soit là.
ES : Il accomplit des choses dans le domaine qui est le sien.
MOI : Et pendant cette journée qui vient de s'écouler, as-Tu remarqué mon absence ?
ES : J'ai remarqué un manque d'attention de ta part.
MOI : Mais Toi, comment vis-Tu le temps ?
ES : Je vis tout en même temps et un événement à la fois. Cela dépend de ce sur quoi Je veux Me concentrer ; cela peut être rapide ou lent. Tu vivras également le temps de cette façon lorsque tu reviendras à l'état énergétique et à la Source/Moi.

Mes pensées se sont alors tournées vers les commentaires que feu Adrian Dvir avait formulés dans son livre « X3, Entités de guérison et extraterrestres »[6] à propos de la communication avec les extraterrestres. Il y parle d'une semaine qui s'était écoulée entre les communications échangées avec un individu particulier, tandis que l'extraterrestre avec lequel il communiquait lui avait déclaré qu'une année entière s'était écoulée dans sa dimension. Et naturellement, l'Entité Source a capté mes pensées.

---

[6] *X3, Entités de guérison et extraterrestres*, publié en 2003 par Adrian Dvir. Dans ce livre, un ingénieur informaticien roumain communique par télépathie avec des entités incarnées de fréquences plus élevées qui évoluent dans une autre partie de l'univers physique et sont spécialisées dans la guérison. Au fil des échanges, l'auteur obtient de précieuses informations sur l'univers et ses lois, telle que celles de l'espace-temps, la structure de la matière, mais aussi les guides spirituels ainsi que les entités qui évoluent dans les dimensions parallèles (NdT).

L'Histoire de Dieu

ES : Cette différence est due au fait qu'ils vivent le flux d'événements (ou le temps, comme tu l'appelles) à une vitesse différente. C'est aussi la raison pour laquelle ils semblent voyager et changer de direction très rapidement lorsque vous les percevez en train d'évoluer dans votre dimension à bord de leurs vaisseaux. Ils entrent et sortent de leur flux d'événements et du vôtre pour faciliter leur voyage dans votre dimension. Il en résulte qu'ils semblent apparaître et disparaître ou se déplacer et changer de direction très rapidement. À ce propos, les extraterrestres ne t'ont pas encore contacté, mais ils vont le faire.

Alors que je réfléchissais à ce commentaire, j'ai vu la Source de loin. Elle avait l'apparence d'une vaste galaxie d'énergie flottant au milieu de l'obscurité. J'ai essayé de pénétrer sa lumière, et la Source m'a parlé.

ES : Tu ne peux pas encore venir ici, car tu n'es pas capable de faire l'expérience de l'amour inconditionnel total de la Source dans ta forme incarnée actuelle. Tu le pourras, bien sûr, lorsque tu seras désincarné (entre deux vies) et lorsque tu reviendras à Moi, mais pas maintenant. Cela aurait pour effet de détourner ton attention.

Contact avec les extraterrestres

MOI : D'accord, je comprends. Mais qu'en est-il des extraterrestres ? Pourquoi ne m'ont-ils pas encore contacté ?
ES : Ils l'ont fait, au niveau subconscient, mais ils trouvent cela difficile car ton esprit est trop occupé en ce moment. Tu es véritablement multidimensionnel dans ton activité mentale, mais tu dois te permettre de te concentrer sur une seule chose à la fois. Cela leur permettra d'entrer en contact avec toi. La méditation de la « Flamme violette » que tu pratiques y contribue, mais tu dois être plus résolu dans ta démarche. Ce n'est que lorsque tu auras apaisé ton esprit qu'ils auront la possibilité de te contacter. De plus, tu en fais trop quand tu te lances dans ce processus. Tu es trop intense, et cela entraîne un blocage. Tu dois lâcher prise et laisser les choses venir à toi. Ce n'est qu'alors que les choses se produiront. Tu n'es pas loin d'y parvenir, mais tu dois y aller lentement, sans essayer de forcer les événements.
Moi : Merci. Je ferai de mon mieux.
ES : Ne fais pas de ton mieux ; sois, simplement. Parfois, le simple fait d'« être » là est la meilleure chose à faire. Ce principe est au cœur même de la méditation. Tu devrais essayer.

L'Histoire de Dieu

Byron s'exprime sur le simple fait d'« Être » là
À l'occasion d'une méditation matinale, je me suis retrouvé à simplement « être » là et à ne pas essayer de contacter qui que ce soit, comme la Source ou Byron.

B : Parfois, la meilleure chose à faire est simplement d'être là. Car cela ralentit ton mental.
MOI : Qui est-ce ? Est-ce la Source ? Où est Byron ?
B : C'est Byron qui te parle.
MOI : Oh, bonjour. Mais comment peux-tu me contacter à ce niveau ? Je suis toujours sur le plan Terrestre.
B : Je peux te contacter à n'importe quel niveau ; c'est seulement toi qui as décidé de monter à mon niveau pour communiquer, et tu penses que c'est la seule façon de le faire. Mais ce n'est plus nécessaire.

Pas vraiment convaincu par cette explication, je me suis précipité jusqu'au 27e niveau pour voir Byron. Nous avons marché dans une jolie clairière boisée couverte de fleurs.

B : Être simplement là, disais-je, est l'une des meilleures choses que tu puisses faire. Cela te permet d'être simplement toi-même sans les urgences du monde matériel. Cela te permet de penser, de rationaliser et de communiquer correctement avec toi-même. Cette pratique ralentit TON mental et te permet ainsi d'accéder au côté spirituel de toi-même, au vrai toi.
MOI : Comment ça ?
B : Ton mental court constamment après une liste de choses à faire ; il planifie et manigance sans cesse des choses et des travaux que tu crois être plus importants que tout le reste. Toutes ces choses semblent si importantes qu'elles vont jusqu'à prendre le pas sur ta capacité à méditer. C'est en fait ton esprit conscient qui se bat pour la suprématie, car il sait qu'il finira par perdre le contrôle de ton existence Terrestre à mesure que ta spiritualité se développera. Il veut se perpétuer. Il essaiera même de se déguiser en se mêlant à ton agenda spirituel et en te faisant croire que tu dois disposer de tes capacités supérieures dès maintenant. En fait, il te poussera à en faire trop et bloquera ainsi ta progression, ce qui constitue un moyen parfait pour maintenir sa propre existence.
MOI : Donc, le simple fait « d'être juste là » est déjà une action positive en soi ?

L'Histoire de Dieu

B : Oui, à condition de ne pas considérer cela comme un moyen de parvenir à une fin et de ne pas le formaliser. Profite simplement de ces moments spéciaux qui se présentent à toi sans te dire que tu « dois » communiquer avec moi ou avec la Source ou écrire quelque chose tous les jours.

Accéder à son Essence fondamentale/Essence pure

Un soir, j'ai discuté avec ma femme du principe consistant à « être juste là ». Je lui ai mentionné les informations que j'avais reçues sur le fait que c'était un élément essentiel pour entrer en contact avec notre essence fondamentale. Je lui ai également parlé de mon sentiment grandissant selon lequel le monde matériel ressemblait de plus en plus à une illusion. Je lui ai dit que je pensais que le film « Matrix » présentait un concept très important sur lequel les gens devaient réfléchir afin de comprendre la différence qui existe entre les réalités du monde spirituel et la grande illusion du monde matériel. Nous avons également discuté de la question de savoir s'il était nécessaire d'accéder aux différents niveaux de fréquence un par un lorsque nous sommes en contact avec notre essence pure. Mais nous en avons conclu que lorsque nous sommes en contact avec notre essence fondamentale, nous opérons sur tous les niveaux en même temps et que nous n'avons donc pas besoin de penser à aller à un niveau spécifique pour communiquer avec une entité ou un être. Ce principe a également été évoqué au cours de ma méditation matinale du lendemain.

ES/B : Le simple fait « d'être là » est un élément clé pour entrer en contact avec ton essence fondamentale.
MOI : À qui est-ce que je parle ? À la Source ou à Byron ?
ES/B : À nous deux et à l'un de nous, car nous sommes à la fois un et le même.

En réalité, tu comprends déjà cela à un niveau plus profond.

MOI : *J'ai comme l'impression que je n'ai plus vraiment besoin de « monter » à un niveau donné pour communiquer avec Toi.*
ES/B : C'est exact, car lorsque tu es en contact avec ton essence fondamentale, tu es véritablement partout et à tous les niveaux en même temps. Tu « es », tout simplement. Tu n'as pas besoin d'aller au 127e niveau pour Me contacter.
MOI : *Comment ça, 127e ? Je croyais qu'il n'y avait que 100 niveaux.*

L'Histoire de Dieu

ES/B : Il n'y en a que 100, en effet ; c'était juste une façon de parler. Cependant, un individu peut vouloir fractionner ces niveaux à sa manière afin de franchir les différents niveaux d'évolution à un rythme qui lui convient mieux.

MOI : *OK, je vois. Tu étais en train de parler de l'essence fondamentale, je crois.*

ES/B : Oui, l'essence fondamentale, c'est le vrai toi. C'est ton essence dans le sens le plus complet du terme. L'essence pure peut être considérée comme une base de données de toute ton expérience et de toute ton existence, de tout ce que tu as fait, feras et es en train de faire en ce moment-même. Une fois que tu y auras accédé, tu comprendras et croiras pleinement que le monde matériel est véritablement une grande illusion. Tu comprendras que tu es énergie et que tu peux manipuler les énergies. Par ta simple capacité à prendre conscience de cela et à y croire pleinement, cela deviendra ta réalité ultime. Tu prendras alors conscience que tu peux manipuler les énergies dans le monde matériel, mais aussi influencer la réalité du monde matériel. Un Maître sait et comprend parfaitement cela et y croit, car il est qui il est réellement. C'est ainsi qu'un Maître peut faire des choses, comme la dématérialisation, la téléportation et la télékinésie, etc., toutes ces choses qui auront pour effet d'attirer l'attention des gens dans le monde matériel et qui constituent ce que vous appelez une preuve tangible d'un ordre supérieur des choses. Un Maître peut faire cela parce que sa croyance est sans équivoque. Il est lui-même incarné dans le monde matériel avec toute la connaissance, la compréhension et l'expérience de l'univers et de Dieu, car il ne fait qu'un avec Dieu et l'univers, et l'univers et Dieu ne font qu'un avec lui.

MOI : *Merci. C'est à la fois beau et intéressant.*

ES/B : Bien sûr, c'est d'ailleurs la nature de toute chose. Tout est en équilibre lorsque la compréhension est enfin atteinte et que la croyance est remplacée par la connaissance. Le fait d'entrer en contact avec ton essence pure/essence fondamentale te permet d'entrer en contact avec ton véritable soi. Cela te permet d'accéder à qui tu es vraiment.

Retirer le voile qui nous sépare de notre vrai soi

Moi : Mais que se passerait-il si nous retirions définitivement ce voile qui sépare notre véritable soi de ce que nous pensons être la réalité ici-bas ? Cela ne provoquerait-il pas le chaos ? Car les gens penseraient alors que tout ce qu'ils se sont attachés à obtenir est vain. Ils se rendraient compte qu'il y a une vie après la mort, que tout est

L'Histoire de Dieu

amour et lumière et que cette « vraie réalité » révélée par le retrait du voile est infinie. Ils en arriveraient alors à la conclusion que si tout est amour et lumière, ils pourraient aussi bien passer leur temps à s'amuser pendant qu'ils séjournent ici sur Terre. Ils abandonneraient le besoin de travailler à leur évolution et d'expérimenter les choses pour lesquelles ils sont initialement venus s'incarner sur Terre !

ES/B : C'est exact, et c'est pourquoi quelques individus, et seulement quelques-uns, sont capables d'accéder aux deux mondes : la réalité ultime et le monde matériel en même temps. C'est parce qu'ils comprennent qu'ils sont ici pour une raison précise et qu'ils doivent également s'engager à terminer la mission qu'ils ont commencée tout en travaillant avec les royaumes spirituels. Pour ce faire, ils doivent être ancrés et être capables d'équilibrer les deux mondes de la réalité ultime et de la matière.

Mes pensées se sont alors tournées vers les dynasties chinoises du passé.

ES/B : Oui, c'est vrai. Ils ont pris conscience qu'ils allaient se réincarner et que la vie et leur vrai soi étaient perpétuels. Après avoir établi cela, ils ont décidé qu'il était préférable de profiter de la vie sur Terre plutôt que d'attendre des lendemains qui chantent, et ils ont donc abandonné la nécessité de terminer leurs expériences terrestres, retardant ainsi leur évolution jusqu'à leur prochaine incarnation. Au lieu de cela, ils ont choisi de mener une vie de décadence. Il en a résulté que cette conviction s'est perpétuée au-delà du cycle normal de vie et de mort associé à la réincarnation, et qu'ils ont cessé d'évoluer pendant plusieurs vies. En fait, ils ont contracté un karma considérable, et il a fallu à certains d'entre eux de nombreuses vies pour le purger. Certains d'entre eux sont encore en train de rattraper leur retard.

MOI : Il faut donc vraiment être spécial pour travailler avec les mondes spirituels au sein de la matière.

ES/B : Oui, il faut avoir atteint un niveau assez élevé dans l'échelle de l'évolution et être dévoué aux deux causes dont on a assumé la responsabilité, c'est-à-dire celles qui consistent à se concentrer sur l'environnement soutenu par les fréquences plus élevées du multivers (la réalité plus vaste) et les fréquences plus basses de l'univers physique.

Le rôle des extraterrestres

L'Histoire de Dieu

Un mardi, j'ai ouvert mes chakras et je me suis demandé quel serait le thème de la journée. Alors que je pensais à parler des extraterrestres, j'ai senti une présence dans ma conscience.

MOI : Qui est là ? Byron ? La Source ?
ES/B : La Source, Byron, nous deux, car nous sommes un tous les deux, de même que nous sommes un avec toi.

À cette époque, je ne me préoccupais pas du niveau vibratoire auquel je me trouvais, car je savais désormais que la communication était indépendante du niveau atteint. Tout ce dont j'avais besoin, c'était d'une intention et d'une conviction.

MOI : Que viennent faire les extraterrestres dans le schéma général de l'univers ?
ES/B : Ils font partie du plan général. Et à ce titre, ils travaillent pour le bien du Tout. Bien sûr, certains d'entre eux sont aussi ignorants que les humains et ne travaillent, par conséquent, que pour leurs propres fins. Mais la plupart d'entre eux sont très évolués et font tout ce qu'ils peuvent pour soutenir leur propre évolution et celle des autres ainsi que de l'univers tout entier. Ils se consacrent à l'élévation des niveaux vibratoires de l'univers afin de le ramener à ce qu'il était à l'époque qui a suivi la séparation de Mon/notre soi. Les humains font partie de ce projet car, comme tu le sais, le libre arbitre indépendant est la grande expérience qui permettra à l'univers d'évoluer plus rapidement.

Byron s'exprime sur l'auteur en tant qu'Om

Cette communication s'est terminée aussi vite qu'elle avait commencé, sans savoir que j'en reparlerais le lendemain avec Byron, à son initiative, mais de manière différente. Je me trouvais toujours au niveau de la Terre, mais je parlais à Byron via ce que je visualisais comme un tube ou une dérivation reliant le 27e niveau et le niveau de la Terre (le niveau 1).

MOI : Salut Byron, je suis toujours au niveau de la Terre. Comment puis-je te parler ? Es-tu toi-même au niveau de la Terre ?
B : Non, je suis toujours au 27e niveau mais je communique avec toi via une dérivation que tu as créée.
MOI : Oh, et comment ai-je fait ça ?
B : Je l'ignore, mais ça fonctionne.

L'Histoire de Dieu

Un peu confus quant à la façon dont j'avais créé une dérivation sans savoir comment ni même que je l'avais créée, j'ai poursuivi en enchaînant sur le dialogue que je souhaitais engager.

MOI : Je voulais aborder le sujet des extraterrestres et de ma place parmi eux.
B : OK, mais je vais d'abord commencer par une déclaration de réalité : tu fais partie d'une race d'êtres appelés les « Om ». Vous êtes une race d'êtres de lumière qui parcourent l'univers en visitant différentes galaxies.
MOI : Et comment en suis-je venu à me retrouver incarné ici sur Terre ?
B : Tu as été informé du travail qui se déroulait sur le plan Terrestre et tu as compris à quel point il était important et essentiel à l'évolution de l'univers. En prenant conscience de cela, tu as entrepris un travail sacré sous la direction de l'Entité Source afin d'aider les occupants de la Terre à se souvenir de la Connaissance et de la Vérité.
MOI : Ce travail ne semble pas avoir très bien fonctionné...
B : Si, au contraire, mais pas de la manière dont tu le souhaitais. Tu t'attendais à ce qu'il y ait sur Terre des centres d'excellence afin de conserver la Connaissance et la Vérité. Ces centres ont bien existé, mais les Égyptiens ainsi que d'autres civilisations remarquables en ont abusé dans le but de contrôler leurs semblables. Au cours de plusieurs vies, tu as pu contribuer à maintenir en vie cette Connaissance et cette Vérité dans l'esprit de quelques individus dévoués et conscients, c'est-à-dire éveillés, tels que des Maîtres spirituels et des croyants dévoués à la Vérité.
MOI : Et où en sommes-nous maintenant ?
B : Toi et les Om, vous avez contribué à ramener la Terre à un état où la Connaissance et la Vérité sont connues et crues par un nombre croissant de personnes. Nous en sommes maintenant à un point où nous disposons presque de la masse critique nécessaire pour nous permettre d'élever à nouveau la fréquence de la Terre aux niveaux auxquels elle devrait se trouver. Tu t'es réincarné dans une période très importante. Les Om sont une race d'êtres de lumière qui ne font qu'un avec Dieu. Tous les êtres ne font bien sûr qu'un avec Dieu, mais les Om évoluent à des fréquences plus élevées. Lorsque tu as entrepris le travail le plus sacré et le plus important de tous sur Terre, tu as pris un engagement spécial et massif dont la concrétisation s'est déployée sur de nombreuses vies.

L'Histoire de Dieu

MOI : Alors, quel est mon travail dans cette vie si la masse critique est presque atteinte ?
B: Tu dois contribuer au processus de prise de conscience. Cela consiste à révéler au grand public les choses qui ont trait à la spiritualité et auxquelles il peut s'identifier et qu'il peut mesurer. Tu lui montreras que ce n'est qu'une petite partie des questions spirituelles qui le concerne, sachant que même si la spiritualité possède un côté plus physique, ce travail n'a qu'un but de démonstration afin d'attirer son attention. Une fois que tu auras capté son attention, tu seras en mesure de lui communiquer et de lui enseigner la réalité et la vérité, le schéma global de l'univers. Tu devras être pur d'esprit, de corps et d'âme, et par conséquent tu ferais mieux de commencer à te purifier.

Byron me présente Hum

Le lendemain matin, j'étais en train de m'ancrer et d'ouvrir mes chakras lorsque j'ai eu l'impression que Byron se tenait près de moi et qu'une autre entité se trouvait à ses côtés. Elle portait un costume argenté qui semblait dépourvu de coutures et donnait l'apparence d'une tenue spatiale sans fermeture ni boutons. J'ai élevé ma fréquence à celle du 27e niveau et j'ai salué Byron.

B : Bonjour, je te présente *******.

J'étais bien incapable de prononcer le nom de cette nouvelle entité.

B : Tu ne peux probablement pas prononcer son nom, alors nous l'appellerons « Hum ».
MOI : OK. Et pourquoi Hum est-il ici ?
B : Il est aimé des Om, tout comme toi, et il pourra t'aider dans toutes les questions que tu te poses sur les races extraterrestres de l'univers et des autres univers. Il t'aidera également à communiquer avec elles de manière à ce que tu puisses approfondir tes connaissances.
MOI : Pourquoi porte-t-il cette combinaison argentée ?
B : C'est juste pour que tu puisses me distinguer de lui. Il t'aidera à comprendre les autres races.
MOI : Je dois y aller maintenant.
B : Très bien. L'objectif était de te présenter Hum, et voilà qui est fait désormais.
MOI : Merci à vous deux.

L'Histoire de Dieu

Byron s'exprime sur le principe d'unité avec notre soi supérieur

Après mon retour au Royaume-Uni depuis la Crète, ma première méditation matinale m'a littéralement expédié en un éclair au 27e niveau où je souhaitais rendre visite à Byron. En arrivant sur place, j'ai eu l'impression d'être désolidarisé de moi-même et de rebondir en tous sens comme sur un trampoline.

B : Ton ascension jusqu'à mon niveau a été trop rapide pour que ton esprit conscient puisse suivre. C'est la raison pour laquelle tu te sens comme à distance de toi-même et que tu te vois rebondir dans tous les sens.

MOI : Voilà qui est intéressant !

B : Tout à fait. C'est l'une des méthodes grâce auxquelles tu peux contacter ton soi supérieur et véritable. Il peut toutefois arriver que tu le fasses en remontant les fréquences trop rapidement et en laissant littéralement ton esprit conscient derrière toi. Ton esprit conscient t'empêche généralement de faire cela en te faisant penser à d'autres choses, comme ces petits travaux à la maison ou au jardin que tu finis toujours par exécuter. Mais cela reste une méthode efficace pour entrer en contact avec ton soi supérieur et véritable, ce qui te permettra alors de fonctionner davantage dans la conscience de ton soi supérieur que dans la conscience de ton esprit physique.

MOI : J'ai une question sur cette dualité des deux esprits. À la page 259 du livre X3 d'Adrian Dvir, « Entités de guérison et extraterrestres », l'auteur mentionne que l'esprit physique et l'esprit du soi supérieur fonctionnent en parallèle. Il précise que l'esprit du soi supérieur possède une copie de tout ce qui est vécu et enregistré par l'esprit physique et l'ajoute aux souvenirs plus vastes et aux connaissances de toutes les vies passées du soi supérieur et de l'Esprit. Ensuite, lorsque le corps physique meurt, Divir explique que les souvenirs physiques meurent tandis que les souvenirs qui ont été enregistrés par l'esprit du soi supérieur sont conservés. Je trouve cela vraiment troublant d'imaginer que la personne que je suis actuellement semble vraiment devoir disparaître et que ce qui en est conservé ne soit qu'une copie. (J'ai alors pensé au film d'Arnold Schwarzenegger, « À l'aube du sixième jour», dans lequel les souvenirs des gens sont conservés et transférés dans un clone.) Cela semblait procurer l'immortalité à l'individu jusqu'à la mise en service d'un clone avant même que l'original ne meure, illustrant ainsi le fait qu'il y avait en réalité dans ce scénario deux personnes et donc deux mémoires, et non une mémoire transférée d'un corps à l'autre.

B : Oui, c'est en grande partie vrai, et ce principe vaut pour la population générale des entités incarnées qui ne sont jamais conscientes de leur soi supérieur. Cependant, lorsque tu es vraiment en contact avec ton soi supérieur, tu as le contrôle total de qui tu es réellement, et tu as alors tendance à concentrer de plus en plus ton attention sur la conscience de ton soi supérieur. Tu es totalement capable d'accéder à tous les souvenirs et informations de tes vies antérieures accumulés dans l'esprit de ton soi supérieur. Et lorsque cela se produit, tu vois alors le corps humain pour ce qu'il est, c'est-à-dire un véhicule d'évolution, et non pas en tant que « qui tu es réellement ». Parce que ton attention est à présent portée sur ton soi supérieur plutôt que sur ton soi physique, tu te perçois comme ton soi supérieur. Ton attention est déplacée d'une partie de toi à une autre, c'est-à-dire vers le véritable toi. Le seul problème ici réside dans le fait que l'individu doit essayer de rester ancré lorsqu'il se trouve dans cet état ; faute de quoi, il semblera s'éloigner (ou se désolidariser) du corps physique. Et il en perdra alors le contrôle. Lorsque ton attention est focalisée sur le soi supérieur, tu n'éprouves pas le sentiment et la peur de ce genre de dualité mentale. Tu es capable de déplacer librement ta conscience entre le soi physique et le soi supérieur, créant ainsi un seul esprit, un ensemble unique de nouveaux souvenirs cumulés du soi supérieur et de souvenirs physiques, tout en perpétuant un sentiment d'unité. L'idée générale, c'est qu'une fois que tu seras capable de faire cela, tu seras en mesure d'interagir avec et de t'intégrer aux autres parties de toi-même, c'est-à-dire aussi bien celles qui sont incarnées que celles qui sont à l'état de pur esprit, en train de faire l'expérience de l'unité totale de ton véritable soi en tant qu'être multidimensionnel expérimentant de nombreuses choses et de nombreuses incarnations sur de nombreuses planètes et dans de nombreuses dimensions en même temps.

MOI : *Waouh ! Merci beaucoup. Maintenant je comprends.*

B : Pas mal pour une méditation de six minutes ! Mais bien sûr, le temps est différent lorsque l'on médite. Et n'oublie pas que les concepts, la connaissance et la compréhension se transmettent aussi par d'autres moyens que par la seule parole ou l'écrit.

Byron s'exprime sur l'accès aux souvenirs du soi supérieur

Le lendemain, je suis retourné voir Byron au 27e niveau et j'ai décidé de vérifier les commentaires qu'il avait formulés sur le fait de se déplacer trop rapidement à travers les niveaux de fréquence. J'ai traversé les niveaux en rebondissant du 27e au 15e, puis jusqu'au 30e, au 50e et enfin au 100e, avant de recommencer dans l'autre sens. Mais je me suis déplacé si vite que mon esprit physique commençait à perdre de vue l'esprit de mon soi supérieur. Je suis ainsi passé d'une galaxie à l'autre en un clin d'œil.

B : Tu me perds aussi. Je n'arrive pas à te suivre !

Je suis ensuite remonté au 100e niveau où j'ai vu une autre galaxie se former. Je l'ai reconnue comme étant l'Entité Source. Il/Elle m'a alors adressé la parole.

ES : Souviens-toi de qui tu es !

J'ai alors vécu quelque chose de totalement inattendu. J'ai reçu des impressions provenant d'un très grand nombre de vies en train d'être vécues. J'ai ainsi reçu des aperçus et des impressions d'images et de sentiments de l'endroit où je me trouvais et où j'avais été. J'étais un guerrier byzantin, un Romain, un Égyptien. J'ai vu un aéronef passer au-dessus de ma tête en Atlantide, j'ai vu des structures de bâtiments sur une autre planète, et j'ai aussi rencontré les Om que j'ai serrés dans mes bras.

J'ai eu l'impression qu'il y avait beaucoup trop de choses à comprendre pour ma conscience physique, de sorte que seules des impressions fugaces pouvaient être reçues et interprétées. Ainsi, de simples instantanés de ce qui m'était donné à voir étaient saisis par ma conscience physique et m'étaient retransmis.

Mais au moment où j'écris ces lignes, j'ai le sentiment qu'on m'a fait un cadeau en me faisant vivre cette expérience. Il faut dire que chaque fois que je détournais mon attention de mon esprit physique vers celui de mon soi supérieur via des méditations de l'essence pure, ou que je me déplaçais simplement trop vite à travers les niveaux de fréquence pour que ma conscience physique puisse suivre, je déplaçais aussi la concentration habituelle de ma conscience physique vers l'exigence plus diffuse de mon soi spirituel ou supérieur. En élevant ainsi mon niveau vibratoire, j'avais provoqué une expansion de ma conscience de manière à englober les recoins les plus éloignés de mon véritable soi. Cet élargissement de l'horizon de ma conscience était donc la conséquence logique d'une expansion de ma concentration. En termes de vision oculaire, cela reviendrait à utiliser pleinement la vision périphérique. On m'a ensuite confirmé que cette technique me permettrait de me concentrer sur la conscience de mon soi supérieur afin d'accéder à ses souvenirs de vies antérieures.

Quelques explications des Om sur la concentration, la focalisation et la méditation

Ce jour-là, ma méditation matinale s'avérait difficile, car mon esprit ne cessait d'errer vers des préoccupations plus terrestres. Après avoir finalement réussi à calmer mon esprit, je me suis projeté à nouveau au 20e niveau et j'ai regardé autour de moi. L'espace qui séparait le 20e du 21e était mince, alors je l'ai élargi pour plus de confort. Voyant l'apparence noire et grise habituelle de ce niveau, j'ai décidé d'élargir ma conscience à ce qu'était l'apparence réelle du 20e niveau. Celui-ci s'est instantanément transformé en une lumière blanche brillante et, au même moment, deux Om sont venus me saluer. Ils étaient heureux que j'aie pu voir à quoi ressemblait l'environnement réel du 20e niveau. En revanche, ils ressemblaient à des entités noires vaporeuses, mais j'ai réalisé que cela n'était dû qu'au contraste de leur apparence avec la lumière brillante et particulièrement irisée du 20e niveau. Ils m'ont alors expliqué que cette lumière était une pure lumière céleste. Puis, ils m'ont dit qu'ils allaient me donner une leçon de concentration. J'ai pensé que c'était très approprié.

Je me suis soudainement retrouvé sur une corde raide (sans stabilisateurs) en train de traverser un canyon aux États-Unis, sachant que je devais me concentrer à 100% sur la tâche à accomplir, au risque de perdre la vie. J'avais l'impression que le niveau de concentration exigé correspondait à une attention totale. Je ne faisais qu'un avec la corde sur laquelle je marchais et je savais exactement où placer mes pieds et comment répartir mon poids. Il n'y avait plus rien d'autre dans l'univers qui comptait ; je ne m'intéressais même pas à la vue magnifique qui m'entourait ou aux oiseaux qui volaient à mes côtés. J'étais totalement concentré sur la tâche à accomplir.

Ensuite, je suis retourné aux niveaux du plan Terrestre.

Quel excellent exemple de concentration et de focalisation ! Cette expérience m'a énormément aidé à comprendre ce concept.

Le jour suivant, j'ai commencé ma méditation et j'ai fermé toutes les portes de cet escalier en spirale descendante qui représentait le train de mes pensées terrestres. Chaque porte représentait une pensée différente et, par conséquent, une nouvelle distraction. J'ai alors ouvert tous mes chakras et je suis monté au 20e niveau en entraînant

L'Histoire de Dieu

avec moi quelques amis (que je supposais être des Om et qui se trouvaient au 14e niveau) par la même occasion. Ils ont alors réitéré la leçon de la veille sur la concentration, avant de déclarer que le funambule marchant sur la corde raide était un excellent exemple de concentration pure à 100%. Le niveau de concentration était tel que rien en dehors de la tâche à accomplir n'avait d'importance. Un funambule doit consacrer ces quelques minutes de sa vie uniquement à marcher sur la corde raide. Il ne peut pas permettre à des influences extérieures de s'immiscer dans sa concentration ou de l'en distraire.

C'est le niveau de concentration nécessaire pour toute méditation.

Les Om : Tu dois être suffisamment concentré pour consacrer ce bref moment au processus de méditation et à rien d'autre.

J'ai alors eu l'idée fugace de regarder ma montre pour savoir quelle heure il était, car je devais bientôt aller travailler. Les Om ont tout de suite compris et m'ont dit que c'était exactement de cela qu'ils parlaient. Même cette petite distraction a suffi à provoquer une spirale descendante due au manque de concentration.

Les Om : Ces dix minutes de méditation devraient être considérées comme sacrées et aucune autre pensée ne devrait interférer avec elles. Les distractions ne sont que le désir de l'esprit conscient de reprendre le contrôle. Lorsque tu accèdes à l'esprit de ton soi supérieur, ton esprit conscient sent qu'il perd en quelque sorte le contrôle et a peur de ne pas pouvoir le récupérer.

L'Entité Source s'exprime sur la préparation à la méditation
ES : Il existe plusieurs façons de calmer ton esprit en prélude à la méditation. L'une d'entre elles consiste à compter les battements de ton cœur, l'autre à te concentrer sur le rythme de ta respiration. Une autre méthode consiste à imaginer que tu caresses ton animal préféré ou que tu lances une balle à un chien. Toutes ces méthodes permettent de concentrer l'esprit sur une seule et unique chose. Tu peux également penser à une grosse sphère jaune planant au-dessus de ta tête, puis imaginer que ton esprit s'élève pour la rejoindre. Cette méthode fonctionne également. La concentration peut également être considérée comme une partie essentielle de la méditation, et même classée comme une méditation à part entière. Lorsque tu médites, tu dois te concentrer sur la méditation elle-même et non sur le bavardage oisif de ton esprit qui veut continuer à te contrôler et t'empêcher

L'Histoire de Dieu

d'accéder à ton véritable soi. Ce n'est que lorsque tu es pleinement concentré que tu peux méditer correctement ; la concentration exige que tu te focalises sur le processus de méditation et uniquement sur cela. Fixe-toi un bref rappel mental afin de savoir à quel moment ta méditation/concentration s'égare, et focalise à nouveau ton attention. La meilleure solution consiste à se concentrer sur quelque chose de simple.

La lumière céleste

Après avoir pleinement assimilé cette leçon, j'ai évoqué la lumière brillante du 20e niveau, et les Om m'ont de nouveau déclaré qu'il s'agissait d'une lumière céleste. Il ne fallait pas la confondre avec l'amour céleste expérimenté au 6e niveau. C'était la lumière de toutes choses et de rien, de tous les lieux et d'aucun lieu, de tous les univers et d'aucun univers particulier, de tous les temps et d'aucun temps, de toutes les dimensions et fréquences et d'aucune dimension ou fréquence, de tous les êtres dans tous les temps, dimensions, fréquences et univers en même temps. C'est ce qui rendait cette lumière si brillante ; car toute chose et toute entité y brûlait avec une intensité incommensurable. Puis, j'ai vu des points lumineux qui se déplaçaient çà et là, sur quoi on m'a expliqué qu'il s'agissait d'autres êtres spécifiquement alignés sur la fréquence du 20e niveau. C'est pourquoi ils étaient plus brillants que la lumière ambiante. Mes compères me paraissaient bien sombres dans l'éclat de cette lumière ambiante. Sur le plan Terrestre, ils auraient ressemblé à une lumière blanche/dorée brillante, mais ici, ils semblaient plutôt ternes en comparaison. J'ai voulu les embrasser tous et les remercier pour la leçon qu'ils m'avaient donnée ainsi que pour la patience dont ils avaient fait preuve pour me prodiguer leurs enseignements. J'ai perçu comme des sourires de leur part, puis j'ai senti qu'il était vraiment temps de reprendre la route et d'aller travailler.

Réminiscences mixtes de différents souvenirs et capacités

Lors de ma méditation suivante, j'étais plus concentré et déterminé à ne pas me laisser distraire. J'ai ouvert mes sept premiers chakras pour m'associer aux niveaux auriques, puis je suis passé aux niveaux supérieurs. En parvenant au 14e niveau, j'ai remarqué le tube (la dérivation) que j'avais mis en place pour permettre aux Om de passer directement au 20e niveau. À mon arrivée, j'ai senti la présence d'un autre être que j'ai supposé être l'un des Om.

L'Histoire de Dieu

L'Om : Nous sommes impressionnés par ton talent ; tu es en train de retrouver la mémoire.
MOI : Merci. Je commence en effet à me souvenir de certaines choses, mais pas de la manière dont je le voudrais.
L'Om : C'est-à-dire ?
MOI : Eh bien, je sais que je peux accomplir certaines choses, comme construire cette connexion qui relie les 14e et 20e niveaux, mais je ne me souviens pas de mes vies passées ou des lieux, des planètes, des galaxies ou des dimensions où j'ai vécu ou même de ma vie précédente en compagnie des Om.
L'Om : C'est intéressant que tu mentionnes cette vie précédente. Il faudrait vraiment que tu sois à côté d'un ordinateur lorsque tu médites afin de pouvoir rédiger aussitôt le contenu de nos entretiens, mais si tu ne peux pas le faire, nous ferons en sorte que tu puisses te souvenir de ce que nous te disons.
MOI : Et comment comptes-tu t'y prendre ?
L'Om : Nous te programmerons une fonction de mémoire à long terme afin que tu puisses télécharger tout ce qui t'a été communiqué.

Ce dialogue a en effet été tapé quelques heures après ma méditation. La conversation a littéralement rejailli de mon esprit pour se déverser sur le clavier. J'avais l'impression de me souvenir d'absolument tout !

Les Om s'expriment sur les Om qui prennent l'apparence d'une boule de lumière
J'ai alors décidé que je voulais voir la lumière céleste du 20e niveau et percevoir l'apparence réelle des Om.

MOI : Oh, mais tu me sembles presque humain, bien que sous une forme plutôt angélique.
Les Om : C'est parce que c'est tout ce que ton esprit est capable de gérer dans sa forme incarnée actuelle.
MOI : Puis-je voir à quoi vous ressemblez réellement ?
Les Om : Oui, mais tu nous verras seulement comme quelque chose que ta compréhension limitée actuelle est en mesure de traduire, mais dans tous les cas tu VERRAS vraiment plus tard.
MOI : Je vous vois comme une boule d'énergie lumineuse.
Les Om : Oui, c'est un bon exemple d'illustration de ce que nous sommes, et ton esprit peut l'utiliser comme un substitut de traduction pour quelque chose qu'il ne peut pas situer directement dans un

contexte reconnaissable. Tu as besoin d'un point de référence à partir duquel travailler. Si tu n'as pas l'expérience, dans cette incarnation, de ce à quoi ressemble un être énergétique, ton cerveau utilisera un substitut, un substitut que tu pourras comprendre comme signifiant « Ceci est un être énergétique ».

Comment « voir » un être énergétique

MOI : *Oh, dans ce cas dois-je « voir » un être énergétique, ou dois-je seulement le ressentir ou communiquer avec lui ?*
Les Om : Il existe des êtres énergétiques que tu ne pourras pas voir parce que leur énergie n'est pas visible. Elle est trop raffinée, bien trop fine pour être perçue, même avec tes yeux spirituels. Tu n'as pas vraiment besoin de les voir de toute façon, car tu reconnaîtras leur présence et tu pourras communiquer avec eux, bien que de manière limitée.
MOI : *Merci. Je dois y aller maintenant.*

Au cours de ces méditations et des souvenirs que j'en ai gardé, en particulier au moment où je tape le texte qui forme ces dialogues, je pense constamment que je me fais des illusions, que je ne fais que me parler à moi-même. Mais c'est la vitesse à laquelle me parviennent ces informations et leurs sujets spécifiques qui me font penser qu'il ne s'agit pas d'une simple conversation avec moi-même. De plus, certaines informations sont formulées d'une manière qui m'est étrangère. C'est pourquoi je sais, avec certitude, que ce n'est pas mon moi terrestre qui s'exprime dans ces dialogues.

L'Entité Source s'exprime sur l'intuition et le bon sens

MOI : *Au fil des années, il m'est arrivé à plusieurs reprises que la bonne réponse à une question me vienne à l'esprit avant d'avoir eu la possibilité de la trouver par la seule logique ou par la réflexion.*
ES : Oui, Je t'ai vu faire cela. Tu dois apprendre à faire confiance à ton intuition et à l'utiliser autant que possible. Si tu utilises cette faculté assez souvent, elle deviendra une seconde nature pour toi et te conduira à une communication instantanée avec ton soi supérieur. L'intuition est la façon dont le soi supérieur te donne une guidance interne. C'est la façon dont le soi supérieur (cette plus grande partie de toi qui se trouve encore dans l'énergétique) essaie de t'entraîner à commencer à utiliser les informations qui ne sont pas disponibles par la logique ou par l'intermédiaire de tes expériences terrestres mais uniquement par ton soi supérieur. Cela te pousse à faire confiance à

tes impressions en te mettant dans une situation où les informations intuitives sont correctes, tandis que cela ne t'apparaît ensuite comme tel qu'après être parvenu à la même conclusion par la logique terrestre. Par conséquent, tu apprends à faire confiance à ton intuition à mesure que tu obtiens un nombre croissant de preuves confirmant que les informations ainsi communiquées sont à la fois correctes et exactes.

L'utilisation du « bon sens » relève d'un principe similaire. Quand les gens disent : « Pourquoi ne fais-tu pas appel à ton bon sens ? », ils ne savent pas vraiment ce qu'ils disent. Le bon sens est en fait l'ensemble des connaissances et de l'expérience de tous les esprits incarnés dans l'univers, autrement dit : un véritable réservoir de connaissances. Ainsi, lorsque les gens utilisent leur bon sens, ils puisent intuitivement dans la richesse des connaissances qui leur est accessible par le biais de l'univers. Par exemple, lorsque des personnes utilisent leur bon sens pour effectuer l'entretien de leur voiture, elles ne possèdent peut-être pas elles-mêmes les connaissances et l'expérience nécessaires, mais elles sont capables de faire ce travail lorsqu'elles puisent intuitivement dans la connaissance universelle. Elles n'ont peut-être pas réellement besoin de « posséder » elles-mêmes l'expérience découlant d'un apprentissage direct, mais peuvent bénéficier de l'apprentissage des autres. Ceci est également vrai pour un esprit évolué et conscient qui peut avoir besoin des connaissances d'un grand inventeur ou d'un grand leader, mais qui n'a pas nécessairement le temps de passer toute une vie à acquérir l'expérience ou les connaissances nécessaires afin de l'aider à résoudre un problème spécifique de sa vie quotidienne. Le bon sens peut également s'appliquer à des connaissances récemment acquises, en ce sens que ce qu'un esprit a appris il y a deux minutes de cela pourrait être utilisé comme bon sens par un autre esprit au même moment ou deux minutes plus tard.

L'Entité Source s'exprime sur les douze Entités Sources

Le jour suivant, je me trouvais de nouveau en dehors de l'univers et je parlais à l'Entité Source, l'une des douze entités qui se sont séparées d'une autre entité plus grande encore : l'Origine. Bien sûr, l'objectif de leur création est d'en savoir le plus possible sur Elles-mêmes et sur l'univers et de faire remonter l'information acquise jusqu'à l'Origine pour Son propre apprentissage et Sa propre connaissance, ainsi que pour Leur propre apprentissage et connaissance collectifs.

L'Histoire de Dieu

MOI : Combien d'Entités Sources êtes-Vous au total ?
ES : Nous sommes douze.
MOI : Et Votre but est d'apprendre ?
ES : Oui, c'est le but de tous les êtres que l'Origine a dotés d'une individualité.
MOI : Et que font les autres Entités Sources ?
ES : Elles font la même chose que Moi et toi : Elles essaient de se découvrir Elles-mêmes et de transmettre la connaissance collective ainsi acquise au Tout, afin que le Tout puisse progresser.
MOI : Et comment les autres Entités Sources s'y prennent-Elles ?
ES : Chacune de Nous a choisi une voie d'évolution différente. J'ai choisi de Me diviser en deux, un côté de Moi restant uni et l'autre étant constitué de plusieurs milliards d'âmes dans un certain nombre d'univers et dans un nombre fini de dimensions (mais ce nombre est néanmoins infini pour toi). Chacune a sa propre individualité et sa propre collectivité. L'une d'Elles a décidé de rester indivise et de contempler seule les raisons de Son existence. Une autre S'est divisée en quatre, tandis qu'une autre encore S'est totalement divisée en un milliard d'âmes, etc.
MOI : Mais pourquoi n'êtes-vous que douze Entités Sources ?
ES : Et pourquoi pas ? C'est le nombre d'entités que l'Origine a décidé de détacher d'Elle-même.
Moi : Le nombre douze semble significatif ! N'y avait-il pas douze apôtres et douze Maîtres ascensionnés, et même un conseil des douze ?
ES : Oui, et tout cela est dû aux autres Sources qui visitent Ma zone de responsabilité, y compris Moi-même. Chaque Maître ascensionné était en réalité une Entité Source essayant d'apprendre en dehors de Sa propre zone de responsabilité. Tu constateras également qu'il n'y a que douze dimensions utilisées dans Mon univers, bien qu'en réalité elles soient infiniment finies (c'est-à-dire finies en tant que telles, mais infinies pour toi).
MOI : Et dans combien de temps penses-Tu que cet apprentissage sera terminé et que Vous toutes, les douze Entités Sources, retournerez à l'Origine ?
ES : Qui sait ? Il n'y a aucun plan.

Partie 2 : L'Histoire de Dieu

L'Histoire de Dieu

Chapitre 4: L'Histoire de Dieu

À la rencontre de l'Origine

Au cours d'une méditation matinale, je me suis demandé si les informations que j'avais recueillies au terme d'innombrables méditations valaient vraiment la peine d'être publiées. Sachant que beaucoup d'autres auteurs avaient déjà écrit des livres de ce genre, et qu'ils se comptaient par milliers, j'avais le sentiment qu'un livre supplémentaire du même type n'aurait pas suffisamment d'impact pour faire évoluer ce « bon » travail vers un niveau de sensibilisation ou de discussion supérieur. J'avais donc besoin d'indications quant à la voie à suivre.

J'avais déjà découvert que je pouvais explorer différents niveaux de conscience jusqu'au 100e niveau et au-delà. Chaque niveau correspondait à un niveau de fréquence égal à celui qu'expérimentent les guérisseurs qui possèdent la capacité de ressentir les sept niveaux de fréquence de l'aura humaine (selon la compréhension populaire actuelle de celle-ci). Après y avoir mûrement réfléchi, je me suis retrouvé à me concentrer sur la fréquence qui m'avait conduit à l'Entité Source (un être énergétique avec lequel j'avais déjà été en contact au cours d'un certain nombre de méditations, et avec lequel je le serais encore au cours de canalisations ultérieures) et j'ai franchi d'un coup le 100e niveau pour Lui parler.

MOI : J'aimerais que Tu me donnes des indications sur le sujet principal que devrait aborder le livre que je suis en train d'écrire.
ES : Tu devrais écrire sur l'histoire de Dieu.
MOI : Quoi ?!
ES : Cela n'a pas encore été fait car la plupart des gens qui sont en contact avec Dieu sont en fait en contact avec Moi et non avec l'Origine.

Qui est l'Origine ?

MOI : Et qui est l'Origine ?
ES : L'Origine est l'entité dont Je fais partie ; c'est celle dont Nous, les douze Entités Sources, Nous sommes séparées afin de comprendre ce que Je/Nous sommes.
MOI : Donc, je n'ai pas encore été en contact avec l'Origine ?
ES : Tu l'as été, mais seulement de façon fugitive.
MOI : Dois-je parler avec Lui/Elle ?
ES : Oui, c'est le meilleur point de départ.

J'ai alors appelé l'Origine dans mon esprit en espérant qu'Elle me parlerait. À ce moment-là, je me suis retrouvé à l'extérieur du multivers contrôlé par l'Entité Source que j'associais à Dieu et mon regard s'est porté plus loin encore, sur un endroit où j'ai vu une coalescence de lumière.

MOI : Origine, puis-je Te parler ?
O : Oui, tu le peux.
MOI : Où es-Tu exactement ?
O : Partout et nulle part à la fois.
MOI : Je voudrais connaître Ton histoire.
O : En as-tu le temps et la patience ?
MOI : Je pense que oui.
O : Alors Je vais commencer.

Je me suis mis à glousser en moi-même. J'avais l'impression d'avoir affaire à un de ces vieux « conteurs d'histoires »...

Chapitre 5: Au commencement

L'Origine s'exprime sur la création d'une plus grande conscience de soi via les douze Entités Sources

O : Au commencement, Je n'avais pas conscience d'être consciente et Je me contentais d'exister. Tu peux imaginer cette situation en te contentant d'« être » simplement là et en écoutant tout ce qui se passe autour de toi sans porter de jugement sur quoi que ce soit ou sans essayer de comprendre ce qui se passe. À un moment donné au cours des millénaires, J'ai décidé que J'avais conscience de vouloir en savoir davantage sur ce qui se passait autour de Moi et en Moi.

MOI : Y avait-il d'autres formes de vie autour de Toi à ce moment-là ?

O : Là où il y a de l'énergie, il y a finalement de la conscience et de la vie, mais la conscience n'est pas la vraie vie tant qu'elle n'est pas éveillée. Il y avait beaucoup de vie à ce niveau de conscience que tu qualifierais de « niveau végétatif de la conscience », mais pour Moi, c'était seulement comme les cellules qui peuplent ton corps. Tu sais qu'elles sont là, mais tu ne peux pas communiquer avec elles car elles n'ont pas encore ce niveau de conscience, et toi non plus d'ailleurs. En continuant de réfléchir à ce besoin de conscience, J'ai décidé de Me scinder en treize parties, l'une d'elles étant Moi et les douze autres étant d'autres parties plus petites de Moi que J'ai dotées d'une conscience et d'une sensibilité individuelles, ainsi que d'un besoin inhérent de chercher à comprendre la conscience et son éveil. La façon dont Elles s'y prendraient dépendait d'Elles, mais Je les ai chargées de revenir vers Moi avec des réponses à Mes questions.

MOI : Donc, tu as pris conscience de Toi-même et Tu as voulu en savoir plus ?

O : Oui, c'est exact. La tâche des douze autres parties de Moi était d'en savoir plus sur cet environnement qui était Moi.

MOI : Y en a-t-il d'autres comme Toi ? Je ne sens que Toi.

O : C'est parce que tu es en Moi en ce moment-même.

MOI : Il doit pourtant bien y avoir une limite au nombre de niveaux que je peux franchir pour rencontrer d'autres êtres supérieurs, et Tu dois l'être, cette limite, parce que je ne peux rien imaginer au-delà de Ton niveau.

O : C'est à cause de ton point de vue limité.

L'Histoire de Dieu

MOI : Mais en existe-t-il d'autres ? Y a-t-il un niveau supérieur au Tien ?

J'ai alors essayé de regarder plus loin et je me suis soudain retrouvé dans un autre environnement où il y avait d'autres Origines. C'était vraiment bizarre et je me sentais très déconnecté de tout.

Un point de départ où tout « est », simplement

MOI : Il doit bien y avoir une fin à tout cela quelque part ?
O : Oui, il y en a une, mais tu ne l'accepteras pas le moment venu parce que ton cerveau considère qu'il doit y avoir quelque chose de plus grand. Comprends simplement qu'il doit y avoir un début, un moment où tout « est », simplement, jusqu'à ce que ce « tout » en prenne conscience.
MOI : J'ai vraiment du mal avec ce concept. J'ai l'impression que mon cerveau est sur le point d'exploser à force d'essayer de comprendre.
O : Je vois ça.
MOI : Donc s'il y a de nombreuses Entités qui contrôlent les multivers pour apprendre ce que signifie la conscience et pour expérimenter différentes choses, comment peuvent-Elles s'appeler Dieu quand une personne comme moi ou n'importe quelle autre personne dit qu'elle est en contact avec Dieu ?
O : C'est parce que nous faisons tous partie du tout. Si tu donnes un nom au tout et que ce nom est « Dieu », alors Nous sommes tous Dieu. Nous savons que Nous sommes Dieu parce que Nous sommes en contact avec le tout et avec Nous-mêmes en même temps. Nous ne savons pas faire autrement parce que Nous ne sommes pas « coupés » de Dieu comme tu l'es actuellement ; par conséquent, Nous Nous appelons Dieu parce que c'est ce que Nous sommes. Nous sommes tous une seule et même entité ; Nous sommes tous Dieu.

L'Origine tourne son regard sur Elle-même

MOI : Alors, comment as-Tu pris conscience de Toi-même et décidé que Tu voulais en savoir plus sur Toi-même ?
O : Quand J'ai pris conscience que j'existais, J'ai décidé de regarder en Moi-même et de voir ce que J'étais. J'ai été surprise de constater que J'étais beaucoup de choses à la fois.
MOI : Comment T'y es-Tu pris ? Ça a dû être une tâche énorme ?
O : C'était... Imagine que Je suis la mer, et ensuite imagine l'émerveillement qui a été le Mien lorsque J'ai découvert que

L'Histoire de Dieu

l'équivalent des poissons et des crustacés faisaient également partie de Moi.

Je me suis alors retrouvé à regarder en moi-même, à scruter le plus profond de mon être. Soudain, j'ai eu l'impression de flotter dans l'espace et d'observer des choses aussi petites que des cellules et des bactéries, et je me suis émerveillé devant la diversité de la vie en moi dont je n'avais jusque-là aucune idée en termes d'expérience personnelle.

O : Oui, c'est ça, sauf que ce que J'ai vu, c'était différents types d'énergie dans différentes densités et différentes fréquences, et certaines de ces énergies n'étaient présentes qu'à certains niveaux dimensionnels. Certaines d'entre elles se répandaient dans de nombreuses dimensions et changeaient d'apparence selon les différentes dimensions dans lesquelles elles se trouvaient. Elles se comportaient toutes différemment, toujours en fonction de la dimension dans laquelle elles se trouvaient ou selon le nombre de dimensions auxquelles elles étaient associées.

MOI : Mais ces énergies avaient-elles également pleine conscience d'elles-mêmes ?

O : Non, mais certaines développaient cependant une conscience rudimentaire, ce qui constitue la première étape vers la connaissance de soi-même. La tâche était si grande qu'il m'a fallu littéralement des millénaires afin de parcourir chaque partie de Mes « différents niveaux ». Pour Me déplacer à l'intérieur de Moi-même, Je focalisais mon attention sur tel ou tel point, et Je m'y retrouvais instantanément, voyageant ainsi à l'intérieur de Moi-même tout en ayant la capacité de créer à l'intérieur de Moi-même tout ce que Je désirais sans aucun obstacle ni aucune limitation.

L'Origine comme fin

J'ai alors soudain compris la vérité. L'Origine était Elle-même la fin, et tout se déroulait à l'intérieur de l'Origine. Les douze autres « Entités Sources » étaient toutes séparées de l'Origine mais étaient toujours contenues à l'intérieur de l'Origine. Elles semblaient même passer autour du bord extérieur de l'Origine. C'est là que tout est devenu confus et embrouillé pour moi. Je pouvais voir les autres entités et leurs propres expériences se dérouler devant moi, et tout autour de moi se trouvait cet environnement qui était l'Origine.

L'Histoire de Dieu

O : C'était fantastique de voir différentes parties de Moi-même faire des choses dont Je n'avais absolument aucune idée. Finalement, J'en suis arrivée au point où J'avais besoin de creuser de plus en plus profondément en Moi-même pour comprendre ce qui s'y passait. En faisant cela, J'ai remarqué les dimensions ou fréquences de niveau inférieur et J'ai réalisé qu'il était possible d'avoir différents niveaux de fréquence au sein d'une seule et même dimension.

MOI : *Tu veux dire comme des dimensions dans les dimensions ?*

O : Oui, J'ai remarqué qu'à un certain niveau, J'étais beaucoup plus lente et que J'avais du mal à accéder au reste de Moi-même.

L'Origine se décompose en douze parties

MOI : *S'agirait-il des niveaux physiques ?*

O : Oui, et d'autres niveaux similaires. C'est à ce moment-là que J'ai pensé qu'il serait intéressant de découvrir comment Je réagirais si J'étais dans une position où Je serais totalement coupée de Moi-même. C'est ce que J'ai fait pendant une période de temps indiscernable, mais J'ai découvert que Je n'apprenais pas grand-chose en réalité, puisque Je n'avais pas de tâche à accomplir. J'ai alors décidé de créer ces autres parties de Moi-même et de leur donner l'opportunité de faire la même chose, chacune de Nous observant et apprenant ce qui se passait en l'expérimentant. Et de ce point de vue, ton niveau est le plus bas, le plus difficile et le plus fructueux en termes d'expériences d'apprentissage.

MOI : *Et qu'est-ce qui T'a poussée à choisir le nombre 12 comme nombre de parties différentes à détacher de Toi-même ?*

O : Ce nombre reposait sur la distinction constatée entre les différents niveaux des dimensions qui existaient en Moi. J'avais en effet remarqué qu'il y avait une différence spécifique, et qu'elle se composait de douze parties. Alors, quand J'ai décidé que Je voulais en savoir plus sur Moi-même, Je me suis dit que ce serait une bonne idée que des parties de Moi concentrent leur attention sur chacune de ces douze zones dimensionnelles. Puis, en fouillant plus profondément en Moi-même, J'ai également remarqué que ces douze zones dimensionnelles étaient également subdivisées en douze sections, et que chacune était séparée par douze octaves dimensionnelles où chaque octave représentait un groupe de trois dimensions.

MOI : *Ne serait-il pas préférable dans ce cas de parler de « tritave » ?*

L'Histoire de Dieu

O : C'est possible, mais Je me suis dit que le terme « octave » sonnait mieux et pourrait être plus facilement compris par toi compte tenu de ton niveau actuel d'incarnation et de ta capacité à accéder à la base de connaissances commune lorsque tu utilises ton esprit conscient.

Les 12 x 12 x 12 x 3 niveaux dimensionnels différents

MOI : Tu as donc en réalité 12 x 12 x 12 x 3 niveaux dimensionnels différents, soit un total de 5 184 dimensions.
O : Oui, et chacun est divisible par une dimension majeure ou « octave ». C'est pourquoi les nombres 12, 4 et 3 sont ici importants. C'est comme lorsque tu as une « douzaine » de boulanger (comme dans l'expression « 13 à la douzaine ») où ce 13, c'est les 12 plus 1 Moi !, ou bien les douze disciples et 1 Jésus : Moi !, ou encore les 3 jours nécessaires pour que l'esprit quitte totalement un corps humain mort, ou les 4 octaves par dimension (les trois plans physiques dans ton cas, plus 1 « temps »). De plus, tu peux créer n'importe quel nombre à partir de la manipulation des chiffres 4, 3 et 1.

J'ai essayé, et Il/Elle avait raison. On peut créer n'importe quel nombre sur cette base.

MOI : Et qu'en est-il des différents niveaux de fréquence ?
O : Les dimensions et les fréquences sont, en réalité, la même chose ; cependant, dans un cas elles sont séparées tandis que dans l'autre elles sont groupées.
MOI : Tu peux développer ?
O : Avec un changement de fréquence, la matière (spirituelle ou physique) s'éloigne de sa partie fréquentielle inférieure ; alors qu'avec un niveau dimensionnel plus élevé, la matière (spirituelle ou physique) se trouve au même endroit que sa partie dimensionnelle inférieure. Une dimension est donc recouverte par le temps plutôt que par la fréquence, qui est séparée par la vitesse d'une molécule et l'espace qu'elle occupe.

J'ai essayé de visualiser à quoi cela pouvait bien ressembler, et j'ai commencé à avoir mal au crâne à force de repousser les limites de mes capacités mentales.

O : Tu y vas trop fort. Essaie de penser à cela en ces termes : J'ai chargé chacun des douze Moi de travailler dans une certaine gamme de dimensions ; celles-ci ont été subdivisées en douze niveaux. Il y a douze autres niveaux qui séparent les niveaux entre chacun de ces niveaux, et ceux-ci ont été subdivisés à nouveau par trois afin de ramener la structure au niveau dimensionnel ou fréquentiel le plus bas. Trois d'entre eux créent ensemble un environnement fonctionnel que J'appelle une « octave ». Vous, les humains, vous vivez dans les trois fréquences inférieures qui constituent le premier niveau dimensionnel au sein de la zone de responsabilité évolutive d'une Entité Source particulière.

MOI : Et quel est le rapport de tout cela avec l'existence d'univers différents ?

O : Comme indiqué précédemment, chaque Source a créé autant d'univers qu'il Lui en fallait afin d'acquérir de l'expérience et d'évoluer. Plus simplement, à l'intérieur de chaque niveau dimensionnel, il peut exister un univers totalement séparé, chacun d'eux étant tout aussi important que les autres mais en abordant d'une manière différente la question de l'évolution. Chacun est donc indépendant de l'autre, mais ils sont tous également tributaires et interdépendants les uns des autres.

MOI : Donc ce lien est la raison pour laquelle il est possible de voyager à travers d'autres dimensions ou d'utiliser d'autres dimensions pour voyager instantanément dans notre dimension ?

O : Oui, comme Je te l'ai indiqué auparavant, il est nécessaire de disposer d'une porte dérobée.

MOI : Mais pourquoi as-Tu permis à toutes les Entités Sources de subdiviser les dimensions en octaves ?

O : Je l'ai fait afin de Me permettre de faire l'expérience de tout ce qui Me concerne en descendant jusqu'au niveau des « quarks », comme vous diriez sur Terre, et encore plus bas. J'ai ressenti le besoin de le faire lorsque J'ai découvert que certaines parties de Moi perdaient contact lorsqu'elles se trouvaient aux niveaux inférieurs. C'est ce que vous vivez sur Terre en tant qu'êtres humains incarnés et projetés dans les niveaux les plus bas. Vous commencez à perdre le contact avec le reste de votre soi supérieur et à développer une conscience individuelle et même une connaissance de soi limitée car séparée du reste de vous-mêmes. Votre soi supérieur est, bien sûr, conscient de ce qui est vécu aux niveaux inférieurs, mais la partie de vous qui se trouve réellement dans ces niveaux inférieurs perd la capacité de communiquer avec lui à cause des limitations qui se présentent dans ces fréquences inférieures. Vous êtes comme un ver coupé en deux mais dont les deux parties sont toujours reliées entre elles par un fragment de sa peau. Le ver coupé se développe alors en deux vers séparés et finit par devenir deux entités distinctes, mais ce n'est pas votre cas parce que cette peau qui vous maintient ensemble, l'aura, ne se flétrit jamais et ne meurt pas. L'information accumulée dans le physique se trouve dans les deux zones, si bien que lorsque le physique meurt, l'information contenue dans la « conscience physique » est toujours maintenue dans la conscience spirituelle, tandis que votre attention est alors renvoyée vers l'esprit plutôt que vers le physique. C'est la raison pour laquelle vous ne devriez pas avoir peur de mourir physiquement, car votre conscience projetée est retirée du corps physique et non perdue, contrairement au corps du ver qui finit par se séparer de l'original lorsque le fragment de peau qui les reliait encore se flétrit et meurt.

L'Origine s'exprime sur le but de l'incarnation de l'humanité
J'ai ensuite décidé de demander à l'Origine quelles étaient les raisons principales de nos incarnations sur Terre.

MOI : Quelle est la raison principale de notre présence ici sur Terre ?
O : Vous êtes sur Terre pour expérimenter et pour apprendre de ces expériences et, ce faisant, évoluer tout en contribuant à l'ensemble.
MOI : Que dois-je faire pour cela ?
O : Tu dois faire un certain nombre de choses, et d'ailleurs le fait que tes discussions avec Moi soient limitées à de petites périodes de temps signifie que tu vis beaucoup de choses sur Terre, ce qui est en soi positif.
MOI : Alors, quelle est l'une de ces choses que je dois apprendre ?
O : Quel est ton plaisir ?
MOI : Quoi ?
O : Quel est ton plaisir ? Tu as besoin de ressentir du plaisir et de la joie. C'est l'une des choses que tu n'as pas encore vraiment saisies. Parfois, il est préférable de se détendre et de se contenter d'« être » là, de profiter des fruits de ton dur labeur et de ressentir le plaisir et la joie qui accompagnent la détente. Essaie de ne pas être trop absorbé par le fait de chercher à obtenir toujours plus ou à être meilleur, car il en résulte que tu n'es jamais satisfait de ce que tu as.
MOI : Voilà qui me parle ! Je crois que je sais exactement ce que Tu veux dire.
O : Vraiment ? Pourtant, tu n'as toujours pas pris le taureau par les cornes[7] de ce point de vue-là !

---

[7] Voir le glossaire pour plus de précisions sur le sens de cette expression.

L'Histoire de Dieu

Les approches variées de l'apprentissage mises en œuvre par les douze Entités Sources

MOI : Donc les douze Entités Sources ont déployé des approches différentes sur la façon dont Elles apprennent à se connaître Elles-mêmes et Leur environnement, c'est-à-dire Toi.

O : C'est exact. L'Entité Source avec laquelle tu travailles a décidé de dupliquer la façon dont je Me suis scindée en douze parties.

MOI : Est-ce pour cela que nous avons 12 x 12 x 12 x 3 dimensions ?

O : Oui, c'est exact. Si tu regardes les structures de certaines des autres Entités Sources, tu constateras qu'elles sont au nombre de 12 x 4 x 12 x 3, avec la multiplication par 4 qui découle du nombre de fois qu'Elles se sont divisées, c'est-à-dire le nombre d'univers qu'Elles ont décidé d'utiliser comme moyen de tout savoir sur Elles-mêmes.

MOI : Quand je regarde le nombre d'univers créés par mon Entité Source et la position que nous, les humains, y occupons pour y faire notre travail d'apprentissage, j'ai l'impression que nous sommes complètement en bas de cette grande pile d'univers, de dimensions et de fréquences.

O : Oui, en effet, mais c'est aussi là que vous marquez le plus de points en termes d'évolution, pour ainsi dire. Car comme Je te l'ai déjà dit, vous, ou du moins une partie de vous, êtes totalement coupés du reste de vous-mêmes, et vous devez donc faire beaucoup de choses sans l'avantage de vos fonctions supérieures. C'est un peu comme ce que Je t'ai expliqué précédemment, en ce sens que cela revient à ne pas avoir d'yeux, d'oreilles, de toucher, d'odorat ou de goût et d'essayer quand même de construire la Tour Eiffel.

MOI : C'est une tâche quasi-impossible à réaliser.

O : C'est vrai, mais d'une manière ou d'une autre, vous finissez tous par y arriver.

L'Origine s'exprime sur la rédaction de l'Histoire de Dieu par l'auteur

MOI : Comment veux-Tu que je raconte au monde l'Histoire de Dieu ?

O : C'est entièrement à toi d'en décider. Tu peux l'écrire en douze ou treize livres, chacun traitant des œuvres de chacune des Entités Sources et, bien sûr, de Moi-même. Ou bien tu peux écrire un livre de treize chapitres, chacun contenant une version abrégée de l'histoire de chaque Entité Source et de Moi-même. Cela te donnerait, à toi ainsi

L'Histoire de Dieu

qu'à ton public, un avant-goût de ce qui s'en vient, et leur donnerait également envie d'acheter d'autres livres.

MOI : Mais lequel dois-je écrire en premier ?

O : Tu pourrais commencer par écrire sur Moi et sur l'Entité Source qui s'occupe de tes univers. Ce sera le livre le plus populaire. Les autres livres ne seront populaires qu'auprès des personnes qui veulent connaître la vérité sur le reste de Moi, mais ils auront aussi leur public. J'entends tes pensées, et… non, il n'est pas nécessaire qu'ils prennent la forme de longs romans interminables. Produis un nombre de pages suffisant pour que les gens sentent qu'ils en ont pour leur argent, mais en générant un volume qui te permette de transmettre ce que tu as besoin de communiquer.

L'Origine s'exprime sur Sa sphère des douze et la fin de notre univers

L'Entité Source de la Terre comme partie indépendante et pourtant solidaire de l'Origine

Mon esprit a soudainement vu le reste des Entités Sources, et puis, tout aussi soudainement, j'ai zoomé sur la mémoire de l'Entité Source qui s'occupe des univers dans lesquels se trouve le plan Terrestre. J'ai alors ressenti de la joie et de l'émerveillement en réalisant qu'une partie d'Elle disposait à présent d'une conscience focalisée ; elle était indépendante, mais toujours solidaire de l'Origine. Le sentiment qui s'est emparé de moi était à la fois étrange et écrasant, comme s'il englobait tout.

J'ai regardé à nouveau l'Origine, et j'ai vu que la configuration des différentes Entités Sources n'était pas celle que j'avais observée auparavant : Elles se présentaient à présent comme des sphères individuelles flottant à l'intérieur de la sphère plus grande de l'Origine. Elles ressemblaient à la sphère de l'Origine qui avait été segmentée en douze parties.

MOI : Pourquoi cela a-t-il changé ?

O : Parce que tu es maintenant en mesure de comprendre ce qui s'est passé avec un plus grand degré de précision. Regarde ta propre Entité Source ; c'est une copie directe de Ma propre subdivision.

J'ai regardé l'Entité Source que nous appelons Dieu, et j'ai vu que c'était vrai. Chacune de ses douze divisions était également subdivisée en douze dimensions. Elles apparaissaient comme les veines

L'Histoire de Dieu

individuelles d'un ensemble de stores rétractables, chacune signifiant un autre plan d'existence, un autre niveau dimensionnel. Chacune occupait le même espace et le même temps, mais n'interférait pas avec l'autre. Chaque plan d'existence était divisé en trois niveaux qui permettaient l'approche du monde tridimensionnel que nous connaissons, ces trois niveaux représentant ensemble une octave dimensionnelle unique dans l'espace de l'Origine. C'était magnifique.

MOI : À propos de l'univers, il existe une croyance populaire selon laquelle il y aura une fin à l'univers. Que peux-Tu me dire à ce sujet ?
O : Eh bien, la réponse à la question selon laquelle il pourrait y avoir une fin à ton univers dépend de l'Entité Source qui a créé ton univers.

La fin de notre univers

MOI : Penses-tu qu'Elle mettra fin à notre univers un jour ?
O : Cela dépend de ce qu'Elle essaie d'accomplir. Souviens-toi, J'ai créé les Entités Sources afin de M'aider à M'explorer et à en savoir plus sur Moi-même à tous les niveaux. Les Entités Sources ont créé Leurs propres versions de Moi afin de dupliquer le travail consistant à Me connaître Moi-même. Elles jouissaient de leur propre libre arbitre quant à la façon dont Elles choisiraient d'y parvenir. Si cela signifie qu'Elles doivent ensuite démanteler les environnements qu'Elles ont créés, c'est un choix qui Leur appartient.
MOI : Mais pourquoi démantèleraient-Elles les environnements qu'Elles ont créés ?
O : C'est une question à laquelle tu pourras obtenir une réponse en posant toi-même la question à chacune d'entre Elles. En substance, Elles ne démantèleraient l'environnement qu'Elles ont construit que si cet environnement avait terminé le travail pour lequel il a été construit, ou s'il ne répondait pas à ses objectifs (et, par conséquent, avait besoin d'être modifié d'une manière ou d'une autre), ou bien encore si un changement complet d'orientation était nécessaire afin de rendre le processus d'exploration plus efficace.
MOI : Et qu'arriverait-il aux autres entités comme moi, par exemple, si l'Entité Source qui contrôle notre univers décidait qu'Elle avait terminé son travail ou qu'Elle était tellement sur la mauvaise voie que notre univers devrait être démantelé et reconstruit à partir de zéro ?

L'Histoire de Dieu

O : Tu fais partie d'Elle. Vous en faites tous partie, tout comme Elles font toutes partie de Moi. Une fois que la sentience[8] vous a été donnée, vous êtes considérés comme séparés de votre Entité Source. Le retour à l'Entité Source n'est pas quelque chose qui est imposé par la force à un être doué de sentience. C'est quelque chose que l'être s'efforce d'atteindre, à moins qu'il ne s'estime heureux dans sa propre singularité. Tout repose sur son libre arbitre. Cependant, une fois revenus à la Source, vous n'y restez pas coincés. Vous pouvez vous en détacher et expérimenter tout ce que vous désirez expérimenter par vous-même à tout moment. Vous ne perdez pas votre individualité en redevenant une partie du tout. Car en réalité vous n'avez jamais vraiment eu votre propre singularité parce que vous avez toujours fait partie de quelque chose de plus grand : l'Entité Source ou Moi, l'Origine ; mais du fait que l'Entité Source vous permet de disposer de votre propre système énergétique, vous manifestez une singularité complète par association de votre système à un noyau local. Ce noyau est la singularité qui permet à l'énergie qui est vous de conserver sa propre cohérence. Et c'est d'ailleurs d'une manière similaire que la cohésion de l'univers est assurée. Vous devenez donc votre propre entité tout en faisant partie d'une entité plus vaste. Cela vous donne également la capacité de vous regrouper afin de résoudre des problèmes ou d'expérimenter différentes choses, ainsi que de retourner à votre créateur, l'Entité Source, lorsque vous le désirez. Cela vous donne la flexibilité ultime d'être une partie singulière d'un tout plus petit que Moi, c'est-à-dire votre Entité Source, ou une partie du grand Tout, c'est-à-dire Moi, l'Origine.

Se regrouper pour créer
MOI : Je viens de recevoir dans mon esprit une image me montrant de nombreuses entités regroupées dans le but de former une entité plus grande que celle qu'elles ne pourraient jamais créer seules.
O : Oui, c'est un phénomène courant, et particulièrement utile aux entités qui participent à un tel regroupement, car ensemble elles peuvent accomplir bien plus de choses que si elles étaient seules ou juste à deux. Concrètement, elles ont la capacité de créer une version

---

[8] Sentience : traduit de l'anglais « sentience » qui désigne à la fois la sensibilité, la conscience en général, et la sentience à proprement parler en tant que capacité à ressentir les émotions, la douleur, le bien-être, etc., et à percevoir de façon subjective son environnement et ses expériences de vie (NdT).

plus petite des Entités Sources en unissant leurs énergies. Rappelle-toi ce vieux dicton selon lequel « qui se ressemble s'assemble ». Eh bien, il n'y a pas de dicton plus vrai, car toutes ces entités regroupées telles que tu les as vues dans ton esprit étaient exactement du même avis.

MOI : Et que faisaient-elles ?

O : Elles résolvaient un problème.

MOI : Et quel était le problème qu'elles cherchaient à résoudre ?

O : Celui de la connectivité interdimensionnelle entre les univers créés par les douze Entités Sources. Elles essaient de comprendre les mécanismes grâce auxquels tous ces univers restent unis en tant que singularité et en tant que tout. Elles s'intéressent également à la raison pour laquelle les entités qui font partie intégrante de l'univers qu'une Entité Source spécifique a créé n'ont pas encore migré depuis leur environnement vers celui d'une autre Entité Source, d'autant plus que cela est non seulement possible mais souhaitable d'un point de vue évolutif et expérientiel. La fertilisation croisée d'entités créées par une autre entité faisant l'expérience de l'existence dans un univers qui est étranger à leur création représente une opportunité des plus intéressantes pour atteindre une évolution optimale.

MOI : Est-il possible que nous soyons, en tant qu'entités indépendantes, heureux d'exister dans notre propre environnement et de ne pas migrer vers un autre ? Après tout, l'univers créé par mon Entité Source comporte plus d'un univers et un nombre incroyable de dimensions et de fréquences. Il doit être vraiment vaste pour abriter toutes formes d'existence. Tellement vaste, en fait, que j'imagine que ça doit être très particulier d'y rencontrer une autre entité, et encore plus s'il en existe assez pour peupler une planète entière.

O : Bonne observation. C'est l'une des raisons pour lesquelles il est peu probable que ton Entité Source mette fin à cet univers tout de suite. Il y a tant à faire et si peu d'entités pour cela. Plusieurs éternités s'écouleront encore avant que n'arrive le moment du démantèlement de votre univers. En tout cas, étant donné que tu disposes de ton propre noyau et de l'énergie environnante pour exister par toi-même en tant qu'entité dotée de singularité, tu ne disparaîtras pas lorsque l'Entité Source démantèlera ton univers, si et lorsque le moment sera venu pour Elle de le faire. Tu seras toujours présent et maintenu au sein de l'espace qui fait partie de l'Entité Source et qui n'est pas associé à un environnement spatial et dimensionnel. Tu attendras patiemment d'occuper le nouvel environnement qu'Elle aura conçu pour toi jusqu'à ce qu'il soit construit. Je suppose que c'est la question que tu voulais Me poser, c'est-à-dire : « existerons-nous après la fin de l'univers ? » Eh bien, comme Je te l'ai expliqué plus haut, la réponse est oui. Bien sûr, une Entité Source peut créer des entités qui ne sont pas singulières comme toi et, en tant que telles, ces entités retourneraient en fait à leur condition énergétique de base lors du démantèlement d'un univers. Cependant, ce choix appartient à la Source en question car Il/Elle a le libre arbitre de créer et de modifier ses créations à volonté.

MOI : Et une entité de mon Entité Source serait-elle démantelée si elle visitait l'univers d'une autre Entité Source voué au démantèlement ?
O : Cela ne s'est pas encore produit car il n'y a pas eu de migration entre les différents environnements des Entités Sources. Mais si cela se produisait, alors cette entité serait ramenée à son environnement d'origine par l'Entité Source qui procède à ce changement d'univers, car toutes les Entités Sources savent quelle entité est l'une des Leurs et laquelle ne l'est pas.

L'Origine s'exprime sur les dimensions, les fréquences et l'espace
Une autre méditation m'a permis de reprendre contact avec l'Origine et j'ai alors reçu un bref exposé sur le sujet de la masse et de la fréquence. Je venais de franchir la barrière fréquentielle dont je voyais qu'elle menait au 100e niveau et à la masse des étoiles qui représentent toutes les âmes sur le chemin du retour, lorsque je me suis retrouvé hors de la sphère dont je savais qu'elle représentait l'Origine dans Son intégralité.

MOI : Pourquoi puis-je Te voir comme une sphère ? Et pourquoi y a-t-il de l'obscurité tout autour ?
O : Tu exploites la capacité de voir au-delà de toi-même/Moi. L'obscurité que tu perçois n'est qu'un reflet de toi/Moi et n'est pas un espace dimensionnel ou « fréquentique[9] » réel.

Mon esprit s'est alors tourné vers les dimensions et les fréquences. Je me suis demandé si j'occuperais le même espace si je subissais une accélération vibratoire jusqu'à la fréquence ou dimension suivante.

O : Tu occuperais le même espace, naturellement. L'augmentation dimensionnelle et l'augmentation de fréquence n'affectent pas l'espace occupé par un être.

---

[9] Voir Glossaire.

L'Histoire de Dieu

MOI : Mais qu'en est-il de l'augmentation de la fréquence à laquelle la glace doit se transformer en vapeur ? Cela modifie bien l'espace dans lequel elle existe en raison de l'augmentation de l'énergie et du mouvement des molécules qui en résulte, n'est-ce pas ?

O : Ceci n'est vrai que pour certaines matières, c'est-à-dire les matières non associées à une âme ou à un être. La loi de l'univers est totalement différente de celle que l'homme connaît et comprend actuellement sur Terre. Une personne dont la fréquence est accélérée jusqu'au niveau suivant occuperait le même espace en raison de la volonté ou de l'intention de l'être d'exister dans le même espace. C'est une fonction automatique dont tous les êtres sont dotés, quelle que soit leur expérience évolutive, et il s'agit par conséquent d'une loi universelle.

Chapitre 6: Les Entités Sources prennent conscience d'Elles-mêmes et de Leur environnement

L'Entité Source s'exprime sur les expériences initiales des douze Entités Sources

Au cours d'une autre méditation, je suis passé d'une conversation avec l'Origine à un dialogue avec l'Entité Source qui a créé l'univers au sein duquel se trouve notre plan Terrestre. L'Entité Source a alors évoqué « les premiers jours/millénaires » des créations des douze Entités Sources.

ES : Lorsque nous avons été créées par l'Origine, Nous avons passé des temps immémoriaux à filer à des allures folles dans tous les sens dans notre nouvel environnement. C'était une expérience vraiment fantastique d'avoir une part de l'Origine en Nous-mêmes et de disposer d'une conscience à la fois singulière et connectée.
MOI : Et que faisiez-Vous d'autre ?
ES : Nous étions fascinées par les différentes dimensions, et par les ombres qui étaient créées dans une dimension donnée alors qu'elles avaient leurs origines dans une autre dimension.
MOI : Tu veux dire que pour tout ce qui est dans ma dimension, il y a quelque chose d'autre qui se manifeste dans toutes les autres dimensions ?
ES : Oui. Il s'agit du lien qui existe entre toutes les dimensions qui ont été reconnues comme étant constitutives de l'Origine.
MOI : Est-ce que cela s'applique à absolument tout ?
ES : Oui, et même jusqu'au plus petit élément.
MOI : Alors comment se fait-il que je ne voie que très peu de ces choses dans ma propre dimension ?
ES : Cela est dû au fait que ta dimension se trouve tout en bas de cette grande pile de fréquences. Non, désolé, Je ne dois pas t'embrouiller. Tu sais déjà que les dimensions et les fréquences peuvent exister de façon interdépendante mais aussi indépendamment les unes des autres. Je n'utiliserai donc plus le terme de « fréquence » pour décrire le niveau de fonctionnalité et de manifestation de l'existence entre les dimensions, car il est trompeur. Je me contenterai de dire que ta

L'Histoire de Dieu

dimension est au niveau le plus bas et que de ce fait elle présente une capacité limitée à laisser apparaître les ombres provenant d'autres dimensions. Il est bien plus probable que ta dimension projette de nombreuses ombres dans les dimensions supérieures. Mais bien sûr, ces ombres s'estompent à mesure que tu montes dans les niveaux dimensionnels supérieurs.

Des ombres dans la dimension Terrestre

MOI : Donc il y a bien des ombres dans ma dimension ?
ES : Oui, mais tu ne peux que les percevoir et non les voir avec tes yeux physiques. Certains animaux peuvent cependant les voir, car ils n'ont pas fermé leur connexion avec l'univers. N'as-tu jamais vu des chats lever les yeux et suivre le mouvement de quelque chose que tu ne peux pas voir ?
MOI : Oui, en effet.
ES : Eh bien, ils regardent l'ombre (ou ce que tu pourrais appeler « l'esprit », s'il s'agit de l'ombre d'un être).
MOI : Je pensais pourtant que tous les êtres supérieurs à notre dimension pouvaient se déplacer dans notre dimension ?
ES : Pas tous. Certains en revanche vivent réellement dans ta dimension. Mais à une fréquence plus élevée.
MOI : OK, est-ce que je peux revenir aux problèmes de fréquences et de dimensions un peu plus tard ? J'aimerais que Tu me parles de l'histoire de ce que Vous, les Entités Sources, avez fait juste après votre création ?
ES : Oui, bien sûr. Il te suffit de te connecter à Moi et de poser ta question.

Les premières expériences des Entités Sources après leur création

MOI : Alors, qu'as-Tu fait juste après avoir été créée ?
ES : Tout était si nouveau pour Nous et tout était si merveilleux. Nous Nous déplacions de haut en bas sur toutes les fréquences et expérimentions tout ce qui était Nous. Nous savions que tout ce que Nous vivions et apprenions était transmis à l'Origine ainsi qu'entre Nous, et donc, afin de tirer le meilleur parti de cette situation, Nous avons fait absolument tout ce que Nous pouvions imaginer.
MOI : OK, nous pourrons parler plus tard de ce que Vous avez fait de particulier. Qu'est-ce qui vous a poussées à vous scinder en douze comme l'Origine l'avait fait ?
ES : Après Nous être remises de ce déferlement de joie découlant de toute cette nouveauté, Nous Nous sommes réunies et avons décidé de

L'Histoire de Dieu

la meilleure façon de commencer la tâche à accomplir, cette tâche consistant à faire l'expérience de l'Origine, de Nous-mêmes, et de tout ce qui existait. Pour ma part, J'ai copié l'Origine et j'ai complété le processus de division, tandis que les autres Entités Sources ont choisi des voies différentes. Mais Nous étions toutes si impressionnées par ce que nous pouvions faire avec les énergies qu'il s'est écoulé une éternité (littéralement) avant que Nous ne découvrions à quel point Nous étions captivées) !

MOI : Et qu'y avait-il de si captivant ?

ES : Eh bien, Nous avons constaté que nous pouvions manipuler la façon dont la matière se manifestait en donnant plus ou moins d'énergie à une zone de matière dans une dimension spécifique. Nous avons été impressionnées par les formes et les motifs que Nous pouvions créer. Et en observant ces formes de plus près, Nous avons constaté que Nous avions créé ce que tu appelles des galaxies, et qu'à l'intérieur de ces galaxies, il y avait une myriade de petites boules qui se consumaient.

MOI : Des soleils ?

ES : Oui, des soleils. Nous avons remarqué que leur durée de vie était plus ou moins longue si Nous leur donnions plus ou moins d'énergie, et que cela dépendait de leur taille et de la façon dont ils interagissaient avec les autres dimensions.

MOI : Les soleils interagissent avec d'autres dimensions ?

ES : Oui, bien sûr. Ils ne peuvent pas faire autrement en raison du niveau de mutation qui se produit au niveau quantique pour les faire brûler comme ils le font.

MOI : OK, et qu'en est-il des planètes ?

ES : Oui, Nous avons également constaté qu'après un certain temps, d'autres objets devenaient visibles et que cela était le résultat de la matière non consumée ou non absorbée par ces boules de feu.

MOI : Et qu'avez-Vous remarqué d'autre ?

ES : Nous avons remarqué que Nous pouvions influencer le résultat du mouvement de certains éléments chimiques lorsque Nous utilisions certaines énergies pour les déplacer ou les visualiser et les analyser.

MOI : Comment ça ?

ES : Certains éléments chimiques se sont associés. Des éléments chimiques et des molécules qui n'avaient aucun rapport entre eux se sont avérés avoir un niveau d'attraction des plus intéressants, en particulier lorsque les éléments chimiques se manifestaient à la fréquence la plus basse possible.

L'Histoire de Dieu

Les éléments constitutifs de la vie biologique
MOI : Quoi ?! Tu veux dire qu'il existe également des éléments chimiques et des molécules dans d'autres dimensions ?
ES : Bien sûr, tout se manifeste d'une manière ou d'une autre dans chaque dimension ; les éléments constitutifs de la vie biologique et des autres formes de vie ne sont pas épargnés par ce processus.
MOI : Tu veux dire que Tu as réellement vécu le processus qui a donné naissance à la vie biologique ?
ES : Oui, au sens le plus élémentaire du terme. Ce que Nous avons observé, c'étaient les premières formes élémentaires de vie des virus et des amibes. Notamment dans les zones de matière dense.
MOI : Tu veux dire les planètes ?
ES : Oui, mais aussi dans des zones que tu appellerais des « nuages stellaires » ainsi que dans d'autres zones de matière dense, comme les puits de gravité (que vous appelez des « trous noirs »).
MOI : Pardon ? Il y avait de la vie dans les trous noirs ?
ES : Oui, bien sûr. Il y a de la vie partout !
MOI : Tu créais réellement la vie en modifiant les flux d'énergie de certaines matières physiques et non physiques ?
ES : Oui, et c'était très amusant de voir les choses s'animer et prendre vie d'elles-mêmes.
MOI : Mais ces objets animés avaient-ils une âme ? Étaient-ils immortels comme nous le sommes dans notre état énergétique ?
ES : Non, ces entités n'étaient que des formes grossières. Elles n'étaient pas investies de la grâce de Dieu.
MOI : Donc elles ont vécu et puis elles sont mortes ?
ES : Oui, même s'il ne s'agissait pas de la mort telle que tu la connais, car elles n'ont jamais vraiment été vivantes au départ, il s'agissait juste d'une pensée ayant pris forme.
MOI : Et à quel moment as-Tu décidé de Te scinder comme l'Origine l'avait fait ?
ES : Oh, bien plus tard. Nous avons vécu et expérimenté bien d'autres choses avant de Nous séparer pour partir à la recherche de connaissances sur l'Origine.

L'Entité Source de la Terre prend conscience de Sa propre identité
MOI : Alors, comment avez-Vous ressenti pour la première fois que Vous aviez Votre propre « unité » ? Que Vous ne faisiez plus partie de quelque chose de plus grand ? Que Vous aviez désormais conscience de Votre propre identité ?

L'Histoire de Dieu

ES : C'était étrange. Nous étions tellement habituées à ne pas concentrer notre attention sur Nous-mêmes, à faire partie de quelque chose de plus grand, de beaucoup plus grand que Nous, et à ne pas être capables de déterminer qui Nous étions ou ce que Nous étions, que le fait d'avoir soudainement Notre propre conscience et de savoir à quoi Nous ressemblions avant et après que l'Origine Nous ait séparées d'Elle a été quelque chose d'incroyable, même pour Nous. Nous avions reçu Nos propres processus de pensée et Notre propre capacité de raisonnement. Mais le fait de voir ce que Nous étions avant Notre individualisation était vraiment étrange et un peu effrayant.

MOI : *Et comment était-ce de faire partie d'un tout sans disposer de Votre propre individualité ?*

ES : C'était un sentiment étrange. Je ne pense pas que tu puisses comprendre ce sentiment avec ta perception actuelle de toi-même.

MOI : *Essaie quand même !*

ES : Eh bien, c'était comme si Je pouvais Me concentrer sur une seule chose plutôt que sur toutes les choses en même temps. Comme si J'étais contrainte au point de savoir que J'étais plus petite mais que Je faisais toujours partie du tout. Je me sentais très petite.

MOI : *Je ne comprends toujours pas ce sentiment de n'être rien d'autre que tout, et ensuite « quelque chose » mais en étant toujours capable d'accéder à tout à partir de soi !*

ES : Tu as parfaitement décrit cette phase de transition. Le fait d'être rien mais tout, c'était comme si Nous n'existions pas mais que Nous étions là juste parce que Nous faisions partie du tout. Lorsque l'Origine nous a séparées de Nous-mêmes/d'Elle-même, nous avons ressenti une concentration qui Nous a conduites à la conscience du soi focalisé. Car le soi était cette partie de l'énergie de l'Origine qu'Elle avait décidé de « mettre de côté ». Comprends-moi bien : Nous n'avons pas eu ce que tu appellerais la « conscience » immédiatement. Nous avons dû développer et faire évoluer Notre propre conscience sur des milliards d'années. Certaines d'entre Nous ont pris plus de temps que d'autres pour y parvenir. Tout cela faisait partie de la grande expérience que l'Origine était en train de réaliser.

L'Origine s'exprime sur Son observation de l'évolution des douze Entités Sources

J'ai ensuite reporté mon attention sur l'Origine.

MOI : *Donc Tu t'es scindée en douze parties pour en savoir plus sur Toi-même.*

L'Histoire de Dieu

O : En douze parties plus Moi-même, pour être précis.
MOI : Ton intention était-elle de donner des instructions immédiatement à ces douze parties, ou attendais-Tu de voir ce qui allait se passer ?
O : Mon intention était de donner à ces autres parties de Moi le même « départ » dans l'existence que j'avais Moi-même vécu. Je voulais voir si elles suivraient ou non le même chemin. Et le résultat fut intéressant.
MOI : C'est-à-dire ?
O : Eh bien, dans les communications précédentes, Je t'ai un peu expliqué ce qui s'est passé et J'ai même laissé la partie qui est maintenant l'Entité Source (ES) de ton multivers te parler de ce qu'Elle avait ressenti, mais Je ne t'ai pas tout expliqué parce que tu ne M'avais pas posé toutes les questions.
MOI : OK, alors je T'écoute.
O : Je Les ai simplement laissées faire. L'idée était de voir si Elles allaient développer Leur propre individualité et Leur propre conscience et combien de temps il Leur faudrait pour s'éveiller. Je Me demandais combien de temps il Leur faudrait pour se rendre compte qu'Elles faisaient partie d'un ensemble plus vaste, pour ainsi dire, et si Elles voudraient revenir à cet ensemble. Au début, J'ai trouvé cela plutôt intéressant de Mon propre point de vue parce que J'avais l'impression qu'il y avait une plus grande partie de Moi qui était capable de penser. C'était comme le traitement parallèle que vous utilisez dans vos ordinateurs, mais à une échelle beaucoup plus grande. Je t'expliquerai cela plus en détail si tu le souhaites.
MOI : Oui, volontiers.
O : Comme Je te l'ai dit, il était intéressant de voir la vitesse à laquelle Elles prenaient conscience. Certaines ont mis des millénaires et des millénaires, tandis que d'autres ont été beaucoup plus rapides. Après quelques millénaires de conscience d'Elles-mêmes, l'une d'Elles est même revenue à la source (Moi) et a découvert qu'Elle conservait toujours Ses souvenirs individuels de l'expérience de soi, même si Elle était de retour dans le Tout. Elle a alors décidé de revenir à nouveau à son individualité. Quelques autres ont même dupliqué l'expérience que J'avais faite avec Elles. Plus tard, Elles ont étendu l'idée au-delà de ce que J'avais imaginé qu'Elles seraient capables de faire. Ton Entité Source est l'une de Celles qui l'ont fait, et c'est du reste la raison pour laquelle tu existes. Et d'ailleurs, Je suis ravie que même dans tes états limités, tu sois capable de contacter le Tout dans une certaine mesure. Mais c'était très intéressant de Les voir jouer

avec leurs formes et leur conscience de soi à tous les niveaux dimensionnels et fréquentiels.

L'Origine s'exprime sur l'aspect sphérique des douze Entités Sources

MOI : Qu'ont-Elles fait et à quoi ressemblaient-Elles ?
O : Je vais te montrer.

J'ai alors reçu une image des douze parties de l'Origine et de ce qu'Elles faisaient.

MOI : Elles sont sphériques.
O : Oui, toute énergie est sphérique en termes d'apparence physique et de cohésion énergétique. C'est une constante dans toutes les dimensions et dans toutes les fréquences.

Ensuite, j'ai vu d'autres images. Elles jouaient littéralement avec Elles-mêmes sur toutes les fréquences et dans toutes les dimensions. L'une d'Elles s'écrasait jusqu'à devenir très plate et fine, tandis qu'une autre étendait des parties d'Elle-même sous forme de nodules avec des liens très fins entre eux et son corps principal. Cela m'a rappelé la description de ce qui se passe lorsque nous nous enfonçons dans notre corps physique, avec ce lien qui est en fait ce que l'on appelle le « cordon d'argent ». Ce lien est si ténu que nous avons un accès extrêmement limité à nous-mêmes, à tel point que nous ne pouvons pas accéder à notre soi supérieur, même en déployant une concentration extrême. J'ai alors reçu une brève pensée de la part de l'Entité Source me confirmant que j'avais raison et que c'était une très bonne comparaison.

L'Histoire de Dieu

Les images de ce que j'ai vu dans mon esprit sont présentées ci-dessous :

L'Histoire de Dieu

MOI : Alors, combien de temps les nouvelles Entités Sources ont-elles passé à s'amuser avec Elles-mêmes ?
O : De nombreux millénaires, et en tous cas plus de temps que tu ne peux le concevoir dans ton état physique actuel. Tu n'as pas idée du temps qu'Elles ont passé à être simplement Elles-mêmes et à explorer ce qu'Elles pouvaient faire avec Leurs énergies.
MOI : Pourquoi ne pas me donner une chance de l'imaginer ?
O : Cette quantité de temps est infiniment plus grande que la plus grande durée jamais imaginée par les scientifiques de ta planète. Il n'y a que la durée d'existence de cette zone de l'espace qu'ils appellent « l'univers » qu'ils peuvent imaginer en termes de durée immense.
MOI : Après le Big Bang, Tu veux dire ?
O : Ce n'était pas un grand « big bang ». Tu le découvriras lorsque tu commenceras à dialoguer avec ton Entité Source, mais ce concept reste cependant un point de référence utile pour toi.
MOI : Et ensuite, quand as-Tu décidé de rassembler les Entités Sources et de Leur confier la tâche de tout expérimenter jusqu'au énième degré afin que Tu puisses mieux Te comprendre ?
O : Je ne l'ai pas fait.
MOI : Quoi ?
O : Je ne l'ai pas fait. C'était là tout l'intérêt de l'exercice. L'exercice consistait à Les créer, et à voir ensuite ce qui se passerait.

Juste à ce moment-là, j'ai reçu une image rapide de l'une des Entités Sources qui n'avait absolument rien fait. Elle s'était en quelque sorte flétrie, puis s'était éteinte, comme coincée dans une sorte d'état d'indétermination.

O : C'est intéressant. Je suis très surpris que tu aies relevé cela.
MOI : Je pensais que toutes les Entités Sources avaient réussi d'une manière ou d'une autre à faire ce que Tu Leur avais demandé.
O : C'est exact. Elles ont toutes réussi.
MOI : Mais je viens de recevoir l'image d'une Entité Source qui semblait avoir échoué !
O : Elle n'a pas échoué. Aucunement.
MOI : Donc elle est parvenue à sortir de cet état ?
O : Oh non, elle s'y trouve encore.
MOI : Donc Elle a bel et bien échoué !
O : Non, ce n'est pas le cas. Elle n'est tout simplement pas encore passée à l'expérience suivante.

L'Histoire de Dieu

MOI : Elle va donc passer à autre chose et vivre d'autres expériences ?
O : Qui sait ?
MOI : Toi, plus que n'importe quelle autre entité, Tu dois sûrement le savoir. Tu m'as dit Toi-même que tu existais à tous les niveaux de fréquence/temps/dimensions/espace en même temps, donc Tu dois le savoir.
O : Bien sûr que Je le sais, mais le plus intéressant c'est parfois de ne pas savoir. C'est d'ailleurs pour cela que tu as été créé par ton Entité Source. Le fait de ne pas tout savoir à l'avance rend les choses bien plus amusantes.
MOI : De mon point de vue, cela rend la situation encore plus frustrante !
O : Peut-être, mais c'est le fait de réussir à faire quelque chose que tu veux faire sans savoir ce qui t'attend au prochain tournant et de finalement réussir contre toute attente qui rend cette réalisation d'autant plus intéressante. C'est l'une des choses pour lesquelles ton esprit immortel a été créé, et c'est l'une des choses les plus importantes que tu es en train de vivre et que tu retransmets à ton Entité Source ainsi qu'à Moi. Le fait d'avancer dans la vie sans connaître l'avenir, avec uniquement les sens rudimentaires dont tu disposes sous une forme physique, c'est l'une des choses les plus difficiles qu'une entité puisse faire. Vous accomplissez tous une action très noble lorsque vous vous limitez autant afin de vous permettre, ainsi qu'au reste de vos pairs, de progresser, d'évoluer, d'expérimenter et de Nous en apprendre davantage sur Nous-mêmes.
MOI : Oh, merci !

L'Entité Source s'exprime sur le plaisir de la création et de la manipulation

Plus tard, j'ai réfléchi à l'idée de pouvoir toucher toutes les dimensions, tous les espaces et tous les temps simultanément, tout en pensant à l'Entité Source au cours de ses premiers millénaires d'existence. L'Entité Source a alors décidé de formuler quelques commentaires.

ES : Oh oui, tu ne peux pas imaginer le plaisir que Nous avons eu pendant ces premiers millénaires lorsque Nous avons réalisé qui Nous étions et ce que Nous étions. Nous avons passé Notre temps à tordre et à manipuler le temps et l'espace et les dimensions partout et en tous sens.

L'Histoire de Dieu

MOI : Mon esprit a un peu de mal à visualiser cela.
ES : Tu y parviendras, plus tard. Ta capacité à saisir de tels concepts ou réalités est considérablement réduite lorsque tu es incarné dans le monde physique sans pouvoir accéder à la majeure partie de ton véritable soi.

J'ai alors reçu l'image d'une sphère. La sphère avait de très nombreux niveaux, comme une sphère dans une sphère dans une sphère et ainsi de suite, jusqu'à ce qu'il y ait des dizaines de dimensions. J'ai alors vu que si on pressait la sphère assez fort, on pouvait faire en sorte qu'une extrémité touche l'autre, et que, en même temps, toutes les dimensions se touchaient au même point. Elles étaient toutes en contact les unes avec les autres !!!!! Ainsi, on pouvait passer d'une dimension à une autre très facilement ; les galaxies pouvaient aussi être « traversées » très facilement.

ES : Oui, oui, c'est une bonne façon de comprendre ce principe. Bravo !

J'ai alors reçu une image du lien reliant les points d'une même dimension et des autres dimensions pour former un passage vers elles. L'image/le film que j'avais alors dans ma tête était comme un voyage effectué dans un trou de ver dans un film de science-fiction.

ES : Ha, ha, ha ! C'est une représentation complètement fantaisiste ! La réalité est bien plus ennuyeuse, et le voyage est instantané. Il n'y a pas de voyage dans un « trou » coloré. C'est juste une vision artistique qui permet de meubler quelques minutes d'un film de science-fiction.
MOI : Ah ?
ES : Ne prends pas cet air « contrarié ». Tu fais toi-même ce genre de voyage tout le temps lorsque tu es de retour dans l'esprit. Tu es libre de parcourir l'intégralité de l'Origine et les fragments de Cela/Moi/Nous, les 12 Entités Sources.
MOI : Et comment je fais ça ?
ES : Avec facilité.

L'Entité Source s'exprime sur la perte de connectivité dans les dimensions inférieures

Un dialogue ultérieur m'a apporté des éclaircissements supplémentaires sur la perte de connectivité avec l'être total lors de l'exploration des dimensions inférieures.

ES : Nous avons trouvé les dimensions inférieures très intéressantes.
MOI : *Pourquoi ?*
ES : Parce que lorsque Nous avons sondé les dimensions inférieures, Nous avons senti que Nous avions perdu une partie de Nous-mêmes. C'était une sensation similaire à celle de ta jambe lorsqu'elle s'engourdit. J'ai dû littéralement retirer cette partie de Moi-même qui était projetée dans la dimension inférieure, car Je ne pouvais pas communiquer avec elle.
MOI : *Tu n'avais aucun moyen de communiquer avec elle ?*
ES : Non : Je pouvais lui parler et Je pouvais l'entendre, mais elle ne pouvait pas M'entendre. Et lorsque J'ai laissé cette partie de Moi dans les dimensions inférieures pendant une longue période, disons un millénaire, elle a développé sa propre personnalité car elle avait le sentiment d'être coupée de son soi. Elle ne se souvenait pas d'avoir fait partie d'un tout et devait se débrouiller seule dans les énergies des niveaux inférieurs du mieux qu'elle pouvait. Et comme Je te le disais, J'ai/Nous avons trouvé que cela constituait une expérience d'apprentissage intéressante.

J'ai alors reçu une image dans ma tête de ce à quoi ressemblait l'Entité Source alors qu'Elle s'enfonçait dans les niveaux dimensionnels inférieurs. On aurait dit une goutte de peinture qui coulait, de plus en plus bas, tandis que l'épaisseur du fil de peinture qui reliait cette goutte à sa partie principale devenait de plus en plus fine, de sorte qu'elle était à peine discernable.

ES : Nous avons expérimenté cela à plusieurs reprises et Nous avons découvert que Nous pouvions en fait protéger cette partie qui était projetée dans les niveaux inférieurs en déployant un champ dimensionnel intermédiaire autour d'elle. Cela permettait à cette partie projetée de faire l'expérience des niveaux inférieurs tout en restant en communication directe avec le reste de Moi et de l'Origine. D'ailleurs, une méthode similaire a récemment été développée sur le plan mécanique par certains des êtres qui vivent dans d'autres dimensions en utilisant différentes fréquences énergétiques autour de leurs vaisseaux.
MOI : *Et après Vous être plongées Vous-mêmes dans les dimensions et fréquences inférieures, quels changements avez-Vous effectués pour Vous subdiviser ensuite en parties plus petites, c'est-à-dire nous ?*

L'Histoire de Dieu

ES : Après avoir testé ce processus plusieurs millions de fois, Nous avons décidé d'expérimenter différentes manières de Nous explorer Nous-mêmes. Ma méthode a consisté à reproduire la segmentation à laquelle l'Origine avait initialement procédé, puis à la décomposer davantage encore en milliards et en milliards de petits Moi. Je pensais en effet qu'il serait intéressant de voir ce qui se passerait s'ils étaient livrés à eux-mêmes, surtout s'ils étaient autorisés à se projeter dans les dimensions inférieures.

Plus précisément, Je souhaitais connaître les réponses aux questions suivantes :
1. Combien de temps leur faudrait-il pour revenir aux dimensions supérieures ?
2. Combien de temps leur faudrait-il pour être en contact avec les dimensions supérieures tout en étant encore dans les dimensions inférieures?
3. De quelle diversité d'expériences bénéficieraient-ils ?
4. Que pourraient-ils transmettre, à Nous et à l'Origine, sur eux-mêmes à la suite de leurs expériences ?

Nous étions très intéressées par la manière dont les différentes densités de matière se comportaient en fonction de la dimension ou de la fréquence dans laquelle elles étaient projetées.

MOI : Que veux-tu dire par « la manière dont elles se comportaient » ?
ES : Eh bien, plus la dimension ou la fréquence concernée était basse, plus elles fusionnaient.
MOI : En créant des planètes et des soleils, bien sûr.
ES : Oui, mais c'était nouveau pour Nous. Nous étions habituées à voir les choses dans les hautes fréquences. Lorsque Nous avons exploré les fréquences et les dimensions plus basses, les choses réagissaient différemment : elles « s'assemblaient ».

L'Entité Source s'exprime sur la coalescence dans les basses fréquences et sur la création de l'humanité
MOI : Sur Terre, nous comprenons cela comme étant l'effet de la « gravité », une force d'attraction causée par la masse d'une particule ou d'un objet par rapport à un autre.
ES : Mmm, ce n'est pas le cas cependant ; la gravité n'est pas une force d'attraction à part entière.

L'Histoire de Dieu

MOI : Dans ce cas, qu'est-ce qui provoque l'attraction d'une masse vers une autre ?
ES : Tout cela est lié à la distorsion qui intervient dans l'espace local. Dans toutes les dimensions et fréquences, ce phénomène se produit mais à des niveaux différents. Il crée une sorte d'espace courbe autour de l'objet. Prenons un contexte à trois dimensions pour illustrer cet exemple : une fois qu'un autre objet est pris dans l'espace courbe, la direction de son mouvement est modifiée en raison de l'intersection de sa ligne de mouvement avec la quantité d'espace courbé. La vitesse a également son importance ici, car si la vitesse de l'objet qui traverse l'espace courbe est suffisamment lente, il sera suffisamment dévié pour se rapprocher de plus en plus de l'objet qui déforme l'espace local. Si l'objet est plus rapide que ce qui est nécessaire pour modifier la ligne de mouvement, soit il ne sera pas affecté, soit sa direction sera modifiée, mais pas stoppée. Les astrophysiciens connaissent ce phénomène sous le nom d' « effet de fronde gravitationnelle ».
MOI : C'est donc dû à l'espace courbe plutôt qu'à l'attraction due à la masse.
ES : Oui, et tu peux le prouver en réalisant une expérience simple en deux dimensions.
MOI : On peut le prouver en deux dimensions ?
ES : Oui, et c'est simple à réaliser. Tout ce dont tu as besoin, c'est d'une zone d'eau, comme un grand seau ou une piscine. Puis, tu y déposes un gros ballon rempli d'eau pour en augmenter le poids (la masse) et un ballon plus petit en même temps. L'eau étant parfaitement immobile, la zone locale autour du gros ballon sera déformée par la masse du ballon. Cette déformation courbe localement la surface de l'eau (2D). La courbe est plus prononcée à mesure que tu te rapproches du ballon et moins prononcée à mesure que tu t'en éloignes. Néanmoins, la courbe de la surface (qui représente l'espace) est suffisante pour modifier la direction du mouvement du ballon de taille inférieure qui (si la vitesse du petit ballon est correcte) est attirée par le plus grand ballon. Il s'agit d'une attraction due à la masse qui courbe l'espace, et non d'une attraction due à la seule taille ou à la seule masse. L'attraction due à un espace courbe est donc bien ce que tu appelles la gravité, et non l'attractivité due à la masse. Et c'est cela que Nous avons trouvé intéressant de constater.
MOI : L'espace doit donc être « localement courbé » partout ?
ES : Oui, et les petits objets peuvent courber l'espace plus que ne le font certains objets de plus grande taille.

L'Histoire de Dieu

MOI : Oui, je crois que nos scientifiques le savent.
ES : Nous nous sommes particulièrement intéressées à la manière dont les molécules d'un même type commençaient à se regrouper.
MOI : Et comment ce phénomène se produit-il ?
ES : Chaque molécule possède une « clé », pour ainsi dire, qui permet uniquement aux molécules du même type de se joindre entre elles. C'est bien connu de vos ingénieurs chimistes, mais c'était la première fois que Nous l'observions, car il s'agit d'un phénomène qui relève du niveau physique. Nous l'avons observé avec toutes sortes de molécules comme l'argon, le néon, le krypton, l'or, l'iridium, etc., y compris avec des milliers et des milliers d'autres matériaux sous forme solide, semi-solide et gazeuse que vous n'avez pas encore découverts. Nous avons également découvert que Nous pouvions collecter ces « mêmes » molécules Nous-mêmes en appliquant Notre propre « influence et intention ».
MOI : Cela a dû être particulièrement intéressant.
ES : Bien sûr. Mais n'oublie pas que Nous n'avions pris « conscience » que tout récemment de qui Nous étions Nous-mêmes depuis que l'Origine s'était subdivisée en Nous plus Elle-même. Tout cela était donc nouveau, tout comme notre mission consistant à mieux Nous comprendre Nous-mêmes ainsi que Notre environnement. Alors que les planètes commençaient à se former à partir de toutes les molécules rassemblées, ce qui incluait ces molécules « hybrides » qui possédaient les clés de plusieurs molécules et, par conséquent, permettaient à des constructions moléculaires plus importantes de se développer (d'où les planètes et les systèmes stellaires), Nous avons décidé que Nous devions faire l'expérience de ce que c'était que d'exister à ce niveau dimensionnel dans son intégralité.
MOI : Et alors, comment avez-Vous procédé ?
ES : Nous avons dû développer quelque chose qui abriterait une partie de Notre côté énergétique tout en Nous permettant de vivre la dimension physique exactement telle qu'elle était. Cela devait pouvoir exister suffisamment longtemps pour que Notre transition vers cette dimension en vaille la peine. Cela devait être autonome et posséder des capacités d'autoréparation tout en étant capable de bénéficier de toutes les opportunités sensorielles possibles telles qu'elles étaient disponibles dans ce contexte.
MOI : Tu parles de la création des êtres humains ?
ES : Non, pas au début. Au commencement, Nous avions des véhicules plus simples, et c'est seulement en devenant davantage experts dans le processus de conception de ces véhicules que Nous

sommes finalement arrivées au point où le véhicule utilisé est devenu celui que tu connais actuellement.

MOI : Ces tout premiers véhicules incluaient-ils les animaux et les plantes ?

ES : Oui, et le monde minéral aussi. Mais Nous avons très vite découvert que Nous avions besoin d'un véhicule plus flexible et capable de faire l'expérience de la dimension dans laquelle Nous Nous étions projetées. Cela a nécessité beaucoup de réflexion et de développement sur une longue période de temps.

MOI : Alors, sur quoi portaient ces développements ?

ES : Sur un véhicule qui, comme Je te l'ai expliqué, était autonome et capable de s'autoréparer. Nous avons découvert plus tard que ce véhicule devait être capable d'embarquer une plus grande quantité d'esprit afin d'être utile dans cette dimension et qu'il devait répondre à une certaine conception pour gagner en utilité. En d'autres termes, Nous devions concevoir quelque chose de plus grand. Par ailleurs, le véhicule que Nous avions mis au point dépendait tellement de cette dimension qu'il était incapable de survivre uniquement grâce à l'énergie « spirituelle ». Il devait être capable de traiter l'énergie du niveau le plus élémentaire afin de pouvoir survivre suffisamment longtemps et Nous être ainsi utile.

MOI : Tu veux dire : manger des plantes, etc.

ES : Exactement, Nous avons modifié la conception du véhicule de manière à ce qu'il absorbe ce qu'il pouvait de l'énergie du monde spirituel et l'augmente avec l'énergie qui pouvait être extraite de la dimension dans laquelle Nous travaillions, rendant ainsi le véhicule dépendant de deux sources d'énergie : l'une qui était facilement disponible dans la dimension dans laquelle il fonctionnait, et l'autre qu'il pouvait attirer à lui à partir de récepteurs qui faisaient saillie dans la plus basse des dimensions spirituelles.

MOI : Les chakras ?

ES : Oui, c'est en effet le nom que vous utilisez pour les désigner. Comme pour le véhicule physique, Nous avons dû modifier la conception des chakras en les ajustant de manière à ce qu'ils fonctionnent le plus efficacement possible. Vous avez donc deux systèmes énergétiques actuellement en fonctionnement dans le corps humain. Le premier fonctionne avec le système cardiaque afin de faire circuler l'énergie physique plus dense qui est distribuée par le sang, et son but principal est d'alimenter la partie physique du véhicule. Le second est un système cardiaque basé sur l'énergie (faute d'un meilleur mot) qui permet de distribuer l'énergie des dimensions

L'Histoire de Dieu

supérieures (c'est-à-dire l'énergie « spirituelle ») qui est nécessaire aux autres corps d'interface dont vous êtes équipés. Afin de permettre la communication (bien que limitée) entre votre vrai soi et cette partie de vous qui est projetée dans ce petit corps physique, il existe également d'autres points de distribution plus petits, pour le système énergétique, que vous appelez des « méridiens ». Ce sont des chakras de plus petite taille qui sont principalement utilisés comme points de distribution vers les autres zones des corps spirituels qui ont besoin d'énergie. Ces chakras plus petits sont importants, car ils peuvent être utilisés pour transmettre l'énergie hors du corps, ainsi que pour la distribuer dans l'intégralité du corps. Par conséquent, vous pouvez utiliser cette énergie pour réaliser d'autres actions externes telles que la guérison, la transmutation, la transmigration d'objets, la psychométrie et la détection des énergies, pour n'en citer que quelques-unes.

MOI : Tu parles donc ici du cas de l'humanité.

ES : Bien sûr, mais ses premiers représentants n'étaient pas du tout ce que l'on pourrait appeler des « humains ».

MOI : Que veux-tu dire par là ?

ES : Nous en avons modifié la taille, la forme et la complexité au fil des âges afin de tenir compte des changements intervenus dans la structure dimensionnelle dans laquelle vous existez.

MOI : Et à quoi servent les niveaux auriques dans ce contexte ?

ES : Ils servent d'interface entre les niveaux de conscience décroissants et assurent la communication avec le vrai soi. Nous avons dû réduire progressivement l'interaction entre le soi projeté et le vrai soi à différents niveaux de fréquence afin qu'un niveau de traduction puisse se produire entre les niveaux susceptibles d'être reconnaissables entre le niveau supérieur et le niveau inférieur. C'est comme une sorte de réduction du langage disponible qui te fait passer de l'utilisation de six mots qui signifient fondamentalement la même chose mais qui possèdent chacun une intensité différente, à un seul mot qui peut être utilisé pour les décrire tous dans un sens général.

MOI : Donc, plus les niveaux vibratoires sont bas, plus le niveau de communication utilisé comme interface entre les niveaux est général.

ES : Oui, exactement.

MOI : Mais cela ne signifierait-il pas qu'il y avait beaucoup de difficultés à communiquer entre le 7e et le 1er niveau ?

ES : Bien sûr, et c'est pour cette raison que Nous avons un si faible niveau d'explication lorsque Nous utilisons des « médiums » pour vous transmettre des informations.

L'Histoire de Dieu

MOI : Est-ce que cela se produit également d'un point de vue énergétique ?

ES : Oui, bien sûr. Tu as entendu dire que l'énergie s'affine à mesure que l'on monte dans les niveaux ?

MOI : Oui.

ES : Eh bien, c'est dû au fait que tu te retrouves alors avec une énergie à bande plus étroite. Au fur et à mesure que tu descends dans les niveaux, les fréquences nécessaires ne sont plus disponibles, et Nous devons donc utiliser une fréquence inférieure pour convertir un certain nombre de fréquences plus élevées. Par exemple, au 7e niveau, Nous pouvons avoir dix bandes de fréquences qui se retrouvent réduites à une seule au 6e niveau. Nous pouvons ensuite obtenir une réduction supplémentaire de dix bandes de fréquences à une seule du 6e au 5e niveau. En continuant ainsi jusqu'au 1er niveau (le niveau physique), tu peux comprendre que les fréquences sont assez grossières à ce niveau parce que la résolution des fréquences a été réduite d'un facteur 10 ou, pour mettre les choses en contexte, nous sommes passés de 10 000 000 de fréquences utilisables à une seule. Il n'est donc guère surprenant que vous ne puissiez pas communiquer avec vous-mêmes si vous n'avez accès qu'à un seul canal de fréquence sur 10 000 000 ! Surtout si cet unique canal est censé représenter les fonctions de la totalité de ces 10 000 000 d'autres canaux !

Chapitre 7 : L'Entité Source s'exprime sur la création de Ses univers

Les effets miroir de la création dans le monde physique
Une méditation ultérieure m'a fait revenir à l'époque où les enfants de l'Origine, les Entités Sources, observaient les effets miroir liés à la production d'un environnement physique. Mais je souhaitais en particulier communiquer avec l'Entité Source qui avait créé notre univers. Pour les autres Entités Sources, j'avais décidé d'attendre de disposer de suffisamment d'éléments pour pouvoir leur consacrer une partie importante du livre que j'étais désormais sûr d'écrire.

Nous avons continué à parler de la naissance de l'univers et des expérimentations avec les énergies qu'Elle avait créées dans le cadre de Sa propre expérience afin d'essayer de comprendre ce qu'Elle était et ce qu'était l'Origine.

ES : Plus les vibrations étaient basses, plus la matière que J'observais et que Je créais était dense.
MOI : Tu créais également aux niveaux inférieurs ?
ES : Bien sûr. C'était plus fastidieux, mais néanmoins intéressant.
MOI : Et en quoi était-ce intéressant ?
ES : Des choses inattendues se sont produites après que J'ai créé différentes dimensions physiques. Je m'y serais attendu si Je M'étais donnée le temps d'examiner le bon niveau de la ligne temporelle.
MOI : Tiens, je croyais que tu n'utilisais pas le terme « temps ».
ES : Je le fais juste pour toi. En réalité, Je n'ai pas concentré mon attention sur les événements qui se seraient produits si J'y avais pensé, en ce sens que Je voulais faire l'expérience de ce que vous appelez « l'émerveillement », l'émerveillement de ne pas savoir. C'est d'ailleurs la raison pour laquelle vous faites tous la queue pour vous incarner dans les plans physiques actuellement.
Vous désirez vivre l'émerveillement lié au fait de réaliser des choses sans savoir ce qui va se passer. Que peut-il se passer si je change d'avis, et que finira-t-il par se passer en fin de compte ? Je ne me suis tout simplement pas concentrée sur la partie qui suit l'événement parce que J'étais trop intéressée par ce qui se passait.

L'Histoire de Dieu

MOI : Alors Dis-moi : que se passait-il donc pour que Tu sois si intéressée ?
ES : J'ai remarqué qu'à mesure que je créais au niveau macro, cette création était reproduite aux niveaux micro et sub-micro.
MOI : Quoi ? Tu veux dire que tout était dupliqué ?
ES : Oui, c'était comme si un petit univers était créé à chaque fois que la configuration du niveau quantique permettait que cela se produise.
MOI : Certains de nos scientifiques pensent qu'une fois que l'on dépasse le niveau inférieur à celui du quark, l'énergie constitutive des plus grands objets des composants du quark est extrêmement fine ; et elle est si fine qu'elle est constituée d'objets tellement infimes qu'ils pourraient être effectivement décrits comme un univers à part entière piégé dans la sphère qui compose le quark.
ES : Bien vu. Ce n'est pas si éloigné de la réalité sur les plans physiques. Ces univers à plus petite échelle existent aussi dans d'autres dimensions, et c'est ce que J'ai trouvé intéressant. Ce qui était vraiment intéressant, c'est que la duplication allait jusqu'au point où la matière physique rencontrait la première des dimensions situées au-dessus de celle-ci : la « troisième » dimension, comme vous l'appelez.
MOI : Et donc combien de fois cette duplication s'est-elle produite ?
ES : Trois fois.
MOI : As-Tu constaté que la vie à ces niveaux-là était identique à la vie à ce niveau-ci ?
ES : Non. N'oublie pas que toute vie biologique a été créée par Moi et par certains de Mes assistants, qui sont en fait les premières âmes que J'ai créées.
MOI : Donc, ces niveaux sont stériles ?
ES : Pas tout à fait. On y trouve de l'énergie ayant pris forme, mais elle n'atteint pas le niveau de complexité disponible à ce niveau-ci. Il s'agit simplement d'énergies qui se sont agrégées et qui sont attirées par d'autres énergies. On pourrait au mieux parler de « nuages d'énergie ».

Les êtres du niveau d'énergie inférieur au nôtre (animaux)

MOI : J'ai mentionné la vie sur/dans les micro-niveaux miroirs de notre univers, et tu as dit qu'il s'agissait d'énergie ayant pris forme. Mais ne sommes-nous pas nous-mêmes de l'énergie ayant pris forme ?
ES : Oui, bien sûr, mais la différence majeure réside dans le fait que vous êtes de l'énergie à laquelle on a donné forme et *intelligence* d'une manière plus spectaculaire, car vous êtes tous des petites parties de

L'Histoire de Dieu

Moi et à cause de cela, vous avez de l'intelligence. Dans la mesure où J'ai créé un univers et décidé de le peupler de milliards de petits Moi, J'ai simplement suivi ce que l'Origine avait fait quand Elle M'a créée ainsi que Mes 11 homologues. Pour ce faire, J'ai abandonné plus de la moitié de mon volume et Je l'ai subdivisé jusqu'à ce que chaque partie soit au niveau le plus bas qu'elle pouvait occuper avant de cesser de faire partie de Moi et de l'Origine.

MOI : Donc il y a un niveau d'énergie inférieur au nôtre ?
ES : Oui, l'énergie spirituelle des animaux, des arbres et des rochers se situe à des niveaux spirituels successivement inférieurs aux vôtres. Et c'est la raison pour laquelle ils bénéficient de capacités moindres.

MOI : Est-il possible que ces esprits de niveau énergétique inférieur parviennent à passer jusqu'à nos niveaux à nous ?
ES : Oui, mais seulement dans des circonstances extrêmes où une grande quantité d'énergie a été donnée par un esprit d'un niveau énergétique supérieur à un individu de niveau énergétique inférieur pendant une période prolongée. Étant donné que certaines entités sur Terre sont des cadeaux que vous devez apprendre à chérir et avec lesquels vous devez apprendre à interagir de manière désintéressée, certaines d'entre elles sont également autorisées à se transformer en véhicule physique. Vos chiens et vos chats en sont des exemples.

MOI : Dans ce cas, si une énergie particulière a reçu la capacité d'absorber cette énergie supérieure de manière prolongée et constante, elle a donc la capacité de passer à notre niveau pour ensuite ne faire qu'Un avec Toi ?
ES : Encore une fois, oui. Mais Je précise que si elles viennent à ne faire qu'Un avec Moi, c'est à un niveau résiduel plutôt qu'à un niveau micro. Elles n'ont tout simplement pas assez de volume, de sorte qu'elles se regroupent pour faire l'expérience de Moi/vous et du reste des énergies supérieures afin d'essayer d'augmenter leur volume.

MOI : Est-ce de là que vient la théorie selon laquelle les animaux auraient une âme collective ?
ES : Oui, en effet, et la coalition de ces énergies envoie de nombreuses vrilles en même temps, le but étant de permettre à ces vrilles d'être placées dans des vaisseaux physiques afin de maximiser leurs opportunités et de faire l'expérience de votre énergie lorsque vous êtes dans une position d'opportunité d'évolution rapide, en d'autres termes lorsque vous êtes incarnés.

MOI : Est-ce que toute la coalition d'énergies passe à notre niveau ou s'agit-il juste d'une de ses vrilles ?

L'Histoire de Dieu

ES : En général, il s'agit de la totalité, mais dans des cas encore plus rares, la vrille peut également rassembler sa propre masse et, au fil du temps, passer d'elle-même à votre niveau. Ton Sooty [notre chat noir] est l'une de ces vrilles qui est sur le point de le faire, et cela n'a été possible que dans cette vie-ci.

Le développement ultérieur des univers, des dimensions et des fréquences

Au cours d'une autre méditation, j'ai posé une question sur le début du développement de l'univers que notre Entité Source contrôle en vue de sa propre évolution. Je souhaitais en apprendre un peu plus à ce sujet.

MOI : Alors à quel moment as-Tu décidé de créer Ton/Tes propre(s) univers afin de contribuer à Ton évolution ?
ES : Lorsqu'il est devenu évident que tout ce que Je pouvais apprendre était limité par le fait de me trouver dans le même espace que l'Origine, celle-ci a eu besoin de ma propre contribution afin de pouvoir continuer de progresser.
MOI : Et dans quel contexte avez-Vous pris cette décision ?
ES : Lorsque Moi et les onze autres Entités Sources que l'Origine avait créées avons exploré tout ce qu'Elles/Nous pouvions explorer dans l'environnement où Nous nous trouvions. Nous étions confinées à toutes les dimensions et fréquences qui Nous étaient accessibles en tant que parties de l'Origine, mais Nous avions besoin de rechercher d'autres stimuli afin d'accomplir la tâche que l'Origine Nous avait confiée.
MOI : Peux-Tu me rappeler en quoi elle consistait ?
ES : Apprendre le plus possible sur Moi-même afin qu'à travers Moi l'Origine puisse en apprendre davantage sur Elle-même plus rapidement et plus en détail qu'Elle n'aurait pu le faire par Elle-même.
MOI : OK, alors reprenons Ton récit.
ES : Dans le cadre du travail que J'avais effectué avec les onze autres Entités Sources, J'avais établi le nombre de dimensions que Je souhaitais explorer ainsi que le nombre subséquent de fréquences au sein de chaque dimension.
MOI : Oui, je me souviens de notre conversation sur les octaves de dimensions et de fréquences.
ES : Ainsi, avec les connaissances que J'avais acquises en expérimentant, J'ai décidé que Je pouvais évoluer et apprendre le plus rapidement possible en créant un certain nombre d'univers et de

L'Histoire de Dieu

dimensions qui permettaient de dupliquer ce qu'était l'Origine tout en étant contenu dans l'Origine.

MOI : *Je reçois l'image d'une sorte de bulle dans une bulle.*

ES : Oui, c'est exact, et tout ce qui se passe dans Ma bulle n'affecte pas ce qui se passe dans la bulle de l'Origine.

MOI : *Donc, Tu me dis que les opportunités d'évolution étaient contenues dans Ta bulle uniquement et qu'elles ne seraient pas vécues par l'Origine.*

ES : L'Origine expérimente tout. C'est juste que ce que fait l'Origine ne doit pas affecter ce qui se trouve dans Ma bulle si Je pense que cela pourrait avoir un impact sur Mon expérience.

MOI : *Alors, comment cela fonctionne-t-il ? Puisque je suis moi-même en contact avec l'Origine à certains moments, je dois donc être influencé par l'Origine : cela signifie qu'il y a une brèche dans ton système de bulles et de filtrage de ce qui peut y entrer.*

ES : Ce n'est pas le cas : J'ai permis que certains niveaux de communication soient accessibles à des parties de Moi qui ont atteint certains stades de leur propre évolution.

MOI : *Donc plus j'évolue, plus j'ai accès à l'Origine.*

ES : Pendant que tu es incarné, oui, et naturellement tu as accès à l'Origine lorsque tu es dans ton état énergétique. Mais encore une fois, cela est limité au niveau d'évolution que chaque être incarné a atteint.

MOI : *Une minute ! Tout cela me paraît un peu contradictoire : comment peut-on avoir une bulle séparée de l'Origine mais qui permet en même temps à des choses de se produire à l'intérieur de celle-ci sans être influencées par l'Origine, et rester malgré cela en contact avec Elle ?*

ES : En fait, c'est un peu comme les niveaux d'accès qui te sont attribués lorsque tu travailles sur ton ordinateur. Certaines parties te sont accessibles en totalité parce que tu disposes des droits d'administrateur, mais il y a aussi d'autres parties pour lesquelles tu ne disposes pas de ces mêmes droits, et par conséquent tu ne peux affecter (ou manipuler) que certaines parties de ton ordinateur.

MOI : *Donc, ce que Tu me dis c'est que l'accès à l'Origine est filtré pour les entités, esprits et âmes qui disposent de certains droits ?*

ES : Oui, et le niveau d'autorisation nécessaire repose sur le niveau d'évolution que tu as atteint.

MOI : *Mais pourtant je croyais que tous les esprits avaient accès à Toi et à l'Origine ?*

ES : C'est bien le cas, mais le niveau auquel ils peuvent obtenir un accès complet dépend entièrement d'eux et de la façon dont ils travaillent sur leur évolution. C'est d'ailleurs ce qu'illustre ton propre cas et la conversation que nous sommes en train d'avoir.

MOI : Sachant que Je suis aussi en contact avec l'Origine !

ES : Oui, et si on prend ton cas comme exemple, cela signifie que tu dois avoir atteint un certain niveau d'évolution pour pouvoir avoir ce dialogue. Tu as atteint un point où, même dans ton état physique incarné, tu es conscient qu'il se passe autre chose et où tu as décidé de consacrer un peu de temps à pratiquer l'introspection jusqu'au point où tu peux contacter « LE TOUT », c'est-à-dire l'Origine et tout ce qui en fait partie. En l'occurrence, J'en fais également partie, Moi et la série d'univers que J'ai créés afin de Me permettre d'évoluer davantage encore.

MOI : Est-ce que Tu veux dire par là que notre niveau d'accès à tout ce qui se trouve en dehors de la bulle de Tes univers créés dépend entièrement de nous-mêmes et de notre désir d'évoluer au rythme que nous désirons ?

ES : Oui, vous êtes complètement autonomes de ce point de vue-là. Si, par exemple, vous voulez être totalement coupés du reste de vous-mêmes et du « TOUT » afin d'évoluer, alors vous vous incarnez dans les dimensions physiques et les fréquences qui sont associées à ces niveaux. Mais le fait est que certains d'entre vous (la quasi-totalité en réalité) sont tellement absorbés par le plan physique que vous en arrivez à oublier totalement qui vous êtes et ce que vous êtes au point de penser que la vie physique est tout ce qui existe. D'autres encore se laissent tellement absorber par le plan physique qu'ils en arrivent à s'accrocher au plan physique même après que leur corps physique a fini de jouer son rôle après son décès. Ces pauvres âmes continuent de traîner aux niveaux spirituels inférieurs parce qu'elles ressentent davantage l'association avec les fréquences physiques en restant à ces bas niveaux. Elles sont tellement absorbées par les sensations que le plan physique leur procure qu'elles sont dans l'incapacité de réaliser qu'elles sont de retour dans le monde spirituel ou les univers énergétiques. En fait, elles ont modulé leur évolution de telle sorte qu'elles ne sont plus capables d'accéder à la réalité de leur état énergétique et à la capacité d'être en contact avec leur soi supérieur ou de communiquer avec Moi et l'Origine.

MOI : Si je comprends bien, notre niveau de conscience et notre capacité à contacter l'Origine et à être conscients de ce qui se trouve à l'extérieur de Ta bulle, avec toutes les influences que l'Origine peut avoir à l'intérieur de Ta bulle, sont uniquement dus à notre propre niveau d'évolution, qui dicte notre niveau d'accès ?

ES : On peut résumer ça comme ça, oui.

Chapitre 8: L'Entité Source s'exprime sur les théories de la création

Les points de vue des créationnistes et des scientifiques sur la création

Moi : Dans la première partie de notre dialogue sur la création de l'univers, nous avons parlé de la façon dont Tu avais copié dans une certaine mesure ce que l'Origine avait fait en Te créant Toi ainsi que les douze autres Entités Sources. Ainsi, tout comme l'Origine, Tu t'es séparée en parties plus petites, infiniment plus petites. Que peux-Tu ajouter à cela pour convaincre le monde scientifique que l'univers a été créé par un seul être ? Je te demanderais juste de garder à l'esprit les problèmes entourant le point de vue des créationnistes selon lequel le monde a été créé il y a environ 10 000 ans, et la vision des scientifiques selon laquelle l'univers a été créé il y a des milliards d'années par une combustion spontanée qu'ils appellent actuellement le Big Bang.

ES : Je dirais qu'ils ont tous les deux raison. En fait, vos scientifiques ne voient que ce qu'ils peuvent quantifier en mesurant des faits concrets qui leur sont présentés par leurs appareils de détection. Mais ces machines sont limitées par la pensée limitée de l'individu qui les a fabriquées et par le niveau de technologie en vigueur au moment où elles sont utilisées. S'ils commençaient à étudier les choses à partir des niveaux énergétiques, ils obtiendraient une vision d'ensemble complètement différente. Mais en substance, ils ont besoin qu'on leur explique les choses par rapport à ce qui peut être prouvé à partir des données fournies par ces machines. En conséquence, ils cherchent des réponses à des questions qui ne sont pas appropriées à leur problématique. Or, il faut poser la bonne question pour obtenir la bonne réponse au problème que l'on souhaite résoudre. D'un point de vue physique, votre univers particulier a été créé par Moi, l'Entité Source, comme tu M'appelles, ou Dieu, comme M'appelleraient vos chefs religieux, bien que dans ce contexte Je ne sois pas Dieu en tant que tel mais une partie de l'entité plus vaste que nous appelons l'Origine. Du point de vue des chefs religieux, J'ai créé l'univers, et du point de vue des scientifiques, l'univers s'est créé lui-même, ce qui n'est pas si loin de la vérité. La seule question ici est de savoir quand

L'Histoire de Dieu

a-t-il été créé ? Pour mémoire, il existe des preuves accablantes tout autour de vous qui démontrent que votre planète a bien plus de 10 000 ans. Je parle de preuves telles que les pyramides, les squelettes de dinosaures, et autres restes fossilisés d'animaux et de monuments créés par l'homme que vous avez découverts mais que vous n'avez pas encore compris. L'âge de la Terre ne peut donc pas être de 10 000 ans seulement comme les créationnistes voudraient vous le faire croire.

Je n'ai tout simplement pas créé cet univers aussi récemment !

Cependant, j'ai bien créé cet univers et donc, dans ce contexte, ils ont raison. Même les scientifiques conviennent que « quelque chose » a créé l'univers, et c'est en fin de compte la clé de leur compréhension, à condition qu'ils l'utilisent pour ouvrir la ou les portes qui leur sont présentées. Créer est la chose la plus importante qu'une entité puisse faire, surtout lorsque cette création s'accompagne à la fois d'un but et d'une fonction. Cet univers dans toutes ses dimensions et fréquences possède en effet à la fois un but et une fonction. Son but est d'aider l'Origine à se comprendre Elle-même. J'ai créé cet univers afin de M'aider dans cette tâche, car c'est la raison pour laquelle l'Origine M'a créée ainsi que Mes 11 co-Entités Sources, et J'ai, à Mon tour, créé cet univers ainsi que vous tous. La fonction de l'univers est de permettre aux entités d'évoluer singulièrement en tant qu'entités à part entière. Il s'agit d'un « atelier théâtre » rempli de tous les outils et matériaux nécessaires pour que vous puissiez expérimenter tout ce qui va des fréquences et dimensions les plus élevées jusqu'aux fréquences et dimensions les plus basses. C'est là que vous vous trouvez en ce moment-même, et cet atelier théâtre est particulièrement riche d'opportunités en matière d'évolution et d'expansion de conscience.

En créant cet univers, J'ai créé une opportunité parfaite pour vous tous et, ce faisant, J'ai maximisé l'efficacité de son but et de sa fonction. Bien souvent, vous (c'est-à-dire l'ensemble de l'humanité présente dans la réalité physique) vous êtes élevés et êtes retombés seulement pour vous relever à nouveau, vous ressaisir, et tout recommencer à nouveau. Bien que vous vous trouviez actuellement au niveau le plus bas jamais atteint, vous êtes sur le point d'atteindre un niveau de grandeur plus élevé que n'importe quelle groupe d'entités n'a encore jamais atteint. Cela ne pouvait se produire qu'en bénéficiant de cette liberté dont vous jouissez de vous faire votre propre opinion, de commettre vos propres erreurs, de remporter vos propres succès et de les mettre à profit. J'ai créé cet univers il y a d'innombrables millions d'années, selon votre compréhension des choses, afin de maximiser les possibilités de comprendre le soi de l'Origine du point de vue de l'Origine Elle-même (Qui continue de S'explorer encore à Sa manière) jusqu'à la plus petite des entités contributrices, c'est-à-dire vous-mêmes, et les entités qui appartiennent au niveau immédiatement inférieur au vôtre.

L'univers a-t-il donc été créé en six jours, dont un jour de repos ? Non ! Il a été créé en moins d'une nanoseconde, une fois que J'ai su ce que Je voulais faire afin de contribuer à la tâche pour laquelle J'ai été créée. L'univers a-t-il connu une expansion ? Non ! Il a toujours possédé les « dimensions » qu'il possède actuellement. La seule chose qui ait connu une expansion, c'est la compréhension de soi par toutes les entités que J'ai créées lorsque J'ai donné naissance à cet univers.

MOI : Alors, y a-t-il eu un Big Bang comme le pensent les scientifiques ?

ES : Non, tout est apparu en un clin d'œil : pas de big bang, pas d'expansion, pas de liaison d'atomes ou de produits chimiques, du moins pas à l'instant en question, et pas d'évolution d'entités biologiques à partir de la soupe primitive. Tout a été créé à la perfection dès le commencement afin de pouvoir entamer le travail instantanément, afin de pouvoir démarrer sur les chapeaux de roue, pour ainsi dire. Les seuls changements intervenus sont ceux que vous et vos entités sœurs de l'autre côté du voile avez créés, y compris le véhicule physique humain. C'est le seul changement qui se soit produit, et il est dû au désir de l'humanité énergétique de comprendre le soi et d'évoluer, honorant ainsi la promesse que J'ai faite à l'Origine, à savoir de L'aider à Se comprendre Elle-même au rythme le plus rapide possible et par le biais d'un maximum d'expérience.

Chapitre 9: Les déplacements entre les dimensions selon L'Entité Source

L'Entité Source s'exprime sur l'imitation du processus de création de l'Origine
MOI : *Revenons donc à la façon dont Tu as divisé (Ton) univers.*
ES : L'idée était d'essayer d'imiter tout ce que J'avais vécu en tant que partie intégrante de l'Origine. Cela signifie que Je voulais tout reproduire jusqu'à la dernière anomalie de fréquence et de dimension.
MOI : *une anomalie de dimension ?*
ES : Oui, ce sont les failles qui Me/Nous apparaissaient lorsque Nous regardions plus de deux dimensions en même temps.
MOI : *Tu peux vraiment faire ça, je veux dire, regarder plus d'une dimension en même temps ?*
ES : Bien sûr, et vous pouvez tous en faire autant lorsque vous êtes de retour dans votre état énergétique.
MOI : *Alors, en quoi consistait cette ou ces anomalies ?*
ES : Il s'agissait de ce que vous appelleriez des « trous de ver » entre les dimensions, et par lesquels il était possible de passer d'une dimension à l'autre en suivant ce type de passerelle.
MOI : *Et en quoi consiste cette passerelle ?*
ES : Il s'agit d'une zone où la fréquence dimensionnelle d'une certaine partie de la zone dimensionnelle (il existe également des fréquences à l'intérieur des dimensions, bien entendu) est proche de la fréquence dimensionnelle d'une dimension voisine, que ce soit vers le haut, vers le bas, à gauche, à droite, ou à n'importe quelle distance de rotation de cette dimension où la zone n'est pas aussi dense.
MOI : *Je perçois l'image d'une sphère présentant un ensemble de longitudes et de latitudes plutôt semblables au système de cartographie de la Terre.*
ES : Cette image est correcte. Chacun des points de croisement correspond à un endroit où il peut y avoir une connexion entre deux ou plusieurs dimensions, et ces points sont ceux où la stabilité dimensionnelle n'est pas aussi dense ou ferme qu'elle devrait l'être, laissant ainsi la possibilité de passer facilement de l'une à l'autre en raison de leur grande similarité.

L'Histoire de Dieu

MOI : Est-ce à ces points de croisement que des ovnis sont signalés comme apparaissant et disparaissant soudainement ?
ES : Oui, ces êtres ont identifié cette anomalie et ont développé une façon de l'utiliser à leur avantage. En fait, lorsqu'ils utilisent ces points de croisement pour voyager entre les dimensions, ils peuvent utiliser la périphérie de la dimension (c'est-à-dire la ligne de latitude ou de longitude dimensionnelle) pour voyager vers n'importe quelle dimension de leur choix.
MOI : J'ai comme l'impression qu'ils doivent suivre les lignes et les points de croisement plutôt que de se déplacer en diagonale. Pourquoi donc ?
ES : Parce qu'ils doivent utiliser l'itinéraire de moindre résistance dimensionnelle, ce qu'est précisément la périphérie de la dimension dans laquelle ils voyagent (la ligne), et de ce fait, ils doivent voyager soit sur la longitude, soit sur la latitude et ne pas essayer de prendre des raccourcis.
MOI : Est-ce qu'ils pourraient quand même essayer de le faire ?
ES : Oui, bien sûr, mais cela reviendrait à heurter le fameux « mur de briques » dimensionnel et, ce faisant, ils endommageraient le véhicule qu'ils utilisent pour traverser l'anomalie dimensionnelle.

L'Entité Source divise Sa masse et crée des entités de fréquences multiples

MOI : OK, alors revenons à la question que j'ai essayé de Te poser au cours des deux dernières séances. Peux-Tu m'en dire plus sur la façon dont Tu as divisé l'univers ?
ES : C'est simple. Je voulais reproduire ce que l'Origine avait fait.
MOI : À tout point de vue ?
ES : Oui, jusqu'au dernier niveau dimensionnel et jusqu'à la fréquence la plus basse. Il fallait que Je le fasse, faute de quoi cela n'aurait pas été une expérience de réplication parfaite. Comme Je te l'ai déjà dit, pour Moi le but de cette expérience était de créer un environnement exactement identique à celui de l'Origine, mais séparé de l'Origine pour toutes les entités, sauf pour celles (à créer) qui auraient évolué jusqu'au niveau où elles pourraient reconnaître la réalité de la situation dans sa globalité et travailler en conséquence dans les réalités plus petites et plus grandes de Mes univers et des univers de l'Origine. À certains égards, c'était une expérience plus grande que celle qui avait été lancée par l'Origine. J'ai effectivement scindé la moitié de Ma masse afin de créer plus de 10 milliards de milliards de petites parties de Moi. Le seul problème ici résidait dans le fait que lorsque Je Me

L'Histoire de Dieu

suis scindée, toutes les entités n'ont pas fini par atteindre le même niveau de qualité.

MOI : *Comment ça ? Il existe une qualité d'esprit inférieure ?!*

ES : Oui, en termes de capacité à évoluer et à naviguer dans les différentes dimensions et fréquences.

MOI : *Alors que leur est-il arrivé ? Selon quelles catégories les as-Tu classées ?*

ES : Certaines d'entre elles étaient, comme tu l'es maintenant, capables de faire tout ce que Je souhaitais afin de réaliser le plan d'évolution par l'expérience. D'autres affichaient des capacités moindres, mais étaient néanmoins capables d'exister dans certaines dimensions et fréquences. Et d'autres encore n'étaient pas d'aussi bonne qualité et n'étaient aptes qu'à travailler à des fréquences beaucoup plus basses.

MOI : *Mais peux-Tu me les classer par catégories ?*

ES : Oui. Les voici :

- des répliques plus petites de Moi, à concurrence de 65% (répliques qui pourraient ensuite être projetées dans les fréquences inférieures à des fins d'incarnation).
- des entités capables de travailler avec cette première catégorie d'entités en tant que groupe, mais qui pourraient progresser jusqu'au premier niveau si les circonstances s'y prêtaient, et qui pourraient par la suite être projetées dans les fréquences inférieures à des fins d'incarnation. C'est ce que vous appelleriez des types d'entités à esprit collectif, ou à « mentalité de ruche ».
- les entités capables de travailler avec les premières entités en tant que groupe pourraient ensuite être projetées dans les fréquences inférieures à des fins d'incarnation. Toutefois, si elles ne pouvaient pas s'incarner dans des corps physiques plus complexes, comme celui des humains, elles pourraient, à de rares occasions, progresser jusqu'à ce niveau, encore une fois moyennant des circonstances appropriées. C'est ce que vous appelez le niveau animal.
- des entités qui ne pouvaient pas pénétrer dans les niveaux physiques mais qui pourraient travailler avec la réalité physique au niveau énergétique. C'est ce que vous appelez les « esprits de la nature ».
- des entités capables d'intégrer un organisme vivant mais pas un organisme humain. Il s'agit des plantes, des arbres, etc. C'est ce que vous appelez le niveau végétal.
- des entités dont les processus de pensée étaient si faibles qu'elles ne pouvaient acquérir de l'expérience ou évoluer que dans une mesure très réduite, en faisant partie de grands objets qui apparaissent dans

toutes les dimensions, comme les planètes, par exemple. C'est ce que vous appelez le niveau minéral.

MOI : Waouh ! C'est donc ainsi que nous obtenons cette pléthore d'entités qui sont aujourd'hui présentes ici sur Terre.

ES : Pas seulement sur Terre : elles sont aussi présentes sur d'autres planètes, dans d'autres univers et d'autres dimensions. Au début, J'ai été déçu par ce qui s'était passé, mais plus tard, j'ai vu toute la beauté de la chose ainsi que les meilleures opportunités d'apprentissage et d'évolution qui s'étaient ainsi présentées.

MOI : Alors, comment est-ce arrivé ?

ES : En m'abstenant de concentrer toute Mon attention sur tout ce qui est en Moi en même temps, J'ai créé ce que vous appelleriez une dilution de programmation en conséquence du peu de temps que J'y ai consacré.

MOI : Donc tu es faillible ?

ES : La faillibilité n'a rien voir avec ça. Tout cela fait partie intégrante du processus évolutif.

MOI : Ta réponse ressemble quand même un peu à une excuse !

ES : L'Origine dirait que les excuses ne sont pas nécessaires. Tout ce qui arrive, arrive, et devrait être utilisé comme une opportunité d'apprentissage et, par conséquent, d'évolution. Le but de l'existence, c'est d'abord d'exister, telle est la loi universelle. Mais vous, les humains, êtes si durs avec vous-mêmes lorsque vous avez commis des erreurs, que vous commettez une nouvelle erreur en prenant plus de temps que nécessaire pour résoudre l'erreur initiale. Ce qui vous manque, c'est de prendre en compte l'aspect évolutionnaire de cette erreur. Apprendre de ses erreurs n'est qu'une petite partie d'un processus plus vaste. Être capable de prendre du recul et de voir le processus qui conduit à l'erreur et d'en voir toute la beauté en est une autre. Voir le processus ultérieur qui conduit à la résolution de l'erreur est encore plus beau. Une fois que tu as tout cela, tu es capable (ou tu peux acquérir la capacité ?) de comprendre le processus de cause à effet, ce qui aboutit à la compréhension de la cause d'un point de vue universel qui te permet de réaliser, finalement, que tout cela fait partie de l'évolution et constitue une autre étape de celle-ci. L'évolution ne consiste pas seulement à apprendre ses leçons ; il s'agit d'appliquer les principes qui transforment l'événement vécu en une opportunité d'évolution. D'où il ressort que la « faillibilité », si tu tiens à utiliser ce terme, est par conséquent une opportunité d'évolution.

MOI : Tout ça commence vraiment à me dépasser !

L'Histoire de Dieu

ES : Oui, je vois que tu as du mal à tout saisir correctement. En fait, tu essaies d'intellectualiser toutes ces informations en utilisant la seule raison. Mais la raison n'entre pas en ligne de compte ici.

L'Entité Source définit l'évolution

MOI : *Alors, en quoi consiste l'évolution ?*
ES : C'est une croissance !
MOI : *Quoi ?! C'est tout ?*
ES : Oui.
MOI : *Oh... ! Je pensais que ça signifiait bien plus que ça.*
ES : Non. Pourquoi devrait-il en être ainsi ? La croissance est la meilleure façon de décrire l'évolution. La croissance consiste à accepter que chaque chose soit ce qu'elle est. Elle consiste à suivre le courant. À absorber la connaissance, les sentiments, la passion, la fierté, l'amour, l'expérience, le pouvoir, la compassion, l'émotion, la compréhension...
MOI : *Pourquoi ne poursuis-Tu pas ton énumération ?*
ES : Parce que c'est déjà largement suffisant. Il existe toute une palette d'autres sensations psychiques dont tu n'as pas conscience et pour lesquelles tu n'as donc pas de mots pour les exprimer ; par conséquent, celles que J'ai spécifiées ci-dessus suffiront. Les mots que je viens d'énumérer décrivent les sensations liées à l'expérience que tu es en mesure d'appréhender. La « croissance » consiste, en bref, à avoir les épaules suffisamment larges pour accepter ce qui est, et à se réjouir de ses merveilles. Plus tu expérimentes, apprends et comprends, plus ta croissance se développe, plus tu grandis. C'est ce que J'avais l'intention de faire en créant Mes propres univers. Lorsque J'ai créé ces autres êtres, tels que toi, J'en ai également créé d'autres qui n'étaient pas de qualité similaire. Il ne s'agissait pas d'un échec ou d'une faillibilité quelconque, mais d'une opportunité de croissance supplémentaire qui s'est présentée à Moi. Le processus qui a conduit à cet événement de la création était vraiment magnifique, et le fait de faire l'expérience de cette beauté M'a permis de grandir et d'évoluer davantage encore.

Les différentes dimensions et niveaux de fréquence

MOI : *Quelle est la prochaine partie du développement de l'univers/de Tes univers dont Tu souhaites me parler à présent ?*
ES : Intéressant, cette idée préconçue que tu as eue que nous allions parler des raisons et des modalités du développement de la forme humaine physique. Mais une idée préconçue ne contribue aucunement

L'Histoire de Dieu

à ce dialogue, en ce sens qu'elle ne relève pas du vrai channeling. Cependant, tu as aussi vu dans ton esprit une image des niveaux et dimensions qui sont présents dans Mes univers, et Je vais donc en discuter avec toi.

MOI : Super ! Alors, combien y en a-t-il et pourquoi en as-Tu créé autant ?

ES : Il existe essentiellement douze dimensions, et douze fréquences dans chaque dimension.

MOI : Je viens de relire mes notes précédentes et je vois que Tu avais aussi mentionné des zones et des octaves.

ES : Oui, c'est exact. Chaque zone possède douze dimensions qui sont subdivisées en paquets de trois dimensions, que tu as d'ailleurs appelés des... « tritaves » ?

MOI : Oui, en effet. Mais Tu as dit qu'il y avait douze zones !

ES : Il y a douze zones dans l'univers/le soi de l'Origine, mais Je n'ai créé qu'une seule zone : la Mienne. Chacune de Mes dimensions possède douze fréquences qui lui sont associées, chaque groupe de trois dimensions étant par conséquent appelé une « tritave ». Et chaque groupe de trois dimensions possède donc 36 fréquences dans lesquelles les énergies et les êtres peuvent exister.

MOI : Pourquoi n'as-Tu créé qu'une seule zone et n'as-Tu pas copié l'intégralité de l'univers/du soi de l'Origine ?

ES : Ce qui existe déjà ? Mais Je ne peux pas « créer » ce qui est déjà là !

MOI : Quoi ?!

ES : Je ne peux pas créer l'Origine. Il/Elle est déjà là, donc tout ce que Je peux faire, c'est de La copier du mieux que Je peux, et cela signifie que Je devais Me limiter à ce que Je pouvais faire.

MOI : Je viens de voir dans mon esprit une image de ce qui se passerait si Tu le faisais quand même : c'est comme une configuration de type « 2 en 1 », mais qui serait de nature à embrouiller l'Origine. Un peu comme le fait d'être schizophrène ?

ES : Plus que cela : les contours de toutes Ses parties deviendraient flous. Partout, il y a des règles que nous devons suivre. Tu ne peux travailler qu'avec ce que tu as, tout comme Je dois travailler dans les limites de l'Origine parce que Je fais partie de l'Origine, tout comme toi. J'ai des limites et des règles à respecter, des règles de construction, si tu préfères appeler ça ainsi.

MOI : Donc pour résumer, Tu as créé un douzième de l'univers qui était l'Origine au sein de l'Origine et qui est en réalité en Toi-même.

ES : Bien joué !

L'Histoire de Dieu

MOI : Et le but de tout cela était de créer un simulacre de l'Origine afin de Te permettre de plonger plus rapidement dans les subtilités de Toi-même par la création et la division de parties autonomes de Toi-même.
ES : Ouais.
MOI : Peux-Tu maintenant me dire quel est le rôle de chacune des douze dimensions ?
ES : Plus tard. Le temps est venu pour toi de prendre du repos.

L'Entité Source s'exprime sur la théorie des onze dimensions de Stephen Hawking

Quelque temps plus tard, alors que je discutais des flagrantes anomalies de l'univers avec un ami dans un pub local, ce dernier a convenu qu'il devait y exister de nombreuses autres dimensions. Il a nuancé ses propos en affirmant que le professeur Stephen Hawking avait apporté des modifications à sa théorie de l'univers en établissant qu'il devait y avoir en réalité onze dimensions. De plus, mon ami pensait aussi que Hawking était sur le point de percer à jour toute cette histoire d'univers et qu'il pourrait bien y parvenir avant de mourir.[10] J'ai donc soumis cette question à l'Entité Source pour savoir pourquoi le grand Stephen Hawking était en désaccord avec les informations que j'avais reçues de la part de l'Entité Source.

MOI : Le professeur Hawking estime donc qu'il existe onze dimensions. Or, Tu as déclaré qu'il y en avait douze. Pourquoi cette différence ? Qui a raison ?
ES : Pour commencer, notre cher esprit Stephen Hawking est effectivement à deux doigts d'acquérir une très bonne compréhension personnelle, mais cependant limitée, de l'univers local. Il a accompli cela grâce à l'aide de ses guides spirituels et à sa capacité de penser et de méditer pendant de longues périodes ininterrompues sur des questions restées sans réponse, ce que seule une personne dans sa situation a la capacité de faire. Tout d'abord, l'erreur est ici très simple : on oublie qu'il doit y avoir une dimension de base, à savoir celle dans laquelle on existe. Toutes les autres sont supplémentaires et contribuent à maintenir la zone intacte et à respecter le principe de

---

[10] Le célèbre physicien théoricien et cosmologiste britannique, Stephen William Hawking, est depuis décédé en 2018. Il est connu pour ses contributions dans les domaines de la cosmologie et de la gravité quantique, notamment dans le cadre des « trous noirs » (NdT).

tritave que nous venons d'évoquer. Deuxièmement, si l'on considère que l'univers physique a en fait besoin de la première des quatre tritaves pour exister, alors la question se pose dans l'autre sens : pourquoi le professeur Hawking a-t-il une dimension en trop ?

MOI : *Comment ça ? J'ai l'impression que Tu présentes un peu les choses comme ça T'arrange !*

ES : Comme Je te l'ai déjà indiqué, chaque dimension possède douze fréquences. Ces fréquences sont des zones dans lesquelles vous vivez en tant qu'individus énergétiques et incarnés. Pour monter dans les fréquences, vous devez vivre en accord avec les règles. Ces règles garantissent en effet que vous ne perdiez pas votre fréquence de résonance et que vous ne commenciez pas à chuter dans votre dimension d'existence. Ainsi, une fois que vous avez atteint un état de fréquence élevé, vous pouvez passer à la dimension supérieure suivante, à condition que la zone de fréquence dans laquelle vous positionnez votre existence soit proche d'une zone de basse fréquence de la dimension suivante. En tant qu'êtres énergétiques, vous pouvez, naturellement, vous déplacer pour trouver ces zones et monter et descendre à volonté, à condition, bien sûr, que vous vous déplaciez dans la plage dimensionnelle et fréquentielle qui vous est allouée et dans laquelle votre niveau d'évolution vous a autorisé à le faire.

Le premier système dimensionnel, le monde physique, a en fait besoin de trois dimensions pour exister, y compris les douze fréquences de chaque dimension, soit trente-six fréquences au total. Mais ce n'est pas le cas pour les autres dimensions.

MOI : *Pourquoi ça ? Je croyais qu'elles opéraient par groupes de trois ?*

ES : En effet, mais elles n'ont pas besoin de fonctionner par trois pour créer un environnement propice à leur existence.

MOI : *Et pourquoi donc ?*

ES : Parce qu'après la quatrième dimension et y compris celle-ci, tout le reste est de nature énergétique, c'est-à-dire énergétique par rapport aux trois premières. Donc, en substance, tu as douze dimensions dont dix sont des dimensions utilisables ou habitables, les trois premières étant égales à une.

MOI : *Donc, trois plus neuf font dix !*

ES : C'est à peu près ça, oui. Les autres dimensions fonctionnent comme des dimensions à part entière. Cela est dû au fait qu'elles se situent plus haut dans les gammes de fréquences.

L'Histoire de Dieu

L'Entité Source s'exprime sur la dépendance des dimensions à l'égard des fréquences et sur le fonctionnement d'un multivers

MOI : Es-Tu en train de me dire que les dimensions dépendent des fréquences ?

ES : Bien sûr, car la fréquence est en quelque sorte le rembourrage qui maintient les dimensions bien gonflées. La relation dimensionnelle est fonction de la fréquence, et les bandes de fréquences sont rassemblées et collectées dans les dimensions. C'est ainsi que fonctionne un univers multidimensionnel. Si nous revenons un peu en arrière et examinons les dimensions à part entière, nous voyons que, comme pour les trois premières dimensions, les dimensions du 2e groupe de trois dimensions sont liées entre elles, les dimensions du 3e groupe de trois dimensions sont liées entre elles, et les dimensions du 4e groupe de trois dimensions sont également liées entre elles, chacune se trouvant dans sa propre tritave. Les entités qui existent, disons, dans la 7e dimension, pourront donc se déplacer entre la 7e et la 8e dimensions (si elles sont à la bonne fréquence). Alors que les entités qui existent dans la 8e dimension pourront se déplacer dans la 7e et la 9e dimensions (encore une fois, si elles sont à la bonne fréquence). En substance, les dimensions sont liées par groupes de trois, comme suit :

Les dimensions 1, 2 et 3 sont liées ;
Les dimensions 4, 5 et 6 sont liées ;
Les dimensions 7, 8 et 9 sont liées ; et
Les dimensions 10, 11 et 12 sont liées.

Ainsi, une entité de la 7e dimension peut se déplacer dans les 7e et 8e dimensions, mais ne pourra pas traverser la 6e sans une construction pour l'aider à transiter vers une dimension beaucoup plus basse, ni ne pourra se déplacer vers la 9e, car cela représente un saut dimensionnel trop important. Ce principe serait également vrai pour une entité de la 4e ou de la 10e dimension.

Il est plus facile de descendre dans les fréquences que de monter. Par conséquent, une entité qui passe de la 8e à la 7e dimension doit abandonner certaines de ses fréquences les plus élevées pour descendre, mais aussi avoir suffisamment de fréquences plus élevées en réserve pour pouvoir remonter par la suite. En substance, bien qu'elle puisse descendre dans une dimension inférieure, elle ne peut le faire qu'au détriment de sa propre fréquence, et une fois qu'elle s'est déplacée, elle doit rester dans les fréquences les plus élevées de cette dimension inférieure. Cette même entité ne pourra monter dans la 9e dimension qu'avec un bon niveau de fréquences élevées, et elle ne pourra alors se déplacer que dans les fréquences inférieures de la dimension supérieure.

Les entités de la 9e dimension peuvent ainsi se déplacer dans toutes les dimensions de leur tritave, mais elles doivent s'entourer d'une bulle d'énergie qui leur permettra à la fois de voyager dans les dimensions et les fréquences inférieures et de protéger leurs propres fréquences intrinsèquement plus élevées.

Le saut entre tritaves (du bas vers le haut) est donc une fonction de l'évolution. Mais réaliser l'inverse nécessite une protection du type décrit ci-dessus et peut conduire à une « involution » si l'entité voyageuse n'a pas pris ses précautions.

MOI : *Du coup, sur la base de ce principe, doit-on en conclure que le professeur Hawking a tort ?*

ES : Je dirais qu'il n'est pas loin du compte. Mais surtout, il est en mesure de faire avancer la réflexion sur cette question, ce qui est déjà une bonne chose. Quant à Stephen, il comprendra tout cela lorsque le moment sera venu pour lui de le faire, car pour obtenir cette compréhension, il aura besoin de mathématiques adaptées, sachant que les mathématiques nécessaires à cette compréhension ne sont pas encore disponibles sur Terre.

L'Entité Source apporte de nouvelles clarifications sur les dimensions et les fréquences

Plus tard cette année-là, je me demandais si tout cela tenait la route. J'étais confus. Je croyais que ce que la Source m'avait dit plus tôt était correct, mais je n'en avais pas vraiment la compréhension. Personnellement, je n'aime pas me retrouver dans une situation où je ne comprends pas un principe, car si je ne le comprends pas, comment une autre personne qui lira ce texte pourra-t-elle le comprendre ? Or, c'est bien le but de tout mon travail d'écriture sur ce sujet précis ! J'ai donc décidé qu'il me fallait plus de précisions sur tout ce sujet de dimensions et de fréquences, et j'ai à nouveau contacté la Source dans le but d'obtenir des clarifications de manière à rendre tout cela plus simple à comprendre.

MOI : *Je ne m'y retrouve pas avec toute cette structure de dimensions et de fréquences. Je n'arrive toujours pas à me la représenter clairement dans mon esprit. Je peux comprendre comment fonctionnent les fréquences, mais je ne vois pas comment fonctionnent*

L'Histoire de Dieu

les dimensions. Je comprends bien qu'il peut y avoir plusieurs dimensions occupant le même espace, mais je n'arrive pas à en saisir la mécanique.

ES : La « mécanique » est le mot qui convient en effet, car c'est la mécanique simple que j'utiliserai pour décrire la fonctionnalité de l'existence dimensionnelle. Tu te souviens de cette discussion que nous avons eue sur la description de la fréquence, dans laquelle l'augmentation de la fréquence transforme la glace en eau, puis l'eau en gaz ? Ainsi, la glace présente une fréquence vibratoire basse, de sorte que tu peux à la fois voir et toucher la glace comme un objet solide. L'eau présente une fréquence vibratoire légèrement plus élevée et peut toujours être vue et touchée, bien qu'elle perde sa cohésion et soit désormais de nature fluide. L'augmentation de fréquence nécessaire à la transformation de l'eau en gaz est également faible, mais si elle crée une substance qui n'est ni visible ni palpable, celle-ci est néanmoins présente. C'est juste que tu ne peux pas l'identifier avec tes cinq sens de base. Et tu comprends cela parce que c'est de la physique de base. Ainsi, tu sais qu'elle s'est transformée en gaz, et qu'un gaz possède une substance qui peut être détectée par des machines. Cela explique comment un simple changement de fréquence fait disparaître un objet – dont la fréquence est modifiée – du spectre visible ainsi que du spectre du toucher et de la sensation physique.

La meilleure façon de décrire la fonctionnalité de la dimension, c'est d'utiliser la mécanique des ondes radio, ou celle de l'électricité utilisée pour la transmission de contenus audiovisuels via des fils de cuivre. Une onde radio analogique, comme dans le cas de l'électricité, possède à la fois une amplitude et une fréquence. L'amplitude détermine le contenu du signal, et la fréquence détermine la vitesse de transmission du contenu. Les informations transmises de cette manière peuvent être superposées à d'autres informations simplement en modifiant la fréquence suffisamment au-dessus ou en dessous de la première fréquence de manière à ne pas interférer avec les informations originales transmises sur celle-ci. Ce principe constitue la base de la transmission radio pour de nombreuses stations de radio.

Si tu considères qu'une fréquence suffisamment élevée pour ne pas interférer avec celle qui se situe juste en dessous, ou suffisamment basse pour ne pas interférer avec celle qui se situe juste au-dessus, constitue un environnement dans lequel la vie énergétique peut exister, alors tu disposes d'une bonne base pour mieux comprendre l'utilisation de la fréquence en vue de créer un certain nombre d'environnements vivants dans une gamme de fréquences connue. Pour autant, cela n'explique pas l'existence dimensionnelle. Les dimensions existent du fait de la rotation d'une gamme de fréquences. On peut comparer cela à l'utilisation de la mise en phase pour augmenter la quantité d'informations transmises sur la même fréquence. Si la fréquence subit également une rotation d'un seul degré d'angle, alors cette fréquence est également placée dans une position de non-interférence avec la fréquence qui se trouve à, disons, l'angle de rotation zéro. Cela donne accès à toutes les gammes de fréquences possibles de l'angle de rotation zéro dans le 1er degré de rotation également. Ce serait la même chose pour 5 degrés de rotation, 15 degrés de rotation, ou 200 degrés de rotation, donnant ainsi la possibilité d'obtenir de nombreuses phases, jusqu'à 360 si on utilise les degrés comme angles de phase.

Maintenant, si tu considères que chaque degré de rotation équivaut à un état dimensionnel différent, alors tu comprends comment un certain nombre de dimensions différentes et de fréquences subséquentes peuvent exister en même temps dans le même espace. En termes simples, elles sont séparées par des angles de phase. Bien sûr, il n'y a pas 360 dimensions. Il y en a douze, les trois premières créant la base d'une dimension physique et les neuf suivantes étant des dimensions supérieures à part entière. L'espace situé entre les dimensions est donc suffisamment grand pour garantir qu'elles n'engendrent aucune interférence entre elles, sauf par une augmentation locale de la fréquence et de la phase dans les zones où les entités locales travaillent à un niveau élevé de fréquence ou de phase en raison du fait qu'elles sont en harmonie avec l'univers. Par conséquent, cela donne la possibilité de remonter l'échelle fréquentielle ou dimensionnelle ou de réduire la fréquence et la phase dans les zones où les entités locales travaillent à un faible niveau de fréquence ou de phase en raison du fait qu'elles ne sont pas en harmonie avec l'univers. Cela offre alors la possibilité de descendre le long de l'échelle fréquentielle ou dimensionnelle.

MOI : Donc ce que Tu me dis, c'est que la séparation dimensionnelle est due à un angle de phase ?

ES : En termes simples, oui, bien qu'il existe de nombreuses autres façons d'obtenir le même résultat, et que ces autres méthodes soient aussi utilisées dans certains des autres univers créés par Mes pairs, les onze autres Entités Sources. Nous pourrons peut-être discuter de ces autres méthodes dans de futurs dialogues, mais pour l'instant, cela permet de t'expliquer brièvement la façon dont J'ai construit cet univers.

Moi : J'ai lu un certain nombre de livres de science-fiction dans lesquels les personnages se déplacent d'une dimension à une autre par un mouvement de « rotation » qui les emmène en dehors de cette dimension. Je trouve cela assez étrange. C'est tellement proche de la description que Tu viens de me donner que j'aurais pu aussi bien l'inventer à partir de ma mémoire au lieu de l'avoir canalisé dans le cadre de ce dialogue.

ES : Tu peux Me croire, ce n'est pas le cas. Car la description utilisée par les auteurs de science-fiction et à laquelle vous faites tous allusion n'est qu'un mot utilisé afin de rendre la transition d'une dimension à une autre crédible du point de vue de l'auteur. Le fait que cette description soit proche de la vérité n'est pas dû à la connaissance de l'auteur, mais au fait que son soi supérieur a accès de manière subconsciente au réservoir de connaissances universelles auquel chaque entité a accès. D'où l'utilisation d'un mot qui est proche de la vérité. Le fait même que tu aies eu du mal à comprendre la fonctionnalité de l'existence dimensionnelle justifie le fait que la description fournie dans ce dialogue provienne de Moi et non de ton souvenir d'un livre de science-fiction dont tu as fait la lecture. Ce dialogue n'essaie-t-il pas de t'aider à comprendre la fonction dimensionnelle de cet univers ?

MOI : Oui, c'est vrai. Il m'aide beaucoup.

ES : Dans ce cas, J'ai réussi à t'aider à comprendre.

L'Entité Source s'exprime sur les rôles des douze dimensions de la conscience

MOI : Et maintenant, qu'en est-il des douze dimensions ? Je pensais qu'il y avait un nombre infini de dimensions ?

ES : Dans l'absolu, oui, mais J'ai décidé d'en appliquer douze aux univers que J'ai créés. J'ai décidé cela principalement parce que douze Entités Sources ont été créées. Cela M'a semblé être une bonne idée à l'époque.

MOI : Alors, quelles sont les raisons qui justifient les douze dimensions d'un point de vue opérationnel ?

ES : Chacune d'entre elles constitue une couche qui te rapproche de l'Origine/Dieu, pour ainsi dire. Et chacune est spéciale à sa manière. Elles ont donc toutes un rôle à jouer, et à mesure que tu progresses vers l'Origine, non seulement tu progresses à travers les fréquences, mais tu progresses également à travers les dimensions.

L'Histoire de Dieu

Comme te l'a déjà expliqué l'Origine, chacune des dimensions possède douze dimensions qui lui sont associées et imbriquées en elle. Celles-ci sont groupées en octaves (ou « tritaves ») de trois dimensions. Ceci est particulièrement important pour les dimensions inférieures car elles sont étroitement associées aux niveaux physiques. N'oublie pas que l'Origine possède 12 x 12 x 12 x 3 (tritaves), et que sans cette structure de base, elles ne pourraient pas fonctionner correctement.

MOI : J'ai perçu le mot « œuvrer » plutôt que « fonctionner » correctement.

ES : Ne te laisse pas désorienter par ces informations ni par celles que Je vais te donner. Elles sont différentes de celles que l'Origine t'a communiquées. De plus, ton propre niveau de référence est si succinct que tu ne pourras probablement pas comprendre certaines parties de ces informations, et bien souvent la plupart te dépasseront complètement. Ici, la différence entre œuvrer et fonctionner est significative, c'est le moins que l'on puisse dire. L'œuvre suggère en effet une tâche présentant un profil prédéfini, alors que la fonction signifie qu'une chose... fonctionne. En d'autres termes, la fonction n'a pas besoin d'œuvrer à quelque chose pour fonctionner. Elle a juste besoin d'exister ! Dans le cas d'une dimension, elle « fonctionne » comme une dimension ; elle n'« œuvre » pas en tant que dimension. Elle « est », tout simplement. Maintenant, ce qui fait œuvrer une dimension, c'est ce qu'y font les entités qui existent en elle, selon la relation qu'elles entretiennent avec elle et ce qu'elles en font. De nombreuses entités qui ont progressé dans l'échelle dimensionnelle en s'éloignant progressivement du plan d'existence où tu te trouves actuellement projeté sont capables de comprendre leur fonction et de la faire œuvrer à leur propre avantage. Ceci est également vrai pour les entités qui n'ont jamais ressenti le besoin de se projeter vers les niveaux les plus bas, comme le tien, pour accélérer leur évolution. Si tu considérais l'eau comme une dimension, tu verrais de quoi je veux parler. L'eau « est », tout simplement, mais tu l'utilises pour toutes sortes de choses. Tu travailles avec elle pour créer de la glace, de la vapeur, des gaz, différentes concoctions pour ta consommation personnelle, pour des activités de lavage, de refroidissement, et ainsi de suite. Cette liste est sans fin. Comme tu le vois, une dimension EST, et ensuite elle est ce que tu en fais. Les douze dimensions ne sont donc pas précisément ce que tu penses qu'elles sont.

L'Histoire de Dieu

MOI : J'aurais pensé qu'il y avait différents niveaux de dimension et que ces niveaux étaient parallèles les uns aux autres, tout comme nous le disent nos auteurs de science-fiction et nos physiciens.
ES : Mmm, ils n'ont pas tout à fait tort, mais Je vais t'expliquer ce que sont les dimensions ci-dessous.

<u>Dimension -- Fonction</u>
1 -- Hauteur (1ère des dimensions physiques)
2 -- Largeur (2e des dimensions physiques)
3 -- Profondeur (3e des dimensions physiques)
4 -- Événement (Temps) (4e des dimensions physiques mais à la limite de l'intangible)
5 -- Pensée prenant forme (Création) (5e des dimensions physiques - à la fois tangible et intangible)
6 -- Conviction (Le fait de savoir que tu es capable de faire ce que tu peux faire)
7 -- Harmonie (Comprendre et suivre le courant de l'univers)
8 -- Espoir (Donner forme à différents idéaux)
9 -- Interconnectivité (Accès à d'autres dimensions inférieures à la 9e dimension. La première des dimensions à accès libre.)
10 -- Stabilité temporelle - Fonction statique, capacité à changer l'univers pour toujours (sans retour en arrière)
11 -- Création universelle (La sphère dynamique de la création, en constante évolution - aucune stabilité [Chaos], niveau de l'Entité Source)
12 -- Conscience totale et connexion constante avec toutes les dimensions à tout moment. Unité avec l'Entité Source et l'Origine.

MOI : Quoi ! Mais ce ne sont pas des dimensions !
ES : Mais si, bien au contraire. En fait, les dimensions sont des dimensions de conscience. C'est pourquoi elles ne te deviennent accessibles qu'à mesure que tu progresses dans ton niveau d'évolution.
MOI : Je croyais pourtant qu'elles correspondaient à différents niveaux de réalité physique.
ES : C'est le cas également, jusqu'à un certain point – et ce point est celui où tu quittes le tangible pour passer à l'intangible, c'est-à-dire quand tu t'éloignes des niveaux qui se manifestent dans la réalité physique tels que tu les connais ou les perçois et que tu te diriges vers les niveaux non physiques qui nécessitent une perception basée sur

ton niveau d'évolution. Ce n'est qu'à ce moment-là que tu as la capacité d'utiliser les autres dimensions et de te déplacer à travers elles.

MOI : *Suite à une conversation que j'ai eue précédemment avec Toi, peux-Tu me dire ce qu'il en est des aliens et de leurs voyages entre les dimensions ? Comment cela fonctionne-t-il ?*

ES : [Cela fonctionne] parce qu'ils travaillent à partir de la 9e dimension et utilisent les cinq dimensions inférieures afin de les aider à expérimenter des choses. Tu pars également du principe qu'ils sont des ALIENS. Mais ce n'est pas le cas. Ce sont simplement des entités qui plongent dans les niveaux inférieurs pour expérimenter certaines choses afin de faire avancer leur propre évolution sans avoir besoin de recourir au processus long et compliqué de l'incarnation. Ils n'atteignent pas le même niveau d'inertie en termes de vitesse d'évolution que ceux qui s'incarnent, car ils ne connaissent jamais l'état de « séparation » que vous vivez et ressentez ici sur Terre. Mais ils vivent, travaillent, se déplacent et évoluent néanmoins à travers les dimensions.

MOI : *Attends une seconde : j'avais cru comprendre que nous étions tous des parties de TOI et que, lorsque nous ne sommes pas incarnés, nous faisons partie de « tout ce qui est », y compris, donc, de l'ensemble des dimensions.*

ES : C'est exact. Cependant, vous devez évoluer jusqu'à un certain niveau avant de pouvoir passer au stade suivant. Vous pouvez faire tout ce que vous voulez, mais cela ne vous est vraiment accessible que lorsque vous avez l'expérience et la sagesse nécessaires pour pouvoir utiliser ce pouvoir correctement.

MOI : *Attends. On dirait que Tu parles d'évolution dans le monde physique et non dans la réalité ultime !*

ES : C'est l'impression que ça peut donner, mais ce n'est pas le cas. Le but de votre « individualisation » est de vous permettre à tous de vivre des expériences. Ces expériences sont transmises à l'Origine et à Moi pour le bénéfice de l'Origine, en termes d'apprentissage d'Elle-même et de Moi-même, car cela M'intéresse de réaliser la même chose, sauf que Je le fais en Me diversifiant en milliards de petites parties. Or, une partie du processus de votre création exige que vous vous compreniez pleinement vous-mêmes également, à l'instar de l'Origine et de Moi-même. Et cela ne se produit que par l'expérimentation qui mène à une connaissance élargie et, par la suite, à l'évolution. Une partie de votre évolution exige en outre que vous preniez conscience à la fois de vos limitations et du principe parallèle d'absence de limites, mais ce dernier exige une certaine compréhension. Par exemple, vous ne savez faire du vélo que lorsque vous avez appris à faire du vélo. Il en va de même pour la conscience des dimensions et votre capacité à travailler à l'intérieur et à l'extérieur d'elles et à les manipuler à volonté. De plus, votre niveau d'évolution vous permet d'accéder à des parties ou à la totalité des dimensions à partir de n'importe quel point particulier. Cela signifie que vous avez la capacité d'accéder à la connaissance que vous avez de la manipulation des énergies qui entourent et composent les dimensions depuis n'importe quel point, y compris depuis la partie de vous qui est projetée dans la réalité physique. C'est la raison pour laquelle tu peux communiquer avec Moi, et cela explique également les récits concernant la capacité de certaines personnes à faire des choses soi-disant fantastiques, comme la télékinésie, la télépathie, la clairvoyance, etc.

MOI : *Donc, ce que Tu me dis, c'est que l'explication scientifique des dimensions est inexacte ?*

ES : Pas du tout. La manifestation physique de ce que vous vivez est en réalité le plan de référence à partir duquel vos scientifiques travaillent. La réponse à ta question, c'est que la perception de ces dimensions est basée sur la croissance personnelle, une croissance personnelle qui te permet de comprendre progressivement les dimensions telles qu'elles sont présentées dans le tableau précédent. Garde bien à l'esprit que l'aspect physique des dimensions n'est qu'une petite partie de ce qu'elles sont réellement. Le reste est littéralement intangible pour vous dans votre état actuel, à moins que vous ne soyez suffisamment évolués pour être capables de percer à jour et de manipuler ce qui s'y trouve. C'est dans ces conditions que vous êtes autorisés à retourner à votre état réel quel que soit l'état dans lequel vous vous trouvez, y compris l'état incarné. C'est ce que signifie « être un avec Dieu » ; c'est ce que signifie le « paradis sur Terre ». Tout ce que vous avez à faire, c'est de déverrouiller les portes de vos perceptions, et cela vous le faites par l'évolution. Le niveau d'évolution que vous avez atteint dicte le niveau de perception que vous pouvez emporter avec vous dans les niveaux physiques les plus bas de l'état énergétique. Mais cela n'est possible que lorsque vous êtes hautement évolués.

L'Origine clarifie le rôle des dimensions

Je commençais à m'y perdre complètement au sujet des dimensions et de ce qu'elles représentaient. D'un côté, on me disait

L'Histoire de Dieu

qu'elles représentaient différents niveaux de conscience ; alors que, d'un autre côté, on me disait qu'elles représentaient des niveaux de division de l'Origine, dans un sens holistique, c'est-à-dire une division de Son soi qui avait été copiée dans une certaine mesure par l'Entité Source qui s'occupait de notre univers et de nos univers ou les gérait. J'étais également désorienté par cette référence continuelle, en moi-même, à l'explication plus physique des dimensions que nous propose la science humaine. Par exemple, le type de science auquel j'étais habitué, en utilisant des « termes humains » pour expliquer les dimensions et leur relation entre elles, s'apparentait davantage à de la science-fiction avec sa référence continuelle à des univers parallèles et à des trous de ver dans l'espace-temps ainsi qu'à des hypothèses continuellement mises à jour par de nouvelles découvertes en mécanique quantique dont les travaux de recherche semblent être, du moins à mon avis, motivés par des hypothèses émises, précisément, par des auteurs de science-fiction. Tout comme la science dure dans ce domaine semble toujours « rattraper la fiction » (les auteurs puisent-ils leur inspiration dans la Source ou l'Origine ? Mmm..., je me le demande), c'est à présent la plus haute autorité, notre DIEU, l'Entité Source et son propre créateur, L'ORIGINE (qui est sans doute Dieu personnifié et « en totalité »), qui m'expliquent que les dimensions sont des niveaux de conscience. Comment pouvait-il en être ainsi ? Quelle information était la bonne ? Tout cela me laissais perplexe et encore plus désorienté. En conséquence, j'ai décidé d'aller directement au sommet et de demander à l'Origine en quoi consistaient les dimensions. Et au moment précis où je tapais cette dernière phrase sur le clavier de mon ordinateur, j'ai commencé à entendre la réponse. Je me suis alors préparé à la clarté d'esprit nécessaire pour entrer en contact avec l'Origine, mais le contact était déjà établi.

MOI : OK, OK..., alors quelle est la réponse à ma question ? J'imagine que de nombreux scientifiques se bousculeront pour me réfuter là-dessus dans quelques années, alors il vaudrait mieux que cette réponse soit excellente !
O : Ils auraient du mal à réfuter quoi que ce soit, car en réalité ils ne comprennent pas vraiment les données qu'ils recueillent actuellement. N'ayant pas le bon point de référence à partir duquel commencer leur réflexion, comment peuvent-ils commenter quelque chose dont ils ne savent rien au sens le plus fondamental ? Garde bien à l'esprit qu'ils recherchent dans le noir une chose qu'ils ne peuvent ni voir, ni sentir,

L'Histoire de Dieu

et encore moins savoir à quoi elle ressemble. Il en résulte que lorsqu'ils se penchent pour ramasser un morceau de corde, parce qu'ils l'ont trouvée dans le noir, ils pensent qu'elle fait partie de ce qu'ils recherchent, et lui donnent par conséquent un nom quantique comme « corde quantique » ou « super corde ».

MOI : J'ai reçu l'image mentale d'une banane. Pourquoi ai-je tapé « corde », dans ce cas ?

O : Je t'ai guidé dans ta perception, car les gens ne comprendraient pas la référence à une banane quantique même si l'explication possède la même valeur. L'utilisation d'un nom tel que « Théorie de la banane quantique »[11] n'apporterait certainement pas le même niveau de respect dans les cercles des scientifiques quantiques... Cela dit, J'ai du mal à accorder le même niveau de respect aux cordes. Mais ici toute la question est bien de savoir ce qu'est la « matière ». Et c'est cela qui fait obstacle à la prise de conscience et à la compréhension.

MOI : Pourquoi ?

O : La science humaine est basée sur ce qui peut être vu, touché ou (plus récemment) détecté. Le problème ici, c'est que vos détecteurs ne détectent que la manifestation physique des dimensions et des fréquences qui y sont à l'œuvre. Or, il ne s'agit que d'une très petite partie du tableau d'ensemble, lequel dépasse tout ce qu'ils peuvent imaginer. Cependant, un indice vous est donné ici, à savoir : l'utilisation de détecteurs pour détecter et présenter des choses ou des événements que les sens physiques ordinaires du corps humain ne peuvent normalement pas voir, sentir, toucher, goûter ou sentir. Car il se passe en effet d'autres choses dont les scientifiques n'étaient pas CONSCIENTS jusqu'à présent.

Et c'est un véritable exercice d'expansion de pensée qui leur est proposé. Parce que les scientifiques peuvent utiliser des moyens mécaniques pour détecter des choses qu'ils n'étaient pas capables de détecter auparavant, cela donne à ces choses une dimension physique. Cela leur donne de la substance, mais surtout, cela donne aux scientifiques une voie d'accès à la vérité et au fait qu'il y a plus à comprendre dans ce qu'ils vivent que ce qu'ils peuvent détecter par leurs seuls moyens physiques. Ils sont donc davantage conscients qu'il

---

[11] La « théorie des cordes » a été proposée à la fin des années 1960 par Gabriele Veneziano. Dans les années 1970 et 1980, les chercheurs s'appuient sur elle pour obtenir une théorie unifiée des champs de force et des particules de matière dans l'univers, tout en cherchant à réconcilier les lois de la mécanique quantique avec les lois de la relativité générale (NdT).

y a quelque chose de plus et que ce « plus » ne se trouve peut-être pas dans la dimension physique quantifiable du monde physique, et doit donc se trouver à un autre endroit. C'est cet autre endroit qu'il leur « reste à définir ».

Donc, pour le dire en un mot, les dimensions sont en effet des niveaux de conscience, et ces niveaux de conscience sont liés à des aspects de l'univers qui sont accessibles en conséquence directe de l'évolution personnelle de chaque individu.

MOI : OK, poursuivons sur les dimensions et sur ce qui m'empêche de comprendre ce qu'elles sont réellement.

O : Comme Je te l'ai dit auparavant, les dimensions sont des couches successives de conscience.

MOI : La dernière fois, Tu as employé le terme de « niveaux ».

O : Les niveaux ou les couches désignent ici la même chose. Le niveau de conscience possédé ou maîtrisé par l'individu en totalité dicte son niveau de conscience dans la réalité physique. Je veux dire par là que ce qu'il perçoit comme une réalité, par rapport à ce qu'il vit comme une réalité, repose sur le niveau de focalisation de sa « conscience ». Il est difficile pour toi de saisir cela dans ton état actuel en raison des limitations extrêmes qui te sont imposées dans cette dimension, c'est-à-dire, donc, dans ce niveau de conscience.

Mais ton niveau de conscience augmente à mesure que tu progresses dans les fréquences tout en gagnant en clarté.

MOI : Mais...

O : Avant de Me dire que Je suis passée à une description physique, laisse-Moi terminer Mon explication. Lorsque vous êtes dans cet état que tu appelles l'« Esprit », vous n'avez ni forme ni substance, du moins pas ce que vous pouvez reconnaître comme forme et substance ici sur Terre. Vous faites partie du tout, de MOI, de votre SOURCE, tout comme chaque « chose » que Nous avons créée, ainsi que toutes les autres entités auxquelles J'ai donné forme [ou une identité individuelle]. Le niveau de conscience que vous possédez est le résultat direct du niveau d'expérience d'autres choses, des choses que vous avez créées ou que d'autres ont créées. Cela vous donne la capacité de comprendre ce qui est créé au sein de la création elle-même, c'est-à-dire ce que J'ai créé. Cette compréhension supprime les limitations du soi et du mental (esprit) et permet à l'individu d'accéder à des informations et de faire l'expérience de ce qui n'est accessible que sur les neuf niveaux spirituels physiques. Les fréquences sont donc des niveaux de physicalité tandis que les dimensions sont des niveaux de conscience, en termes de conscience et d'expérience du

L'Histoire de Dieu

fait que tout se passe en même temps. Mais en soi, le besoin de l'humanité de séparer les dimensions en termes de niveaux ou de parallélismes est le résultat d'une connaissance profonde de la vérité ultime, elle-même due au fait qu'une partie de l'expérience et de la connaissance du soi supérieur lui parvient partiellement via le canal qui mène jusqu'au subconscient. Son incapacité à intellectualiser cette connaissance est seulement due à un manque d'évolution et de prise de conscience ultérieure.

MOI : Donc, lorsqu'on a un groupe de dimensions regroupées toutes ensemble, c'est-à-dire 12, on a également un ou plusieurs niveaux de physicalité qui leur sont associés ?
O : Oui, en quelque sorte, sauf que ces niveaux de physicalité ne sont pas ceux auxquels tu t'attendrais, en ce sens qu'ils ne se situent pas aux mêmes niveaux de densité.
MOI : Alors, de quels niveaux de densité parle-t-on ici ?
O : De niveaux de densité spirituelle plutôt que de niveaux de densité physique.
MOI : Quoi ? Tu veux dire qu'il y a aussi des niveaux de densité dans le monde de l'Esprit !?
O : Bien sûr.
MOI : Et est-ce également le cas de ces fréquences ?
O : Oui, naturellement, mais cela ne s'applique qu'aux niveaux inférieurs des dimensions (ou niveaux de conscience). Au-delà de ces niveaux, il n'y a plus de densité associée à la conscience.
MOI : Mais alors, où se situent ces niveaux inférieurs dans le schéma général de Ta création ?
O : Ce sont ce que l'on pourrait appeler les niveaux astraux supérieur et inférieur, les zones où commence l'interface entre les véritables niveaux spirituels et où se terminent les fréquences physiques les plus élevées.

L'Entité Source s'exprime sur les liens (les fameux trous de ver ?) qui relient les univers basés sur les fréquences

MOI : L'une des choses qui nous agace le plus, les scientifiques et moi-même, depuis un certain temps, c'est la fonction d'un phénomène de science-fiction qui est devenue une théorie scientifique appelée « théorie des trous de ver » : le soi-disant lien qui relie entre elles les dimensions ou les fréquences afin de faciliter les voyages sur de grandes distances dans notre univers au point de les rendre quasi-instantanés. Je crois me souvenir qu'autrefois on appelait ça «

L'Histoire de Dieu

l'hyperespace », *mais nous avons finalement opté pour des termes plus attrayants.*
ES : Je ne pense pas qu'ils soient plus attrayants, mais leur nouvelle formulation les a peut-être rendus plus accessibles à l'homme ordinaire en s'inspirant de descriptions tirées des données scientifiques qui contribuent à faciliter la compréhension et qui permettent aussi, si J'ose dire, à ceux qui financent la recherche de mieux saisir ce à quoi ils dépensent leur argent. Car il est plus probable que vous dépensiez de l'argent pour ce que vous pensez pouvoir comprendre que pour ce que vous pensez ne jamais pouvoir comprendre, d'où l'utilisation d'une nomenclature plus basique.
MOI : Est-il donc possible de traverser les fréquences ou les dimensions ? Oh, désolé : bien sûr que oui. Tu as déjà expliqué tout cela auparavant.
ES : Oui, en effet, mais laisse-Moi t'expliquer cette fonction d'une autre manière, c'est-à-dire d'une manière qui soit conforme à votre théorie des « trous de ver ».

Si tu pars du principe que l'univers est constitué de nombreuses fréquences et que la fréquence supérieure permet à une entité d'effectuer la transition jusqu'à la dimension suivante « VERS LE HAUT », tu comprendras alors que la fréquence inférieure lui permet d'effectuer sa transition vers la dimension suivante « VERS LE BAS », pour ainsi dire. Ceci dit, il est possible de voyager plus rapidement en augmentant tes vibrations ou tes fréquences à des niveaux plus élevés ou plus bas que ceux dans lesquels tu existes actuellement. Mais cela nécessite d'être une entité avancée en termes d'évolution, ou d'utiliser une machine spécialement conçue et fabriquée pour le faire à ta place.

Ou bien...

Tu peux utiliser ce qui se produit naturellement dans l'environnement des fréquences et des dimensions, en empruntant ce que vous appelez des « trous de ver ».
MOI : Alors, en quoi consistent ces fameux trous de ver ?
ES : Eh bien, ce que Je peux te dire, c'est qu'il ne s'agit ni de trous ni de passages en forme de ver, ce qui va donc mettre à mal quelques théories et séquences de films de science-fiction. Il s'agit cependant d'une zone de faiblesse fréquentielle entre les fréquences. Je vais t'expliquer tout cela plus en détail.

Imagine que la fréquence dans laquelle tu existes est plate, comme une immense couverture qui recouvre tout l'univers. Imagine maintenant que les fréquences situées au-dessus et en dessous sont non seulement plates également, mais aussi espacées de manière égale au-dessus et en dessous de la fréquence dans laquelle tu existes. Nous avons maintenant trois fréquences : une fréquence médiane (qui est la tienne), une fréquence supérieure, et une fréquence inférieure, chacune ayant sa propre fréquence nominale. Imagine à présent que nous ayons des anomalies dans cette surface fréquentielle plate où les fréquences sont soit supérieures à la fréquence nominale, soit inférieures à celle-ci. Il s'agit de fréquences localement plus élevées ou plus basses qui font toujours partie de ta surface fréquentielle ou qui sont en tolérance avec elle. Elles ressembleraient à des creux ou à des bosses dans cette surface fréquentielle où les fréquences ou les bosses les plus élevées sont représentatives des augmentations locales de fréquence, et où les fréquences ou les creux les plus bas sont représentatifs des diminutions locales de fréquence. Les zones de fréquence plus élevée sont le produit des entités qui travaillent dans cette zone et qui sont généralement plus évoluées et, par conséquent, qui travaillent à un niveau ou à une fréquence plus élevée. Et les zones de fréquence plus basse sont le produit des entités qui travaillent dans cette zone et qui sont généralement moins évoluées et qui, par conséquent, travaillent à un niveau ou à une fréquence plus basse. Tu pourrais les associer à deux races différentes, où l'une travaille en harmonie mutuelle avec l'autre et ses voisins, tandis que l'autre est en guerre avec ses voisins ou en situation de désaccord mutuel.

Imagine aussi qu'il y a des dizaines ou des centaines de zones comme celle-ci sur toute la surface, ce qui la rend plus bosselée que plate. L'image que tu devrais maintenant pouvoir visualiser est celle d'une feuille comportant partout de nombreuses bosses, aspérités et creux, un peu comme la surface d'une mer agitée. Imagine maintenant que cela est également possible dans les deux plans fréquentiels situés au-dessus et en dessous de ton propre plan, et qu'ils présentent donc aussi des zones localisées de fréquences plus élevées et plus basses. Tu devrais maintenant visualiser trois mers agitées, une au-dessus et une en dessous de ta propre mer. Avec la mer, le niveau de turbulence évolue en tant que produit direct du vent local. Eh bien comme pour la mer, le nombre ainsi que la hauteur et la profondeur des bosses de fréquences plus élevées et plus basses dans ces deux autres plans changent en conséquence directe du travail des entités présentes ; par conséquent, ces bosses et ces creux évoluent ainsi que leur emplacement, et présentent une forme qui ondule.

Ce *mouvement* est le résultat de la migration d'entités relevant de fréquences plus ou moins élevées autour de leur plan d'existence ou en fonction de leur ascension ou de leur chute dans les niveaux évolutifs pour une raison ou pour une autre. Il s'ensuit qu'à certains moments, et à certains endroits, une zone plus élevée de la fréquence moyenne (ton plan fréquentiel) peut toucher ou chevaucher celle d'une partie du plan fréquentiel plus élevé qui se trouve à la fois à une fréquence plus basse et dans la même zone spatiale. Cela permet ainsi à une entité de passer de la partie supérieure d'une fréquence plus basse à la partie inférieure d'une fréquence plus élevée, ce qui se traduit effectivement par un passage vers un plan fréquentiel globalement plus élevé. Cependant, cette entité peut ne pas trouver particulièrement confortable que le mouvement naturel du plan s'effectue vers le haut en termes de fréquence en raison du mouvement évolutif naturel. En d'autres termes, il se peut que cela aille trop vite pour elle.

De la même manière, ce phénomène peut aussi fonctionner en sens inverse, avec une fréquence plus basse, ce qui permet à une entité de passer à une fréquence inférieure et, par la suite, de subir une baisse de ses propres fréquences, ce qui ne lui sera pas non plus particulièrement agréable. Ces deux situations se produisent continuellement de haut en bas des fréquences et, en fait, de haut en bas des dimensions de la même manière.

Il est cependant intéressant de noter que plus les fréquences sont élevées, plus les surfaces sont plates et plus les possibilités de traverser les niveaux fréquentiels vers le haut ou vers le bas sont réduites. Ainsi, le niveau de turbulences se trouve réduit à mesure que tu t'élèves dans les fréquences. Tu obtiens de cette manière une représentation générale de l'augmentation du degré d'harmonie, qui se traduit par une réduction de la distance qui sépare l'entité de l'Origine.

La vie dans d'autres dimensions

MOI : Nous avons beaucoup parlé des dimensions et des fréquences, de ce qu'elles sont et de la façon dont elles sont séparées, mais nous n'avons pas encore parlé de la vie dans ces états modifiés.

ES : Tout d'abord, ce ne sont pas des états modifiés en termes d'environnement d'existence, même s'ils peuvent te donner cette impression. Ce sont des états à part entière, dotés de leurs propres ensembles d'entités qui existent en leur sein.

MOI : Ces états ont-ils également un aspect physique ?

ES : Étant donné qu'ils présentent différents niveaux de fréquence, ils ont bien sûr des niveaux de manifestation physique tout comme ta propre dimension. Rappelle-toi que tout est dupliqué ; c'est juste que

L'Histoire de Dieu

tout se retrouve dans une position de rotation de phase différente. La question pour toi est en fait la suivante : les entités d'autres dimensions s'incarnent-elles dans des corps créés pour exister à des fréquences plus basses, et si tel est le cas, à quoi ressemblent-elles ?

MOI : Oui, en quelque sorte.

ES : Eh bien, la réponse c'est que toutes les dimensions, sauf trois, abritent des entités qui existent au-delà du besoin de s'incarner dans un corps physique. Car elles n'ont tout simplement pas besoin de descendre jusqu'à ce niveau.

MOI : Sont-elles plus évoluées ?

ES : Pas nécessairement, c'est juste qu'elles ne se sont pas exposées aux expériences qui vous ont donné l'opportunité de descendre jusqu'aux niveaux physiques et d'expérimenter l'existence à son plus bas niveau de fréquence utile.

MOI : Alors à quoi ressemblent-elles ?

ES : Elles sont trop nombreuses et variées pour être décrites dans un seul livre, sans parler d'un simple dialogue, et pour être honnête, cela ne te serait pas d'une grande utilité. L'humanité a suffisamment d'imagination pour faire des suppositions extrêmement précises sur la physiologie d'entités physiques différentes, quelle que soit leur dimension d'origine. Il suffit de regarder les créatures qui peuplent vos films de science-fiction. Non, cela ne te serait pas utile.

Cependant, ce que Je suis prête à partager avec toi, c'est que dans chaque dimension et dans chaque fréquence, aussi élevée soit-elle, les entités qui existent en elles ont le même niveau de contraintes, d'un point de vue physique.

Je vais t'expliquer cela plus en détail : dans ta dimension et dans ta fréquence, si vous vous touchez, si vous touchez une porte ou la surface d'une table, vous ressentez une résistance. C'est parce que vous et les objets qui vous entourent êtes tous à la même fréquence. Cette fréquence définit vos limites physiques, votre « physicalité ». Maintenant, si vous utilisez le mot physicalité pour décrire cette résistance au point d'être incapable de traverser un objet, alors vous avez ce qu'on appelle de la « substance ». Ainsi, plus un objet ou une entité est solide ou dense, plus il a de substance et moins tu as de possibilités d'« interfraction » physique. L'interfraction est un mot que J'utilise ici pour décrire la capacité de deux objets de fréquences différentes à se mélanger et à fusionner dans le même espace et en même temps tout en se manifestant dans les deux fréquences simultanément. Cela signifie qu'ensemble, ils occupent l'espace dans deux fréquences distinctes simultanément. Ils se mélangent atomiquement, sub-atomiquement et énergétiquement afin de créer une seule entité ou un seul objet, mais sont constitués de deux entités ou objets différents et indépendants issus de deux fréquences indépendantes et différentes. C'est un phénomène qui se produit rarement à votre fréquence, mais cela arrive souvent dans les fréquences plus élevées, notamment avec des entités qui souhaitent partager la même expérience en même temps. Et il s'agit en fait d'une méthode qui était utilisée par les entités humaines il y a plusieurs millénaires de cela, lorsque le corps physique humain était à une fréquence beaucoup plus élevée qu'aujourd'hui. Et c'est l'une des causes de votre décès en termes de fréquence.

Mais revenons à l'interaction entre entités de même fréquence : en substance, les limites qui existent entre elles sont similaires à celles que vous vivez entre vous-mêmes et les objets qui vous entourent, mais dans la mesure où vous pourriez les manipuler physiquement.

Votre principale différence par rapport aux entités des autres dimensions réside en effet dans le fait qu'elles sont capables de manipuler les objets qui les entourent, y compris elles-mêmes, énergétiquement. Cela signifie qu'elles n'ont pas besoin, par exemple, de saisir des objets avec un appendice quelconque, car elles les manipulent avec leur volonté, tout comme vous le faites lorsque vous êtes en Esprit ou lorsque vous vous trouvez dans les fréquences inférieures et que vous avez le contrôle total de vos véritables capacités. Pour te donner une brève description d'une entité d'une autre dimension, Je vais te proposer la représentation simple suivante d'une entité qui se trouve dans l'une des autres dimensions où les entités font l'expérience de la vie dans les fréquences inférieures par choix plutôt que par karma.

L'entité particulière à laquelle Je pense possède une apparence physique dans ton type d'existence dimensionnelle au point d'utiliser un corps hôte, tout comme toi. Cependant, plutôt que d'avoir une série compliquée de niveaux énergétiques et physiques avec lesquels travailler, elle existe indépendamment dans chacun des niveaux dans lesquels elle doit exister. Elle est donc totalement fluidique, en ce sens qu'elle est sans forme, mais reste néanmoins physique. Son aspect dominant est celui d'une sphère revêtue d'une peau rouge rosé. Ses organes sont entièrement conçus de manière à puiser directement l'énergie de l'univers plutôt que de procéder par transformation énergétique, comme dans le cas du processus métabolique chimique de la digestion. Ils sont également capables de modifier leur structure en fonction des besoins liés au travail qui leur a été demandé par

L'Histoire de Dieu

l'esprit qui occupe ce corps. En fait, l'entité physique entière pourrait être décrite comme un seul organe qui se divise en plusieurs parties afin de permettre à ces parties de se spécialiser dans certaines tâches pendant la période de temps nécessaire. Puis, une fois leur travail terminé, elles sont réabsorbées dans l'ensemble. Des appendices de toutes formes et de toutes tailles se développent ainsi ou se manifestent lorsque cela est nécessaire, tout comme les fonctions sensorielles, qui ne se limitent pas aux seuls cinq sens dont vous êtes dotés dans votre fréquence et dans votre dimension. Son aspect et sa forme sont purement arbitraires. Ils correspondent à ce dont elle a besoin pour accomplir la tâche qu'elle souhaite réaliser. Les appendices ou les membres qui se manifestent sont créés à partir de la matière atomique et subatomique environnante par la volonté directe de l'entité. Ils sont ensuite utilisés afin de travailler avec des substances qui sont difficiles à manipuler, au niveau physique, avec la substance standard à partir de laquelle le corps a été créé.

MOI : Donc, si l'entité a besoin d'un marteau en métal, par exemple, elle en crée un à partir de rien ?
ES : Exactement. Mais en plus, le marteau est aussi physiquement attaché à l'entité comme une excroissance qui aurait poussé à partir d'elle, comme une main ou un pied. C'est la méthode la plus utile pour utiliser la physicalité. C'est la version énergético-métabolique d'un couteau suisse pour les corps. Cette « forme » offre à l'entité énergétique qui s'incarne dans ce corps la meilleure opportunité d'interaction avec les fréquences inférieures de sa dimension et avec les autres entités qui font également l'expérience de la vie au même moment.

MOI : Les entités qui utilisent cette forme sont-elles nombreuses ?
ES : Elles sont des milliards à utiliser cette forme dans cette dimension. Certaines d'entre elles utilisent même cette forme pour faire l'expérience de la vie dans votre dimension, sans que vous puissiez les identifier car elles se trouvent à un niveau de fréquence légèrement différent, suffisamment différent pour les maintenir hors de vos capacités visuelles physiques d'humains, mais suffisamment bas pour leur permettre également de faire l'expérience de votre dimension.

MOI : Je visualise mentalement une masse revêtue d'une peau rose et d'où dépasse un tentacule qui a poussé instantanément à partir de cette peau, un peu comme l'œil d'un escargot. Sa peau est toute tachetée, un peu blanche, marron très clair et rose. Elle n'a pas d'organes de vision facilement reconnaissables ni d'appendices

L'Histoire de Dieu

complexes comme les humains. Comment voit-elle et ressent-elle les choses ? Que mange-t-elle et comment s'y prend-t-elle pour cela ?
ES : Bien. Je vois que tu as pu te connecter à cette dimension et à cette fréquence où cette forme de véhicule d'incarnation est la plus prolifique. Tes questions, cependant, sont plutôt superflues puisque tu en connais déjà les réponses.

Ces entités n'ont pas besoin de manger car elles se nourrissent directement des énergies environnantes au sein de la dimension et de la fréquence dans lesquelles elles se manifestent. S'agissant de leurs organes sensoriels, ces derniers ne sont pas nécessaires au sens où tu l'entends, car elles utilisent leurs fonctions énergétiques normales pour la communication et la perception spatiale, même si elles sont incarnées dans ce qui relève d'un corps physique, mais que vous considéreriez comme un corps qui est en décalage avec la fréquence qui est utilisée pour expérimenter la vie à l'intérieur de cet espace. En conséquence, ce corps est également capable de permettre à l'entité incarnée d'utiliser ses fonctions spirituelles ou énergétiques au maximum de leur potentiel. D'où la vision que tu as eu de cette masse, comme tu l'as appelée, capable de développer instantanément des appendices et d'y ajouter ce que tu appellerais de la matière inorganique à volonté afin d'exécuter certaines fonctions physiques souhaitées. Cependant, ces entités ne créent de nouveaux appendices que s'il est nécessaire d'utiliser la physicalité pour expérimenter ce qui est requis. Généralement, ces entités utilisent le véhicule physique dans le but d'expérimenter la fréquence dans laquelle elles travaillent, à son niveau fréquentiel le plus bas.

MOI : Tu viens pourtant de dire que ce véhicule physique était déphasé par rapport à la fréquence dans laquelle il existe. Si c'est le cas, comment peut-il être à son niveau fréquentiel le plus bas ?
ES : Le niveau fréquentiel le plus bas est celui qui peut être atteint avec le niveau d'évolution actuel de l'entité. Cela veut simplement dire que le niveau le plus bas auquel une entité particulière peut descendre peut se trouver en fait plusieurs niveaux de fréquence au-dessus de celui dans lequel tu es incarné en ce moment. En substance, le niveau même auquel cette entité a évolué limite le niveau auquel elle peut voyager. Donc, ce qu'elle pense être sa fréquence la plus basse possible se situe en fait bien au-dessus de ta propre fréquence d'incarnation. En termes de déphasage, cela signifie que le niveau le plus bas auquel cette entité particulière peut descendre se situe à un niveau juste au-dessus du niveau dans lequel elle peut se manifester. Elle apparaît donc dans les deux fréquences, l'une au-dessus et l'autre

en dessous, et en raison de son déphasage, elle est moins dense dans l'une et légèrement plus dense dans l'autre.

MOI : Donc cette entité paraîtrait plutôt dure comme une pierre dans la fréquence plus élevée, puisqu'elle y est plus dense.

ES : Non, car la densité n'est pas applicable aux fréquences plus élevées. Bien que l'entité soit détectable par celles qui existent dans les fréquences supérieures, elle serait toujours transparente, pour ainsi dire. Cela est dû au fait que la référence à la physicalité que tu continues d'utiliser n'est pas une loi qui est utilisée dans ces niveaux-là ; par conséquent, la transposition littérale de la physicalité entre les différentes fréquences ne relève pas d'un processus naturel dans les fréquences plus élevées.

Chapitre 10: L'Entité Source s'exprime sur le développement des êtres humains

La grande expérience qui doit aider l'Origine à se comprendre Elle-même

L'une des questions que l'humanité se pose depuis des temps immémoriaux est la suivante : « Pourquoi sommes-nous ici ? » Il est en effet incroyable d'imaginer que nous ayons pu développer une forme et une sentience telle qu'elle existe aujourd'hui à partir de la soupe primordiale des origines sur une période qui se compte en millions d'années. Quelles étaient les chances que cela se produise ? Une chance sur des milliards, voire sur des milliers de milliards ! J'avais déjà un peu abordé, avec l'Entité Source ainsi qu'avec l'Origine, les raisons pour lesquelles nous sommes ici du point de vue d'une entité énergétique, mais j'étais intrigué par les raisons qui nous avaient conduits à nous retrouver ici sur Terre, sous une forme physique, et par les modalités d'interaction entre notre véritable soi et cette partie de nous qui est actuellement comprimée dans cette forme physique.

Étant donné que c'est notre Entité Source qui nous a créés, j'ai décidé de la contacter plutôt que l'Origine, même si j'ai été plutôt surpris de constater que l'Origine est également intervenue plus tard.

MOI : OK, alors maintenant je vais poser la grande question dont la plupart des religions du monde prétendent connaître la réponse : « POURQUOI SOMMES-NOUS ICI ? »
ES : C'est simple. Nous, c'est-à-dire toi, Moi, toutes les entités que J'ai créées ainsi que toutes les autres Sources et les entités qu'elles ont créées sont ici pour aider l'Origine à se comprendre Elle-même. Une meilleure façon de poser la question aurait été : « Pourquoi êtes-vous ici sous une forme physique humaine ? »
MOI : OK, alors pourquoi sommes-nous ici sous cette forme physique humaine ?
ES : Pour aider l'Origine à se comprendre Elle-même.
MOI : Quoi ?! Tu cherches juste à m'embrouiller, en fait !
ES : Absolument pas. En fait, tout cela fait partie de l'expérience, si on peut l'appeler comme ça. Or, même les fréquences et les

L'Histoire de Dieu

dimensions inférieures font partie de l'Origine. Alors, quelle meilleure façon de se comprendre soi-même que d'avoir une part de soi, avec toutes ses limitations, à ce niveau ? L'Origine a accompli cela à travers Moi qui vous ai créés. À mesure que vous vivez les événements de votre vie, vous évoluez. À mesure que vous expérimentez des choses dans votre vie, eh bien Moi aussi je les expérimente, et il en va de même pour l'Origine.

MOI : Ça me donne l'impression que tout se fait à distance, comme par télécommande.

ES : C'est une approche raisonnable, mais cependant incorrecte. Elle est incorrecte dans la mesure où vous faites tous partie de l'Origine en définitive. De ce fait, l'Origine s'expérimente à travers Elle-même, mais cette partie d'Elle-même, c'est-à-dire vous, a reçu de Moi l'individualité et la sentience, après que Je les ai reçues de l'Origine.

MOI : Mais qui a donné cette sentience à l'Origine, au départ ?

ES : Elle l'a développée Elle-même au cours d'innombrables milliards d'années. L'Origine est énergie, matière et forme dotées de sentience.

MOI : Je pensais que l'Origine n'était pas matière ?

ES : Tout est l'Origine.

MOI : D'accord, mais... nous nous éloignons un peu du sujet dont je voulais parler.

ES : Oui, Je vois bien, mais c'est une discussion pertinente et un point sur lequel nous reviendrons en temps voulu.

Alors venons-en au fait...

Lors des premiers efforts déployés par l'Origine afin de se comprendre Elle-même, elle a découvert que plus Elle descendait dans les dimensions et les fréquences, plus Elle perdait contact avec cette partie d'Elle-même qui se trouvait projetée à ce niveau – au point même d'oublier qu'une partie d'Elle-même se trouvait à ce niveau inférieur. Cette problématique a été implantée en Nous (les Entités Sources) lors de Notre création. Nous avons reçu toute la connaissance que possédait l'Origine à ce moment-là. En conséquence, Nous avons toutes essayé de projeter une partie de Nous-mêmes vers les niveaux inférieurs pour en faire l'expérience directe. Lorsque Je vous ai tous créés, vous saviez tous que pour faire l'expérience des niveaux inférieurs, vous deviez faire preuve de vigilance et vous assurer de ne pas laisser une partie de vous-mêmes derrière vous. On a également découvert que la meilleure façon de faire l'expérience des niveaux inférieurs était de les vivre pleinement, c'est-à-dire sous une forme qui soit compatible avec la densité des énergies telle qu'elle existe à ces niveaux-là. Un véhicule était donc nécessaire pour y parvenir, et il a fallu en développer un qui soit capable d'accepter, d'héberger ou de maintenir dans le monde physique, et plus tard de libérer sans dommage, une entité dont la partie principale se trouvait à un niveau supérieur.

Le rôle de l'Entité Source dans le développement de la forme humaine

MOI : *Donc, Tu as réellement développé la forme humaine ?*
ES : Pas Moi personnellement, même si J'ai supervisé le projet. Certains d'entre vous ont participé à ce développement.
MOI : *Nous ?*
ES : Oui, certains d'entre vous. En fait, étant donné que vous seriez les êtres qui se projetteraient dans ces niveaux inférieurs, qui de mieux que vous-mêmes pouvait-il y avoir pour développer le véhicule que vous alliez utiliser ?
MOI : *Et comment avons-nous procédé ?*
ES : En prenant votre temps. Sérieusement, il vous a fallu à tous des millénaires pour développer la forme humaine telle qu'elle existe aujourd'hui. Car vous avez essayé de très nombreux prototypes.
MOI : *Quels problèmes avons-nous rencontrés ?*
ES : La longévité, pour commencer. Mais surtout, la forme humaine devait être capable d'exister à la fois dans les niveaux physiques et dans les niveaux spirituels inférieurs de manière à permettre la communication avec le reste de vous-mêmes, c'est-à-dire votre soi supérieur. Cela nécessitait un certain type de forme physique et de système énergétique interdépendants afin d'assurer la survie du véhicule humain. Et tout cela vous a demandé de faire preuve d'une grande inventivité, sachant que de nombreux essais ont été nécessaires.
MOI : *Je croyais pourtant que Tu/nous pouvions simplement penser à une chose pour qu'elle existe, surtout si nous sommes suffisamment évolués pour accéder aux dimensions de conscience qui rendent possible ce niveau de créativité.*
ES : Les formes-pensées ont tendance à rester dans leur environnement d'origine, mais elles nécessitent également que leur créateur leur accorde de l'attention. C'est ainsi, par exemple, que les poltergeists traînent autour des personnes qui croient en eux car elles leur donnent une forme et une énergie au-delà de leur création originale. Dans le cas de la création de la meilleure forme humaine, vous souhaitiez créer un véhicule qui, pendant une certaine période de temps, se perpétuerait lui-même. Il devait donc pouvoir fonctionner

L'Histoire de Dieu

sans le niveau d'attention nécessaire pour maintenir le niveau de complexité requis afin de donner vie à une forme-pensée dans le monde physique. En d'autres termes, il devait en être indépendant. Cela a donc abouti à la conception d'un véhicule « vivant » qui pourrait utiliser les sources d'énergie environnantes pour se maintenir en vie et se perpétuer.

MOI : Ce système semble assez compliqué, même si nous savons tous que la forme humaine est une construction très complexe. Alors comment avons-nous commencé son développement ?

ES : Au début, par les éléments de base. Vous avez cherché à créer des petites parties qui fonctionneraient ensemble et sur lesquelles vous pourriez bâtir quelque chose de plus important. Elles devaient être programmables à partir de l'esprit et fonctionner sur la base de cette programmation.

MOI : Tu veux parler de l'ADN qui crée les cellules ?

ES : Non, Je faisais référence à un niveau plus bas : Je parle ici de l'ARN programmé par le programme spirituel. L'ARN est une interface qui existe simultanément dans les niveaux physiques supérieurs et spirituels inférieurs. C'est la première partie de la forme humaine qui a été développée et, par conséquent, la plus difficile à créer mais aussi la plus importante. C'est la partie du corps physique qui est en contact avec les champs auriques à tous les niveaux.

MOI : Il me semblait pourtant que l'ARN était le moyen de transmettre la programmation de l'ADN aux cellules souches pour créer ce à quoi elles sont destinées, comme un foie ou un cœur.

Le rôle de l'ARN

ES : C'est parce que vous ne maîtrisez pas encore tous les aspects de son fonctionnement. Vos scientifiques viennent tout juste de repérer la communication qui intervient de l'ADN vers l'ARN. Mais elle ne représente qu'un seul des sens de communication d'un système de communication qui est en fait bidirectionnel, et elle ne prend pas en compte le premier ensemble d'informations qui a été transmis par l'ARN à l'ADN. L'ADN doit ensuite indiquer en retour à l'ARN qu'il a reçu les informations correctes et qu'elles sont transmises à la ou aux cellules dans lesquelles l'ADN se trouve.

De plus, l'ARN est utilisé comme un moyen de communication entre les cellules afin qu'elles puissent se localiser et se lier entre elles dans des cellules du même type afin de créer la fonction corporelle qui leur a été assignée. Dis-toi bien que de nombreux types d'informations sont transmis par l'ARN et par d'autres supports fluidiques, mais que

L'Histoire de Dieu

c'est seulement l'ARN qui est « en contact » avec l'Esprit d'un point de vue physique. En substance, puisque l'ARN est partout dans le corps, le corps entier est donc en contact avec l'Esprit, et c'est ce qui rend la forme humaine unique : elle est à la fois physique, intermédiaire (dans l'astral), et spirituelle. C'est l'aspect « trois en un » dont parlent certaines de vos religions, en tentant d'expliquer quelque chose qui a été complètement oublié dans le monde physique. Nous en discuterons plus tard dans un autre chapitre consacré à la religion.

MOI : Donc, Tu dis que la partie la plus importante de la physiologie humaine est l'ARN car il permet au corps de communiquer avec l'Esprit ?

La première forme humaine était plus légère

ES : Oui, mais surtout, cela vous a permis à tous de développer la forme humaine par étapes, à mesure que vous examiniez la physiologie et la forme qui fonctionnaient le mieux par rapport à l'environnement dans lequel elles se trouvaient.

MOI : Attends, est-ce que Tu es en train de suggérer qu'il existe ou qu'il a existé différentes formes humaines ?

ES : Bien sûr.

MOI : S'agit-il des Néandertaliens ou d'autres variantes ?

ES : En fait, la forme néandertalienne a été la dernière, mais la forme humaine a dû encore s'adapter à une modification rendue nécessaire par l'augmentation de la densité, elle-même résultant de la réduction de fréquence causée par l'introduction du libre arbitre humain. Car c'est le libre arbitre qui a provoqué cette chute des fréquences. Et c'est le libre arbitre qui les fera également remonter. Avant cela, la forme humaine était une construction beaucoup plus légère. En fait, la connexion avec l'Esprit était telle que l'entité incarnée pouvait entrer et sortir plus ou moins à volonté de son véhicule Terrestre.

MOI : Et à quoi ressemblaient ces premiers humains plus légers ?

ES : Tu les considérerais comme des êtres chétifs, presque translucides, et même comme brillants dans l'obscurité. Ils n'étaient certainement pas les spécimens physiques solides et robustes dont vous disposez aujourd'hui, et ils ne seraient pas capables de survivre au niveau actuel de densité qui est le vôtre à ce niveau de fréquence, d'où la nécessité de redévelopper cette forme « à la volée » à mesure que les fréquences changeaient.

Il existe des légendes concernant des Sumériens dont la peau était de couleur violette, et certaines personnes nées aujourd'hui portent

L'Histoire de Dieu

encore la marque des Sumériens lorsqu'elles ont des taches de naissance violettes. Ces humains avaient un niveau de densité différent, tout comme les Atlantes, qui étaient encore plus légers en terme de densité. C'était l'époque où l'Esprit pouvait entrer et sortir du corps à volonté, mais pas avec la même facilité que dans le cas des premières constructions physiques.

Retour au développement de la forme humaine

MOI : Revenons donc au développement de la forme humaine. Quelles étapes a-t-il suivi ?

ES : Vous avez donc développé un moyen de communication (l'ARN) capable d'assurer la programmation des éléments constitutifs les plus élémentaires de la forme humaine (l'ADN) et de créer le type de cellules nécessaires afin de former les organes du corps qui le maintiendraient suffisamment longtemps dans son état physique pour que l'entité incarnée ait assez de temps pour faire l'expérience de la vie dans le monde physique. Vous vous êtes ensuite attelés à essayer de comprendre ce dont un corps physique autonome avait besoin pour fonctionner.

MOI : Et comment avons-nous mis au point les différents organes nécessaires au corps humain ? Comment avons-nous su que nous avions besoin d'un foie ou d'un pancréas, par exemple ?

ES : Après une série d'échecs cuisants, vous avez commencé à comprendre que la structure que vous aviez créée avait besoin de se nourrir à la fois des fréquences physiques et énergétiques. Car vos premières tentatives de création d'une forme humaine mouraient simplement de faim sans savoir qu'elles avaient faim.

L'objectif suivant a consisté à trouver comment absorber de la nourriture à partir de l'environnement physique et la transformer en énergie compatible avec vos énergies en tant qu'entités spirituelles. Cela signifiait que vous deviez développer un système de distribution de l'énergie qui reflétait, dans une certaine mesure, les flux d'énergie spirituelle. En d'autres termes, il fallait pouvoir acheminer la nourriture de manière à ce qu'elle puisse atteindre chaque partie du corps et ensuite y revenir si elle n'avait pas été utilisée la première fois, et vous avez donc inventé les éléments qui vous ont permis de créer le sang. Mais en soi cela n'était pas suffisant car vous aviez besoin que le sang prenne en charge et distribue ensuite cette nourriture. La zone du corps qui effectuait ce travail avait besoin que son énergie physique soit réapprovisionnée en même temps que son énergie spirituelle. Il faut dire que le côté lié aux énergies spirituelles

L'Histoire de Dieu

était un peu plus facile à gérer pour vous, dans l'Esprit, dans la mesure où le côté énergétique de la forme humaine est par définition principalement constitué d'énergie, et d'énergie mise en forme, qui plus est ! Vous avez donc commencé à développer le processus métabolique à ce stade, et cela a pris du temps ainsi qu'un grand nombre d'essais et d'erreurs.

MOI : *Et qu'en est-il du cerveau humain ? Nous accordons beaucoup d'importance au fait que tout ce que nous sommes, notre personnalité, nos expériences, sont stockés dans la matière grise.*

ES : Au début, il n'y avait pas de cerveau parce que le centre d'intérêt de l'Esprit incarné n'était pas si restreint. Il portait sur tout le corps.

MOI : *Alors pourquoi avons-nous besoin d'un cerveau aujourd'hui si ce n'était pas le cas à l'époque ?*

ES : Le but du cerveau est de disposer d'un système de contrôle central afin de superviser le processus métabolique de distribution de la nourriture dans tout le reste du corps. Ce système contrôle le reste des organes et continue de le faire aujourd'hui encore. Cependant, il existe un niveau de « programmation sous contrôle local » dans chacun des organes afin de pouvoir gérer les activités les plus banales des organes.

MOI : *Et que s'est-il passé d'autre avant de parvenir à la forme humaine qui est la nôtre aujourd'hui ?*

ES : Après avoir établi que vous deviez transmettre ou faire circuler le sang dans le corps de la même manière que les énergies spirituelles sont distribuées dans les corps spirituels, vous avez compris que le sang devait être nettoyé. Il était nécessaire d'éliminer toutes les impuretés qui sont progressivement absorbées par les cellules sanguines dans le cadre du processus métabolique consistant à fournir aux cellules des substances chimiques qui leur donnent de l'énergie physique et spirituelle. Plus tard, cependant, vous avez compris qu'il devait exister une méthode par laquelle le corps physique pourrait reconstituer ces substances chimiques sans intervention spirituelle extérieure, en ce sens que le corps devait transformer la matière première en énergie chimique utilisable.

MOI : *Par le biais de la digestion de matières organiques extérieures ? Qu'est-ce qui nous a fait prendre conscience de ce besoin ?*

ES : Ce besoin a été reconnu parce que vous étiez dans l'obligation de renouveler le sang de la forme humaine tous les mois environ, à une semaine près. Le sang manquait tout simplement de nutriments pour soutenir les fonctions du corps.

MOI : *Mais je croyais que la forme humaine actuelle ne pouvait durer qu'un mois si elle disposait d'eau mais d'aucun aliment ?*

L'Histoire de Dieu

ES : C'est vrai, mais n'oublie pas que le corps humain était très différent à cette époque. Il était beaucoup plus léger énergétiquement et ne dépendait pas autant du besoin d'énergie physique qu'aujourd'hui. C'est ainsi qu'est né le besoin de consommer physiquement de la matière organique et de la mélanger à de la matière gazeuse sous une forme facilement disponible dans l'univers physique. Car vous avez alors compris qu'elle devait être facilement reconstituée en tant que sous-produit de l'interaction des matières inorganiques et organiques, et qu'elle devait également contenir les éléments de base de cet univers. Cette autre chose devrait créer une réaction chimique contrôlable qui aboutirait à la création de blocs alimentaires de base, et devait pouvoir se répéter en même temps.

MOI : Tu veux parler de l'oxygène et du carbone, je suppose ?

ES : Oui, ces deux éléments gazeux sont les plus facilement disponibles dans ce type d'univers. Vous les avez utilisés dans le processus métabolique du système circulatoire humain afin de lui permettre de créer ses propres nutriments et de compléter les énergies spirituelles d'une manière indépendante de toute intervention spirituelle. Vous avez ainsi créé la forme humaine autonome qui était enfin prête à entrer en action. Enfin, jusqu'à ce que vous découvriez que les bactéries et les virus pouvaient affecter ce système, bien sûr.

MOI : Nous avons donc eu des problèmes de santé dès le début ?

ES : Pas tout à fait. Ces problèmes se produisaient uniquement lorsque le corps devait fonctionner dans un environnement plus dense.

MOI : Alors pourquoi n'avons-nous pas eu de problèmes au début du développement du corps humain ?

ES : Le corps étant plus léger à cette époque, et par conséquent il n'était pas autant affecté par le physique. Même s'il existait principalement dans le monde physique, il tirait beaucoup d'énergie de l'Esprit et n'était donc pas si sensible aux maladies du monde physique où existaient les bactéries et les virus. Garde à l'esprit que la forme humaine était relativement nouvelle et que les entités qui habitaient ces formes évoluaient à une fréquence plus élevée. Par ailleurs, elles n'étaient pas non plus affectées énergétiquement par les processus de pensée dysfonctionnels qui génèrent des changements dans les champs énergétiques environnants de la forme humaine supérieure.

MOI : Et pourquoi ça ?

ES : Tout simplement parce que l'esprit humain incarné n'avait pas encore été corrompu par les leurres de l'expérience physique et leur

capacité à séduire l'esprit incarné au point où il désire rester dans le monde physique.
MOI : Mais pourquoi l'Esprit voudrait-il rester dans le monde physique alors qu'il est bien plus dans le monde spirituel ?
ES : Simplement parce qu'il en perd conscience en se projetant dans un plan d'existence où le niveau de communication est considérablement réduit par rapport à celui que connaît normalement l'esprit individuel.
MOI : Il s'agit donc d'une forme d'oubli !
ES : Non, bien que ce terme décrive bien ce qu'expérimente un esprit lorsqu'il ne peut plus accéder à « tout ce qui est ». En substance, ce phénomène est dû au fait qu'il ne peut plus accéder à la totalité de son être et à l'ensemble de la création. C'est par la simple absence de cette capacité qu'il (c'est-à-dire la partie de lui qui est projetée dans le physique) l'oublie sans s'en rendre compte. En conséquence, il pense que son monde d'incarnation et toutes les expériences qui s'y trouvent sont tout ce qui existe. Il fait donc des choses aux autres humains incarnés qu'il ne ferait pas normalement dans le but d'améliorer sa situation. Ce comportement, à son tour, génère des formes-pensées qui restent ensuite dans le champ énergétique et créent un dysfonctionnement dans le monde physique. Parce que le plan physique est lié au plan énergétique, le plan physique réagit à l'énergie dysfonctionnelle ainsi générée en essayant de reproduire son schéma énergétique dans le plan physique. À mesure que le corps physique devient plus dense, la séduction du monde physique accroît le désir de faire des choses dans le but d'améliorer l'expérience physique, ce qui entraîne alors des signatures énergétiques dysfonctionnelles et des changements ultérieurs dans le corps physique. En fin de compte, cela signifie que les éléments qui font vieillir le corps physique (et qui sont pourtant des éléments avec lesquels le corps physique serait normalement en phase), sont des éléments qui ne sont donc plus en phase avec lui. Cela provoque alors des frictions au sein des fonctions physiques. Dans ce cas, le virus ou la bactérie avec lesquels le corps est normalement en phase et avec lesquels il fonctionne sans problème en temps normal se bat désormais contre le corps.
MOI : Tu as dit que les virus et les bactéries étaient en phase avec le premier corps humain. Est-ce parce qu'ils étaient des formes de vie énergétiques à part entière et qu'ils avaient donc également un rôle à jouer dans l'univers ?
ES : Oui et non. En fait, comme le corps humain était initialement une construction beaucoup plus légère, la matière plus dense le traversait

L'Histoire de Dieu

ou ne pouvait pas l'affecter parce qu'il ne disposait pas de la physicalité grâce à laquelle les petites formes de vie, comme les bactéries ou les virus, auraient pu s'emparer de la structure cellulaire humaine et l'endommager. De plus, par la pureté de sa modulation, la fréquence plus élevée des cellules du corps humain repoussait efficacement la fréquence plus basse des bactéries. On pourrait comparer cet effet à celui que l'on observe avec la répulsion magnétique. Ainsi, tu obtiendrais deux effets : 1) les bactéries de fréquence inférieure traverseraient la forme humaine si celle-ci était d'une fréquence plus élevée (donc plus légère) ; et 2) il y aurait une répulsion des bactéries si les fréquences de la forme humaine étaient plus basses.

L'alimentation pour assurer la longévité
MOI : Il semble donc que nous ayons réglé tous les problèmes affectant la forme humaine ?
ES : Pas encore. Car une fois que vous avez créé un système capable de fonctionner à la fois avec l'énergie du monde spirituel et celle du monde physique, vous avez encore dû vous assurer que ces énergies s'associent et fonctionnent correctement ensemble.
MOI : Pourtant je pensais qu'elles fonctionnaient séparément parce qu'elles devaient fonctionner avec des corps énergétiques différents.
ES : Non, elles doivent interagir parce que chaque système énergétique dépend de celui qui se trouve au-dessus et en dessous de lui, d'où la transmission de dysfonctionnements de haut en bas des structures énergétiques lorsque des idées préconçues ont été prises pour la réalité, ou encore la transmission de maladies physiques lorsque des dépendances se sont développées. Puis, vous avez finalement établi que certaines énergies fonctionnaient mieux avec la forme humaine, et celles-ci ont été rendues plus désirables pour le palais humain dans l'espoir que vous mangeriez des aliments appropriés afin d'obtenir les énergies nécessaires à une efficacité et à une longévité optimales.
MOI : Qu'entends-Tu par efficacité et longévité optimales ? Je pensais que la longévité n'était pas un problème pour l'Esprit ?
ES : Cela a à voir avec la durée pendant laquelle un esprit est incarné dans le monde physique. Car de toute évidence, en tant qu'esprit, tu ne peux que souhaiter rentabiliser au maximum ton séjour dans le monde physique. L'objectif étant de tirer le meilleur parti du peu de temps que dure le corps physique avant qu'il ne commence à se dégrader.

L'Histoire de Dieu

MOI : Et qu'est-ce qui fait que le corps se dégrade ?
ES : Il se dégrade principalement en raison des abus causés par l'esprit qui s'y trouve incarné. Cela se produit en mangeant et en buvant des aliments pour lesquels le corps n'a pas été conçu initialement.
MOI : Et le corps est conçu pour manger quoi, exactement ?
ES : Les aliments à base de racines sont les meilleurs pour le corps humain car les minéraux de base et les énergies qui leur sont associées sont contenus dans la racine de la plante. Sur le fond, toute plante cultivée dans le sol est bonne pour le corps humain, car elle est entourée par le champ énergétique supérieur de la terre. Le fait d'absorber les énergies des plantes à base de racines signifie que les niveaux d'énergie du corps sont reconstitués avec de l'énergie pure qui n'est pas contaminée par l'homme.
Cependant, cela est plus difficile à réaliser sur la Terre d'aujourd'hui où des produits chimiques sont utilisés pour « conserver » les produits végétaux dans un état de présentation idéal. Les aliments dits « biologiques » sont meilleurs, mais ne sont toujours pas ce qu'ils devraient être puisque toutes les plantes à base de racines devraient être cueillies dans la nature, là où les énergies terrestres environnantes sont les plus pures.
MOI : Cela veut-il dire qu'il est interdit de manger de la viande ou du poisson ?
ES : Non, mais leur consommation n'est pas bonne pour le corps humain, car les énergies résiduelles laissées dans le système énergétique de ces organismes ne sont pas de la même fréquence que celle qui est requise afin de reconstituer et de rafraîchir les énergies telles que celles qui sont normalement générées par les légumes-racines. De plus, elles ne sont pas en phase avec les énergies du corps spirituel. Le fait d'avoir des énergies qui ne sont pas tout à fait en phase avec les énergies naturelles associées à la structure humaine a pour conséquence de ralentir l'énergie dans les zones du corps qui sont traversées par la viande animale. L'utilisation continue d'énergies qui ne sont pas en phase avec le corps humain entraîne au fil du temps un dysfonctionnement, car ces énergies modifient les fonctions des messages envoyés entre les cellules de types similaires.
MOI : Serais-tu en train de suggérer que le fait de manger de la viande ou du poisson, un aliment qui ne résonne pas à la même fréquence que le corps humain, provoque le cancer ?
ES : Oui.
MOI : Cela inclut-il également les produits d'origine animale, comme le lait, le fromage et les œufs ?

ES : Oui.
MOI : Qu'en est-il d'autres aliments comme les légumes qui ne sont pas à base de racines ?
ES : Ils ne sont pas idéaux, mais leurs énergies ne sont pas éloignées des fréquences de résonance des énergies fournies par les légumes-racines au point qu'elles provoqueraient des dysfonctionnements. Tout ce qu'elles font, c'est créer un manque de longévité de l'énergie fournie au corps, après son intégration dans le système énergétique de ce dernier.
MOI : C'est comme si on comparait une batterie longue durée avec une batterie normale, en somme.
ES : Oui, c'est une très bonne comparaison.
MOI : Et donc, manger de la viande ou du poisson, c'est comme mettre de l'essence sans plomb dans le moteur d'une voiture conçue pour fonctionner avec du carburant 4 étoiles à indice d'octane élevé.
ES : Exactement. Au bout de quelques années, le moteur est détruit parce qu'il brûle un carburant qui se consume à une température trop élevée et qui n'a pas les propriétés de lubrification inhérentes au plomb présent dans le carburant 4 étoiles à indice d'octane élevé.
MOI : J'en conclus que nous nous tuons en mangeant de la mauvaise nourriture et en buvant des boissons inappropriées.
ES : En substance, oui. Mais cela dépend entièrement de vous. Vous avez reçu le libre arbitre de faire tout ce que vous voulez dans cet environnement physique, à condition que les expériences que vous vivez servent à vous faire évoluer et à faire évoluer les autres entités humaines.
MOI : Donc, ça ne te dérange pas que nous fassions de notre vie un véritable gâchis ?
ES : Pourquoi serait-il mal pour vous de faire ce que vous faites avec ce dont vous disposez autour de vous ? Par ailleurs, rappelle-toi qu'il n'y a pas de bien ou de mal, ni rien de bon ou de mauvais. Il n'y a que l'expérience.

De la nécessité de manger
MOI : Nous avons déjà parlé du développement de la forme physique humaine et du besoin de nourriture physique résultant de la baisse du niveau vibratoire. La forme humaine était auparavant capable d'exister uniquement grâce à l'énergie universelle en raison du niveau vibratoire plus élevé dans lequel elle évoluait. Mais penses-Tu que nous pourrions atteindre, dans cette réalité physique, le niveau vibratoire auquel nous n'aurions besoin de consommer aucun aliment

physique en obtenant l'alimentation dont nous avons besoin directement de l'univers ?

ES : Non seulement cela est possible, mais cela se produit actuellement chez certains individus. En fait, la forme humaine dans son niveau vibratoire actuel a besoin à la fois de nourriture physique et d'énergie universelle. La collecte de l'énergie universelle se fait de manière automatique pour pallier à l'absence de connaissance personnelle de cette fonction chez les individus incarnés. L'utilisation complète de l'énergie universelle est en revanche une fonction connue des seules entités qui sont à la fois conscientes et qui utilisent l'énergie universelle pour s'alimenter ainsi que pour d'autres formes de créativité au quotidien, annulant ainsi la nécessité du long processus d'ingestion de nourriture physique.

MOI : Mais comment le corps physique humain obtient-il de l'énergie à partir de l'énergie universelle ?

ES : Simplement en prenant l'énergie nécessaire au fonctionnement et à la reproduction normale des cellules au niveau subatomique. En fait, tout ce qui est énergétique dans le monde physique passe du physique vers l'énergétique par la décomposition de la matière physique via l'émission d'énergie. Par exemple, pour créer un feu, tu dois frotter une allumette et créer ainsi l'étincelle initiale, et ce faisant tu fournis de l'énergie sous forme de friction. La friction enlève des parties de la matière de l'allumette au niveau atomique en la rendant instable dans sa disposition atomique actuelle. Elle passe donc à son état stable suivant, ce qui entraîne au passage une perte d'énergie vers un autre état séparé. Cet autre changement d'état crée ce que tu vois, à savoir la flamme de l'allumette qui grandit et s'amenuise à mesure que la translation augmente. Puis elle diminue à mesure que la quantité de matière nécessaire au changement se trouve réduite en raison de cette translation. Cette translation du physique vers l'énergétique peut être réalisée de bien d'autres manières. La méthode la plus courante utilisée par le corps humain consiste à fournir de l'énergie par la sécrétion de produits chimiques.

Ainsi, lorsque la nourriture est ingérée dans l'estomac, celui-ci reconnaît qu'elle présente un déséquilibre chimique et sécrète la combinaison appropriée de produits chimiques nécessaires afin de décomposer efficacement la nourriture en l'énergie dont il a besoin afin de nourrir les cellules du corps au niveau subatomique. Les produits chimiques qui ne sont pas nécessaires sont alors éliminés du corps sous forme de déchets. L'excès d'énergie du bon type est stocké dans le corps, mais en dehors de sa fonctionnalité immédiate. Tu

L'Histoire de Dieu

connais le résultat de ce phénomène sous le nom de graisse. Étant donné que le corps humain n'a pas été conçu pour gérer les matières synthétiques, le problème avec la création de graisse par le corps humain réside dans le fait que les conservateurs présents dans les aliments sont confondus avec des matières transformables. Par la suite, le corps a du mal à trouver le ou les produits chimiques appropriés pour décomposer les conservateurs en énergie subatomique utilisable. Le corps perd donc de son efficacité dans ce processus et augmente ses réserves de nourriture en raison d'une mauvaise transformation et de l'ingestion continue de produits synthétiques, c'est-à-dire d'aliments contenant des conservateurs. De plus, la graisse créée à partir de la transformation d'aliments conservés artificiellement est tout aussi difficile à utiliser, ce qui crée une situation difficile à inverser. En fait, elle est si difficile à inverser que les aliments sans conservateurs sont alors convertis en énergie lorsque cela est nécessaire, de préférence aux graisses stockées à partir d'aliments contenant des conservateurs. Il est donc très difficile d'éliminer ces graisses par une utilisation naturelle de celles-ci. La seule façon concrète d'éliminer ces graisses est de dépenser plus d'énergie que celle qui a été reçue via les aliments naturels sans conservateurs, en allant puiser dans celle qui est générée par les aliments contenant des conservateurs.

MOI : C'est donc de cette manière que le corps crée de l'énergie subatomique ; il utilise un processus chimique pour séparer l'énergie de la matière ?

ES : Je me permets de préciser que ce que Je viens de te communiquer n'est qu'une description très simplifiée.

Les méthodes utilisées par le corps humain pour convertir l'énergie universelle

MOI : Alors comment le corps physique convertit-il l'énergie universelle et avec quoi ?

ES : L'énergie utilisée par le corps physique humain dépend de l'utilisation de certains types d'énergie et de l'attraction de ces énergies. Il procède en utilisant un procédé de distribution d'énergie supplémentaire, basé uniquement sur un système de transfert et de distribution directs d'énergie. Douze énergies de base sont utilisées et elles sont collectées par tous les chakras majeurs, mineurs et mini. Les chakras mineurs et mini multiplient la réceptivité des chakras majeurs. Chaque chakra majeur attire une énergie spécifique qu'il envoie dans le système de distribution. L'énergie spécifique qu'un chakra attire est distribuée vers les cellules avec la signature subatomique appropriée via un réseau de lignes énergétiques similaires aux lignes telluriques de la Terre, mais fonctionnant en trois dimensions. Aucune conversion n'est nécessaire car c'est exactement ce qui est nécessaire pour un fonctionnement cellulaire correct et continu. Il convient également de noter ici que tous les chakras ont la capacité de projeter de l'énergie ainsi que d'attirer de l'énergie, d'où leur utilisation pour les thérapies avec et sans contact, qui utilisent les capacités des chakras mineurs pour éliminer les énergies incorrectes acquises par la structure cellulaire. Habituellement, ces énergies incorrectes sont le résultat d'aliments impurs (conservateurs, etc.) et de leur conversion ultérieure en énergie, qui est ensuite remplacée par de l'énergie pure collectée à partir de l'univers et non convertie via le processus chimique du corps humain.

MOI : Comment ça ? Je croyais que les chakras et leur réseau de lignes énergétiques constituaient un système primaire.

ES : Non, le système primaire n'est constitué que lorsque l'entité humaine est pleinement dans l'Esprit. Dans ce cas, la forme humaine et les énergies nécessaires à sa perpétuation (les énergies de l'univers) sont une seule et même chose. Et de ce point de vue, l'humanité peut donc être correctement décrite comme une énergie dotée d'individualité.

Consommation d'animaux et consommation de légumes

MOI : Et qu'en est-il de la consommation d'animaux par rapport à la consommation de légumes ?

ES : C'est une question intéressante, car le corps humain n'est pas spécifiquement conçu pour convertir l'énergie d'une autre entité énergétique similaire mais incarnée, or c'est pourtant ce que vous lui demandez de faire. Encore une fois, cela peut provoquer un déséquilibre dans le système énergétique qui entraîne la nécessité d'une guérison. Il est intéressant de noter que les chamans avaient l'habitude de ne manger de la chair animale qu'avec la permission de l'entité incarnée dans l'animal choisi. Ils le faisaient pour pouvoir adopter les caractéristiques énergétiques de cet animal à de nombreuses fins, notamment le transport, la connaissance, la sagesse, la communication et la manifestation physique de compétences psycho-spirituelles et physiques. Mais cela ne se faisait que sous une stricte supervision et en dernier recours afin de résoudre un problème spécifique.

L'Histoire de Dieu

MOI : Cela expliquerait-il pourquoi de nombreuses personnes se comportent comme des animaux de nos jours ?
ES : La consommation constante de viande entraîne et a, effectivement, un effet similaire à celui que tu suggères, avec des complications supplémentaires, car : 1) l'animal n'a pas donné son consentement pour être utilisé d'une manière aussi médiocre ; et 2) les caractéristiques de la personnalité des animaux se confondent et se mélangent en raison de la consommation de nombreux types d'animaux différents, y compris du poisson.
MOI : Cela expliquerait-il pourquoi de nombreuses personnes qui mangent de la viande font preuve d'intolérance ?
ES : Cela ne l'explique que dans la mesure où les individus concernés ne sont plus capables de formuler des jugements humains clairs.
MOI : Tu veux dire qu'ils agissent comme des animaux.
ES : Dire cela ne serait pas faire justice aux animaux ainsi consommés.
MOI : Et qu'en est-il des légumes et des végétaux ?
ES : Les légumes-racines font partie de l'écosystème terrestre et sont destinés à nourrir les créatures qui ne sont pas aussi hautement chargées en énergie que l'espèce humaine. Ils constituent donc un moyen légitime, mais pas aussi efficace, d'obtenir de l'énergie pour la conversion subatomique. Ils sont également destinés à assurer diverses fonctions élémentaires pour la terre, telles que la création, la conversion et la suppression de produits chimiques et de gaz au profit du bon fonctionnement de la terre. Nous avons parlé des légumes-racines en tant que denrée alimentaire, et ils constituent effectivement un bon substitut à l'énergie universelle lorsque celle-ci ne peut, pour une raison donnée, être convertie directement, alors qu'elle est librement disponible dans la terre. Les légumes-racines puisent dans cette énergie naturelle pour assurer leur croissance et sont donc plus facilement convertis par le système digestif humain.

Cependant, rappelle-toi ceci :
• Nous faisons tous partie de l'univers ;
• L'univers fait partie de nous ; et
• L'énergie universelle est disponible pour tous, pour l'usage de tous, pour la subsistance de tous, et pour la créativité de tous.

Si vous vous accordiez ne serait-ce qu'un instant pour faire une pause et expérimenter pour de bon cette merveilleuse ressource et comprendre ce que vous pouvez en faire, vous ne vous bousculeriez pas les uns les autres pour le pouvoir, la richesse, la nourriture, la célébrité ou l'amour. Vous sauriez que vous appartenez à l'univers et

L'Histoire de Dieu

que vous n'avez besoin de rien, car ceux qui connaissent l'univers et travaillent avec lui en pleine et véritable compréhension de ce qu'il est n'ont en réalité besoin de rien.

Le corps devient plus dense (et prend le chemin de la reproduction biologique autonome)
ES : Garde à l'esprit que les formes humaines antérieures étaient beaucoup plus légères qu'elles ne le sont aujourd'hui. Certaines de vos légendes parlent d'humains qui pouvaient voler, et ceci est le résultat direct du fait qu'ils étaient plus légers dans la densité environnante de la planète, qui n'était pas non plus aussi dense qu'elle l'est aujourd'hui. À mesure qu'un nombre croissant d'entités s'incarnaient dans la forme humaine telle qu'elle existait alors, le nombre d'entités physiques disponibles devait augmenter avec la croissance de la demande. Et au fur et à mesure que ces entités s'incarnaient, elles acquéraient une expérience accrue de l'univers aux niveaux les plus denses. Plus elles s'enracinaient dans les expériences qu'elles avaient vécues à ces niveaux inférieurs, plus elles évoluaient lorsqu'elles revenaient aux niveaux d'existence énergétiques « normaux ». Les entités qui au contraire n'avaient pas fait l'expérience de l'incarnation observaient la rapidité avec laquelle celles qui s'incarnaient pouvaient évoluer et, par conséquent, voyaient ce système d'incarnation comme une opportunité d'accélération de leur propre évolution. Du coup, cela a de nouveau entraîné une augmentation de la demande de corps physiques. Mais comme le nombre de formes humaines était limité (car il fallait les créer directement à partir des niveaux énergétiques spirituels à cette époque-là), vous vous êtes tous réunis pour essayer de trouver un moyen d'augmenter le nombre de corps sans avoir besoin de les créer vous-mêmes. Cela signifiait que le corps devait être capable de se recréer lui-même d'une manière ou d'une autre, et que ce principe devait être intégré dans le modèle existant.

MOI : Nous savons déjà tout sur « les choses de la vie », alors que peux-Tu m'apprendre que je ne saurais pas encore ?
ES : Les « choses de la vie », telles que tu les connais, sont un élément assez nouveau en termes de temps consacré à l'étude de la forme humaine. C'est pourquoi les informations que Je t'ai données sur ces événements t'ont conduit à une compréhension relativement limitée de ce qui s'est passé pendant les périodes de développement de la forme humaine, car elles ne rentrent en aucun cas dans les détails concrets qui décriraient adéquatement tout ce que l'humanité a pu

faire dans l'Esprit pour atteindre le niveau actuel de la forme humaine. Quand bien même cela pourrait intéresser certains de vos scientifiques, un tel récit nécessiterait plusieurs livres et t'ennuierait à mourir, sans parler de tes lecteurs potentiels.
MOI : *Et comment cela est-il lié à la densification de la forme humaine ?*
ES : L'un a causé l'autre. Nous venons de discuter du fait qu'il n'y avait pas assez de corps pour tout le monde, pour ainsi dire. Dans l'Esprit, les entités se sont mises à faire la queue pour s'incarner après avoir découvert que la possibilité de s'incarner serait un accélérateur de leur évolution. Or, la création de la forme humaine à partir de l'Esprit demandait beaucoup d'efforts, et il a donc fallu trouver une autre méthode pour assurer leur multiplication, une méthode qui pourrait s'appliquer indépendamment de toute intervention spirituelle.
MOI : *La reproduction !*
ES : Bien sûr. Cela semble simple depuis votre point de vue actuel, mais il a fallu beaucoup de « temps » pour régler le problème. En fait, il a fallu reconcevoir complètement la forme humaine pour qu'elle puisse se reproduire sans intervention extérieure. En substance, les aspects mâle et femelle du génome humain n'existaient pas. Vous aviez seulement une forme biologique physique qui était conçue pour exister pendant une période de temps déterminée, et une fois cette période écoulée, elle cessait progressivement de fonctionner de manière optimale et devenait donc largement inutilisable.
MOI : *Est-ce de là que vient la légende des soixante-dix ans ?*
ES : Non, mais Je comprends pourquoi tu pourrais être tenté de faire le lien avec cela. Soixante-dix ans est une espérance de vie moyenne inventée par l'auteur de l'Ancien Testament pour essayer d'expliquer pourquoi la forme humaine cessait de fonctionner après qu'une certaine durée constante se soit écoulée depuis sa création. Il l'a appelée l'espérance de vie donnée par Dieu à l'humanité à condition qu'elle suive les voies de Dieu, des voies qui ont d'ailleurs été en grande partie inventées par l'humanité elle-même.

Mais revenons à l'histoire qui nous intéresse.

À cette époque, la forme humaine n'était pas conçue pour se reproduire sous quelque forme que ce soit, et il a fallu beaucoup de réflexion et d'expérimentation pour rectifier ce problème. Vous (l'humanité en Esprit, bien entendu) avez procédé à plusieurs tentatives avant d'y parvenir.

La première tentative de reproduction humaine

L'Histoire de Dieu

MOI : Peux-tu me décrire certaines des tentatives que nous avons effectuées pour parvenir à ce résultat ?
ES : Il y a eu trois tentatives principales, la troisième correspondant à ce que vous avez maintenant, donc je n'entrerai pas trop dans les détails sur celle-ci.
MOI : Nous avons donc fait deux tentatives antérieures pour permettre au corps humain de se reproduire sans intervention spirituelle ?
ES : C'est exact. La première version était basée sur la reproduction de l'original par ce que vous appelleriez la « division cellulaire », mais sur un niveau de fréquence double. La forme humaine étant conçue à une fréquence plus élevée à cette époque, cela rendait la chose plus facile à réaliser. En substance, le corps était capable de se « déphaser » d'avec lui-même à tel point qu'il était capable de créer deux (ou plusieurs) versions de lui-même. L'une de ces nouvelles versions possédait la moitié de la densité de l'original. Tu peux comparer ce processus à la compression JPEG par laquelle tu prends les données de chaque 3e ou 4e pixel afin de reproduire la même image mais avec une taille de fichier considérablement réduite. Dans ce cas, la reproduction de la forme humaine signifiait que la densité du corps d'origine était réduite proportionnellement au nombre de fois que vous souhaitiez reproduire le corps.
MOI : Alors, comment les corps nouvellement reproduits ont-ils recréé leur densité pour qu'elle soit similaire à celle de l'original ?
ES : Par la division et la croissance normales des cellules. Si sa densité globale était inférieure à la densité requise, le corps biologique était informé au niveau de l'ARN et de l'ADN qu'il devait augmenter le nombre de ses cellules pour être opérationnel dans la fréquence environnementale dans laquelle l'original fonctionnait avant de se reproduire.
MOI : Et à quel âge était-il pertinent de se reproduire en utilisant cette technique ?
ES : Il s'agissait évidemment d'un âge où le corps était autosuffisant au point de ne plus dépendre des autres pour assurer sa propre survie. La décision de se reproduire n'aurait pas été prise à l'âge de quatre ans, par exemple, ni juste avant sa mort. À ce stade, la forme humaine était déjà développée au stade adulte, aux alentours disons de l'âge de 16/18 ans selon vos termes, mais elle était encore sujette au vieillissement en raison de son besoin d'interagir avec les niveaux de fréquences inférieurs du plan physique et avec les fréquences supérieures du plan spirituel. Le changement de fréquences nécessaire

L'Histoire de Dieu

à l'existence de la forme humaine dans les niveaux de fréquence physique, intermédiaire et spirituel a fait vieillir (et fait encore vieillir) considérablement la structure cellulaire de la forme humaine. La seule façon de ralentir ce processus est de supprimer certaines des contraintes physiques que vous imposez au corps et pour lesquelles il n'est pas conçu, comme le tabac, la viande et l'alcool. Cependant, même la suppression de ces facteurs de vieillissement n'entraîne pas vraiment une différence considérable par rapport au fait d'avoir un corps dont l'existence se limite à un seul plan de fréquence.

MOI : *En tous cas, cette méthode de reproduction me semble efficace.*
ES : Cela aurait pu être le cas, mais c'était sans compter avec le problème de la baisse continue des fréquences à cette époque (laquelle, soit dit en passant, se trouvait encore à des années-lumière du stade qui est le vôtre aujourd'hui) qui a entraîné la nécessité d'un corps plus dense. De plus, la perte ultérieure de continuité dans la reproduction a été causée par la nécessité d'une division cellulaire considérablement accrue afin de compenser ces effets. Cette perte était particulièrement perceptible lorsque la reproduction impliquait qu'un corps crée plusieurs copies de lui-même. Car plus il y avait de copies, plus l'original se diluait. Cela a conduit à la reproduction de cellules qui ne disposaient que de la moitié des informations à transmettre à la génération suivante de cellules. Il y avait donc un écart important par rapport à la structure cellulaire humaine standard, ce qui a ensuite généré des mutations qui se sont avérées être un obstacle plutôt qu'une aide.

MOI : *Cela avait-il tant d'importance ?*
ES : Normalement, Je dirais que non, car les mutations physiques en elles-mêmes ne constituent pas un problème, mais ces mutations-là ont également affecté la manière dont la communication avec les messages spirituels était reçue, ainsi que ce que ces messages transmettaient aux autres cellules de la chaîne de communication, sans parler de ce qui était transmis en retour à l'Esprit.

MOI : *Et comment les messages envoyés à l'Esprit affectaient-ils ce dernier, dans ce cas ?*
ES : En termes simples, cela affectait les fréquences énergétiques de manière à créer un désaccord ou une « dysharmonie » par rapport aux énergies environnantes, et ce aux différents niveaux que vous utilisiez comme « plan » directeur pour la forme humaine. Le désaccord en question a créé un changement dans ce plan directeur qui a ensuite affecté toutes les autres formes humaines alors utilisées dans le monde

physique. Concrètement, il a provoqué l'apparition de mutations chez tous les autres humains qui étaient incarnés.

MOI : Comment est-ce possible ? Je croyais que les êtres humains, une fois incarnés, étaient tous indépendants ?

ES : Ils le sont dans une moindre mesure aujourd'hui, et cela se voit dans la variation de votre forme physique lorsque vous vous comparez les uns aux autres. Vous mutez individuellement plutôt que par multiples, mais à cette époque-là, vous étiez tous des « clones » identiques, comme vous diriez sur Terre, qui étaient tous liés entre eux d'un point de vue psycho-spirituel et physique tout en permettant à l'énergie de l'esprit incarné d'entrer et de sortir de son incarnation à volonté. En tant qu'esprits, à cette époque, vous étiez également capables d'être en contact permanent avec votre soi supérieur, et c'était le résultat de la fréquence sur laquelle cette forme humaine était basée. Cependant, cette approche n'était évidemment pas optimale du point de vue des éventuels dysfonctionnements, car toutes les erreurs générées à la suite du « remplissage » des cellules après la reproduction ou suite à des problèmes psychologiques provoquaient des turbulences dans les fréquences locales qui affectaient également le reste de l'humanité. Il a fallu beaucoup de temps pour réaliser ce qui se passait et pour trouver une solution au problème, car au départ, vous pensiez tous que ces erreurs faisaient partie de votre conception de base pour la forme humaine. En substance, vous tentiez de réparer quelque chose qui n'était pas cassé, compte tenu du fait que le processus de conception initial concernant la reproduction par division singulière était respecté. Une fois que vous avez essayé de renforcer ce processus, les erreurs se sont glissées et, comme pour tout problème d'ingénierie, vous vous êtes retrouvés avec des « fausses pistes » qui vous induisaient en erreur quant à la nature du problème.

Il va sans dire que les erreurs qui avaient été créées à la fois au niveau de la forme humaine et au niveau du plan directeur étaient telles qu'il a été jugé nécessaire de changer la méthode de reproduction de la race humaine en faveur d'une solution plus robuste. C'est ce qui a conduit à la deuxième méthode de reproduction, celle qui précède immédiatement la méthode que vous utilisez actuellement.

La deuxième tentative de reproduction humaine

MOI : OK, donc nous avons procédé à une deuxième tentative de reproduction de la race humaine de manière autonome qui n'a pas affecté les plans énergétiques spirituels ?

L'Histoire de Dieu

ES : Pas tout à fait. La reproduction au niveau physique affecte toujours les plans spirituels d'une manière ou d'une autre. C'est parce que le physique est toujours connecté à l'Esprit, et que l'Esprit ne fait qu'« un » avec l'univers, Moi et l'Origine. Grâce à la physique de base, tu sais que l'énergie ne peut pas être détruite, et même si Isaac Newton a déclaré que toute action a une réaction égale et opposée, il n'avait pas tout à fait raison, car les réponses physiques sont une fonction qui induit des « pertes », les pertes subies allant ailleurs dans l'univers. La chaleur, par exemple, est une réponse qui est connectée aux plans spirituels en raison de sa fréquence fonctionnelle. Lorsqu'elle se transpose au spirituel, elle est perdue dans le physique ; par conséquent, la chaleur est bel et bien perdue, mais perdue dans les niveaux d'énergie physique, donc.

En ce qui concerne la reproduction humaine ou, en fait, toute action humaine, l'esprit connecté au corps physique est lui aussi affecté d'une manière ou d'une autre. Et le problème de la première tentative résidait dans le fait que l'humanité toute entière était interconnectée, ce qui a eu pour conséquence que les erreurs observées dans un corps donné étaient transférées aux autres.

Ce dilemme était si sérieux qu'il a conduit à une nouvelle solution, laquelle a consisté à *annuler la connexion physique du groupe d'âmes incarnées dans le monde physique*. Ainsi, avec ce système de reproduction, l'information transmise par l'ARN au physique, puis de nouveau au spirituel, se limitait à l'esprit individuel concerné. La méthode de reproduction a été maintenue, mais le nombre de reproductions a été limité à une base de 1:1. Lorsqu'un corps humain approchait de son état d'épuisement, un autre était créé par division cellulaire. Pour rappel, le corps humain se manifestait encore à un niveau de fréquence plus élevé qu'aujourd'hui, ce qui rendait cette tâche beaucoup plus facile à accomplir énergétiquement que cela ne serait le cas aujourd'hui. De plus, l'esprit incarné était capable de communiquer à volonté avec le reste de lui-même et avec le reste de l'« Esprit », ce que l'humanité ne peut pas faire à son niveau de fréquence actuel.

MOI : Apparemment, cette solution a résolu tous les problèmes rencontrés auparavant !

ES : En apparence, peut-être. Mais le problème en fait était double :
1. Le corps physique avait une « durée de vie » réduite en raison du moment optimal de reproduction ; et
2. Les dysfonctionnements physiques n'ont pas été entièrement résolus.

L'Histoire de Dieu

Au fil du temps, les erreurs observées lors du processus de reproduction pouvaient donc subir des mutations importantes à mesure que le corps se recréait. Au cours du cycle de reproduction, les erreurs étaient transmises à l'organisme suivant, puis encore à l'organisme suivant, et ainsi de suite avec toutes les autres erreurs possibles qui se glissaient au fur et à mesure. Ce phénomène s'est encore amplifié lorsque le cycle de reproduction a dû être accéléré afin de compenser la durée de vie réduite de la forme humaine. Il est alors devenu nécessaire d'accroître le nombre de corps physiques utilisables par un nombre toujours croissant d'entités spirituelles désireuses d'accélérer leurs expériences, leur acquisition de connaissances, et donc leur évolution en faisant l'expérience de la vie à ses fréquences les plus basses.

MOI : Ça n'a donc pas vraiment fonctionné. Tout ce qui s'est passé, c'est que nous avons pu supprimer le lien avec le reste des humains incarnés, de manière à ce que les erreurs causées par la reproduction ne se propagent pas au reste de l'humanité en Esprit.

ES : Ce n'est pas vraiment le cas non plus, car en réalité l'Esprit est Esprit et il est « un ». Ainsi, même si Nous avions/vous aviez supprimé le principal moyen de communication utilisé dans la prolifération de l'erreur et de la dysharmonie énergétique, il s'est « infiltré » par la porte de derrière, pour ainsi dire.

Les défis rencontrés par les esprits humains partageant des corps d'incarnation

MOI : Comment est-ce possible ? J'aurais pourtant pensé que le fait de déconnecter tout le monde au niveau des communications énergétiques via l'Esprit et l'ARN aurait un effet radical.

ES : Oui, en temps normal, mais il y avait aussi une activité que les esprits incarnés aimaient exercer, ce qui impliquait que les erreurs pouvaient s'infiltrer d'une autre manière. Avec votre mode de reproduction actuel, vous êtes pratiquement livrés à vous-mêmes, sauf lorsque vous êtes suffisamment évolués pour percevoir des bribes de cohérence avec le monde réel (comme tu le fais en ce moment même), ou, si tu te souviens bien, lorsque vous êtes en contact avec votre soi supérieur et d'autres esprits par le biais du voyage astral pendant votre sommeil physique. Mais rappelle-toi que deux autres phénomènes se produisaient encore.

1. Les erreurs de reproduction étaient également subies par la partie non incarnée de l'esprit, qui se retrouvait ainsi affectée, bien que légèrement, par des dysharmonies énergétiques.

L'Histoire de Dieu

2. Les esprits pouvaient partager des corps ou passer d'un corps à un autre pour expérimenter des choses qu'un autre esprit pensait être particulièrement intéressantes.

MOI : Donc, les esprits incarnés avaient la possibilité de « passer à chaud » entre différents corps physiques, et ce à volonté ?

ES : Oui, tout à fait, et cela se produisait à grande échelle. De plus, il n'était pas rare qu'un corps humain soit incarné par trois ou quatre esprits au cours de sa vie, d'où la prolifération des erreurs. Dans certains cas, cela avait été considéré comme la solution au manque de corps humains. En effet, pourquoi reproduire davantage de corps humains alors qu'on peut en partager un à quatre ? Mais les erreurs ont été générées parce que cette forme humaine était « créée sur mesure », jusqu'à un certain point, par rapport aux fréquences du tout premier esprit qui s'y incarnait, lequel pouvait être déphasé par rapport aux autres esprits qui souhaitaient profiter d'un partage de corps.

MOI : J'ai entendu parler de choses similaires qui se produisent de nos jours ; on appelle ça un « walk-in ».

ES : Il s'agit d'un cas de figure différent. Ce phénomène de walk-in se produit lorsqu'un esprit incarné en a littéralement assez de la vie incarnée et offre à un autre esprit l'opportunité de s'incarner en renonçant à son propre corps – ce qui constitue une occasion d'incarnation encore très rare et privilégiée.

MOI : Donc les erreurs ou dysharmonies énergétiques ont été transmises en raison des partages de corps ?

ES : Oui, tout à fait.

MOI : Les esprits humains avaient donc l'habitude de voyager d'un corps à un autre pour expérimenter des choses qu'ils ne vivaient pas dans le corps qu'ils occupaient en temps normal ?

ES : Oui, bien sûr, c'était l'une des choses que vous souhaitiez conserver, de la première à la seconde méthode d'incarnation : la capacité fondamentale de rester en contact avec le reste de l'humanité d'un point de vue énergétique. Le meilleur moyen pour vous d'y parvenir était de pouvoir vous éloigner de la physicalité qui vous enfermait dans un corps. Cependant, vous avez très vite constaté qu'il était assez facile de se déplacer dans un autre corps. Cela a été possible principalement parce qu'il n'y avait pas ce lien avec le corps physique qui existe dans la méthode actuelle d'incarnation, et que vous appelez le « cordon d'argent ».

En faisant l'expérience des énergies environnantes et internes à la forme physique, l'esprit les intégrait, bonnes et/ou mauvaises, comme

L'Histoire de Dieu

une empreinte énergétique. Il s'agissait d'une véritable expérience d'incarnation complète, réalisée à une vitesse très rapide en raison de la possibilité de partager les expériences des autres esprits incarnés sans avoir à tout faire soi-même.

Le problème ici résidait dans le fait que les empreintes énergétiques des énergies créées à la suite d'erreurs de division cellulaire commises dans la méthode de reproduction étaient également transmises aux esprits qui voulaient vivre les expériences d'autres esprits dans le monde physique. Cela perpétuait l'erreur non seulement localement, mais aussi chez tous ceux qui avaient partagé un même corps. De plus, il n'était pas rare que certains corps abritent plusieurs esprits incarnés simultanément.

Moi : C'était donc un véritable foyer d'évolution où tout se passait très vite à cette époque ?

ES : Oui, c'était rapide. Et du coup, des esprits de tous les univers connus et locaux se sont rassemblés autour de la Terre, attendant chacun leur tour pour pouvoir faire l'expérience d'une évolution accélérée. Le seul inconvénient des véhicules utilisés pour l'évolution de ces esprits, c'est qu'ils n'étaient pas optimaux en termes de capacité de reproduction. Ainsi, les erreurs commises lors du processus de duplication engendraient de nouvelles erreurs ou dysharmonies dans le flux énergétique des esprits qui utilisaient des corps pour leur évolution, c'est-à-dire ceux qui avaient été reproduits ou étaient des reproductions de reproductions, etc. Cette situation causait une grande dysharmonie entre tous ceux qui s'incarnaient à cette époque, et les inconvénients liés à la durée de récupération post-incarnation dépassaient presque les avantages obtenus pendant l'incarnation. Certes, l'esprit évoluait rapidement grâce aux expériences acquises en réduisant le niveau de « connectivité » et les capacités associées aux énergies spirituelles, cependant, les conséquences étaient lourdes en termes de soins nécessaires pour aider l'esprit à se remettre des dysfonctionnements énergétiques qu'il avait accumulés du fait de l'utilisation des mêmes corps par tous les autres esprits incarnés, et cela signifiait qu'il pouvait avoir besoin de plusieurs milliers d'années pour retrouver le niveau énergétique qui était le sien avant son incarnation. Souviens-toi que cela se produisait chez les esprits qui s'incarnaient dans un nombre fini de corps mais qui éprouvaient les dysfonctionnements de tous les corps dans lesquels ils s'incarnaient. S'ils étaient restés dans un seul corps, ils n'auraient pas été excessivement affectés par les dysharmonies énergétiques liées aux

L'Histoire de Dieu

reproductions précédentes, mais en changeant de corps aussi souvent, ils ont tout simplement aggravé le problème.

Cette combinaison de dysharmonies énergétiques et la période de temps très longue dont les esprits avaient besoin pour se « normaliser » après une série d'incarnations vous ont amenés à envisager de réviser les méthodes utilisées pour vous incarner dans un corps physique.

Les révisions nécessaires ont été identifiées comme suit :
• Réduire le nombre d'incarnations corporelles à une par esprit ;
• Supprimer la capacité des esprits qui s'incarnent à se déplacer vers d'autres corps une fois incarnés ;
• Supprimer les connexions entre les esprits incarnés et le souvenir de ces capacités de connexion, car ce dont ils ne peuvent pas se souvenir ne leur manquera pas ;
• Rétablir toutes ces capacités une fois l'incarnation terminée ; et
• Créer un corps plus robuste dans ses capacités de reproduction.

MOI : *Cela ressemble à la recette de ce que nous avons maintenant.*
ES : C'est bien elle, dans son intégralité. En fait, c'est toujours le modèle de l'évolution par l'incarnation. Mais la seule différence ici, c'est que vous avez dû être déconnectés les uns des autres afin d'éviter que les dysharmonies énergétiques créées par le processus de reproduction ne se propagent aux autres par interaction. Une fois que l'efficacité de cette méthode a été démontrée, et tel est le cas, il a été décidé de renforcer ensuite la reproduction du corps humain. Elle devait avoir lieu de manière autonome, tout en travaillant avec les énergies à la frontière du physique et du spirituel.

La conception de l'être humain moderne (le développement de la méthode de reproduction actuelle)

MOI : *OK, donc si je résume, afin d'empêcher la dysharmonie énergétique entre les niveaux énergétiques locaux de se reproduire dans le corps physique et de se propager entre les esprits, nous avons décidé de réduire le nombre de reproductions à une par corps. Cette nouvelle approche n'a pas complètement résolu les problèmes, car les esprits incarnés aimaient se déplacer d'un corps à l'autre pour ressentir ce que les autres esprits ressentaient dans leur propre corps. Ainsi, les dysharmonies énergétiques ressenties en vivant dans un corps étaient transmises à l'esprit suivant qui s'y installait pour bénéficier d'une brève expérience de la vie physique sous un angle différent. Cela aggravait alors le problème des esprits qui revenaient de la « vie physique » à l'Esprit, car ils devaient suivre une thérapie de réalignement énergétique, ce qui pouvait s'avérer très long, même sur le plan spirituel.*

Tout cela a entraîné la nécessité d'avoir un seul esprit incarné dans un seul corps, sans aucun déplacement d'un corps à un autre pendant toute la durée de l'incarnation. De plus, chaque esprit incarné n'aurait aucune connaissance du reste de l'esprit pendant toute son incarnation. De cette façon, l'esprit incarné ne saurait pas ce que vivent les autres esprits ; et par conséquent, il ne ressentirait pas le besoin de vivre l'expérience d'un congénère sans avoir à se réincarner pour vivre lui-même l'intégralité de sa vie. Bref, les esprits incarnés seraient désormais complètement seuls pendant les quelques années qu'ils passeraient dans le corps physique qu'ils avaient choisi.

ES : Cela résume bien la situation. Mais n'oublie pas qu'il s'agissait d'un processus d'apprentissage qui a duré des millénaires en termes physiques et que vous, en tant qu'esprits, n'auriez pas pu le prévoir puisque le but de toute cette expérience était d'explorer le monde physique tout en étant précisément dans les plans physiques.

Les plans physiques englobent dix niveaux

MOI : *Mais je croyais que les plans physiques étaient purement « physiques », c'est-à-dire comme le corps humain, la Terre, le système solaire et tout ce que nous pouvons voir, entendre, toucher, ressentir ou goûter.*

ES : Du point de vue des niveaux de fréquence les plus bas, tu as raison, mais les plans physiques existent jusqu'au 10e niveau.

MOI : *Je m'attendais à ce que Tu me parles de « sept » niveaux, dans la mesure où ils sont liés au champ énergétique humain, mais Tu me dis maintenant que les trois autres niveaux au-dessus du 7e niveau sont également associés aux plans physiques humains ?*

ES : En substance, oui. En fait, il existe sept niveaux d'interface avec le plan physique et spirituo-physique, et sept niveaux d'interface avec le spirituo-physique uniquement. Les trois premiers niveaux se situent uniquement dans le physique, les quatre autres se situant dans les plans où le physique a une existence de nature spirituelle. Ces quatre niveaux sont les niveaux de chevauchement entre les deux groupes de sept niveaux. Enfin, il y a les trois niveaux supérieurs, qui forment un total de sept niveaux dans le spirituo-physique mais de dix niveaux au total et qui couvrent le plan physique et le plan spirituo-physique et représentent les fréquences plus élevées de l'existence spirituelle qui sont associées au plan physique du point de vue humain[12]. Ces trois niveaux permettent la communication avec la partie (largement majoritaire) de vous-mêmes qui reste dans l'Esprit. Ils agissent comme un filtre dans la mesure où ils traduisent les milliers et milliers de ressentis ou d'expériences utilisés ou acquis dans l'Esprit en une réponse généralisée qui peut être utilisée par l'esprit incarné dans sa forme la plus basse (la forme humaine). Ainsi, pendant que la forme humaine est utilisée comme un véhicule pour l'évolution, ces trois niveaux permettent à l'être incarné d'utiliser des souvenirs et des expériences acquis dans des incarnations antérieures, ou d'utiliser la connaissance découlant d'activités réalisées dans les plans spirituels qui lui seraient bénéfiques dans le plan physique. Mais ce qui est plus important encore, c'est qu'ils constituent le lien entre les plans pleinement spirituels et les plans spirituo-physiques.

MOI : D'accord, mais comment un plan spirituel peut-il être physique ?

ES : Par association avec l'humain, et c'était Mon choix. Il faut sept niveaux pour obtenir une pleine fonctionnalité dans n'importe quel plan d'existence, surtout dans les plans dont la fréquence est aussi basse que celle des plans humains. Ces sept niveaux offrent une continuité minimale de gradient de manière à permettre une communication raisonnable entre l'existence infinie et l'existence finie – raisonnable dans la mesure où elle permet la communication, donc. Avec un nombre de niveaux inférieur à sept, aucune communication n'aurait lieu.

MOI : Et pourquoi n'y aurait-il aucune communication si le nombre de niveaux était inférieur à sept ?

ES : Parce que les graduations entre chaque fréquence doivent être à un certain niveau pour qu'une graduation particulière se situe à la limite de la phase supérieure et de la phase inférieure. Il suffit de sept niveaux de fréquence pour passer du niveau 10 (et au-dessus) au niveau 4, qui est le niveau le plus bas avant la manifestation physique. Chacun de ces niveaux agit comme un filtre. Afin de décrire ce qui est transmis d'une fréquence à une autre, chacune recherche ce qui se rapproche le plus du niveau vers lequel l'information est convertie. Et c'est là que les erreurs s'insinuent, car les données doivent être généralisées d'un niveau à un autre sept fois pour atteindre le niveau de vocabulaire disponible au plus bas niveau. Imagine que tu disposes de 7 000 000 de façons de décrire un cheval avec ton mode de

---

[12] Voir illustration en annexe.

L'Histoire de Dieu

communication. Parmi celles-ci figurent le toucher, l'odorat, le goût, la parole, la vue et l'ouïe, ainsi que d'autres sens dont vous disposez sans en être conscients. Imagine ensuite que chaque sens n'est pas un sens mais un moyen de communication, et que tu perds au moins 10% du vocabulaire associé à chacune de ces méthodes de communication chaque fois que tu descends dans les fréquences. Chaque mouvement vers le bas entraîne une réduction de 10%, ce qui réduit considérablement la capacité à décrire, par exemple, un cheval. Plus précisément, les méthodes de communication qui disparaissent en premier sont celles qui offrent une description plus détaillée, caractéristique des fonctionnalités supérieures observées aux fréquences plus élevées. Par conséquent, plus on descend dans les fréquences, moins on peut parler du cheval. Finalement, tu arrives aux cinq sens dont vous disposez dans le monde physique et à quelques éléments qui leur sont associés.

MOI : Je viens de faire le calcul de la réduction de capacité de 10% en descendant de sept niveaux, mais ça ne correspond pas.

ES : J'ai utilisé ce chiffre de 10% de manière figurative afin d'illustrer ce qui pourrait se produire. Mais en réalité, les pertes sont bien plus importantes dans les premiers niveaux franchis au cours de ta descente. Dans la mesure où la multitude de sens disponibles aux niveaux supérieurs est évidemment plus importante, les pertes seront d'autant plus significatives que l'on se situe tout en haut de l'échelle de fréquences au départ.

MOI : OK, nous avons donc dix niveaux auriques, les trois derniers niveaux supérieurs étant davantage liés à la communication avec le reste de l'esprit.

ES : Tout à fait. Maintenant que tu as compris cela, nous pouvons passer au développement de la reproduction automatique des formes humaines les plus récentes et les plus denses.

L'Histoire de Dieu

Retour à la reproduction humaine
MOI : Nous allons donc parler de la façon dont nous, en tant qu'êtres humains, avons été développés.
ES : Oui. Lorsque vous avez tous découvert que vous ne pouviez pas vous reproduire de manière robuste par la méthode de division/séparation cellulaire et que le lien avec l'esprit maintenu à ces niveaux provoquait des dysharmonies énergétiques qui se propageaient à d'autres esprits, vous avez décidé d'essayer de garder tous les problèmes énergétiques au niveau de l'esprit incarné. Deux modifications majeures ont ainsi été apportées : 1) faire en sorte que le système reproducteur humain fonctionne de manière à éliminer autant d'erreurs de reproduction que possible ; et 2) supprimer le lien avec le reste de l'Esprit pendant l'incarnation.
MOI : Mais je croyais que nous étions toujours liés à l'Esprit/à l'univers.
ES : En effet, vous l'êtes, et c'est pourquoi la meilleure façon de rompre ce lien sans réellement le supprimer est de faire en sorte que l'esprit qui est sur le point de s'incarner « perde la mémoire » de ce qu'est la réalité. De cette manière, il peut entrer dans le monde physique en repartant de zéro, à l'exception d'une ou deux règles préétablies. Ces règles sont les incitations qui sont mises en place afin de vous aider à vivre les expériences souhaitées sur les plans physiques. Elles sont le moteur de vos accomplissements pendant toute la durée de votre incarnation. Elles représentent votre désir de devenir médecin, homme d'affaires, infirmier ou architecte, de vivre d'une certaine manière, de réussir d'une certaine manière, etc. Pour certains d'entre vous, il s'agit de découvrir qui vous êtes vraiment dans le monde physique. Et d'autres renouent même avec leur soi supérieur et une partie du reste de l'Esprit. Il est intéressant de noter que les règles d'oubli sont beaucoup plus faciles à mettre en place du fait que les niveaux de fréquence inférieurs constituent des inhibiteurs naturels de la communication avec la partie du soi qui est connectée au tout, d'où la forte réduction des lignes de communication. C'est, bien sûr, ce que l'Origine et les autres Entités Sources ont découvert aux premiers jours de leur prise de conscience d'Elles-mêmes.
MOI : Alors comment avons-nous créé ou créons-nous cet oubli ?
ES : Il se met en place lentement, lors de la phase d'initialisation avec le corps physique, un peu comme la maladie d'Alzheimer, mais sans le traumatisme qui lui est associé. Il intervient pendant la croissance du fœtus dans l'utérus, car le lien avec le corps physique est plus «

L'Histoire de Dieu

souple » à ce stade, ce qui permet à l'esprit d'aller et venir jusqu'à ce que son association avec le corps soit complète.

L'oubli, bien que réalisé par étapes, se développe de telle manière que les souvenirs résiduels ne remontent pas à la surface et ne donnent pas d'inquiétude à l'esprit en lui faisant croire qu'il a oublié quelque chose sans parvenir à déterminer de quoi il s'agit. Cela lui épargne le traumatisme que vivent les personnes atteintes de la maladie d'Alzheimer. Mais cet oubli n'est actif que tant que l'esprit est associé à un corps hôte ; donc, une fois l'incarnation terminée, l'oubli s'estompe progressivement. Son retrait s'effectue plus rapidement que sa mise en place initiale, mais là encore à un rythme qui permet d'éviter tout traumatisme lié au bombardement soudain de données de communication provenant de tous les sens à la fois, y compris tous les souvenirs des incarnations antérieures ainsi que des expériences passées entre deux incarnations, lorsque vous étiez pleinement connectés à l'Esprit entre deux incarnations. Vous seriez complètement désorientés si cela se produisait instantanément.

MOI : Et qu'en est-il de la reproduction du corps humain ? Comment en sommes-nous arrivés au processus actuel ?

ES : Votre méthode de reproduction actuelle était un compromis par rapport à l'idée initiale selon laquelle un corps se remplaçait lui-même par un autre corps ou générait un dérivé de lui-même en se divisant en deux cellulairement. Souviens-toi que cette méthode induisait deux erreurs majeures : 1) les erreurs dues au nombre de reproductions effectuées à un moment donné (le détail de la composition cellulaire du corps se retrouvant dilué pendant la division des cellules) ; et 2) l'aggravation et la multiplication de ces erreurs à chaque reproduction d'une lignée corporelle particulière. L'objectif était donc pour vous de vous reproduire par simple croissance, en faisant croître un corps selon un modèle connu et exempt d'erreurs.

MOI : Es-tu en train de me dire que nous avons conçu l'humain parfait ?

ES : Il semblerait raisonnable de le supposer, mais ce n'est pas exactement ce que vous avez aujourd'hui, car le corps humain est affecté par toutes sortes de choses, depuis les réactions aux maladies jusqu'aux erreurs de correspondance avec son modèle de croissance. Lorsque l'expérimentation a commencé, l'idée était que chaque corps développe un nouveau corps par lui-même lorsqu'il atteignait un certain stade de son existence.

MOI : Comme un hermaphrodite ?!

L'Histoire de Dieu

ES : Oui. Et il a été décidé de développer le nouveau corps en interne en raison de la vulnérabilité du « fœtus ». Comme tu le sais, le fœtus est totalement incapable de se débrouiller seul, ce qui était totalement différent de la conception précédente, qui consistait essentiellement à se cloner pour former une forme humaine complète prête à l'emploi. Cette nouvelle version nécessitait des soins pendant une durée assez longue.

MOI : Alors si cette approche fonctionnait, comment se fait-il que nous ayons des corps masculins et féminins ?

ES : Cela est dû au fait que ça n'a pas fonctionné aussi bien que prévu, car la période critique entre la naissance et l'autosuffisance nécessitait une attention considérable de la part de l'hôte, comme tu le sais. De plus, l'hôte était particulièrement vulnérable lors de la séparation (naissance) du nouveau corps, encore plus à l'époque qu'aujourd'hui du point de vue des prédateurs. Non pas qu'il y en ait eu beaucoup à l'époque, étant donné que la plupart étaient en phase avec l'espèce humaine, plutôt qu'ils ne la craignaient. Non, la principale difficulté résidait ici encore dans la transmission d'un matériel physique dysfonctionnel. Car ce système reproducteur hermaphrodite se copiait lui-même dans un système de division cellulaire similaire, mais interne plutôt qu'externe – un système qui commençait par une petite reproduction de lui-même plutôt que par une reproduction complète. Par conséquent, tous les aspects positifs d'un corps particulier étaient reproduits, ainsi que tous ses aspects négatifs. Tout était copié, y compris les défauts. Le plus gros problème concernant le corps hermaphrodite, c'est qu'un individu pouvait être immunisé contre un virus donné, mais pas un autre. Nous avions donc là de nombreux corps qui mourraient subitement si un certain virus était suffisamment agressif pour causer leur mort, tandis que d'autres pouvaient survivre. Tout cela ne s'est donc pas traduit par un développement massif du nombre de corps humains – ce qui était pourtant le but de l'exercice, lequel visait à permettre à davantage d'esprits de faire l'expérience de la vie incarnée, ou de la vie aux fréquences les plus basses, afin de leur permettre d'évoluer plus rapidement.

Finalement, il fut décidé de scinder les fonctions reproductives de l'hermaphrodite en deux parties : une partie mâle et une partie femelle. Chacune des deux parties serait introduite dans un corps spécifique conçu dans le but de gérer chaque aspect de la tâche reproductive de l'hermaphrodite, mais de manière séparée. Chacun de ces deux types de corps aurait accès à certaines caractéristiques de survie, à certains instincts et fonctions corporelles préprogrammés dans le corps tout entier par communication spirituelle via l'ARN, afin de garantir son fonctionnement automatique et indépendant de l'intervention de l'esprit incarné. Même si l'esprit, dans son environnement normal, aurait pu gérer avec une certaine aisance le contrôle du corps humain au niveau moléculaire, cela aurait absorbé une part considérable de son quota de concentration, car il est assez difficile de contrôler les éléments de basse fréquence une fois incarné. D'où la nécessité d'une fonction automatique.

MOI : Alors, que nous fallait-il d'autre pour en arriver à créer un corps spécifiquement masculin et féminin ? Qu'est-ce qui nous a poussés à choisir la méthode de reproduction que nous appelons le « coït » ?

ES : La nécessité de distinguer les sexes était double. Premièrement, la conception du corps humain pouvait être rendue plus simple et donc plus robuste d'un point de vue fonctionnel. Deuxièmement, la quantité d'énergie nécessaire au maintien du « plan de créativité » pouvait être partagée entre deux corps au lieu d'être concentré dans un seul. C'est grâce à cette énergie que les gens sont attirés les uns vers les autres du point de vue masculin et féminin. Si les deux composantes de cette énergie sont compatibles, c'est-à-dire qu'elles possèdent le même contenu fondamental en termes de fréquence et de fonction, alors elles peuvent se reproduire en toute sécurité sans risque de dysfonctionnement dans le processus de reproduction. De plus, le nouveau corps à produire représentait également un travail plus simple à réaliser, car il ne nécessitait plus que la moitié de la fonction reproductrice à copier et pouvait, par conséquent, être reproduit plus rapidement et de façon plus précise pendant son séjour dans l'hôte.

Il s'agissait d'un changement essentiel en termes de conception, car cela permettait d'intégrer les aspects positifs d'un corps (comme certaines immunités, par exemple) dans le corps reproduit, lequel pouvait ne pas présenter initialement les mêmes aspects positifs. L'inconvénient en revanche était que des aspects négatifs (comme des vulnérabilités) pouvaient également être transmis. Cependant, ces vulnérabilités seraient quelque peu atténuées, car elles seraient introduites dans un corps qui pourrait bénéficier d'un certain niveau de protection intrinsèque contre elles, annulant ainsi l'effet complet de l'aspect négatif introduit.

MOI : Et qu'est-ce qui nous a poussés à développer les organes sexuels dont nous sommes dotés aujourd'hui ?

ES : Cette particularité a été développée afin que les ingrédients nécessaires au déblocage du programme de reproduction de la moitié mâle et de la moitié femelle puissent se rencontrer dans un endroit sûr et exempt de toute contamination par une infection aéroportée.

Il a également été décidé que cette rencontre serait idéalement située dans l'un des deux types de corps, de préférence celui qui accueillerait la croissance de la copie pendant sa phase critique de construction. Cette étape, que vous appelez « gestation », correspond à la création des composants les plus importants du corps à partir des matières premières fournies par le corps hôte pour créer la copie, ce nouveau corps appelé à être l'hôte d'une nouvelle entité spirituelle. Ces matières premières sont uniquement programmées pour être neutres. Ce qui signifie qu'elles sont capables d'être tout ce que l'ARN leur indique d'être. Chacune de ces matières premières est, faute d'une meilleure description, une portion de mémoire vide, mais une mémoire ayant la capacité de se transformer en tout ce qu'on lui demande d'être. Lorsqu'elle reçoit les messages des énergies spirituelles qui imprègnent l'ARN, qui ensuite programment l'ADN, la partie de la matière première qui reçoit ces messages est programmée pour se transformer en ce qu'elle doit être. L'ADN perd et/ou déplace alors certaines parties de lui-même afin de créer le modèle permettant à la matière première de prendre forme. Ce modèle se situe à deux niveaux ; chez l'adulte humain, il est représenté par deux niveaux du champ aurique : le niveau 1 et le niveau 5, l'un dans les plans/dimensions physiques et l'autre dans les plans/dimensions spirituels. C'est à ce stade que la gestation commence à se développer et à créer la copie à son plus petit niveau, c'est-à-dire l'embryon humain.

MOI : Nous avons déjà abordé ce point, il me semble, non ?

ES : Oui, en effet, mais comme pour beaucoup de choses dans ce dialogue, c'est un aspect si important qu'il nécessite d'y revenir encore une fois.

Mais poursuivons avec la reproduction du corps humain. Comme Je te l'ai déjà indiqué, il a été constaté que le meilleur endroit pour que la croissance puisse se produire en toute sécurité se trouvait dans l'un des corps humains entièrement développés, et que les ingrédients nécessaires à la reproduction devaient être stockés dans des corps humains distincts, classés en « mâle » et « femelle ». Les organes sexuels ont été développés de manière à ce que le transfert des ingrédients qui ne provenaient pas du corps hôte, ceux qui étaient destinés à la croissance du nouveau corps, puissent être transférés d'une manière qui soit exempte de toute contamination, avec un taux de réussite optimal. Cela nécessitait que les deux corps soient intégrés

L'Histoire de Dieu

l'un à l'autre au moment où les opportunités de reproduction étaient optimales, l'un étant inséré dans l'autre ; d'où la conception des organes sexuels, l'un imbriqué dans l'autre afin de permettre aux ingrédients de se mélanger et d'interagir dans un environnement parfaitement sécurisé. Comme tu le sais, d'autres êtres physiques transfèrent la seconde partie des ingrédients hors du corps, comme le font les poissons, mais ce processus n'apporte aucune garantie de réussite. Le transfert interne a donc été retenu après analyse de son taux de réussite par rapport à d'autres méthodes, dont certaines sont encore utilisées par des entités physiques inférieures, de sorte que c'est finalement la méthode actuelle qui est utilisée par les êtres humains pour se dupliquer.

MOI : Mais est-elle aussi efficace que les méthodes précédentes ? J'ai l'impression que non. Les autres méthodes permettaient au moins de produire un nouvel organisme pour chaque corps alors « en cours d'utilisation » pour les besoins de la croissance évolutive, tandis que celle-ci n'en produit qu'un pour deux.

ES : Certes, ce n'est pas la méthode la plus efficace en termes de nombre de corps hôtes reproduits, mais c'est la plus fiable à l'heure actuelle, notamment parce que c'est celle qui cause le moins de problèmes sur les plans énergétiques. En fait, tout y est concentré autour d'un seul esprit dans un seul corps, sans affecter énergétiquement autre chose qu'eux-mêmes en ce qui concerne les éventuelles énergies dysfonctionnelles.

MOI : Il y a donc encore des énergies qui peuvent affecter les autres esprits ?

ES : Oui, mais cela est fonction des interactions entre entités individuelles, et il s'agit d'un type d'énergie sur lequel il faut travailler pour s'en libérer une fois qu'elle a été attirée à soi. Parfois, cette énergie nécessite plusieurs incarnations physiques pour être purifiée. Cette énergie est liée à ce que vous, les humains, appelez le karma.

Chapitre 11: Le karma

Le karma comme énergie
MOI : Quoi ?! Holà, attends une seconde : Tu dis que le karma est une énergie ? Je croyais qu'il s'agissait juste d'une liste de problèmes que nous avions à résoudre.
ES : Je suppose donc que tu en as terminé avec l'évolution de la reproduction physique humaine pour le moment.
MOI : Oui. Non. Enfin, je ne sais pas !
ES : Il s'agit d'une seule et même chose. L'énergie que vous appelez « karma » est une énergie dysfonctionnelle générée par l'association du spirituel au physique. Elle correspond à un processus naturel d'attraction énergétique basé sur des relations dysfonctionnelles. Ce type de relation peut d'ailleurs également s'appliquer à soi-même, du point de vue de l'esprit par rapport à l'entité physique. Je t'ai expliqué précédemment que les esprits qui interagissaient entre eux durant la première étape de l'être humain provoquaient un déphasage de leurs énergies suite au partage et à la connexion des corps et de l'esprit alors qu'ils étaient incarnés dans des structures humaines moins limitées. Ce phénomène a amené chaque entité spirituelle à affecter les autres entités spirituelles de manière défavorable sur le pan énergétique. Je n'avais pas attribué de nom spécifique à ce processus, mais maintenant c'est chose faite, et c'est un nom que tu reconnais. Tu vois certainement le lien qui existe entre ce que vous appelez le « karma » et le peu que J'ai décrit sur les interactions entre les énergies spirituelles et physiques, ainsi que leur lien avec l'aspect psychologique ?
Moi : J'avoue que je n'y avais pas pensé, mais je vois bien quelques similitudes en effet. C'est juste que je ne m'attendais pas à ce que cette question surgisse si tôt dans notre dialogue.
ES : Le karma a toujours été présent dans nos échanges. C'est juste que nous ne lui avions pas encore attribué de nom ni porté notre attention dans ces termes. Nous pouvons approfondir ce sujet si tu le souhaites, mais n'oublie pas qu'en réalité nous l'avons déjà évoqué.
MOI : Alors approfondissons-le, s'il le faut.
ES : Il le faut en effet, car cette approche du karma n'est pas si bien connue que cela.

L'Histoire de Dieu

Citations bibliques et karma

À plusieurs reprises alors que je méditais, avec parfois de courtes mais puissantes méditations de 3 à 5 minutes, on m'a donné des phrases que je ne peux décrire que comme des citations des Dix Commandements. La première était la suivante : « Ne désire point les richesses des hommes, mais celles du Ciel ! » Cette citation m'a été donnée alors que je me sentais un peu mis à l'écart suite à la promotion d'un collègue. La deuxième fois, j'admirais le corps galbé d'une jeune femme derrière laquelle j'étais assis à mon travail : « Ne convoite point la femme d'autrui ! » J'ai donc interrogé l'Origine à ce sujet (sachant que ma femme avait également reçu des citations similaires, de manière tout à fait indépendante) afin d'en connaître l'explication.

MOI : Pourquoi est-ce que je reçois des citations des Écritures qui semblent faire partie des Dix Commandements ?
O : Parce que tu commences à t'éveiller. Et ce faisant, tu commences à te souvenir des directives édictées pour une vie meilleure.
MOI : Mais je croyais que les Commandements étaient de simples règles de vie ?
O : Ce ne sont pas tant des règles que des directives qui ont été et sont données à tous les esprits qui assument le fardeau de l'incarnation afin d'évoluer plus rapidement.
MOI : Et qu'apportent-elles à l'âme en évolution ?
O : Elles permettent à l'âme de s'incarner et de vivre dans le monde physique sans avoir à subir les pénalités qui peuvent être encourues en ne les suivant pas.
MOI : Est-ce que Tu es en train de me dire qu'un esprit incarné peut traverser la vie sans accumuler de karma ?
O : Bien sûr. Mais la plupart d'entre vous êtes incapables de suivre ces simples directives. Si vous le pouviez, alors vous pourriez vivre sans éprouver la nécessité de convoiter les richesses ou les biens d'autrui ou de commettre des crimes, aussi minimes soient-ils, et, par conséquent, de vivre ce que vous devez vivre sans vous enliser dans le désir d'en avoir toujours plus que les autres ou d'être meilleurs que les autres, ou de posséder des maisons, des voitures ou des montres plus grandes ou plus chères que celles des autres, etc.
MOI : OK, mais aujourd'hui, c'est quand même plus compliqué qu'à l'époque de Jésus !
O : Pas autant qu'on pourrait le penser.
MOI : Alors comment fait-on pour « tendre l'autre joue » ?
O : En ne se laissant pas entraîner dans les conflits.

L'Histoire de Dieu

MOI : Comme par le fait de se quereller et de blesser les gens verbalement ?
O : Oui, bien sûr : l'individu doit reconnaître qu'il existe un potentiel de conflit et l'éviter.
MOI : Même si cela se traduit par le fait de perdre la face ou d'avoir l'air stupide ?
O : Bien entendu. L'essentiel est de tirer les leçons de la situation en cours avant qu'elle ne dégénère en conflit, puis de proposer d'y mettre fin en acceptant la colère de l'autre et, ainsi, de la dissiper. C'est là le véritable sens de l'expression « tendre l'autre joue ».
MOI : C'est difficile à admettre ; les gens vont penser qu'il s'agit d'une faiblesse.
O : Pas si vous acceptez chaque situation comme un apprentissage, comme un moment de croissance. Lorsque cela sera évident à vos yeux (et cela finira par le devenir très clairement), vous serez placés dans une lumière significative plutôt que dans l'obscurité. Rappelez-vous que les plus grands dirigeants que le monde ait jamais connus ont fait preuve d'une grande humilité et ont su tirer les leçons d'une situation plutôt que de la transformer en conflit. Aussi minime soit-il, ce conflit peut toujours attirer des points de karma. Ceux qui connaissent ces principes savent que toutes les personnes qu'ils rencontrent sont d'autres âmes incarnées qui font de leur mieux tout en ayant un accès limité à elles-mêmes et à l'univers. ils éprouvent donc de la pitié et de la compassion pour ces âmes incarnées qui leur font du tort, plutôt que de réagir d'une manière qui leur ferait accumuler des points de pénalité (ou de karma).
MOI : J'ai déjà vécu un exemple de ce genre où un dialogue entre deux personnes peut se transformer en confrontation dès le lendemain au travail. Je ne m'y attendais pas et je me suis donc laissé entraîner. Une partie de moi voulait à tout prix avoir le dessus dans cette dispute, tandis qu'une autre savait que c'était inutile et a ensuite réalisé comment le risque de confrontation lié à cet échange aurait pu être désamorcé par une courte phrase.
O : Oui, c'est en effet un bon exemple.

Une autre vision du karma
MOI : Ceci dit, je crois que Tu es en train de m'embrouiller, moi et le reste du monde. Car premièrement, ma compréhension du karma, c'est qu'il s'agit de mauvaises vibrations que l'on accumule en faisant du mal aux autres ou en les traitant injustement. « Faites aux autres ce que vous voudriez qu'ils vous fassent ! » : pour éliminer le mauvais

L'Histoire de Dieu

karma, il faut donc accomplir des actes désintéressés de bienfaisance pour le bien d'autrui. Deuxièmement, Tu me dis que le karma est une question de gain ou de perte de « points » d'évolution, et qu'il s'agit de vivre de la meilleure façon possible pour ne pas en perdre. De ce point de vue, la meilleure façon de vivre a été donnée à l'humanité par les Dix Commandements qui représentaient le moyen idéal de vivre sans perdre ces points, en ce sens que les points d'évolution perdus doivent être regagnés avant que l'évolution ne puisse se poursuivre. Troisièmement, Tu me dis que le karma est de l'énergie, et qu'en plus de cela c'est aussi une énergie dysfonctionnelle résultant d'une interaction inharmonieuse entre le spirituel et le physique. Qu'est-ce qui est vrai dans tout cela ?

ES : Tout est vrai. Tu as dit en premier lieu que le karma est constitué de mauvaises vibrations. Or, les vibrations ne sont-elles pas une fréquence ? La fréquence n'est-elle pas associée à la résonance de l'énergie, et celle-ci n'est-elle pas liée à sa position dans le physique ou dans le spirituel ? Plus la résonance est lente, plus la fréquence est basse, et plus l'action ou la réaction de l'individu à cette fréquence est molle. En revanche, plus la résonance est rapide et plus la fréquence est élevée, et plus l'action ou la réaction de l'individu à cette fréquence est vive.

Ensuite, tu as dit que J'avais mentionné que le karma correspondait à des points d'évolution qu'il convient de conserver pendant l'incarnation, sous peine de rester bloqué à un certain niveau. Or, ces points d'évolution ne sont-ils pas des niveaux de fréquence individuels ? Imagine la perte d'un point d'évolution comme une chute de 1 700 GHz à 1 699 GHz : cela ne représente-t-il pas une baisse de fréquence ? L'apparition de l'indolence n'est-elle pas le résultat d'une interaction en lien avec votre attirance pour une ligne de conduite qui ne figurait pas dans les directives énoncées dans les Dix Commandements afin de bénéficier d'une vie incarnée exempte de tout karma ?

Troisièmement, la « perte » de fréquence n'est-elle pas un dysfonctionnement de l'utilisation de l'énergie ? Souviens-toi que l'énergie ne peut pas disparaître. Alors, qu'advient-il de l'énergie perdue à la suite de votre descente dans les fréquences ? Elle devient une énergie dysfonctionnelle, une énergie sans fonction adéquate. Ainsi, notre perte de 1 GHz devient une énergie dysfonctionnelle dont la fréquence est bien inférieure à celle que tu avais et que tu as maintenant. Néanmoins, elle a un effet sur toi en tant qu'entité spirituelle. Une perte de 1 GHz a pour effet de t'entraîner vers une

L'Histoire de Dieu

fréquence dénuée de toute fonction réelle, même si elle reste associée à toi. Elle te ralentit et constitue un frein à ton haut niveau de fonctionnement normal. Elle est comme un poids attaché à l'une de tes chevilles. Elle te gêne, et détourne ton attention des véritables enjeux : évoluer en faisant l'expérience de choses qui sont inaccessibles par le corps spirituel normal.

MOI : Donc le karma correspond à l'accumulation d'une énergie dénuée de fonction, une énergie qui nous appartient mais qui nous a été retirée à la suite d'une mauvaise action, d'une association avec quelque chose de prémédité qui affecte négativement quelqu'un d'autre. Et cette énergie qui est désormais sans direction freine mon fonctionnement, simplement parce qu'elle ne travaille plus avec moi ?

ES : C'est un résumé raisonnable de la fonction du karma.

MOI : Alors, comment puis-je récupérer cette énergie karmique et la faire à nouveau travailler pour moi ?

ES : Il devient de plus en plus difficile d'y parvenir à mesure que tu descends dans les fréquences en raison de ton attirance pour les actions associées à ces niveaux. Et c'est d'autant plus difficile que l'énergie karmique ne s'agrège pas comme l'énergie normale que tu utilises sur Terre. En fait, elle reste associée à l'action qui a provoqué sa séparation de la source d'énergie principale, c'est-à-dire toi. Tu as donc deux associations pour cette énergie : toi en tant que source, et l'action qui a entraîné sa séparation comme seconde association. Cette dernière tente de te faire descendre dans les fréquences en te faisant faire d'autres choses associées à cette énergie. Ce que tu as fait pour provoquer cette séparation au départ t'amène à récidiver, pour ainsi dire, ce qui fait augmenter le volume de cette énergie. Ce phénomène accroît davantage encore l'effet de frein spirituel à ton évolution.

L'antidote consiste donc à agir à nouveau selon les Dix Commandements : Ne fais pas aux autres ce que tu n'aimerais pas que l'on te fasse ; œil pour œil ou dent pour dent.

MOI : Je croyais pourtant que le proverbe « œil pour œil, dent pour dent » représentait une réaction agressive.

ES : Il s'agit là d'une interprétation bien rudimentaire. En substance, cette expression signifie la même chose que le dicton courant qui dit : « Fais aux autres ce que tu voudrais que l'on te fasse ». Si tu as causé la perte d'un œil, tu dois abandonner un œil pour rétablir la situation. Autrement dit, si tu souhaites t'élever dans les fréquences et évoluer plus rapidement, tu ne dois faire aux autres que ce qui fera augmenter leurs fréquences et, par conséquent, les fera évoluer plus vite. Ce problème se résout donc de deux manières. La première consiste à

L'Histoire de Dieu

permettre à quelqu'un de te causer le même niveau de « douleur » en lui permettant de te faire la même chose que ce que tu lui as fait ou que tu as fait à une autre entité spirituelle.

MOI : Je pensais que c'était uniquement lié à l'entité ayant subi le préjudice en question.

ES : Non, il n'y a pas de « préjudice ». Il y a simplement une « action ». Et donc, par définition, cette énergie peut être récupérée avec l'aide d'une autre entité spirituelle, à condition que cela ait été préconçu en Esprit avant la phase d'incarnation. La deuxième façon de récupérer l'énergie est de faire le « bien » ou de chercher à rendre service à la personne que tu as fait souffrir.

MOI : Quoi ?! Mais s'il n'y a pas de « mal », comment peut-il y avoir du « bien » ?!

ES : Bien dit. Par faire le « bien », J'entends que vous vous sacrifiez, d'une manière ou d'une autre, en lien avec l'incident initial, en faveur de l'entité spirituelle avec laquelle vous avez vécu cet incident. Car cela a pour effet d'annuler la dysharmonie ou le dysfonctionnement ainsi causé, ce qui provoque le retrait de cette énergie, lui permettant ainsi de retourner à sa source, c'est-à-dire toi. Cela te permet de t'élever dans les fréquences jusqu'à un niveau égal à celui que tu avais initialement perdu.

Récupération des fréquences perdues

MOI : Cette idée selon laquelle l'énergie nous est retirée lorsque nous faisons quelque chose en dehors des règles de base de l'existence dans le monde physique, c'est une façon complètement différente d'envisager quelque chose comme le karma.

ES : C'est pourtant la seule façon de l'envisager. Dans les plans physiques de la Terre, le karma n'est pas seulement perçu comme quelque chose de négatif, mais aussi comme une chose qui ne peut pas être évitée. Il est aussi perçu comme quelque chose que l'on peut reporter à la vie suivante, à condition de croire qu'on en aura une autre par la suite. C'est ce que pensaient les Chinois, surtout les riches. De plus, la plupart des gens le considèrent comme trop difficile à récupérer et, par conséquent, ne se donnent même pas la peine d'essayer. Le fond du problème c'est que si tu essaies de récupérer les fréquences perdues (le karma, donc), les récompenses sont alors encore plus grandes que si tu ne fais rien ou n'accumules pas de karma en premier lieu, car tu « apprends » au cours de ce processus.

MOI : Pas si vite : es-Tu en train de me dire que nous progressons mieux en termes d'évolution si nous faisons du mal à quelqu'un et que

L'Histoire de Dieu

nous essayons ensuite de rattraper la situation ? Si tel était le cas, alors chaque esprit incarné ferait autant de mal que possible dans l'espoir de rétablir la situation pour obtenir plus de points d'évolution !
ES : N'est-ce pas ce que font les gens aujourd'hui, mais sans savoir comment redresser la situation ? N'est-ce pas la raison pour laquelle il y a tant de troubles dans le monde ?

Partout dans l'univers physique, les esprits s'efforcent de revenir à l'Origine aussi vite que possible, et nombre d'entre eux utilisent l'environnement Terrestre pour y parvenir. Le seul problème ici, c'est qu'ils sont incités à faire le mal dans l'espoir de pouvoir rétablir la situation et, par conséquent, d'évoluer plus rapidement. Du coup, cela les conduit à descendre encore plus bas dans les fréquences et à perdre leur capacité à reconnaître le chemin du retour. Ils s'enfoncent toujours plus dans les fréquences inférieures parce qu'ils ne se souviennent que de ce qui est associé à ces fréquences : causer du tort à d'autres entités. La perte des fréquences supérieures les accompagne lorsqu'ils retournent à l'Esprit, créant ainsi un « frein ». C'est pourquoi ils ont besoin de l'aide d'autres travailleurs de lumière restés dans l'Esprit. De plus, ils doivent reporter ce fardeau sur leur prochaine incarnation pour se rétablir.

MOI : Mais pourquoi est-ce reporté sur l'incarnation suivante ? Pourquoi ce fardeau n'est-il pas purifié par l'Esprit ?
ES : En raison d'une règle universelle selon laquelle les fréquences perdues ne peuvent être récupérées qu'à la fréquence à laquelle elles ont été perdues.

MOI : Et pourquoi ça ?
ES : C'est un peu comme perdre une pièce de monnaie sur un trottoir. La seule façon de la retrouver est de revenir sur tes pas. Tu ne peux pas retrouver cette pièce à l'endroit où tu as découvert que tu l'avais perdue, et tu ne peux pas la retrouver en marchant dans la même direction que celle que tu suivais après l'avoir perdue. Tu dois revenir jusqu'à l'endroit précis de ce trottoir où la perte a eu lieu.

MOI : Mais n'est-ce pas linéaire ? Je croyais que la linéarité n'existait pas dans l'Esprit.
ES : En effet, elle n'y existe pas. Mais dans les fréquences physiques, elle existe bien, et de ce fait, un lien est créé entre l'entité spirituelle et cette fréquence, y compris avec l'événement ayant entraîné la perte de fréquence.

Bien entendu, le retour à cet événement n'est pas linéaire, dans la mesure où en tant qu'esprit qui s'incarne, tu peux choisir où et quand

L'Histoire de Dieu

tu souhaites que la scène soit préparée afin de récupérer les fréquences que tu as perdues. Tu peux même revenir au moment où l'événement s'est produit lorsque tu te trouvais sur le plan Terrestre, et te réincarner dans un corps différent ou identique. Ces deux méthodes sont néanmoins difficiles à mettre en œuvre en raison du facteur d'oubli et de la perte temporaire des souvenirs du soi supérieur. Par conséquent, cette méthode est rarement payante, et en termes d'incarnation visant à atteindre un but spécifique, c'est un terrible gaspillage. Il existe cependant quelques cas de mise en œuvre réussie, et ceux-ci se traduisent par de profonds changements « du jour au lendemain » dans la personnalité de l'individu et dans ses interactions avec les autres que l'on pourrait qualifier de positives. Ils ont « vu la lumière », pour ainsi dire.

MOI : Dis-m'en plus sur la façon dont les fréquences perdues, le karma, ralentissent notre évolution.
ES : Que veux-tu savoir exactement ?

La physique du karma

MOI : Hmm... La question est plutôt : qu'allons-nous en comprendre ?
ES : Très peu de choses au-delà de ce que Je t'ai déjà dit, car ta compréhension actuelle de la physique est limitée.
MOI : Le karma est basé sur la physique ?
ES : Tout dans ces univers repose sur la physique. La physique est fondamentalement l'étude de la réalité physique à travers l'énergie, et l'énergie est ce qui nous compose tous. Par définition, l'étude de l'énergie est donc une étude du spirituel via l'énergétique.
MOI : Dans ce cas, explique-moi en termes physiques en quoi consistent cet effet de frein que la perte de fréquence exerce sur un esprit, et l'attachement des fréquences perdues à l'esprit.
ES : Tu as un exemple qui est en train de se former dans ton esprit alors même que nous parlons, et l'analogie est suffisamment proche pour être pertinente. Imagine un bateau sur la mer. Ce bateau fend l'air en surface, mais se déplace à la surface de l'eau. L'air, dont la fréquence est supérieure à celle de l'eau, peut rencontrer l'eau sans être submergé. Tout air submergé remonte à la surface car il est à une fréquence plus élevée. Il ne peut y exister de manière naturelle. Le bateau se déplace donc à l'interface entre deux domaines de fréquence différents. Si le pilote de ce bateau jette une ancre flottante par-dessus bord, toujours attachée au bateau, l'ancre flottante ralentit le bateau sans l'arrêter complètement, contrairement à l'ancre qui s'accroche

aux fonds marins et l'immobilise net. L'ancre flottante provient d'une fréquence plus élevée, l'air, mais se trouve dans une fréquence plus basse, l'eau, et se déplace donc beaucoup plus lentement que le bateau, ce qui crée un effet de frein. Elle ralentit le bateau dans sa propre fréquence car une partie de celui-ci, qui n'existe plus à sa fréquence naturelle (l'air), se trouve maintenant à une fréquence plus basse (l'eau) tout en restant attachée à la partie qui se trouve dans les fréquences plus élevées.

MOI : Donc, le bateau représente l'esprit, et l'ancre flottante correspond au karma qui ralentit la vitesse à laquelle l'esprit peut évoluer ?

ES : Oui, et plus le karma est important, plus l'ancre flottante est imposante, et donc plus le bateau est lent. De plus, la capacité du bateau à s'élever au-dessus de la surface de l'eau vers les fréquences plus élevées est stoppée net lorsque l'ancre flottante, bien que ralentissant déjà le mouvement dans le déplacement horizontal du bateau à travers les fréquences plus élevées, arrête totalement la transition verticale vers les fréquences plus élevées jusqu'à ce que la situation soit rétablie.

MOI : Il faut donc vraiment régler cette histoire de karma le plus tôt possible !

ES : Oui, et les raisons en sont celles que Je t'ai expliquées précédemment.

À MESURE QUE TU ATTIRES DU KARMA ET QUE TON KARMA AUGMENTE, TA CAPACITÉ À ATTIRER DAVANTAGE DE KARMA AUGMENTE AUSSI, SANS AVOIR À FORCER!

MOI : Et pourquoi donc ?

ES : Tout simplement parce que tu t'habitues à exister dans des fréquences plus basses. Au début, c'est inconfortable, mais avec le temps, cela devient acceptable, puis vraiment confortable. C'est une fois que tu te sens à l'aise à ce niveau, que tu te retrouves vraiment en difficulté, et que tu as besoin d'aide, d'une aide extérieure, pour élaborer un plan viable afin de pouvoir remonter en fréquence et de sortir de la zone de confort associée à la fréquence plus basse où tu te trouves.

Tu as peut-être remarqué que certaines personnes sont très motivées par leurs efforts pour accomplir des choses, spirituelles ou non. Ces esprits cherchent à élever leurs fréquences et à se rapprocher du niveau où leurs fréquences devraient se situer. Ils bénéficient également d'une aide précieuse de la part des travailleurs de lumière afin de les maintenir sur la bonne voie. Ils semblent généralement très motivés et déterminés dans leur approche, et ne veulent faire que ce qu'ils font. Leur détermination tient au fait qu'ils savent que cela représente leur voie vers la libération de ces basses fréquences résultant de l'accumulation constante de karma au fil des incarnations successives. Le problème, cependant, réside dans le fait que certains esprits incarnés sont tellement déterminés à atteindre leur but qu'ils aggravent leur situation en piétinant les autres pour obtenir ce qu'ils souhaitent. Ce qui veut dire que, dans leur obstination à réussir, ils peuvent en réalité échouer.

MOI : Donc, on court le risque d'en faire trop ?
ES : Oui, bien sûr. Tu sais toi-même qu'il faut parfois d'abord reculer pour pouvoir avancer. Le fait d'en faire trop génère une résistance. On ne peut aller qu'aussi vite que les circonstances le permettent, et les circonstances idéales sont parfaitement synchronisées de manière à se présenter à toi au bon moment et au bon endroit, et ce, pour une bonne raison.

MOI : Cette raison étant que nous sommes prêts à tirer le meilleur parti de toutes les circonstances qui se présentent à nous.
ES : Exactement.

MOI : On pourrait écrire des pages et des pages sur ce sujet !
ES : Tu as bien raison. On pourrait écrire des livres entiers sur ce thème, mais pourquoi s'y attarder alors que tu as mis le doigt sur le nœud du problème en quelques centaines de mots ?

Le frein à l'évolution causé par les basses fréquences
MOI : Existe-t-il une autre façon de décrire cet effet de frein à l'évolution, une façon qui en donne une illustration énergétique ?
ES : Imagine que tu es une boule d'énergie. En réalité, ce n'est pas loin de ce que tu es réellement. Voyons maintenant comment cette boule d'énergie descend jusqu'à un point où elle se rapproche de l'interface d'une autre fréquence. L'attraction pour cette fréquence est telle que tu plonges une partie de toi-même dans la fréquence inférieure. Ce faisant, tu découvres que cette partie de toi, celle qui a été utilisée pour sonder la fréquence inférieure, est bloquée et ne peut être extraite de ce « niveau inférieur ». Lorsque tu tentes de t'en éloigner, la majeure partie de ta boule d'énergie s'en éloigne effectivement, mais la partie de toi qui se trouve dans la fréquence

L'Histoire de Dieu

inférieure y reste reliée par une fine vrille. Quelle que soit la distance à laquelle tu essaies de t'en éloigner, tu es de nouveau attiré vers cette fréquence inférieure. La vrille agit comme une corde élastique : tu ne peux t'en éloigner que jusqu'à une certaine distance sans être tiré en arrière. Ton association avec la fréquence inférieure est maintenue jusqu'à ce que tu disposes de l'énergie nécessaire pour extraire la partie de toi qui se trouve toujours coincée au niveau inférieur. Imagine qu'une partie de toi soit faite de glace alors que le reste de toi est constitué d'eau. Pour faire fondre la glace, il te faut suffisamment d'énergie pour transformer l'eau en vapeur et la glace en eau. Ensuite, lorsque l'énergie fournie afin de générer la vapeur est retirée, tu restes entièrement au niveau énergétique primaire de la majeure partie de ton entité, qui, dans cet exemple, est l'eau. Tu comprends donc que, pour y parvenir, tu as besoin d'une aide extérieure, qui soit suffisante pour augmenter temporairement tes fréquences au-dessus de ta position normale. Cela prend du temps à planifier afin de réunir toutes les circonstances appropriées au bon endroit et au bon moment. Cela exige également de la part de l'esprit concerné qu'il soit patient et qu'il suive le plan.

La grêle constitue un autre bon exemple d'une fréquence plus élevée entraînée vers un niveau inférieur. La grêle est la composante basse fréquence d'un gaz, l'air, tandis que la pluie est la composante basse fréquence de l'eau. Dans ce cas, les fréquences plus élevées de l'air sont affectées par des fréquences plus basses pour former des nuages, qui se situent à la fréquence d'interface entre un gaz et les fréquences plus élevées d'un solide, l'eau. Une intervention extérieure supplémentaire peut entraîner une perte d'énergie de ces nuages et les transformer en eau. Une intervention supplémentaire peut entraîner une perte d'énergie supplémentaire de l'eau, la faisant chuter encore plus bas dans les fréquences et l'amener ainsi à se solidifier en grêle, c'est-à-dire en glace. Cette glace se trouve à présent à deux niveaux de fréquence au-dessous de son niveau initial et a désormais besoin d'une aide extérieure importante, une fréquence plus élevée, la chaleur, afin de remonter dans les fréquences jusqu'à son niveau initial. Tout cela relève de la physique simple et implique des solutions simples. Malheureusement, ce n'est pas si simple pour une entité spirituelle d'y parvenir, car elle doit faire cela seule, mais avec de légers coups de pouce de la part de ses assistants.

MOI : Alors, comment expliquerais-Tu les tornades et les ouragans dans cet exemple ?

L'Histoire de Dieu

ES : Cela s'explique par le fait que des groupes entiers d'entités spirituelles ou d'âmes sont entraînés simultanément vers le bas des fréquences. Ils s'influencent tous mutuellement et provoquent ainsi un effet de cascade.

Chapitre 12: Galaxies, systèmes solaires, planètes et création

Création de l'univers et des univers connus et inconnus de la Terre
MOI : Bien, nous avons donc parlé de la création de l'humanité, de la mise en place de sa reproduction automatique, et des conditions de création du karma, mais nous n'avons pas encore abordé l'univers tel que les humains le voient, ici, au niveau physique. Comment l'univers s'est-il formé, y compris toutes les galaxies, les systèmes solaires et les planètes ?
ES : Premièrement, l'univers dans lequel tu existes a été créé par Moi comme une copie directe de cette partie de l'Origine que tu appellerais le « vide ». Deuxièmement, il est bien plus vaste que tu ne peux l'imaginer, car l'univers dans lequel tu existes relève davantage du domaine spirituel que du domaine physique.
MOI : Si Tu devais attribuer un pourcentage à cette partie physique de l'univers, quel serait-il ?
ES : Bien moins de 1%.
MOI : C'est vraiment très peu !
ES : Et pourtant Je suis généreux en te donnant ce chiffre. En fait, la part de la masse de l'univers qui fait saillie dans le physique est très réduite. Il s'agit en fait de l'extrême limite du spectre. Et la plupart des entités n'y vont tout simplement pas. Car c'est ennuyeux. C'est lent. Ce n'est pas vraiment passionnant, et il faut une planification d'enfer pour l'utiliser comme plateforme d'évolution. De plus, on peut s'y retrouver bloqué.

Mais...

Les récompenses peuvent être grandes, et c'est pour elles que tant d'entités s'incarnent. Elles y voient un raccourci sur leur chemin d'évolution. Il est conséquent, mais comme tu le sais, il comporte aussi ses propres inconvénients.
MOI : Alors pourquoi as-Tu créé l'univers connu ?
ES : Et l'univers inconnu ! Je les ai créés par besoin de Me faire évoluer Moi-même. Sans parler du besoin d'en savoir plus sur l'Origine, qui est au cœur de tout cela.
MOI : Pardon ? Tu dois évoluer, Toi aussi ?!

L'Histoire de Dieu

ES : Oui, bien sûr. C'est l'un des prérequis de notre création par l'Origine en tant qu'entité individuelle.

MOI : *Je croyais que Vous douze, les Entités Sources, aviez carte blanche pour faire ce que Vous vouliez de cette partie de l'Origine qui Vous avait été donnée, mais il semble que ce ne soit pas le cas. Vous êtes Vous aussi régies par des règles, tout comme nous !*

ES : Oui, dans une moindre mesure. Nous avons des règles à suivre, tout comme vous, mais Nous pouvons en créer de nouvelles, et c'est ce que Nous faisons.

MOI : *Et alors, que crées-Tu ?*

ES : Tout ce qui se trouve dans la partie de l'Origine qui M'est attribuée, à Moi et à Ma quête. Je crée le physique et le dimensionnel, le temporel et l'instantané, des entités dotées d'une existence collective, des entités dotées d'une existence autonome, des entités qui existent uniquement afin de travailler dans le domaine physique pour y maintenir l'équilibre de l'existence, et des entités qui maintiennent les liens entre les dimensions et les fréquences. Je crée même des entités qui prennent soin de ces entités pour Moi, et d'autres qui, à leur tour, prennent soin d'elles. Même les planètes et les systèmes solaires ont des entités qui s'occupent d'eux, les entretiennent, maintiennent les équilibres entre eux afin que l'expérience physique reste optimale.

Raisons pour lesquelles l'Entité Source a créé les planètes, les étoiles et les systèmes solaires

MOI : *Alors pourquoi as-Tu créé l'univers physique avec toutes ses planètes, ses étoiles et ses systèmes solaires ?*

ES : Je les ai créés afin d'offrir un environnement d'apprentissage et d'évolution multiple qui permette au plus grand nombre d'entités possible de faire l'expérience de l'existence autant que possible et simultanément. Et cela vaut pour toutes les dimensions et fréquences disponibles possibles, de manière à maximiser ce travail tout en permettant à l'Origine de recueillir des informations sur Elle-même aussi rapidement que possible. Les corps physiques que vous appelez systèmes solaires sont des entités à part entière. Elles expérimentent la vie sous un angle différent, celui de la lente et longue existence de la dimension physique, tout en étant affectées par les actions d'autres entités qui les utilisent comme milieu d'habitation. Ce type d'habitat n'est pas nécessairement universel dans le monde physique. Il peut se situer dans des fréquences plus élevées qui sont attribuées à une planète particulière, ou dans les différentes dimensions dans lesquelles cette planète existe. Certaines planètes abritent ainsi plusieurs groupes

L'Histoire de Dieu

d'entités vivant simultanément à l'abri d'une même planète, sans qu'aucun de ces groupes ne soit conscient de l'existence des autres, tandis que d'autres groupes coexistent en pleine connaissance de la présence des autres groupes, et qu'un plus grand nombre encore coexistent ouvertement les uns avec les autres. Votre Terre est l'un de ces environnements d'existence mixte.

Les noms des entités douées de sentience

MOI : On dit que la Terre porte le nom de Gaïa.

ES : Oui, c'est le nom qu'elle s'est donné, un nom reconnaissable par toutes les entités qui partagent son environnement. Toutes les entités douées de sentience se donnent un nom, ou un signe distinctif. Il peut s'agir d'une signature fréquentielle ou d'une forme privilégiée adoptée lors de leurs communications avec d'autres entités. D'autres sont simplement reconnues par leurs processus de pensée, mais il s'agit des entités qui sont proches de l'Origine.

MOI : Ainsi, toutes les planètes et les étoiles de notre univers physique portent des noms ?

ES : Oui, dans une très large mesure.

MOI : S'agit-il de noms que nous pourrions reconnaître ? Par exemple, la planète Jupiter s'appellerait-elle Jupiter ?

ES : Non, Jupiter est un nom que les humains lui ont donné, mais elle reconnaît néanmoins qu'elle a un nom qui lui a été attribué par les humains pour leur propre usage afin de décrire cette partie de son existence dans le monde physique.

MOI : Jupiter existe donc également dans d'autres dimensions ?

ES : J'aurais pensé que tu aurais trouvé cela évident puisque sa manifestation physique est de nature gazeuse, mais oui, c'est bien le cas, ainsi que pour d'autres planètes et étoiles.

MOI : Donc encore une fois, les planètes sont également des entités douées de sentience.

ES : Oui, en effet. En général, elles ne sont pas aussi minuscules que vous dans cet environnement physique, mais il existe cependant des planètes qui se situent à un niveau physique beaucoup plus petit et qui fonctionnent de manière similaire à celles que vous connaissez, mais qui constituent également la structure de l'espace physique.

La structure de l'espace physique

MOI : Qu'entends-Tu par « qui constituent la structure de l'espace physique » ? Tu veux parler des atomes, des quarks et des structures sub-moléculaires inférieures ?

L'Histoire de Dieu

ES : Je parle du fait qu'il existe des galaxies entières, des systèmes solaires et des planètes qui sont petits, bien plus petits que ceux que vous reconnaissez comme des systèmes planétaires quotidiens. Ce sont des entités ou des groupes d'entités qui abritent des êtres vivants qui existent à différents niveaux de dimension et de fréquence, soit individuellement, soit tous simultanément, tout comme vous. Ils existent également dans votre réalité physique, mais, en raison de leur taille, vous n'y prêtez aucune attention, car ils n'apparaissent pas aussi facilement sur vos télescopes que de « véritables » systèmes planétaires. En substance, ils ont tendance à être regroupés plutôt que séparés, bien qu'ils se présentent comme des galaxies sous la forme de ce que vous appelez des nuages de gaz ou des nébuleuses. Ils forment des civilisations entières à l'échelle microscopique. Ces nuages de gaz ou nébuleuses regorgent littéralement de vie à tous les niveaux, de la plus intelligente à la plus bénigne, chacun étant créé à la suite de Ma subdivision en d'innombrables parties.

Tu as également évoqué la structure atomique dans ta question. Était-ce pour savoir s'ils contiennent également une vie physique ou énergétique ?

MOI : Oui, car il semble tout simplement possible qu'à mesure que les physiciens découvrent des éléments de plus en plus petits qui composent les atomes, ils doivent remonter jusqu'à des systèmes solaires et des planètes miniatures.

Un nouveau regard sur la gravité

ES : Je comprends ton raisonnement, mais ce n'est pas tout à fait exact, car tout fait partie de la vie. Dans ce cas précis, ils font effectivement partie du cadre de la création, tant sur le plan physique qu'énergétique. Ces niveaux inférieurs de physicalité servent principalement à créer le ciment qui maintient la cohésion de l'univers physique. Ils produisent une force que vous appelez la « gravité ». Mais le terme de « gravité » constitue une piètre description car il vous fait penser à une chose, l'attraction des corps physiques, alors qu'en substance, il s'agit de bien plus que cela. La gravité est aussi un moyen de communication entre les différentes fréquences et dimensions, et dans ce que vous appelez « l'espace interstellaire », il n'y a rien d'autre que ces petites structures microscopiques ou atomes qui servent à communiquer la forme de l'univers et les modalités de son mouvement au sein de son environnement. Ils maintiennent sa cohésion et lui fournissent, en quelque sorte, les canaux de communication d'une partie à une autre, instantanément. Tout comme

L'Histoire de Dieu

les messages électriques sont envoyés d'une partie du corps humain à une autre afin de faire bouger un membre, les messages transmis par la force que vous appelez « gravité » sont diffusés autour de cette structure que vous appelez l' « univers physique ». La chose la plus importante à noter ici, c'est que cela se produit également à tous les niveaux de fréquence et de dimension ; par conséquent, la gravité est bien plus importante que ce dont vous avez actuellement conscience.

La gravité est une énergie intéressante et qui est utilisée par de nombreuses entités hautement évoluées qui existent dans le monde physique. Elle permet de manipuler l'espace local et d'accéder à d'autres parties de l'univers via les canaux de communication créés par le réseau gravitationnel. Ce résultat est obtenu par conversion des énergies ou des objets physiques en énergies « gravitiques » et par leur reconversion dans l'autre sens, ce qui revient à effectuer une translation qui permet, par exemple, un déplacement d'un côté à l'autre de l'univers. Cela ne se limite pas au voyage linéaire, car on peut aussi l'utiliser afin de déplacer le physique hors du cadre temporel linéaire, qui englobe l'univers physique de base, vers un autre cadre temporel spécifique. Comme Je te l'ai déjà dit, le temps n'existe que dans l'esprit des humains, mais il fournit cependant une compréhension limitée du concept d'événements existants, et suffisamment relative pour que tu les envisages comme des points dans le temps. Le temps étant sphériquement interdimensionnel, il constitue un facteur de limitation pour l'entité avancée, mais sans conséquence pour l'entité hautement évoluée qui existe simultanément à tous les niveaux et dans toutes les dimensions. Le temps a été créé par l'humain et pour l'humain afin de lui permettre de comprendre l'univers depuis sa perspective limitée. Il est peu utile ailleurs et, au pire, il peut ou doit être manipulé.

Une vie physique ou énergétique sur les atomes ??
Mais cela ne répond pas à ta question sur les atomes et sur le fait de savoir s'il existe ou non des civilisations d'entités beaucoup plus petites vivant sur eux tout comme vous les humains vivez sur la planète Terre.
MOI : Non, et je pense que j'aimerais obtenir une réponse définitive que je sois en mesure de comprendre (ainsi que les autres personnes qui lisent ce livre).
ES : Mmm, Je comprends ton problème. Tu cherches une réponse définitive alors qu'en réalité, il n'y en a pas.
MOI : Quoi ?!

L'Histoire de Dieu

ES : Il n'y a pas de réponse définitive car tout ce qui « est » est en train de changer, donc ce qui est définitif maintenant, peut ne plus l'être ultérieurement.
MOI : *Tu parles par énigmes. Tu te moques de moi !*
ES : Absolument pas, et ce n'est pas l'objectif de cette canalisation. Pour te donner une idée, il est bien sûr possible que des entités énergétiques puissent se connecter aux plus infimes manifestations physiques afin de mieux comprendre ce qui se passe lorsqu'elles interagissent avec ces particules. C'est juste que cela ne se produit pas à ce niveau pour le moment. Elles préfèrent peut-être observer comment l'interaction de plusieurs sous-particules influence une particule plus grande, comme vous le faites dans votre physique des particules et dans votre physique subatomique, mais elles ne le font pas actuellement. Non pas parce qu'elles ne le peuvent pas, mais parce que cela n'a pas d'importance pour elles d'un point de vue général. Donc, pour répondre à ta question, il n'y a actuellement aucune vie sur les atomes, les électrons, les quarks, etc.

L'origine en tant qu'entité créée et en tant que créateur
MOI : *OK, je voudrais revenir à la création de l'univers et poser une autre question qui taraude l'humanité depuis des siècles : y a-t-il quelque chose qui n'est pas créé dans le ou les univers où nous existons ? Y a-t-il quelque chose qui existe, qui a existé et qui existera sans avoir été créé, fabriqué ou imaginé au préalable ?*
ES : Tout ce qui « est » est créé (par quelqu'un ou par quelque chose). Même l'Origine est créée. L'Origine est une création dotée de pensée et de forme.
MOI : *Quelque chose a donc créé l'Origine ?!*
ES : Non, l'Origine est la création.
MOI : *Mais tu viens de dire que « même l'Origine est créée » ! J'en déduis donc que l'Origine a eu un créateur pour la créer au départ. Bon sang, je n'y comprends plus rien !*
ES : L'Origine est le créé et la création tout à la fois. Être créé ne signifie pas qu'il faille d'abord avoir un créateur. Cela reviendrait à penser en utilisant la temporalité de la condition humaine, au sens où il y a un début et une fin, un haut et un bas, une gauche et une droite, une fréquence supérieure et inférieure, une dimension supérieure et inférieure. En réalité, tout ce qui « est » existe simultanément. Est-ce toujours un concept difficile à comprendre pour toi ?
MOI : *Donne-moi une chance de pouvoir comprendre ce concept une bonne fois pour toutes.*

L'Histoire de Dieu

ES : En substance, l'Origine a été créée et se crée Elle-même simultanément. Elle améliore continuellement la manière dont Elle a été créée et la manière dont Elle crée afin de s'améliorer Elle-même et tout ce qui La compose. Pour y parvenir correctement, Elle doit également mieux Se comprendre, d'où la création des douze Entités Sources.

MOI : Mais si Elle se recrée continuellement, Elle doit nous recréer aussi. Cela signifie qu'Elle doit dé-créer pour recréer et que, par conséquent, en modifiant ce qui avait été créé, Elle doit le détruire. Ce que je veux dire par là, c'est que nous, en tant qu'individus, devons constamment changer en conséquence, et que, par la suite, tout ce dont je me souviens doit être différent de ce dont je me souvenais auparavant, en ce sens qu'à un instant donné j'existais, mais qu'à l'instant d'après je n'existe plus, puis l'instant d'après j'existe, mais sous une autre forme et dans un autre environnement...

ES : Ce n'est pas le cas. Car si ça l'était, il n'y aurait pas d'« élément de comparaison » et, par conséquent, pas de méthode de comparaison, et rien pour comparer l'amélioration. À cette fin, l'Origine a accordé aux douze Entités Sources, et à ce qu'Elles créent, une immunité contre les changements créés par l'Origine. Les leçons apprises et les découvertes faites par Nous et Nos créations sont également vécues par l'Origine. Elles sont utilisées afin d'apporter des changements à Elle-même. Il existe certains changements subtils qui Nous affectent, mais aucun n'affecte Notre individualité et Notre connaissance qui est, a été, et sera accumulée, car ces changements ne peuvent se produire qu'une fois que la situation précédente a été pleinement expérimentée par l'Origine et enregistrée pour la postérité.

MOI : Tu veux dire dans la mémoire de l'Origine.

ES : Pas tout à fait. En fait, si l'Origine avait une mémoire dans le style que vous connaissez en tant qu'humains, lorsqu'Elle s'est modifiée ou réinventée, Elle aurait très bien pu perdre ce qu'Elle avait vécu dans le passé, le présent et le futur du MAINTENANT spécifique en question en raison de Sa transformation en Son nouveau Soi, créant ainsi un nouveau MAINTENANT. Tout comme Nous, l'Origine s'efforce d'expérimenter autant qu'Elle le peut et de toutes les manières possibles. Ce faisant, Elle a placé une partie d'Elle-même hors du tourbillon du changement afin que rien ne puisse être perdu ou oublié. L'Origine stocke essentiellement toutes Ses possibilités, y compris ce que les autres parties LIBRES et indépendantes d'Elle-même expérimentent, dans un endroit spécifique et dans une zone d'archivage distincte.

Chapitre 13: À l'extérieur

La paix que l'on éprouve en allant à l'intérieur de soi avant d'aller dans le monde
MOI : Lors de mes premiers dialogues avec Toi, j'ai dû m'élever jusqu'à un certain niveau d'énergie avant de pouvoir parler avec Toi ou avec l'Origine. Je réalise à présent que ce n'est plus nécessaire pour engager ce type de dialogue, mais récemment j'ai éprouvé du réconfort en m'y élevant à nouveau, et d'autant plus que je ne m'étais plus rendu à ce niveau depuis un certain temps. Depuis que la communication directe s'est mise en place, en fait.

Avec toutes les distractions importantes que je subis actuellement au travail et à la maison, je trouve en effet très réconfortant d'élever mon énergie à ce niveau chaque matin avant d'aller travailler. J'aime monter jusqu'aux fréquences les plus élevées qui me permettent d'atteindre les sommets de l'univers et les énergies divines. En faisant cela, je sens que je deviens plus léger, plus subtil, plus rapide et plus cohérent. J'ai l'impression de m'élever au-dessus de l'obscurité diffuse vers une obscurité absolument totale, avant de me retrouver enfin dans une lumière blanche éclatante.

Ce qui est intéressant, c'est que cette obscurité totale dégage également une énergie intense, similaire à celle de la lumière blanche. Lorsque je suis dans le noir, j'ai l'impression d'être à l'extérieur d'une sphère et d'observer un ensemble parfait d'étoiles, chacune dotée d'une intelligence parfaite. J'ai l'impression de les connaître, de les avoir toujours connues, et qu'elles m'ont toujours connu. Puis, lorsque je ressors de cette noirceur, j'ai l'impression d'être partout et nulle part à la fois, d'être tout ce qui existe et que tout ce qui existe, c'est moi.

ES : C'est merveilleux, car cela signifie que tu es au tout début de ton illumination. La zone noire que tu as décrite comme une « obscurité absolument totale » est l'univers que J'ai créé pour que vous puissiez tous y évoluer. C'est votre univers dans toute sa grandeur « multi-fréquentielle », multidimensionnelle et multiforme. Tu te trouvais à l'extérieur, à l'extrême limite, à la frontière de l'univers connu et inconnu. C'est tout ce qui existe, tout ce qui existera, tout ce qui fut et tout ce qui pourra jamais exister.

L'Histoire de Dieu

Les étoiles parfaites que tu voyais sont les gardiennes de l'univers. Ces esprits ont choisi de se consacrer à la préservation de l'univers de toutes les manières possibles, des plus basses fréquences jusqu'à la plus grande galaxie du plus grand univers de cet univers.

La Terre : un univers dans un univers

MOI : Tu veux dire que nous nous trouvons dans « un univers dans un univers » ?
ES : Mais bien sûr. Un multivers n'a-t-il pas besoin d'être contenu d'une manière ou d'une autre, ne serait-ce que pour des raisons d'ordre ? D'où la forme sphérique que tu as observée. Chaque univers et chaque galaxie a une fonction à remplir dans le grand ordre des choses. Les étoiles ou esprits parfaits sont parfaits parce qu'ils ont atteint le plus haut niveau de réalisation qu'un esprit individualisé puisse atteindre. Certains d'entre eux ont visité votre planète à votre fréquence. Quelques-uns ont même marché parmi vous à votre niveau le plus bas pour essayer de vous aider à améliorer votre situation en termes de fréquences. Eux, comme Moi, vivent tout ce que vous vivez, savent tout ce que vous avez connu et connaîtrez jamais, et sont avec vous à chaque seconde du jour et de la nuit. Tout ce que vous faites est connu et vécu, que ce soit dans le physique ou dans l'énergétique. Ces esprits ont pour mission d'enregistrer, de favoriser, de recommander, de modifier et de préserver l'univers physique et énergétique. Ils modifient constamment l'environnement de la manière la plus subtile possible afin d'accroître l'efficacité de l'univers et sa capacité à favoriser l'évolution de l'énergie individualisée qu'est l'esprit.

L'Origine et la lumière blanche

MOI : Et qu'en est-il de cette lumière blanche ?
ES : C'est simple : c'est l'Origine, Dieu, ou quel que soit le nom que vous lui donnez. Mais l'Origine est la meilleure désignation qui convienne, car elle fut la reconnaissance Originelle du soi au sein de cette vaste zone d'énergie qu'est le grand Tout. Il n'est pas surprenant que tu ais eu le sentiment de faire partie du Tout lorsque ta conscience a pénétré cette zone, car c'est ce que tu es vraiment : une partie du Tout. Chaque personne et chaque chose fait partie du Tout, et en faire partie au niveau de conscience le plus bas, celui que vous expérimentez sur Terre, est la chose la plus exaltante de toutes, car c'est à ce moment-là que, à votre plus bas niveau d'existence, vous êtes enfin conscients. Vous êtes conscients d'être entiers et de faire

partie de quelque chose de bien plus vaste que cette petite part de vous qui en est séparée dans le but d'expérimenter les fréquences les plus basses.

Grâce à ta capacité, nouvellement redécouverte, de t'asseoir à la table de Dieu, dans Sa lumière, tu es désormais sur la bonne voie. Il te suffit de laisser Sa lumière pénétrer pleinement ta vie et de ne faire plus qu'un avec Dieu, car tel est, en substance, le désir profond de ton cœur. Cela ne signifie pas que tu doives rejoindre une Église, devenir chrétien, musulman ou bouddhiste, car ce ne sont que des inventions humaines. Ce sont des idoles destinées à être vénérées par les crédules, par les faibles d'esprit. Elles parlent de la vérité, mais ne vous permettent pas d'être dans la vérité, car elles sont élaborées, bien qu'avec un soupçon de vérité pour vous séduire, en dehors de la vérité, au profit d'hommes qui recherchent le pouvoir sur les autres et non sur eux-mêmes.

La vie sur d'autres planètes

MOI : Grâce à mon précédent dialogue avec Toi, j'ai pris conscience que l'humanité fait partie d'un ensemble plus vaste et qu'elle est, dans son état désincarné, capable de parcourir les univers et leurs fréquences. Je sais aussi qu'il existe manifestement une vie énergétique et physique partout dans l'univers. Mais qu'en est-il des planètes proches de la Terre ? Est-ce qu'elles abritent une vie physique que nous n'avons pas encore pu détecter ? Ou bien... Sommes-nous, en tant que race incarnée, plutôt seuls ?

ES : Premièrement, vous n'êtes jamais seuls, car l'Origine et Moi sommes toujours avec vous, vous tous, tous en même temps.

Deuxièmement, la vie n'est pas spécifiquement physique par nature. Ainsi, lorsqu'on parle de vie « incarnée », cela peut également inclure une physicalité de nature semi-énergétique, gazeuse et liquide. Il existe également d'autres formes de vie incarnées qui sont constituées de substances non encore reconnues par l'humanité, mais qui sont néanmoins incarnées en termes de fonction et d'existence.

Je te vois froncer les sourcils, alors Je vais te donner plus de détails. Tout corps capable d'accepter comme hôte une entité énergétique, appelle-la « esprit » si tu le souhaites, permet l'incarnation. N'oublie pas que le mot « incarner » est un mot latin qui signifie littéralement « entrer dans la chair ». C'est un mot très ancien qui était utilisé sur Terre comme une plaisanterie par ceux qui, les premiers, inséraient une partie de leur être énergétique dans un

L'Histoire de Dieu

véhicule spécifiquement adapté aux fréquences de l'environnement qu'ils souhaitaient expérimenter.

Au début, les corps utilisés sur la sphère Terrestre avaient une fréquence plus élevée, bien plus élevée que ça n'est le cas aujourd'hui. De ce fait, ils permettaient encore à l'entité énergétique ou à l'esprit d'assurer la communication nécessaire afin de maintenir le contact avec le reste de lui-même et avec le reste de l'intelligence énergétique dans l'ensemble de l'univers que J'ai créé. Le véhicule humain étant à ce niveau de fréquence, il s'apparentait davantage à la nature gazeuse qui existe dans et autour d'autres planètes et permettait une vie plus longue et des déplacements plus faciles lorsque de longues distances devaient être parcourues.

Jupiter et Ganymède

Je te raconte cela en prélude à ce qui se passe actuellement dans et autour des corps sphériques que vous appelez des « planètes » dans votre système solaire ou univers local. La quasi-totalité des planètes de votre système solaire ont permis, ou continuent de permettre, d'accueillir des esprits désireux de s'incarner dans un corps spécifiquement adapté à l'environnement prédominant qu'offre chacune d'elles. Comme tu peux l'imaginer, Jupiter est un hôte idéal pour les corps gazeux et abrite actuellement plus d'un million d'entités qui vivent dans des conditions magnéto-gazeuses.

Les entités présentes dans les environnements gazeux de Jupiter aiment manipuler les forces magnétiques locales afin de créer des structures autour desquelles elles gravitent ainsi que des formes d'art pour leur propre plaisir. Elles sont même connues pour créer des planètes à partir de matériaux disponibles dotés de certaines propriétés magnétiques. Ganymède est l'une de ces planètes créées pour le plaisir et l'expérience. Je sais que vous la qualifiez actuellement de « lune », mais à l'origine elle a été créée pour être une planète à part entière.

Mars

Mars est un excellent endroit pour offrir une expérience de vie dans des conditions de polarisation minérale et au niveau atomique. Cette planète est également propice à la contemplation, car toute interaction avec elle dans cet état d'incarnation est, comme tu peux l'imaginer, considérablement réduite. Cependant, elle permet à une entité de voyager tout autour de la planète en transférant son intelligence d'un minéral à un autre, lui permettant ainsi de traverser des masses rocheuses à une vitesse impressionnante. Les entités qui

L'Histoire de Dieu

vivent sur Mars aiment jouer, et notamment à un jeu que l'on pourrait appeler le « flipper minéral ». Pour ce faire, elles se transforment en un véritable billard magnétique en rendant leur niveau énergétique imperméable à certains minéraux et en les faisant rebondir sur d'autres minéraux. Le milieu cristallin leur convient parfaitement pour leurs déplacements, car sa structure rectiligne permet d'effectuer un mouvement direct, tandis que d'autres minéraux offrent un moyen plus sinueux pour se déplacer d'un point A à un point B, car ces entités rebondissent alors sur les impuretés inhérentes à la roche dans laquelle elles existent. Elles ne créent pas de zones d'habitation, car elles utilisent la planète toute entière comme environnement, et pas seulement sa surface comme le fait l'humanité sur Terre.

Vénus

Vénus offre une combinaison d'opportunités d'incarnation à la fois gazeuses et liquides, toutes deux accueillant quelque 100 000 entités désireuses d'expérimenter la vie aux fréquences qui permettent son apparition à ces niveaux élémentaires. Elles apprécient les changements morphologiques qu'elles observent en mélangeant gaz et liquides à différents niveaux dimensionnels et à différentes fréquences. Elles créent des structures à partir de gaz, de glace et de liquide en utilisant les propriétés magnétiques inhérentes à ces matériaux physiques et en leur conférant une mémoire qui leur permet de modifier leur forme selon l'heure de la journée ou l'humeur du moment. Elles pratiquent des jeux où elles tentent d'obtenir en un temps limité autant de structures que possible à partir d'un mélange spécifique de liquides et de gaz. Et elles apprécient la variété des œuvres d'art structurelles qui en résultent.

Au cœur du soleil de la Terre

Tout comme les entités de la sphère de Jupiter bénéficient d'expériences à l'échelle atomique, ce sont plus d'un milliard d'âmes qui profitent de leur existence au cœur de votre étoile locale, le Soleil. Elles y expérimentent ce qu'elles peuvent faire aux niveaux atomique et subatomique en combinant les atomes physiques avec des modifications temporelles, magnétiques, gravitationnelles et fréquentielles. Elles apprécient particulièrement la création, dans cet environnement, d'éléments non natifs du Soleil et de son système solaire à cette fréquence. De plus, elles se réjouissent des propriétés que ces nouveaux matériaux pourraient offrir à une entité incarnée pleinement physique, comme celles qui sont présentes sur Terre. En

L'Histoire de Dieu

effet, ces entités sont en communication constante avec des entités incarnées sur Terre et qui sont capables de comprendre certains des concepts utilisés pour la création de ces nouveaux éléments, leur permettant ainsi d'être recréés dans la sphère Terrestre.

Les autres entités du système solaire de la Terre

MOI : Il y a donc énormément d'entités dans notre système solaire ?
ES : Et il y en a beaucoup d'autres que Je n'ai pas mentionnées, car chacune des planètes qui gravitent autour de votre soleil a une forme d'entité qui lui est associée.
MOI : Pourquoi cela ? Est-ce parce qu'elles ont toutes un rôle à jouer par rapport à cette planète ?
ES : Bingo ! Elles ont en effet toutes un rôle à jouer, mais c'est plus que ça. En fait, toutes les entités ont un rôle à jouer dans leur propre évolution et dans l'acquisition de connaissances par l'expérience personnelle. Comme Je te l'ai dit précédemment, cela vise à accélérer le processus mis en place par l'Origine afin de mieux se connaître Elle-même, et ce par tous les moyens possibles. L'avantage pour chaque entité individuelle, c'est qu'elle se voit attribuer une singularité et une pensée individuelle en vue d'atteindre cet objectif. Pour ces entités particulières, l'opportunité qui leur est offerte est d'apprendre ce que signifie le fait de répondre aux besoins d'entités plus vastes que vous appelez des « planètes ». Or, chacune de ces planètes joue un rôle dans l'univers local, un rôle qui affecte simultanément de nombreux niveaux de fréquence et de dimensions et nécessite donc l'aide d'autres entités plus petites.

Les planètes apportent une contribution importante à l'univers physique et dimensionnel. Premièrement, elles assurent la stabilité d'un point de vue gravimétrique et constituent un point focal pour assurer le regroupement de la matière « libre » et l'assainissement du milieu physique. Deuxièmement, elles offrent un espace dans lequel les entités peuvent travailler. Troisièmement, elles fournissent une cause commune sur laquelle ces entités peuvent travailler. Travailler ensemble pour une cause commune au nom de l'Origine est la chose la plus importante qu'une entité puisse accomplir dans l'univers. Quatrièmement, elles fournissent la substance nécessaire à l'univers plus vaste, car l'univers est un être à part entière. Alors que les planètes sont la substance de l'univers, les entités qui travaillent sur, dans et avec les planètes veillent à leurs besoins d'équilibre. Essentiellement, elles entretiennent et peaufinent, ou ajustent, les

L'Histoire de Dieu

fonctionnalités de chaque planète à tous les niveaux, garantissant ainsi qu'elle fonctionne à des performances optimales.

La fonction et les entités de Neptune

Par exemple, les entités associées à la planète Neptune agissent sur les variations dimensionnelles et fréquentielles nécessaires au maintien de la masse de la planète. Neptune a pour fonction d'attirer et de stocker le rayonnement gamma. Le contrôle de ce rayonnement est essentiel pour ce système solaire, car il contribue spécifiquement au maintien de la bonne santé physique de ces véhicules que vous appelez des êtres humains. Sans Neptune pour stocker et traiter le rayonnement gamma parasite présent dans cette zone, le côté physique de l'entité humaine se dissoudrait puisque le rayonnement gamma affecte la communication entre l'ADN et la structure cellulaire du corps et, par conséquent, son désir de maintenir la cohésion.

Les fonctions d'Uranus

Uranus remplit une fonction similaire avec une forme d'énergie similaire mais qui est destructrice pour les autres formes de vie physique sur Terre, en particulier celles qui synthétisent l'énergie des particules responsables de l'illumination dans les dimensions physiques. Cette énergie est encore inconnue de l'humanité et en tant que telle elle devrait donc rester inconnue, car elle constituerait une arme redoutable pouvant entraîner la destruction des récoltes et des forêts.

MOI : Pour revenir à Neptune, les entités qui s'y trouvent sont-elles plus ou moins avancées que l'humanité énergétique ?
ES : Elles sont les deux. C'est aussi le cas de la combinaison d'êtres qui peuplent et entourent la sphère Terrestre. Comme Je l'ai mentionné dans un dialogue précédent, de nombreuses entités sont associées à la Terre. Elles sont classées en esprits de la nature, en animaux, en plantes et, bien sûr, en humains.
MOI : Et quel est le rôle de Pluton et de Mercure ? Quel rôle jouent-elles dans la stabilité du système solaire et, à terme, je suppose, de l'univers ? Et qu'en est-il des entités qui travaillent avec elles ?

Les fonctions et les entités de Mercure

ES : Commençons par Mercure, en tant que planète la plus proche du soleil. Vos scientifiques ont remarqué que Mercure, comme votre Lune, a toujours une face tournée vers le Soleil. Il s'agit d'une action

L'Histoire de Dieu

intentionnelle de la part des entités qui travaillent avec Mercure afin d'établir un équilibre des conditions environnementales, lequel est uniquement possible à la limite entre les zones chaudes et froides de la planète, ou entre les faces claire et obscure, pour ainsi dire. Dans cette « bande » située autour de la circonférence de la planète, un type d'environnement spécial permet le mélange de certains minéraux et gaz, dont aucun ne peut être obtenu dans leur environnement natif des côtés chaud (clair) et froid (obscur) de la planète. Cette zone offre une opportunité unique à l'existence d'une forme de vie physique. Elle permet ainsi à une entité énergétique de s'incarner dans une forme physique non seulement compatible avec les fréquences de cette planète, mais aussi capable de fonctionner à son niveau le plus bas sans être détruite en raison des conditions extrêmes qui prévalent de chaque côté. Ces entités, si tu pouvais les voir, ressembleraient à des sortes de bulles dont la surface serait entièrement recouverte d'organes sensoriels. Elles manipulent les matériaux qui les entourent en utilisant leurs fonctions énergétiques normales (correspondant à ce que vous appelez la télékinésie), car elles travaillent directement avec les matériaux au niveau énergétique. En manipulant les propriétés des structures atomiques de certains matériaux créés dans cette bande, elles parviennent à alourdir localement la planète, ce qui leur permet de positionner la planète face au Soleil sur une orbite non rotative. Concrètement, cet anneau lourd qui entoure la planète est attiré de préférence au reste de la masse de la planète, ce qui stoppe net la rotation normale de celle-ci.

Les fonctions et les entités de Pluton

Pluton offre des possibilités que la plupart des autres planètes ne pourraient pas offrir, simplement en raison de son éloignement par rapport à la source centrale de chaleur, le Soleil. Les entités qui travaillent avec les planètes sont spécifiquement impliquées dans l'intelligence glaciaire présente dans le pergélisol qui entoure la planète. Cette intelligence est, bien sûr, liée à l'Origine, comme toute intelligence, et possède par conséquent une énergie qui lui est propre afin d'exister. Il existe une corrélation intéressante avec les entités minérales présentes sur Mars, dans la mesure où l'intelligence glaciaire n'existe que dans la glace solide et évite les états plus liquides que la glace peut parfois atteindre. Même si cette glace liquide est en substance quelque chose qui ressemble à de l'hélium ou du dioxyde de carbone, pour autant elle n'en est pas, et peut être mieux décrite comme une variante des gaz atmosphériques plus rares de

L'Histoire de Dieu

l'atmosphère Terrestre, tels que l'argon, le krypton, le néon, etc. D'où son apparence blanche, malgré la faible luminosité dont elle bénéficie si loin des propriétés d'éclairage naturel du Soleil. Ironiquement, le rôle de la planète dans ce système solaire est de fournir de la chaleur aux entités qui existent à des températures plus basses dans et autour des confins du système solaire. Elle agit également comme une sorte de balise ou de phare pour les entités qui voyagent dans l'espace et qui cherchent à visiter ce système solaire, car elle fournit une énergie détectable à de longues distances grâce à son mélange d'éléments gazeux dits « rares » à des températures extrêmement basses.

Pour l'essentiel, ces entités sont identiques à vous. Ce sont des êtres énergétiques qui, tout comme vous, ont leur place dans le fonctionnement général de l'univers. Elles aspirent également à évoluer au fil du temps et à expérimenter la vie de toutes les manières possibles afin de transmettre leur expérience ainsi acquise à l'Origine.

Des planètes douées de sentience et communicatives
MOI : Alors, que vivent-elles ? Cela doit être sensiblement différent de ce que vivent les êtres humains.
ES : C'est certainement très différent, et c'est bien là tout l'intérêt ; elles vivent des choses différentes de celles qui sont vécues par les autres entités, et d'une manière qui ne pourrait jamais être vécue par une entité incarnée dans un corps plus petit.

Les planètes ne sont pas de simples amas de roche et de gaz. Elles sont douées de sentience à part entière et possèdent une « durée de vie » incarnée tout comme l'humanité incarnée. Comme pour l'humanité, chaque entité est capable de faire ce qu'elle veut car elle ne fait qu'un avec l'univers à tous égards. Cependant, contrairement à l'humanité incarnée, elles ne perdent pas contact avec leur soi supérieur, car elles sont davantage intégrées au système de l'univers et ne sont pas indépendantes de sa structure.

MOI : Les planètes sont donc des entités qui font partie de la structure de l'univers ?
ES : D'une certaine manière, oui, elles sont une partie vivante de la structure de l'univers. Comme tu le sais, elles possèdent une force d'attraction que vous appelez la « gravité », et cette force est l'un des moyens par lesquels les parties locales de l'univers sont maintenues en place dans l'espace. Elle permet également la migration de petites parties de l'univers, car la gravité générée par les planètes reçoit une direction et une force. Contrairement à ce que l'on pourrait croire, elle n'est pas sphérique par rapport à la planète. Chaque planète peut créer

L'Histoire de Dieu

de la gravité sous la forme qu'elle souhaite, et les méthodes qu'elle utilise sont adaptées à la tâche qu'elle doit accomplir. Par exemple, la gravité est une fonction de l'amour universel, et en tant que partie de cet amour universel, elle possède une attraction naturelle. Ce sont ces propriétés d'attraction que les planètes utilisent afin de maintenir la cohésion des choses d'un point de vue énergétique et physique. Elles servent également de moyen de communication entre les planètes et les soleils eux-mêmes.

La gravité comme « télépathie » planétaire
MOI : Et comment s'y prennent-elles ? En « pulsant » la gravité ou en créant un genre d'ondes ?
ES : Ce n'est pas une mauvaise supposition – même si tu ne fais pas que supposer, puisqu'en ce moment même tu captes les informations provenant de l'univers. Tu pratiques en fait une forme de « double canalisation ». Bravo ! Plus tu travailles de cette manière, plus tu t'ouvres à ton véritable potentiel et plus tu commences à ouvrir des canaux de communication que tu n'utilisais pas auparavant en tant qu'être humain incarné.

La gravité n'est donc pas ce que tu crois, car elle fait partie de l'amour universel. Elle est de nature similaire à ce que tu appellerais la « télépathie », car elle fonctionne dans ces fréquences, faute d'un meilleur terme. Si tu pouvais voir avec tes yeux physiques les rayons gravitationnels se déployer, ils ressembleraient à un réseau reliant les planètes entre elles. La communication entre elles ressemble à des éclairs rouges et roses qui changent de forme, de vitesse, de teinte, de coalescence et de direction. Cette communication est instantanée, car les rayons sont interconnectés à de très nombreux niveaux simultanément, le temps n'ayant aucune influence à cet égard, car il n'existe pas en tant que tel et résulte en réalité du niveau d'interconnectivité. Bien sûr, les aspects visuels de ce que Je viens de décrire ne sont qu'une partie des phénomènes associés à la communication entre les entités appelées planètes ; la communication se produit en fait à autant de niveaux qu'il y a d'interconnexions. Les autres niveaux sont comme des niveaux émotionnels dans lesquels la communication s'effectue sous la forme de ressentis acquis après avoir expérimenté différentes choses à différents niveaux.

L'amour de la planète Terre pour l'humanité
Les planètes considèrent les entités plus petites qui existent au sein de leur environnement comme des frères et sœurs, mais elles sont

parfois confuses quant à la façon dont ces entités, et notamment les humains, traitent leur hôte. Compte tenu de la façon dont l'humanité traite actuellement la Terre, on pourrait considérer les humains comme un virus qui tente de tuer la Terre en la polluant. Cette pollution est inutile à l'évolution de l'espèce humaine, mais elle constitue une courbe d'apprentissage nécessaire pour que l'espèce actuelle comprenne le problème que la pollution cause à la manifestation physique de l'être planétaire où cette espèce existe, ainsi que l'effet global qu'elle a sur elle-même en détruisant l'environnement même qui a été créé à la perfection pour les besoins de sa progression. Mais malgré cette mauvaise utilisation qui est faite d'elle, la Terre aime l'humanité de toutes ses forces.

Ne crois pas que le travail des planètes se limite au niveau macroscopique tel que tu le perçois, car tout ce qu'elles font au niveau macroscopique affecte également le niveau microscopique. Ce phénomène se reproduit à de nombreux niveaux de taille, à la fois trop petits et trop grands pour que le niveau scientifique actuel de l'humanité puisse les reconnaître. Cet univers implique des questions d'échelle, de dimension et de fréquence, et toutes constituent le terrain de jeu de l'entité en évolution. Tout ce que font les planètes à cette échelle se reflète dans le micro-univers. Tout ce que font les planètes dans le macro-univers plus vaste se reflète dans l'univers mineur[13] où vous vivez actuellement. Bien que Je n'aie mentionné que trois tailles d'univers, il en existe en réalité de nombreuses autres, chacune offrant aux entités l'opportunité d'évoluer d'une manière ou d'une autre. Mais ce qui est plus important encore, c'est que la taille de la dimension modifie ses caractéristiques et, par conséquent, augmente la possibilité pour davantage d'entités de s'incarner et d'évoluer en expérimentant différentes choses.

L'univers illimité et l'évolution
MOI : Pourtant, j'aurais pensé que si la taille de l'univers était plus petite, cette limitation serait fonction de la taille des atomes et de la structure moléculaire qui sont celles de notre environnement actuel ?
ES : Non, mais il s'agit d'une erreur courante chez vos scientifiques. Ils fondent toutes leurs théories sur l'univers dans lequel ils existent et l'utilisent comme référence. Or, il n'en est pas ainsi, car l'univers n'est pas limité par sa taille de manière tridimensionnelle ; en fait, il n'est pas limité du tout !

---

[13] Cf. Glossaire.

L'Histoire de Dieu

Comprends-bien que la taille physique des molécules n'est pas appropriée à la construction d'objets. Prenons comme exemple les briques que vous utilisez sur Terre : elles sont peut-être petites par leur taille, mais ensemble elles peuvent permettre de construire d'immenses bâtiments. C'est une chose que vous voyez et comprenez très facilement, et dans vos esprits vous ne fixez aucune limite à la taille potentielle de l'édifice simplement parce que vous allez du plus petit au plus grand. Cependant, lorsque vous allez du plus grand au plus petit, vous êtes limités par le peu que vous avez découvert jusqu'à présent. Et la plus petite chose que vous ayez découverte à ce jour concerne les composants de l'atome que vous appelez des quarks, tels que les quarks *up* et *down*, et les quarks *top* et *bottom*. Vous pensez que ces composants sont les plus petits de l'univers, mais ce n'est pas le cas. Bien que l'énergie soit informe, elle peut créer des objets de plusieurs ordres de grandeur plus petits, et ce sans limite. En fait, il existe des univers entiers qui occupent l'espace d'un quark, et des particules plus petites encore offrent également les mêmes possibilités. De cette façon, une entité peut vivre de nombreuses existences dans les mêmes espaces physiques, mais à des tailles différentes, pour ainsi dire. Pour résumer, cela multiplie les possibilités d'incarnation physique.

De plus, l'espacement des fréquences entre ces molécules plus petites permet d'utiliser le même niveau de base moléculaire que celui qui est utilisé dans différentes dimensions. Par exemple, on pourrait avoir dix molécules proches les unes des autres, chacune supportant une dimension différente. Cela signifie que ce que tu appelles le « physique » interagit avec différentes fréquences et, par conséquent, différentes dimensions, d'où il découle en fin de compte qu'un objet solide ou physique particulier ne fait pas seulement partie de l'univers ou de la dimension dans laquelle nous le voyons, mais qu'il fait également partie de nombreux autres en même temps.

Je vois que tu as un peu de mal avec ce concept. Je vais donc te l'expliquer en des termes que tu seras, en tant qu'ingénieur, en mesure de comprendre. Imagine un objet dans un environnement d'ingénierie assistée par ordinateur (IAO) ; c'est un objet complet qui est composé de plusieurs couches. Chaque couche représente un certain niveau de conformité, de convention ou de fonction. Toutes ces couches non seulement forment l'objet complet si elles sont réunies, mais peuvent aussi être séparées de l'ensemble pour créer un objet distinct, un objet existant de manière autonome, mais à un seul niveau. Si tu envisages maintenant la possibilité d'avoir des parties de cet objet à ce niveau

L'Histoire de Dieu

contenant également des parties qui se situent à différents niveaux, mais des parties qui, prises séparément, sont dénuées de sens et de fonction individuelle, tu commences à percevoir l'interconnexion de l'objet global et, par conséquent, la possibilité d'utiliser ce même objet à différents niveaux simultanément. Or, c'est ainsi que fonctionnent les dimensions. Les différents niveaux représentent ici les fréquences qui se divisent en dimensions. Maintenant, si l'on considère que plus la fréquence est élevée, plus l'objet peut être petit, tu comprends alors que des objets, et même des univers entiers, peuvent être bien plus petits que tu n'aurais jamais pu l'imaginer. Cela ne veut pas dire pour autant que c'est une règle selon laquelle plus la fréquence est élevée, plus la physicalité sous-jacente d'un univers est petite, car la physicalité d'un univers de la même taille que votre univers actuel peut également être extrêmement élevée. Il n'y a aucune limite ni aucune règle à cela ; la construction d'un environnement particulier dépend entièrement de l'Entité Source concernée. Et Je me contente ici de commenter l'environnement que J'ai Moi-même construit.

MOI : Si je lis entre les lignes, Tu dis que les planètes que nous connaissons pourraient non seulement être des êtres énergétiques à part entière, mais qu'elles pourraient également être la plus petite partie d'un objet plus vaste ou être un ensemble plus vaste englobant des milliards et des milliards d'objets plus petits. Et non seulement cela, mais elles pourraient aussi exister simultanément à de nombreux niveaux ou fréquences différents.

ES : C'est à peu près ça, oui.

MOI : Alors dans ce cas, jusqu'à quel point une entité peut-elle être petite avant de ne plus pouvoir faire partie intégrante d'un ensemble d'objets physiques multidimensionnels et multifréquentiels imbriqués les uns dans les autres ?

ES : Il n'y a pas de limite à cela. Mais parce que toute question de taille dépend du niveau d'évolution de chaque entité, il s'agit en réalité d'un processus de pensée qui aboutit à une impasse. Et chaque entité a d'ailleurs parfaitement le droit d'ignorer cette problématique, dans la mesure où elle engendrerait un doute sur elle-même. À ce propos, permets-moi de souligner ici que le doute sur soi est un phénomène qui ne se manifeste que dans le monde physique. Il n'a pas sa place dans les fréquences spirituelles, ni même dans les fréquences supérieures du monde physique, car elles sont proches des fréquences spirituelles par nature, et à ce niveau, les entités savent qui et ce qu'elles sont vraiment.

L'Histoire de Dieu

MOI : Existe-t-il donc des entités spirituelles différentes selon la taille des planètes ou des entités physiques ? Je veux dire par là : existe-t-il des limites par type d'entités spirituelles au point qu'elles ne puissent s'incarner que dans une certaine taille de corps physique ?

ES : Non, il n'existe aucune limitation de ce type, car l'entité a le droit de manipuler son environnement pour y vivre ce qu'elle souhaite y vivre. Je dirai simplement qu'il y a peu de différences entre les tailles et les possibilités d'évolution qu'elles offrent d'un point de vue planétaire. Il existe cependant des différences significatives du point de vue des entités biologiques, car elles sont capables d'accéder à des énergies bien plus subtiles lorsqu'elles sont incarnées dans ces environnements dimensionnels ou universels beaucoup plus petits. L'expérience planétaire consiste à travailler avec les points de fonction les plus importants au sein d'un univers spécifique. Il ne s'agit pas de travailler sur le soi, même si cette expérience est aussi bénéfique pour le soi. Les entités qui font le choix d'une incarnation planétaire œuvrent au maintien de l'intégrité de la structure même de l'univers. Elles œuvrent spécifiquement pour l'ensemble, de manière totalement désintéressée. Ce niveau de service s'observe également chez les entités incarnées dans la chair qui ne pensent pas à elles-mêmes, mais seulement au bien-être des autres entités incarnées qui les entourent. Ce faisant, elles s'ouvrent un accès au divin à travers l'intérêt supérieur du bien commun ; elles perdent ainsi tout doute sur elles-mêmes et, par conséquent, accélèrent leur propre progression. C'est ainsi que les entités qui s'incarnent en tant que planètes progressent ; elles le font uniquement pour le bien commun, et non pas sciemment ou intentionnellement dans le but d'assurer leur propre progression, même si elles progressent néanmoins, ce qui est une fonction légitime du travail qu'elles accomplissent au profit, dans votre cas particulier, de l'humanité.

Les fonctions et les entités des nébuleuses

MOI : Tu m'as dit que les planètes sont des entités incarnées, tout comme les soleils. Mais qu'en est-il des autres phénomènes de l'univers, comme les nébuleuses ? Sont-elles aussi des entités incarnées d'une certaine manière ?

ES : Non, les nébuleuses sont de la matière dispersée, de l'énergie coalescente qui n'a pas encore été mise à profit. Ce type d'énergie peut être utilisé et est utilisé pour créer des systèmes planétaires ainsi que d'autres objets physiques et non physiques qui servent à assurer le maintien de l'univers. Mais les nébuleuses abritent, bien sûr, de nombreuses entités désireuses d'expérimenter les énergies associées à ces environnements.

Il existe des entités qui ont consacré une partie de leur existence à aider à maintenir l'univers, et une partie de ce travail consiste à « rassembler » cette matière dispersée et à la déplacer vers un endroit approprié en vue d'une future utilisation, créant ainsi ce que vous percevez actuellement comme des nébuleuses.

Bien que cette matière n'ait ni forme ni direction, elle peut être façonnée et dirigée par un individu hautement évolué qui lui confère intelligence et pensée indépendante. En substance, si cet individu le souhaite, il peut lui donner une partie de lui-même afin de créer énergétiquement une autre entité. Cette action permet de créer une entité alors dotée de matière et d'énergie, mais sans forme.

MOI : Mais dispose-t-elle du libre arbitre comme nous ?
ES : Pas à ce stade de son existence, car elle est encore jeune et a besoin d'orientation. Elle deviendra éventuellement capable de créativité individuelle avec sa propre matière et, par conséquent, acquerra une forme à mesure qu'elle gagnera en expérience. L'un de ses principaux objectifs est de se donner davantage de substance, surtout si on lui donne l'opportunité de devenir une planète ou un autre corps plus dense. Ce faisant, cette entité nouvellement formée remplit une fonction vitale pour l'univers en nettoyant la matière errante, en l'attirant à elle, et en lui donnant à son tour forme et direction ainsi que l'intelligence qu'elle crée pour elle-même. Ceci est très important car les possibilités d'évolution sont nombreuses dans l'univers, et plus les parties de l'univers qui peuvent évoluer sont nombreuses, plus l'Origine en fait l'expérience. En substance, la fonction de ce type d'entité est à la fois d'exercer une sorte de rôle de concierge, en récupérant la matière qui n'a ni direction ni cause, et de lui donner en même temps l'opportunité d'expérimenter le fait de faire activement partie de l'univers – en intégrant un plus petit ensemble de particules et d'énergies auquel de l'intelligence est attribuée.

MOI : Et jusqu'où ces entités peuvent-elles évoluer ?
ES : Il n'y a pas de limite, pour ainsi dire. L'évolution n'a pas de limitations, et une entité peut, au fil du temps, passer du plus bas de l'échelle évolutive au plus haut de ses capacités. Mais Je vois que tu fronces les sourcils, alors Je vais t'expliquer cela plus en détail : lors de nos précédentes discussions, Je t'ai décrit Ma création de cet ensemble d'univers et de vous-mêmes en tant qu'entités individuelles via Ma propre séparation et division. Certaines entités, celles qui étaient à la limite de Mon attention lors de cette période de création,

L'Histoire de Dieu

n'étaient pas dotées des mêmes qualités que celles qui se trouvaient au centre de Mon attention ; ainsi, leurs capacités en tant qu'entités individuelles étaient limitées au niveau des qualités qu'elles avaient reçues. En substance, elles peuvent accomplir tout ce qu'elles veulent dans les limites fixées par leurs qualités. Mais ne te méprends pas : elles ne sont pas inférieures à celles qui étaient au centre de Mon attention pendant Ma période de création. Toutes sont égales aux yeux de Dieu, et l'Origine et Moi aimons tout ce que Nous avons créé. Quand Je crée, l'Origine crée ; quand vous créez, l'Origine et moi créons, car tout ne fait qu'un dans la création.

L'incarnation humaine des animaux et des planètes

MOI : Lors d'un précédent dialogue, nous avons évoqué la possibilité que des entités animales puissent évoluer au point qu'elles pourraient, si elles le désiraient et dans de rares circonstances, passer au niveau humain. Est-il donc possible que ces entités de qualités différentes progressent également vers le niveau humain ?

ES : Non. Comme tu l'as dit, ce n'est que dans de très rares circonstances qu'une entité animale parvient à atteindre ce niveau supérieur, et cela est rendu possible grâce à son dévouement considérable envers l'entité humaine à laquelle elle était attachée et à l'amour réciproque et constant de ces deux êtres pendant une longue période de temps. Nous parlons ici de centaines de millénaires pendant lesquels le lien entre les deux ou les trois êtres est resté ininterrompu. Même si l'animal peut s'incarner et vivre sous la protection d'un autre foyer, tout en travaillant ainsi avec une autre entité humaine, le lien avec la première personne ne doit pas être rompu pour atteindre ce niveau de saut évolutif.

Dans le cas des entités planétaires, il n'y a pas cette proximité des types d'énergie ou de la fonction évolutive qui permettrait d'obtenir le saut évolutif de l'entité planétaire vers l'entité humaine. Bien sûr, elles tirent profit de leur interaction avec différents niveaux d'entités et évoluent à leur manière en conséquence. C'est juste qu'elles constituent une espèce si différente de l'espèce humaine, à bien des égards, que cela rend tout croisement évolutif impossible. À vrai dire, ce n'est pas non plus dans Mes projets d'offrir cette opportunité à des niveaux d'entités aussi différents, car J'ai vu toute la beauté de l'ordre qui a donné naissance à cet univers. L'opportunité totale d'une expérience holistique à l'échelle de l'univers ne peut être atteinte qu'à différents niveaux et simultanément avec la différenciation qui a résulté de cette création. En ce sens, l'univers est parfait, tout comme

L'Histoire de Dieu

chaque entité qui y œuvre. Je ne souhaite pas modifier cet univers parfait, car cela le rendrait moins parfait pour remplir le rôle pour lequel il a été créé. J'ai créé un univers en vue d'atteindre un but bien précis et J'ai envoyé à l'Origine et à Moi-même toute la pensée créatrice nécessaire afin de le créer. Cette pensée était pure, la réponse a été pure, et l'acte de création l'a également été ; par conséquent, toute chose créée est pure. Or, Je ne changerai pas ce qui est créé à partir de la pureté de l'esprit et de la pensée.

Chapitre 14: D'autres grandes civilisations ont existé sur Terre

Définition d'une grande civilisation
Lors de mes échanges avec l'Entité Source, j'ai abordé la question de l'existence d'autres civilisations majeures sur Terre, c'est-à-dire autres qu'humaines. Je m'attendais à ce qu'il me parle des dauphins, mais c'est dans une toute autre direction que je me suis retrouvé entraîné.

MOI : Donc, ce que Tu me dis c'est qu'il y a eu plusieurs grandes civilisations sur Terre. Mais quelle définition en donnes-Tu exactement ?
ES : Une grande civilisation, c'est une civilisation qui en est arrivée à connaître l'Origine et Moi-même.
MOI : Rien d'autre ? Et en termes de technologie, par exemple ?
ES : La technologie n'est pas le signe d'une grande civilisation. Je sais que les humains pensent le contraire, mais ce critère n'est pas pertinent. En fait, c'est précisément la technologie qui a causé la chute de nombreuses civilisations qui auraient pu connaître la grandeur.
MOI : Dans ce cas, quelle est la marque d'une grande civilisation ?
ES : Ce qui la distingue, c'est d'être une civilisation en harmonie avec l'univers. Cela peut paraître étrange à la plupart des gens sur Terre, mais telle est la véritable marque des grandes civilisations. Elles se composent d'êtres incarnés qui œuvrent à la fois dans les limites de la nature et, en conscience, œuvrent avec Moi afin d'évoluer. Ces êtres sont plus importants que les grandes civilisations car ils sont plus conscients et en communication constante avec eux-mêmes, et, bien sûr, avec Moi. Avant que tu ne poses la question de savoir ce que Je veux dire par « être en contact permanent avec eux-mêmes », permets-Moi de te poser une question à Mon tour : qu'est-ce que cela signifie selon toi ?
MOI : J'allais justement Te le demander.
ES : Oui, et c'est pourquoi Je suis intervenue.
MOI : Eh bien, je dirais que la signification d'« être en contact avec eux-mêmes » est assez évidente, dans la mesure où cela est lié au fait

L'Histoire de Dieu

d'être en contact avec leur soi supérieur et avec le reste de leur civilisation.
ES : Bien ! Seulement, il ne suffit pas d'être simplement en contact avec toi-même, car tu es actuellement séparé et isolé par nature, même si tu es conscient de l'existence d'une réalité plus vaste et capable de communiquer avec Moi et avec l'Origine. Dans les très grandes civilisations, les entités incarnées sont en contact avec le reste de toutes les autres entités en cours d'incarnation, ainsi qu'avec elles-mêmes. En substance, elles sont coadunées[14] mais séparées. Chacune sait ce qu'elle doit faire individuellement pour le bien de toutes. Elles ne cherchent pas à faire ce qu'il y a de mieux pour elles-mêmes uniquement, comme le font la plupart des entités incarnées sur Terre actuellement. Elles travaillent toutes ensemble afin de s'entraider dans leurs expériences et de s'aider mutuellement à évoluer. Tout, dans ce domaine, doit être fait conjointement pour le bien de tous, et non au profit du seul individu. Là est la marque d'une grande civilisation.

Les Om, une grande civilisation qui a placé la Terre au cœur de son attention

MOI : Y a-t-il déjà eu de très grandes civilisations sur Terre ?
ES : Oui, une. Mais cette civilisation ne réside pas dans cette dimension et n'est pas encore pleinement associée à la Terre en tant qu'objet d'attention.
MOI : Que veux-Tu dire par « objet d'attention » ?
ES : Je veux dire par là qu'elle n'en a pas fait son principal foyer d'activité.
MOI : Dans ce cas, où se trouvent ses membres actuellement ?
ES : Il se trouvent dans une fréquence et une dimension différentes et vivent librement dans l'univers. D'ailleurs, tu en fais partie : on les appelle les « Om » ! Ils ont dépassé le besoin de faire partie des fréquences inférieures et travaillent ensemble au maintien de cet univers spécifique au profit de tous les incarnés et de Moi-même.
MOI : Quoi ? J'en fais partie ? Mais si j'en fais vraiment partie, pourquoi suis-je ici, incarné dans ces basses fréquences ? En ai-je été expulsé ?
ES : Loin de là. Toi et plusieurs autres Om avez choisi d'y passer plusieurs incarnations afin d'aider les entités qui viennent tout juste de s'incarner et d'accélérer ainsi leur propre évolution. Vous, les Om

---

[14] Voir Glossaire.

incarnés sur Terre, tentez tous ensemble de faire de l'humanité une grande civilisation, mais cela prend du temps.
MOI : Énormément de temps, à ce que je vois. Le monde est dans une confusion et une dysharmonie totales !
ES : De ton point de vue, la situation semble pire que ce qu'elle est en réalité, mais n'oublie pas que Je vois tout. Je vois la direction que prennent toutes les choses, y compris les contributions que vous apportez tous afin de parvenir à ce résultat.
MOI : À T'entendre, la situation semble positive.
ES : Elle l'est, en effet.
MOI : Et qu'en est-il de cette grande civilisation qui est venue de la Terre ?
ES : Les entités de cette grande civilisation ne sont pas venues de la Terre. Elles sont venues de Moi, tout comme vous tous êtes venus de Moi.
MOI : Mais qu'ont-elles fait de particulier ?

Une civilisation qui a créé le paradis sur Terre
ES : Elles ont créé le paradis sur Terre. Toutes ont travaillé ensemble, en harmonie et sans conflit. Elles ont identifié des points d'amélioration du point de vue de la nature, et ont collaboré avec la nature afin de mettre en œuvre les changements nécessaires. La nature est cette part de Moi qui est chargée de maintenir la cohésion de l'univers physique. Tout ce qu'elles ont fait visait à améliorer leur situation collective, cette situation étant une situation physique. Elles ont compris que la meilleure voie évolutive, de ce point de vue, consistait à travailler ensemble selon les règles universelles de l'évolution dans le monde physique. Nous avons déjà évoqué les règles permettant d'éviter de contracter du karma ou d'éviter la perte évolutive de fréquence qui aboutit à ce que vous restiez coincés dans les plans physiques. Ce genre de problème, Je dois le dire, était très rare dans cette civilisation. Ses entités incarnées étaient à la fois très conscientes et chanceuses de pouvoir commencer à s'incarner à une époque où les fréquences de la Terre et de l'univers environnant étaient très élevées. Néanmoins, le risque pour elles de se retrouver prises au piège du monde physique était tout aussi élevé.
MOI : Tu ne me donnes pas vraiment de détails sur cette civilisation. Elle semble certes être d'une importance capitale pour l'évolution et l'expérience de l'individu et de l'Origine, ainsi que pour Toi-même, mais Tu ne me dis pas pour autant ce que ses membres ont accompli sur le plan technologique. Ont-ils acquis la capacité de se déplacer

vers les étoiles ? Ont-ils inventé la téléportation ? Ont-ils résolu des problèmes médicaux ? Qu'ont-ils fait, et qu'est-ce que...

La technologie est un leurre
ES : Stop ! Tu passes à côté de l'essentiel. Depuis ton point de vue d'humain, la voie qui mène vers les étoiles ne devrait pas passer par les machines, mais par ton soi supérieur. Cette civilisation a accompli tout ce qu'elle devait accomplir pour accéder au niveau supérieur d'évolution sans recourir à la technologie. Le besoin de technologie est une diversion, une distraction, un manque de compréhension ; c'est une « fausse piste ». Comprends bien que ce n'est pas la technologie qui te fait évoluer. C'est la compréhension de soi et du fonctionnement de l'univers. Cela n'est possible que lorsque l'individu cesse de penser à lui-même et commence à envisager la situation dans son ensemble. Comment peut-il aider les autres ? Les opportunités qui se sont présentées mais qui n'ont pas été saisies sont-elles des opportunités manquées ? Ce sont autant de choses dont l'individu éclairé est conscient et dont il tire parti. Telle est la marque des individus incarnés qui, collectivement, constituent une grande civilisation.

MOI : J'aimerais cependant Te rappeler que ce dialogue s'intitule « L'histoire de Dieu ». Or, nous parlons davantage de l'histoire de l'humanité en ce moment.

ES : Il est tout à fait approprié que nous le fassions. De votre point de vue, Dieu est l'auteur de la création, ce qui est vrai. Vous faites tous partie de l'entité que vous appelez Dieu (l'Origine), tout comme Moi. Mais vous faites tous référence à Moi comme à Dieu, car Je suis le créateur de l'univers dont vous faites partie. Mais Mon histoire comprend également la création de nombreuses races qui résident dans de nombreuses dimensions et fréquences que J'ai créées suite aux recherches que j'ai menées sur Moi-même. Je m'adresse également à ces races, tout comme Je m'adresse à nombre d'entre vous actuellement. Certaines de ces races sont pleinement conscientes de la réalité plus vaste, tandis que d'autres vous ressemblent. Dans ce cas, il est plus approprié de parler de l'histoire de Dieu qui est pertinente à l'espèce humaine, puisqu'il s'agit de votre cadre de compréhension. Vous ne pourriez pas comprendre l'histoire de Dieu du point de vue d'une autre race, car les différences culturelles seraient bien trop marquées. Une partie de cette compréhension consiste à apprendre l'histoire oubliée de votre propre race, son interaction avec Moi, et avec son environnement. Car il faut bien comprendre que l'espèce humaine se réfère à un ordre supérieur alors que d'une

manière générale, à ce stade précis de son évolution, elle ne peut accepter pleinement son appartenance à un ensemble plus vaste, simplement parce qu'elle n'est pas en mesure de percevoir les faits tels qu'ils se présentent. C'est là la raison d'être de cette leçon d'histoire de niveau supérieur, car elle te montre quelle est la relation avec la Source ainsi que son évolution au fil des millénaires.
MOI : OK, je pense avoir compris maintenant. Précédemment, nous avons parlé du développement de ce véhicule terrestre que nous appelons le corps humain et de la manière dont il a été et est encore utilisé au profit de l'expérience évolutive de l'entité individuelle. Tout en gardant à l'esprit que nous avons déjà parlé des différentes civilisations qui ont foulé la Terre et du fait que certaines d'entre elles ont été de « grandes » civilisations, peux-Tu me décrire l'une de ces civilisations ?

Mécanisation et chute d'une grande civilisation

ES : Le meilleur exemple de civilisation répondant à tous ces critères, c'est celui d'une race qui vivait dans l'environnement que tu appellerais l'Éden. Comme le disent vos légendes, la seule chose connue dans le monde entier à ce sujet, c'est qu'il s'agissait de deux êtres, l'un appelé Adam et l'autre Ève. Ils étaient censés être le mâle et la femelle de l'espèce humaine, puis la femelle a mangé le fruit de l'arbre interdit, ce qui provoqua la chute du jardin d'Éden. Avant cette histoire qui a été racontée sous de nombreuses formes au fil des millénaires, cette civilisation spécifique avait bel et bien atteint une certaine grandeur.

Le nom d'Éden n'est pas le nom exact de la région où se concentrait cette civilisation, mais Je l'utiliserai par souci de continuité, car pour toi il est plus facile à identifier. En substance, cette civilisation peut être qualifiée de grande pour les raisons suivantes :
- Elle était en harmonie avec le fonctionnement naturel de la Terre ;
- Ses membres étaient en harmonie les uns avec les autres ;
- Ils comprenaient les exigences des uns et des autres d'un point de vue évolutif, et chacun faisait passer les autres avant soi-même ;
- Ils étaient en communication avec d'autres entités qui travaillaient avec la Terre ainsi qu'avec les dimensions et fréquences environnantes ;
- Ils étaient capables d'exploiter les énergies qui les entouraient et de les utiliser au profit de l'ensemble, notamment en créant des abris et en produisant des aliments ; et

L'Histoire de Dieu

- Ils étaient également capables de communier avec les animaux qui résidaient sur la planète à cette époque.

MOI : *Alors pourquoi cette civilisation s'est-elle arrêtée ? Pourquoi ses représentants ne sont-ils plus là aujourd'hui ?*
ES : Parce qu'ils ont décidé d'expérimenter la créativité d'un point de vue physique. Ils ont constaté qu'en utilisant les énergies ils pouvaient créer des choses qui assureraient certaines fonctions pour eux sans avoir à se concentrer eux-mêmes continuellement sur la tâche à accomplir.

MOI : *Ils ont fabriqué des machines ?*
ES : Ils ont inventé ce que tu appellerais une technologie. On pourrait certes parler de machines, mais il ne s'agit pas de choses que tu reconnaîtrais comme telles. Ces choses étaient constituées d'énergies qui se propageaient entre les dimensions ou les fréquences. Elles captaient l'énergie environnante pour accomplir automatiquement les tâches pour lesquelles elles avaient été créées.

MOI : *Alors concrètement, qu'ont-ils fait ?*
ES : Ils ont affiné les énergies qui étaient utilisées pour la nutrition des aspects physiques des aliments dont les humains avaient besoin, des légumes racines et des baies, sans parler de la purification des énergies associées à l'eau. L'eau est un élément fondamental qui était largement utilisé dans la construction des abris et la production des aliments. Même à cette époque, l'activité volcanique pouvait facilement polluer l'eau ; il était donc nécessaire de la purifier régulièrement. De plus, le corps humain étant principalement constitué d'eau, ils utilisaient de l'eau purifiée afin de soigner les parties du corps qui étaient endommagées ou usées. Grâce à l'utilisation des énergies, l'eau pouvait être transformée en n'importe quoi. Mais le principal problème de toute machine, c'est que les processus qu'elle remplace tombent peu à peu dans l'oubli, car les bénéficiaires de ces processus n'ont plus besoin de les connaître. C'est comme pour l'utilisation des tables de logarithmes. Les calculatrices font aujourd'hui tout le travail pour vous, si bien qu'une génération entière d'étudiants ne sait plus à quoi ressemble une table de logarithmes, et encore moins comment s'en servir. C'est exactement ce qui est arrivé à cette civilisation. Ses membres ont créé de plus en plus de « machines » pour faire toujours plus de choses, les rendant ainsi incapables de les faire eux-mêmes. Ils ont ainsi oublié les bases de la manipulation et du contrôle des énergies. Lorsque les machines ont commencé à tomber en panne, les connaissances nécessaires à leur fabrication n'étaient plus disponibles, et eux-mêmes n'avaient plus la

L'Histoire de Dieu

capacité de manipuler les énergies nécessaires pour y parvenir. Ces compétences n'étaient plus enseignées, car elles n'étaient plus considérées comme nécessaires puisque les machines allaient « durer éternellement ». Or, aucune machine ne dure éternellement, même les systèmes de production basés sur les énergies, car leurs fonctionnalités finissent par être diluées en raison de leur gestion automatique des énergies qu'elles utilisent afin de créer ce pour quoi elles sont programmées.

MOI : Alors, quelles autres machines ont-ils fabriquées ?
ES : Tout d'abord, Je tiens à te rappeler que ces machines étaient des manifestations énergétiques et non des appareils physiques comme tu les connais aujourd'hui, tels que les avions, les automobiles ou les ordinateurs. Elles avaient été développées par les plus brillants esprits de cette civilisation dans le but de les libérer de la corvée consistant à devoir se concentrer sur des tâches qu'ils devaient accomplir pour faciliter leur existence sur les plans physiques. Comme la plupart des machines, elles ont été améliorées au fil du temps par d'autres esprits qui possédaient une bonne compréhension du fonctionnement des machines ainsi créées. Cependant, comme Je viens de te le dire, une fois perfectionnées au point de ne plus avoir besoin de qui que ce soit pour les améliorer, elles ont été abandonnées et oubliées. Une fois oubliées, et lorsque les individus qui les avaient créées et entretenues ont quitté le plan Terrestre pour retrouver leur état énergétique, la connaissance de leur création et de leur entretien a été perdue. C'est un phénomène que vous avez récemment constaté avec votre civilisation actuelle, et vous en avez la preuve, car certains de ces appareils sont encore présents aujourd'hui, mais totalement incompris. Les pyramides en sont un bon exemple, tout comme les « aiguilles de Cléopâtre »,[15] disséminées partout dans le monde. Elles fonctionnent toujours, mais le résultat de leur fonctionnalité n'est pas utilisé.

Pour en venir à la question de ce que faisaient ces machines, Je vais te donner une brève liste des tâches qu'elles effectuaient :
• Elles purifiaient les cours d'eau.
• Elles dynamisaient les plantes utilisées pour l'alimentation physique.
• Elles corrigeaient le « calibrage » énergétique afin de maximiser la croissance des plantes.

---

[15] Surnom donné à certains obélisques égyptiens datant du règne du pharaon Thoutmôsis III (1479-1425 avant J.-C.) (NdT).

L'Histoire de Dieu

- Elles manifestaient des formes physiques destinées à être utilisées comme habitations, moyens de transport, etc.
- Elles dirigeaient les énergies vers les utilisateurs finaux pour leur usage personnel.
- Elles dirigeaient les énergies pour former des « voies énergétiques » destinées aux structures de transport.
- Elles utilisaient les énergies pour nettoyer les voies énergétiques du corps humain.
- Elles utilisaient les énergies pour rajeunir le corps humain physique.
- Elles dirigeaient les énergies pour les besoins des lignes de communication.
- Elles purifiaient l'atmosphère.
- Elles dirigeaient les systèmes climatiques afin de renouveler les réserves d'eau.
- Elles dirigeaient les systèmes énergétiques de la Terre pour nettoyer ses niveaux auriques (d'énergie).

Et ce ne sont là que les principales machines créées par cette civilisation. De nombreuses autres machines remplissaient des fonctions moins importantes. Le résultat de tout cela, c'est que les membres de cette civilisation ont réellement eu la possibilité de se libérer de nombreuses tâches, de trouver leur véritable soi, et de communiquer avec leur soi supérieur. Ils ont d'ailleurs agi ainsi pendant un certain temps, mais le problème c'est qu'ils ont commencé à se concentrer sur l'aspect physique du véhicule qu'ils occupaient, en termes de sensations, tant physiques qu'émotionnelles. Au fil du temps, ils ont perdu le besoin d'être en contact avec leur soi supérieur et se sont concentrés sur leurs seuls aspects physiques.

MOI : D'accord. Mais j'aimerais à présent revenir sur l'histoire du fruit défendu qui a causé la chute du jardin d'Éden. Quelle est la signification exacte de cette histoire ?

ES : Sa signification réside dans la rupture du lien entre le soi supérieur et l'univers suite à l'utilisation de dispositifs automatisés et à l'utilisation des énergies dans la vie quotidienne, qui ont eu pour effet de libérer le besoin d'une communication constante avec le soi supérieur. Ainsi, la mécanisation ou l'automatisation (sous quelque forme que ce soit) a conduit à la négligence. Le lien avec le fruit défendu n'était donc pas que le fruit (c'est-à-dire le mécanisme, l'automatisation ou la technologie) était interdit, mais qu'il menait à la décadence s'il n'était pas utilisé à bon escient.

MOI : Une seconde - Tu viens de me donner l'exemple fantastique d'une civilisation qui était, selon Tes propres termes, « grande », et

L'Histoire de Dieu

maintenant Tu me dis qu'elle a échoué dans sa grandeur et a sombré dans la décadence. C'est une contradiction flagrante dans les termes. Comment une grande civilisation, qui possédait tous les attributs déjà cités, peut-elle provoquer son propre déclin par l'utilisation de la technologie ?

ES : Désolée de t'avoir embrouillé, Je t'ai effectivement donné l'exemple d'une civilisation qui a été grande, mais qui a ensuite perdu sa grandeur à cause d'une pensée collective mal orientée. J'aurais dû te décrire la première race dont nous avons parlé. Elle était véritablement grande et a accompli tout ce qui avait été prévu. Je dois cependant préciser que, de ton point de vue, c'était une époque marquée par des fréquences très élevées. Cette civilisation, mais aussi la Terre et le système solaire, les galaxies et l'univers, étaient jeunes et innocents, et n'avaient pas été ternis par les erreurs de décision et la perte de fréquence subséquente de certaines civilisations. Malheureusement, la race humaine, en tant que civilisation, a réussi à entreprendre la descente la plus importante dans les fréquences, d'où l'attention dont elle bénéficie de la part des autres civilisations des dimensions et fréquences environnantes.

Paradoxalement, la race humaine, sous sa forme actuelle, a été plus grande qu'elle ne l'est aujourd'hui. Et comparée à la race d'Éden, à une échelle plus modeste, la race humaine suit exactement le même parcours, en ce moment même, juste là, sous ton nez. Tout le monde veut profiter des avantages de la technologie ; chacun veut en obtenir le meilleur pour une bouchée de pain. Or, il y a deux coûts à prendre en compte ici : 1) le prix bas, qui correspond au coût monétaire de chaque appareil convoité ; et 2) le coût élevé pour la Terre, en termes d'utilisation des ressources dont elle a un besoin essentiel pour surveiller et purifier ses propres systèmes énergétiques, lesquels sont nécessaires à l'existence d'autres organismes physiques au sein de ses énergies. La plupart de ces ressources sont en effet en train d'être épuisées par l'homme à une vitesse vertigineuse. La nécessité d'utiliser des moyens mécaniques pour accomplir des tâches soi-disant banales vous a amenés à perdre vos aptitudes traditionnelles liées au maintien de l'harmonie avec la Terre et avec la nature, à la communication avec les esprits qui œuvrent avec la Terre pour la maintenir en bonne santé, et à la communication avec le soi supérieur, cette part de vous (c'est-à-dire le reste de vous-mêmes) qui fait partie de Moi, l'Entité Source, et finalement de l'Origine.

MOI : Ainsi, la grandeur peut conduire à la décadence.

L'Histoire de Dieu

ES : Oui, mais elle peut aussi conduire à une grandeur plus grande encore, et cela est confirmé par les faits. C'est ce que les enseignements des êtres qui sont descendus sur votre plan physique ont tenté de vous expliquer au cours des derniers millénaires. Mais malheureusement, ces enseignements ont été utilisés ces derniers temps à des fins d'autoglorification, et l'autoglorification mène aussi à la décadence.

MOI : De quels êtres s'agit-il ?

ES : Il s'agit des êtres dont tu as déjà parlé avec Moi : Mahomet, Jésus, et Bouddha.

MOI : Et selon Toi, quelles autres civilisations ont été suffisamment importantes pour mériter d'être évoquées en termes de contribution à l'évolution et en termes de compréhension de l'univers et de Ton existence ?

L'Atlantide

ES : De nombreuses races, considérées comme étant à l'origine de grandes civilisations, ont sombré dans le déclin. Et elles sont bien plus nombreuses que celles qui ont connu un succès total. Mais toutes ont progressé ensemble vers des fréquences plus élevées ; Je préfère donc ne pas m'attarder sur le fait qu'à un moment donné elles n'ont pas réussi à progresser. Car l'échec n'existe pas, ne l'oublie pas, il n'y a que l'expérience. Il faut plutôt considérer ce qu'elles ont accompli pendant qu'elles étaient en pleine ascension. Je vois dans ton esprit que tu aimerais parler de l'espèce humaine qui vivait dans la cité de l'Atlantide, mais de nombreuses personnes ont déjà canalisé et écrit des ouvrages sur cette civilisation. D'une manière générale, il n'y a pas grand-chose de nouveau à ajouter sur ce sujet, mais Je vais quand même te communiquer quelques détails.

De nombreux ouvrages canalisés ont ainsi identifié les Atlantes comme des technologues, et comme une autre civilisation affectée par le déclin technologique. Ils se concentraient sur l'utilisation des cristaux pour projeter et contrôler les énergies afin de fabriquer ce dont ils avaient besoin pour survivre dans le monde physique. Ils étaient également très doués en matière de bio-ingénierie et, grâce à la technologie des cristaux et des énergies, ils étaient passés maîtres dans la refonte du génome humain pour créer des entités hybrides mi-humaines et mi-animales. Certaines de ces entités font encore l'objet de légendes aujourd'hui. Ils ont même échangé des gènes d'un animal à un autre pour créer des animaux totalement hybrides. Chacun de ces hybrides était créé dans le but d'accomplir certains travaux ou de remplir certaines fonctions au sein de leur civilisation. Certains étaient destinés à la guerre, d'autres à la fabrication, tandis que d'autres encore étaient destinés au plaisir sexuel. Le pire cas de figure pour l'utilisation d'hybrides mi-humains mi-animaux, ou même pour l'utilisation de la bio-ingénierie animale inter-espèces, concernait la volonté d'afficher un statut social. La création de la créature la plus diversifiée représentait un étalage de richesse et de statut social. Certains Atlantes ont même fait réorganiser leur propre cerveau pour en faire celui d'une forme animale préférée s'ils estimaient que cela pouvait leur conférer une position plus importante au sein des échelons supérieurs de la communauté. Là encore, les histoires d'animaux doués de parole, transmises par les légendes à travers les millénaires, sont les vestiges de ce qui s'est passé durant les années de déclin qui ont conduit à la chute de cette civilisation autrefois glorieuse.

MOI : Alors pourquoi ne voyons-nous pas de tels hybrides aujourd'hui, ici et maintenant ? Ils ont sûrement dû se reproduire et se perpétuer ?

ES : C'est vrai. Mais Je ne souhaitais pas que l'espèce humaine s'engage indéfiniment sur cette voie. D'abord, parce qu'elle n'assurait pas la continuité de la forme, et ensuite, parce qu'elle finirait par créer un niveau bien supérieur de ce que l'on observe actuellement entre les différentes ethnies qui ont évolué dans certaines parties de la Terre : la discrimination ! Je souhaitais également que le patrimoine génétique physique soit purifié et J'ai considéré que le déclin de cette civilisation était le moment idéal pour cela. Ce constat était partagé par tous ceux qui se trouvaient encore aux niveaux énergétiques de leur existence réelle, ou qui en étaient récemment revenus. En substance, les Atlantes ont créé une civilisation de phénomènes de foire d'une telle diversité qu'il était impossible de distinguer qui était de sang originel. Chaque habitant avait été altéré d'une manière ou d'une autre. Mais surtout, la capacité de reproduction de ces hybrides n'était pas aussi robuste que celle de la véritable forme humaine à cette époque, et beaucoup sont devenus stériles. Là encore, il y avait une grande nécessité de créer un véhicule autoreproducteur afin de permettre à Mes enfants d'expérimenter toutes les fréquences qui leur étaient présentées, car le ratio véhicules/entités était très déséquilibré. J'ai donc laissé cette civilisation s'éteindre et J'ai purifié la Terre lors du départ de la dernière entité vers les fréquences plus élevées.

MOI : Et comment as-Tu procédé à cette purification ?

L'Histoire de Dieu

ES : J'ai laissé la Terre développer une faiblesse à sa surface, près du centre de la civilisation des Atlantes, et J'ai recouvert toute la zone de lave en fusion. J'ai ensuite refroidi cette zone grâce aux eaux de la mer, permettant ainsi aux minéraux de la lave et de la mer de se mélanger et de nettoyer parfaitement les surfaces de terre restantes.

MOI : Les surfaces de terre restantes ? Tu veux dire que la zone où se trouvaient les Atlantes a coulé jusqu'au fond de la mer ?

ES : Elle n'a pas coulé. Elle a été recouverte par les eaux, puis les terres se sont à nouveau découvertes suite au fait que les eaux sont devenues gazeuses au contact de la lave. Cela a créé un écosystème riche en soufre pendant une longue période de temps, ce qui a obligé les entités qui œuvrent à la santé de la planète (les esprits de la nature) à travailler dur pour éliminer ensuite le soufre de la planète car toute croissance naturelle y était difficile. Les minéraux restants étaient en revanche parfaits pour la vie végétale, laquelle a rapidement répondu à la nécessité de soutenir la réintroduction de la forme humaine.

MOI : Et quelle est la civilisation qui a suivi celle des Atlantes ?

ES : La civilisation actuelle. Il a été considéré comme avantageux de mettre à la disposition des humains nouvellement purifiés et réintroduits certaines des technologies développées durant la période où les Atlantes étaient présents sur Terre. Ces compétences ont alors été transmises à des entités capables d'aller et venir dans le monde physique et de revenir à leur état énergétique à volonté. Elles avaient la capacité de se souvenir de tout ce dont elles avaient besoin pour réussir leur mission dans le monde physique. C'est ainsi qu'elles ont été en mesure de guider les nouvelles entités incarnées dans la direction souhaitée par Moi et par le groupe d'entités plus expérimentées qui cherchaient à tirer le meilleur parti de l'environnement terrestre.

MOI : Tu veux dire que Tu disposes d'un comité d'humains, en esprit, qui contrôle le destin des entités qui sont en cours d'incarnation ?

ES : Oui, et c'est d'ailleurs à cela que servent les archives akashiques.

MOI : Et quel était le nom de cette race nouvellement introduite qui possédait ces technologies ?

ES : La race égyptienne.

Chapitre 15: L'histoire de l'humanité

Purification de la Terre après la civilisation de l'Atlantide
MOI : *Toi et ce comité, vous avez donc modifié la façon dont les humains préféraient se percevoir pour revenir à ce qu'elle était à l'origine.*
ES : Oui. Et comme Je viens de te le dire, la race humaine que vous appelez « égyptienne » fut la première civilisation à être implantée sur le plan Terrestre après la disparition de la culture atlante.
MOI : *Par contre, Tu as dit précédemment que Tu avais purifié la Terre en provoquant une éruption volcanique, puis en immergeant toute la zone concernée sous les eaux de la mer. Cela ressemble un peu trop au grand déluge pour lequel Noé aurait construit une arche !*
ES : Bien vu. Je tiens cependant à souligner que Je n'ai pas provoqué d'éruption volcanique, car il n'y avait pas de volcans sur l'île qui abritait la majorité des Atlantes. J'ai provoqué un schisme dans la croûte terrestre, semblable à ce que tu appellerais un tremblement de terre. Mais ce tremblement de terre a également permis à de la lave en fusion de remonter à la surface de toute l'île, nettoyant ainsi la surface de tout ADN suffisamment vivant pour permettre la recréation des hybrides mi-humains mi-animaux.
MOI : *Mais Tu as réussi à conserver le patrimoine génétique de toutes les races pures de l'humanité et des animaux ?*
ES : Oui, y compris la vie végétale. Tout ce qui était nécessaire à l'émergence rapide d'une race humaine pure à des fins évolutives a pu être préservé de ce processus de purification. Ce processus comprenait les mesures suivantes :
• Mettre en place un programme d'entretien de la Terre ;
• Assurer le maintien de l'écosystème local (plantes et animaux, esprits de la nature) ; et
• Fournir suffisamment d'informations sur les événements du passé afin de permettre à cette race humaine de progresser.

Les formes humaines qui survécurent furent occupées par des entités très expérimentées et dont les capacités énergétiques normales avaient été préservées. Cela leur a permis de stimuler l'émergence de la nouvelle race d'un point de vue culturel, technologique et évolutif, et de posséder une profonde compréhension de la nécessité d'œuvrer dans le cadre des contraintes naturelles du plan Terrestre.

L'Histoire de Dieu

MOI : Et à quoi ressemblait donc l'Arche ? Tout le monde sur Terre est convaincu que c'était un grand bateau, comme le racontent nos légendes et l'Ancien Testament.
ES : L'Arche n'était rien d'autre qu'un lieu sûr destiné à la conservation des échantillons du patrimoine génétique. Dans ce cas précis, le patrimoine génétique nécessitait des spécimens entiers, car la technologie et le savoir-faire en matière de manipulation génétique utilisés par les Atlantes devaient être supprimés afin de permettre à d'autres domaines de croissance de se développer. L'Arche avait donc pour fonction première de permettre aux animaux de survivre suffisamment longtemps sans aucune mutation et de préparer le territoire qu'ils allaient occuper à leur vie naturelle. Mais même en utilisant des méthodes énergétiques pour créer ce territoire, il a fallu beaucoup de temps pour qu'il se stabilise. Tout a besoin de temps pour se stabiliser sur le plan physique. Pour que les entités puissent exister par elles-mêmes sur ce plan, il était nécessaire de leur laisser le temps d'interagir avec leur environnement de manière naturelle, en harmonie avec les énergies qui imprègnent ce niveau de fréquence. C'est bien l'aspect le plus important de la vie dans les fréquences et les dimensions les plus basses : les entités devaient vivre avec et en elles, plutôt que de les contourner.

Les contributions des Égyptiens

MOI : Et qu'en est-il des Égyptiens, quelle a été leur contribution ?
ES : Ils ont été le tremplin de la régénération de la race humaine dans cette partie du monde.
MOI : Attends une seconde, je viens de recevoir une image mentale qui me donne l'impression que la Méditerranée était cette mer que Tu as utilisée afin de purifier par submersion cette terre qu'était l'Atlantide.
ES : Oui, bien deviné. Tu sais maintenant d'où vient la légende du déluge et tu as désormais une idée de l'endroit où vivaient les Atlantes. La région appelée « Égypte » possédait les propriétés énergétiques les plus proches de celles dont les Atlantes jouissaient sur leur territoire, et elle fut la première à devenir suffisamment pure pour être exploitée d'un point de vue naturel. Le comité et Moi-même avons été fortement impliqués dans l'introduction des espèces stockées dans l'Arche. Les Égyptiens étaient imprégnés du besoin de respecter les énergies de la Terre et les possibilités naturelles qui leur étaient offertes pour reconstruire la vie humaine. Ils connaissaient de manière subliminale les entités qui contrôlaient ces énergies et, par conséquent, leur ont

L'Histoire de Dieu

donné des noms et des formes – des formes dont ils se souvenaient, racialement, depuis leur époque atlante. Ainsi, les entités importantes se sont vues attribuer des formes ou images qui ressemblaient à celles que, selon les souvenirs de certains, les dirigeants de l'Atlantide utilisaient pour afficher leur importance. Des corps humains à têtes d'animaux ont donc été utilisés pour décrire de manière imagée les énergies que ces entités contrôlaient.

Par exemple :

Ra s'est vu attribuer le nom de Dieu Soleil (le mot Dieu signifiant ici « celui qui est responsable »), car cette entité veillait sur la source d'énergie de cette planète sur six niveaux dimensionnels.

Anubis désignait l'entité qui était responsable des éléments naturels, telles que les plantes, les poissons et les mammifères, et qui travaillait avec une armée d'assistants, qui sont en fait ce que vous appelez aujourd'hui les « esprits de la nature ». Certains d'entre eux se sont vus attribuer des noms et des formes qui leur étaient propres.

MOI : Que peux-Tu me dire d'autre à leur sujet ?

ES : La région où ils vivaient était luxuriante et fertile. Ils ont prospéré pendant des millénaires dans cet environnement, œuvrant sans cesse avec la nature. Des entités incarnées avec toutes leurs facultés (c'est-à-dire des entités évoluées qui assumaient le rôle d'assistants sur le terrain) leur ont enseigné de nombreuses compétences. Certaines impliquaient la captation et l'utilisation des énergies que les Atlantes utilisaient. Pour ce faire, la construction de structures et d'appareils capables de capter ces énergies et de les stocker en vue d'une utilisation ultérieure leur a été enseignée. Ces « compétences » exigeaient une pureté de cœur et de pensée pour être accessibles par ceux qui n'étaient pas habitués à gérer ces énergies sur les plans physiques. Mais étant donné qu'un niveau de pureté très élevé était requis, seuls quelques individus capables de se consacrer à une vie d'abnégation totale pour atteindre un tel niveau ont pu recevoir ces enseignements. Par conséquent, lorsque ceux qui enseignaient aux nouveaux humains ont quitté le plan Terrestre pour retourner à l'existence énergétique, ils ont laissé des maîtres à leur place, mais le nombre de personnes aptes à transmettre ces connaissances a diminué. Et à mesure que ce nombre diminuait, plus grande devenait la préoccupation de savoir à qui les transmettre. Dans cet état d'inquiétude, et ressentant un besoin désespéré de transmettre leurs compétences, les maîtres ont enseigné à des individus moins purs, ce qui provoqua la renaissance d'une civilisation fondée sur le pouvoir, puis son déclin. Il a fallu plus de 25 000 ans pour revenir au point où

L'Histoire de Dieu

vous en êtes aujourd'hui dans l'existence physique et dans l'évolution humaine. Et la situation est loin d'être satisfaisante, comme tu peux le constater. Mais vous progressez peu à peu. Ce qui suscite Mon enthousiasme.

MOI : *Parle-moi un peu plus des Égyptiens, et plus particulièrement des pyramides. À quoi servaient-elles et comment ont-elles été construites ?*

ES : Nous entrons davantage dans l'histoire de la race humaine que dans l' « histoire de Dieu » à proprement parler.

MOI : *Oui, je sais, mais j'ai besoin de savoir. Et nous pourrons toujours revenir à Ton histoire après cette parenthèse.*

ES : Très bien. On ne les appelait pas « Égyptiens » lorsqu'ils ont été introduits dans le pays où ils ont vécu. En fait, ils ont été introduits dans un contexte déjà pleinement opérationnel.

MOI : *Comment ça dans un « contexte déjà pleinement opérationnel » ? Tu veux dire qu'ils sont apparus tout d'un coup ? Une civilisation toute faite et prête à l'emploi ? Un jour, ils n'existaient pas ; le lendemain, ils étaient là, avec leurs maisons et tout le reste !*

ES : C'est presque cela. En fait, J'étais impatiente de faire repartir le processus d'évolution le plus rapidement possible. Tant d'opportunités avaient été perdues à cause des dérives des Atlantes que J'avais vraiment à cœur de tout relancer au plus vite. Après avoir purifié toute la région concernée, la meilleure façon d'y parvenir consistait à prélever un fragment de la civilisation atlante au début de son existence sur le plan Terrestre et à l'insérer dans une autre ligne temporelle. J'ai également supprimé toute mémoire sphérique de l'espèce et Je lui ai confié quelques individus pleinement conscients afin de les guider dans la bonne direction.

MOI : *Toute mémoire « sphérique » ?*

ES : J'entends par là la capacité d'influencer l'instant présent en se souvenant des événements futurs, de manière linéaire. Certains d'entre vous, sur Terre, commencent déjà à se souvenir de cette manière de procéder. Ce sont des médiums capables de prédire l'avenir.

MOI : *Je vois. Et qu'en est-il des individus « pleinement conscients » ? Fais-Tu ici référence à ceux dont Tu as parlé un peu plus tôt, ceux qui possèdent la capacité de retourner à l'Entité Source et d'en revenir à volonté ? Ceux qui ont accès à l'Akashique, au comité, et à leur propre soi supérieur ou énergétique ?*

ES : Exactement. Cela peut te paraître étrange, mais après avoir effectué quarante-trois tentatives pour tirer le meilleur parti du plan

L'Histoire de Dieu

Terrestre avec des formes physio-biologiques de type humain, Je commençais à perdre patience et Je ne voulais tout simplement pas repartir de zéro. C'est pourquoi J'ai décidé de commencer par une approche de la civilisation « prête à l'emploi ».

MOI : Cela expliquerait certaines choses que les archéologues n'ont pas su expliquer : les preuves suggérant que les Égyptiens sont apparus soudainement.

ES : C'est parce qu'ils ont fait exactement cela. Ils n'étaient que quelques milliers lorsqu'ils ont été implantés dans leur nouvel environnement, avec tout le nécessaire, des maisons aux magasins, en passant par l'agriculture et l'industrie, déjà en activité et prête à fonctionner. Les guides, ceux qui étaient totalement conscients de la situation, ont été placés à des positions hiérarchiques privilégiées afin de pouvoir transmettre certaines connaissances aux nombreux nouveaux incarnés et de leur apprendre à utiliser les ressources naturelles qu'ils trouvaient autour d'eux. Bien sûr, ils avaient un certain niveau de mémoire préprogrammée de manière à leur permettre d'accomplir les actions de base, mais ceux qui montraient la promesse d'être purs de cœur ont été conseillés sur les moyens de capter et d'utiliser les énergies qui les entouraient à ce niveau.

MOI : Et que leur ont montré spécifiquement ceux qui étaient « pleinement conscients » ?

ES : ils leur ont appris à puiser dans les énergies environnantes par la méditation concentrée, en utilisant la pureté de la pensée comme catalyseur. Mais seuls quelques-uns y parvenaient, car cela impliquait un altruisme total. Ils devaient montrer qu'ils maîtrisaient les trois attributs majeurs qui mènent à la pureté, à savoir :

1. L'amour
2. La force d'esprit
3. La sagesse

Chacun de ces attributs peut être séduisant en soi. Mais une fois maîtrisés, ils peuvent devenir des outils importants susceptibles d'être utilisés pour le bien d'autrui. La maîtrise de ces trois attributs est rare, et seuls les individus qui ont montré qu'ils en étaient capables ont reçu les compétences nécessaires à la manipulation des énergies.

La première chose qui leur a été montrée concernait la manière de modifier la structure moléculaire d'un objet au point de pouvoir réaliser deux choses :

1. Ils pouvaient modifier la forme d'un objet en réorganisant ses molécules ;

L'Histoire de Dieu

2. Ils pouvaient modifier la stabilité dimensionnelle d'un objet au point qu'il ne soit ni dans une dimension ni dans une autre, ce qui leur permettait alors de manipuler ou de transporter facilement des objets.

Ensuite, ils ont été formés à utiliser ces compétences en vue de créer des structures permettant d'exploiter les énergies en grande quantité à des fins d'usage personnel et collectif et de les stocker.

MOI : Tu veux parler des pyramides, je suppose ?

ES : Oui, et d'autres structures que vous n'avez pas encore découvertes, mais qui sont néanmoins intactes et qui remplissent la fonction pour laquelle elles ont été conçues et construites : collecter, stocker et/ou rediriger les énergies. Certaines de ces structures évacuent constamment les excédents d'énergie(s) et, par conséquent, provoquent des changements sur les zones environnantes. Vous connaissez ces événements sous le nom de « tremblements de terre ».

MOI : Je croyais pourtant que les tremblements de terre étaient liés à la tectonique des plaques ?

ES : Oui en effet, mais qu'est-ce qui cause la tectonique des plaques ? La Terre ne fait pas cela toute seule ; et d'ailleurs ce n'est pas dans son propre intérêt.

Ces structures étaient également utilisées à d'autres fins, comme la thérapie énergétique (pour la reconstruction de corps brisés) et la duplication de biens essentiels, des biens qui ne pouvaient être fabriqués autrement que par manipulation énergétique, car les technologies physiques et les outils associés n'étaient pas disponibles pour pouvoir fabriquer de telles choses. Elles étaient également utilisées à des fins de communication. Les individus correctement formés pouvaient ainsi utiliser les énergies collectées par les structures pour communiquer avec d'autres membres de la race humaine transplantés dans d'autres parties de l'univers.

Comme les Atlantes, certains d'entre eux ont finalement modifié la forme de base de leur corps physique, mais uniquement pour obtenir une meilleure interaction avec l'environnement dans lequel ils existaient et non pas pour les raisons égoïstes, sociales ou sexuelles pour lesquelles les Atlantes avant eux modifiaient leurs corps. Certains de ces individus étaient si doués avec les énergies qu'ils pouvaient parcourir les étoiles avec leur esprit. Cette partie de leur essence qui était captive dans le plan physique était ainsi momentanément libérée et autorisée à se connecter au reste de leur forme énergétique, à condition qu'elle revienne ensuite au plan physique.

L'Histoire de Dieu

MOI : Donc, les deux théories distinctes selon lesquelles les pyramides étaient utilisées pour collecter de l'énergie ou étaient une sorte de dispositif d'observation astrologique sont toutes deux raisonnables ?

ES : Oui, toutes les deux sont vraies, mais pas de la manière décrite par vos soi-disant experts et théoriciens.

MOI : Tu dis qu'il y a eu quarante-trois civilisations sur Terre, et que nous faisons partie de la 44e. Mais comment se fait-il que nous ne voyions aucun de leurs artefacts ? Où sont donc les preuves archéologiques qui permettraient d'étayer une telle affirmation ?

ES : Vous, les humains actuels, vous êtes tous tellement imbus de vous-mêmes que vous pensez être la meilleure chose qui existe depuis l'apparition de la vie dans l'univers. Eh bien, laisse-Moi te dire ceci : la forme humaine existe depuis bien plus longtemps que vous ne le pensez, certains dérivés de cette forme présentant un écart de plus de 100 000 ans, ce qui est assez proche de la durée d'existence de cette version depuis la dernière, à plus ou moins 10 000 ans près.

MOI : Quoi ? Mais Tu m'avais pourtant donné l'impression qu'il n'y avait que 25 000 ans d'écart entre les Atlantes et la race humaine telle qu'elle est connue dans l'histoire de la Terre !

ES : C'est exact, mais selon toi les Atlantes ne seraient pas une simple itération de la version actuelle de l'humanité. Or, il n'en est pas ainsi. Si tu te souviens bien, les Atlantes se sont modifiés génétiquement dans le but de s'améliorer pour des raisons liées aux avantages physiques et sociaux qu'ils pouvaient en tirer. Cela ne signifie pas qu'ils ne faisaient pas partie de la civilisation humaine actuelle. Souviens-toi également que Je les ai « purifiés » afin de leur permettre de repartir de zéro. Cela ne signifie pas qu'il s'agissait de l'introduction d'une toute nouvelle race humaine. Cela signifie simplement que cette version a eu droit à une seconde chance, une chance de tout recommencer et de réussir son évolution en allant dans la direction souhaitée pour la race humaine par le comité du collectif des âmes humaines incarnées.

MOI : Mais ne devrions-nous pas trouver comme une sorte de preuve physique de tout cela ? Une preuve attestant que ce que nous considérons comme la version la plus réussie de l'humanité a été présente ici sur Terre et disposait de suffisamment de technologie d'un type que nous pourrions reconnaître ?

ES : Le problème c'est que vous assimilez la technologie à ce que vous avez l'habitude de voir actuellement. Mais il en va tout autrement, car il y a eu toutes sortes de technologies au cours des

L'Histoire de Dieu

millénaires, de la technologie biologique à l'électronique, en passant par la technologie spatiale ou dynamique jusqu'à la technologie palatiale et la technologie spirituelle. Un grand nombre de ces technologies ainsi que des combinaisons de celles-ci ont été utilisées, la plus productive étant la technologie spirituelle. Cependant, J'ai été impressionnée par la contribution de la version la plus actuelle de l'humanité en matière de technologie. Cette contribution impressionnante est principalement due au fait que vous avez tous reçu un libre arbitre total, avec la capacité de faire ce que vous voulez sans avoir à consulter l'humanité toute entière. Mais toute cette technologie n'est qu'une diversion. Et les preuves que vous recherchez concernant la civilisation Atlante n'existent pas sous une forme que vous seriez en mesure de reconnaître, car vous recherchez des preuves purement physiques. C'est en vous-mêmes que vous devez chercher certaines de ces preuves. Elles concernent la manière dont vous interagissez avec vos semblables. C'est là que se trouve le véritable héritage, la véritable preuve des civilisations antérieures qui vous conduit directement à la Source : à Moi, et à l'Origine. Car ces preuves sont liées à un esprit de camaraderie totale, de collaboration pour le bien commun. Maintenant, si vous cherchez des preuves quantifiables, vous devez les chercher à deux endroits : d'abord dans le sable, près des pays où se trouvent les pyramides, et ensuite dans la neige, près du pôle Sud.

MOI : Tu veux dire que nous pouvons trouver des preuves réelles d'une civilisation d'un type avancé dans ces régions ?
ES : Oui.
MOI : Alors pourquoi n'en avons-nous aucune connaissance ? Pourquoi ne les avons-nous pas encore trouvées ? Pourquoi ne les avons-nous pas encore publiées, ou présentées à la télévision ou dans des revues universitaires de haut niveau, pourquoi n'y a-t-il jamais eu aucune révélation mondiale, assortie de nouvelles réflexions sur la vie et la technologie ? Pourquoi, pourquoi, pourquoi !!?
ES : Pourquoi ? Simplement parce qu'il y a tellement de personnes haut placées qui se sont fait un nom grâce à la compréhension actuelle de votre histoire. Les archéologues ont déjà mis au jour certaines de ces preuves, mais ils les ont gardées secrètes pour plusieurs raisons : premièrement, parce que cela ruinerait leur carrière ; deuxièmement, parce que s'ils prenaient le taureau par les cornes et présentaient ces nouvelles données, ils seraient dénigrés par ceux qui occupent des postes élevés et qui ont bâti leur carrière sur la compréhension actuelle des choses ; troisièmement, certaines de ces personnes ont déjà

L'Histoire de Dieu

connaissance de ces informations. De nombreux dirigeants des principales confessions religieuses de la Terre tueraient littéralement pour mettre la main sur ces informations en vue de se les approprier et de les détruire afin de pouvoir maintenir leur position et celle de la foi qu'ils défendent.

MOI : Tu es en train de me dire qu'il y a parmi nous des gens qui en savent beaucoup plus sur notre histoire, celle de cette incarnation spécifique de l'humanité, que nous n'en savons collectivement, et qu'ils sont prêts à dissimuler ces informations dans le seul but de perpétuer leur carrière – des carrières fondées sur une vérité dépassée, des carrières qui pourraient pourtant connaître un succès retentissant s'ils présentaient ces informations à une civilisation désireuse d'en savoir plus sur ses origines et sur ce qu'est la vie ?

ES : Oui, c'est exactement ce qui se passe. En fait, les gens qui sont au pouvoir en raison de l'interprétation actuelle de votre histoire ont peur de tout perdre. Ils ne s'intéressent pas à l'avancement de la compréhension de la race humaine, même si cela pourrait aider, à terme, la race humaine à s'élever dans les fréquences et, par conséquent, à évoluer plus rapidement. Tout ce qui les intéresse, c'est le présent et ce qu'ils possèdent maintenant, c'est-à-dire le pouvoir qu'ils détiennent sur les pensées des autres, ce qui leur donne encore davantage de pouvoir. Ils ont du pouvoir dans un environnement que la plupart des gens reconnaissent comme étant leur seul environnement, et par conséquent ils s'attachent à maintenir les apparences.

MOI : Alors, qui possède ces connaissances ? Qui a pu prendre le contrôle de ces informations qui ont été « exhumées » par les archéologues ?

ES : Les hauts fonctionnaires locaux. Ils possèdent, d'une manière générale, une certaine compréhension de ce que signifient ces connaissances. Mais dans certains cas, ils ont à portée de main une technologie qui dépasse de très loin leur compréhension. Et dans d'autres cas encore, la technologie en question est rudimentaire, mais néanmoins importante en ce sens que bien souvent elle pourrait aider les pauvres du monde entier à prospérer, et c'est une autre raison pour laquelle ils maintiennent le secret sur ces connaissances.

MOI : Donc, la révélation d'un seul fragment de ces connaissances serait un vrai danger pour eux ?

ES : Dans ce cas précis, oui. La limitation des connaissances favorise non seulement un complexe de supériorité pour ceux qui les possèdent, mais aussi un niveau élevé de peur : la peur de l'inconnu

L'Histoire de Dieu

et de ce qui pourrait advenir. En fait, lorsque tu possèdes une petite connaissance de quelque chose qui t'est totalement inconnu au point de la considérer comme étrangère à ton monde, tu en viens à développer une peur à l'égard des forces qui ont généré cette connaissance. En d'autres termes, ceux qui éprouvent cette peur pensent que les autres l'éprouveraient aussi, et par conséquent ils retiennent l'information par crainte de provoquer la panique. Mais en réalité, la seule panique qui soit, c'est celle qui existe dans leur propre esprit : la peur du changement.

Civilisations anciennes : retour aux civilisations antérieures

Des preuves physiques de l'existence de civilisations antérieures

MOI : Revenons donc à la question des civilisations anciennes. Il y a de nombreuses années de cela, j'ai lu dans un livre d'Erich Von Däniken qu'il était tout à fait possible que 20 civilisations émergent et disparaissent en l'espace d'un million d'années, avec un intervalle de 50 000 ans entre elles, et qu'aucune preuve ne nous permette cependant de prouver leur existence autrement que par des légendes. Selon Toi, est-ce une affirmation raisonnable ?

ES : Tout à fait. Mais en réalité, il y a eu bien plus de 20 civilisations, car l'amplitude de leur ascension et de leur déclin est fonction de la mesure dans laquelle elles ont étendu leur influence dans le monde, la galaxie ou l'univers. Certaines atteignent la grandeur en termes de spiritualité, tandis que d'autres atteignent la grandeur en termes de physicalité – mais concrètement, c'est la physicalité qui a été la norme. D'un point de vue physique, c'est la relation entre le spirituel et le physique qui donne naissance à la quantité de déchets qu'une civilisation particulière laisse derrière elle lorsqu'elle sombre dans la décrépitude.

L'ascension physique des civilisations antérieures

Mettons tout cela en perspective : les très grandes races qui ont existé sur ou autour de l'environnement Terrestre n'ont pas toujours laissé de traces derrière elles. Dans de nombreux cas en effet, elles ont emporté toute leur civilisation avec elles, surtout si elles se sont élevées à des fréquences plus élevées. Cela incluait également les habitations dans lesquelles elles vivaient.

L'Histoire de Dieu

MOI : Tu affirmes que des civilisations entières peuvent s'élever à des niveaux supérieurs et emporter absolument tout avec elles. Y compris leurs maisons et tout ce qui va avec ?
ES : Si elles le souhaitent, oui. En fait, l'ascension ne concerne pas spécifiquement la spiritualité pure au sens où l'on se débarrasse du besoin d'objets familiers de protection personnelle, tels que des maisons ou des outils pour aider à fabriquer des choses.
MOI : Et pourquoi ça ?
ES : Parce qu'il existe de nombreux niveaux par lesquels l'individu peut s'élever avant d'abandonner le besoin ou le désir de bénéficier d'un soutien extérieur. Certains de ces niveaux acceptent encore un degré de physicalité similaire, bien que pour l'observateur d'un niveau inférieur, ils soient invisibles à l'œil physique. En fait, l'environnement qui existe à ces niveaux supérieurs n'est pas très différent de ce que vous connaissez actuellement. La seule différence réside dans la dépendance des entités à l'égard de la technologie physique au lieu de recourir à leur droit divin d'utiliser leurs facultés dans les plans spirituels supérieurs. Une partie de cette technologie est donc une combinaison de technologies physiques qui fonctionnent à l'aide des énergies spirituelles.
MOI : Est-ce le niveau auquel se trouvaient les Atlantes ?
ES : Oui, jusqu'à un certain point, bien que, comme Je l'ai mentionné précédemment, ils aient été séduits par l'expérience de la physicalité de la vie physique au point d'en perdre de vue ce qui était vraiment important.

L'architecture atlante est encore présente aujourd'hui

MOI : Dans ce cas, pourquoi n'avons-nous encore rien vu de leur architecture s'ils étaient si absorbés par le physique ?
ES : Au contraire, il existe de nombreux exemples de la civilisation atlante encore accessibles à tous. Si certains artefacts sont en effet cachés par l'évolution naturelle de la topographie de la Terre au cours des 35 000 dernières années, d'autres sont exposés au regard de tous, comme les pyramides. Il y en a d'autres juste sous la surface, comme à Saqqarah, en Égypte. Or, l'usure observable à la surface de ces artefacts témoigne de leur âge réel. Cependant, vos érudits ne sont pas capables de « sortir des sentiers battus », comme vous dites si bien, et, par conséquent, ils leur attribuent un dixième de leur âge réel parce qu'ils disposent de données chronologiques qu'ils croient correctes, alors qu'en réalité elles ne le sont pas. Prenons l'exemple de la sonde martienne envoyée par l'homme et qui avait deux jeux d'étalonnage :

le métrique et l'impérial. La différence entre les deux s'est avérée catastrophique puisque l'appareil s'est écrasé et n'a pas pu fonctionner. Pendant des années, les scientifiques qui ont travaillé sur le projet ont été convaincus que tout était correct. Ce n'est qu'après le crash de la sonde qu'ils ont découvert la nature du problème. Et il en sera de même pour les chefs de file de l'archéologie et de la religion. Ils ne réaliseront leurs erreurs que lorsque les preuves seront visibles par TOUS et pas seulement par eux.

Il suffit d'observer les détails des artefacts laissés sur place pour comprendre le niveau de civilisation requis pour les créer. Une production de masse de haute qualité ne se fait pas à l'échelle d'une industrie artisanale. Ce sont les détails qui révèlent la vérité sur la technologie dont disposaient les civilisations anciennes.

La civilisation « néandertalienne »

Par exemple, la race humaine que vous appelez « l'Homme de Néandertal » était en fait une race d'êtres très évolués et spirituellement conscients, qui faisaient le meilleur usage possible de leur corps physique pour les aider à évoluer et à s'élever dans les fréquences. Ils travaillaient en harmonie avec la terre et les animaux, lesquels, en retour, les aidaient. Ils étaient également en communication constante avec leur soi supérieur. Ceux qui avaient choisi d'être leurs guides renvoyaient constamment à l'Esprit la sensation merveilleuse qui était ressentie en travaillant avec l'univers à ce niveau de fréquence, même si c'était péniblement lent et restrictif. Cependant, ils savaient toujours ce qu'ils pouvaient faire avec leurs facultés spirituelles et, par conséquent, travaillaient en harmonie avec les énergies présentes à ce niveau ainsi qu'avec celles qui étaient en interaction avec ce niveau. Forts de cette connaissance commune, ils pouvaient créer leurs habitations et les dispositifs dont ils avaient besoin afin de les aider dans leur vie quotidienne, et ont ainsi rendu la vie physique plus tolérable pour ceux d'entre eux qui, comme votre version actuelle de l'humanité, n'étaient pas totalement en phase avec la réalité plus vaste.

La construction des pyramides

Comment crois-tu que ces grandes constructions que vous appelez les « pyramides » ont été bâties ? Ce n'est certainement pas avec des rondins, des cordes et des ciseaux en métal tendre ! En fait, leur construction a été possible grâce à la compréhension fondamentale et à l'utilisation des énergies sous-jacentes qui étaient à la disposition de ceux qui prenaient le temps de développer ce que chacun d'entre eux était capable de faire, mais que peu prenaient la peine d'apprendre. Ils travaillaient avec les énergies environnantes dont ils avaient le contrôle. Et c'est précisément cette capacité à utiliser ces énergies qui entraîne aujourd'hui l'absence de toute trace archéologique prouvant l'utilisation d'une technologie supérieure à ce que l'on pourrait attendre d'un être humain à un moment donné de l'histoire, compte tenu de la position technologique actuelle de l'humanité. Or, cette position se caractérise par une dépendance totale de l'humanité à l'égard des outils physiques au lieu de recourir aux outils spirituels ou énergétiques qui lui seraient accessibles si seulement elle ouvrait les yeux, et plus important encore, son cœur, car c'est là que se trouve le blocage de la croissance spirituelle de l'homme actuel.

Chapitre 16: Des humains capables de voyager dans l'espace

Les premiers voyages spatiaux de l'humanité énergétique dans une bulle environnementale
MOI : *Alors que nous terminions le dialogue précédent, je pensais revenir à l'essentiel de cette communication, à savoir l'histoire de Dieu. Cependant, j'ai reçu l'image d'humains qui se trouvaient dans l'espace à bord d'un vaisseau spatial qui semblait, pour le moins, bien fragile. De notre point de vue, nous venons tout juste de franchir l'espace qui sépare notre planète de sa lune et d'y déposer du matériel assez rudimentaire. Mais j'ai été aussi surpris de constater que tout cela est remis en cause par des théoriciens du complot.*
ES : Eh bien, les théoriciens du complot ont tort. Ces alunissages ont bel et bien eu lieu, et J'ai Moi-même accompagné les esprits de ces humains pendant toute la durée de leur trajet, et J'ai observé leur aventure avec intérêt.

En ce qui concerne les images que tu as perçues dans ton esprit, elles sont intéressantes principalement parce que la plupart des voyages effectués par l'humanité entre les étoiles se sont déroulés sous forme énergétique. Tu as sans doute perçu la seule fois où l'humanité s'est trouvée dans un état de flux énergétique. Ses membres ont alors décidé d'étudier à un niveau plus physique ces protubérances de l'espace physique que vous appelez des « planètes », lesquelles, bien sûr, sont des entités à part entière. En réalité, les machines que tu as perçues n'étaient pas des vaisseaux spatiaux comme vous les connaissez actuellement sur Terre. Il s'agissait plutôt de machines qui permettaient à l'aspect énergétique de l'humanité d'exister au sein des énergies plus denses sans perdre la communication avec cette partie d'elle-même qui reste liée aux états énergétiques supérieurs.
MOI : *Et alors, qui les a inventées ou créées ?*
ES : L'humanité énergétique de cette époque était, comme Je te l'ai expliqué précédemment, en pleine descente dans les fréquences, jusqu'au point où elle a commencé à s'implanter dans la fréquence et la dimension dans lesquelles l'humanité physique existe aujourd'hui, afin de servir de tremplin évolutif à l'humanité énergétique.

L'Histoire de Dieu

Collectivement, il a été estimé qu'il serait intéressant d'étudier l'environnement qui se présentait ainsi à ses membres. Et pour entreprendre l'étude de ce nouvel environnement dont ils prenaient alors conscience, ils ont constaté qu'ils devaient créer une bulle – une bulle environnementale qui maintiendrait la fréquence dans laquelle ils avaient l'habitude d'exister. Cette bulle (on pourrait la qualifier de vaisseau spatial) était capable de se déplacer dans deux environnements simultanément et permettait, par conséquent, à ses occupants de maintenir le contact avec le reste de l'humanité énergétique, cette partie d'eux-mêmes qui était pleinement spirituelle, et les dimensions et fréquences normales dans lesquelles ils existaient lorsqu'ils n'étaient pas en état d'incarnation.

MOI : Mais si l'humanité était énergétique à ce stade, comment pouvait-elle être incarnée en même temps ?

ES : Ses membres étaient énergétiques par rapport à votre niveau de densité actuel. N'oublie pas que vous êtes actuellement au plus bas de l'échelle des fréquences, et que pour cette raison tout ce qui se situe au-dessus de votre niveau actuel apparaîtrait comme énergétique. En substance, cependant, bien que Je les décrive comme une humanité « énergétique », ils se trouvaient dans une certaine forme de physicalité, mais n'étaient pas aussi « solides » que vous l'êtes maintenant. En d'autres termes, s'il pouvaient se tenir à côté de toi en ce moment même, tu ne pourrais pas les voir, car ils se situaient à un niveau de fréquence et de phase plus élevé. Cependant, comme ils étaient en flux, un flux de descente dans les fréquences, tu pourrais les apercevoir du coin de l'œil. Tout comme lorsque les gens prétendent avoir vu ce qu'ils pensent être des fantômes.

MOI : Ils ont donc parcouru l'univers physique dans un vaisseau spatial fantôme !

ES : Formulation intéressante – mais non, ce n'est pas tout à fait cela. Cette bulle était une construction qui avait les propriétés des deux environnements. Elle devait posséder cette qualité pour pouvoir se glisser entre les deux fréquences concernées de manière à permettre aux occupants d'exister dans les deux environnements en même temps mais sans pour autant être affectés par la fréquence inférieure.

MOI : Et comment a-t-elle été fabriquée ? Tu emploies souvent le mot « construction ».

ES : Elle a été créée par la manipulation des énergies et la modification de « l'attractivité » de certaines énergies de manière à pouvoir créer un certain niveau de physicalité. Cette opération a été réalisée par un certain nombre d'entités incarnées qui étaient des spécialistes de la manipulation des énergies. Pour faire simple, elles ont fait ralentir ou accélérer les énergies jusqu'au point où deux ou plusieurs énergies se « collaient » ensemble afin de créer une nouvelle énergie hybride, une énergie capable de « glisser » dans les fréquences dans lesquelles elle devait fonctionner. Et comme toutes les constructions maintenues dans les fréquences plus élevées, elle a pris une forme sphérique. Ce phénomène est normal, et il est reproduit par un certain nombre d'énergies dans votre univers dense. L'eau en est un bon exemple, tout comme les planètes, et les corps célestes que vous appelez des soleils. Elles ont utilisé cette construction ainsi que d'autres du même type pour expérimenter la quasi-totalité de l'environnement que vous appelez l'univers physique ; elles ont visité de nombreuses galaxies pour observer, apprendre et interagir avec la physicalité. Elles s'intéressaient particulièrement aux interactions des énergies à ce niveau et à ce qu'elles créaient. Ce faisant, elles ont ramené à elles-mêmes et, par conséquent, à l'Origine et à Moi, de nombreuses informations sur ces niveaux de fréquence inférieurs que Nous n'avions pas expérimentés ou compris Nous-mêmes.

MOI : Je croyais pourtant que Vous saviez tout sur tout.

ES : (Rires.) Non, et c'est bien pour cela que vous êtes tous ici maintenant !

MOI : Et ont-elles rencontré d'autres entités physiques ?

ES : Bien sûr. Si tu te souviens bien, au début de ce dialogue, Je t'ai expliqué que Je M'étais séparée en deux moitiés. La première moitié correspond à cette partie de Moi qui fait partie de l'Origine. Cette première partie de Moi a ensuite créé l'environnement dans lequel toi et tes semblables existez. La deuxième partie de Moi contient donc les innombrables entités que J'ai créées. Et bien évidemment, elles n'étaient pas toutes classées comme humaines.

Des entités dotées d'un libre arbitre individuel ou collectif

MOI : Du coup, combien de formes de vie physiques y a-t-il dans l'univers que Tu as créé ?

ES : Souhaites-tu vraiment que J'énumère toutes les formes de vie ? Tu veux sûrement parler de celles que vous qualifiez sur Terre de créatures dotées de sentience.

MOI : Mais qu'est-ce qu'une créature dotée de sentience ? J'aurais tendance à penser que toutes les formes de vie possèdent une certaine forme de sentience, n'est-ce pas ?

L'Histoire de Dieu

ES : C'est exact, mais Je vais te demander de reformuler ta question, car cela réduira le nombre des formes de vie à un chiffre que tu seras en mesure de comprendre.
MOI : OK, combien de formes de vie physiques y a-t-il dans l'univers que Tu as créé, en Te limitant aux seules entités qui possèdent le libre arbitre, qu'il soit individuel ou collectif ?
ES : Environ 415 000.
MOI : On parle bien de races distinctives ?
ES : Oui, J'ai créé 415 000 races distinctives.

Les métamorphes

MOI : Et chacune de ces races est incarnée dans le monde physique ?
ES : Oui, ainsi que dans les dimensions et fréquences environnantes. N'oublie pas que l'acte d'incarnation n'est pas spécifique au seul plan pleinement physique tel que tu le conçois, mais qu'il peut aussi s'appliquer à une autre dimension ou fréquence. Ce n'est pas parce qu'un véhicule destiné à l'incarnation se trouve dans une fréquence plus élevée qu'il en est moins un véhicule d'incarnation à des fins évolutives. C'est l'acte consistant à expérimenter les choses d'un point de vue restreint ou différent qui constitue l'objectif de votre existence physique, car vous êtes vraiment la somme de toutes vos expériences. Je vois que tu perçois un certain nombre d'images dans ton esprit concernant la forme et la configuration des différents véhicules d'incarnation dotés de sentience.
MOI : Oui, ils semblent aller des serpents jusqu'aux singes.
ES : C'est exact. Et certains d'entre eux peuvent même changer de forme pour en adopter une qui convient mieux à certaines tâches qu'ils effectuent. Chaque forme a sa propre utilisation spécifique et ses propres possibilités de développement.
MOI : Des métamorphes ?! Je pensais que c'était une invention de la science-fiction.
ES : Et d'où crois-tu que viennent les idées qui inspirent vos auteurs de science-fiction, si ce n'est de la réalité plus vaste ? Ces êtres ne sont pas de votre dimension et de votre fréquence, bien sûr, car à ce niveau il faudrait beaucoup trop d'énergie pour effectuer les changements de forme requis. Bien qu'avec le niveau d'entraînement approprié cette transformation puisse se faire, cela nécessite un dévouement et une concentration d'un niveau que la plupart d'entre vous ne pourraient jamais atteindre. Il faut un dévouement important, sans parler de l'exercice mental et physique nécessaire, pour positionner le véhicule humain à la fréquence requise afin de réaliser de tels exploits sur lui-

même. Cela deviendra davantage possible lorsqu'enfin la race humaine s'élèvera à nouveau dans les fréquences.
MOI : Et pourquoi ces êtres ont-ils des formes différentes ? N'existe-t-il pas une condition physique optimale ?
ES : Oui, il y en a bien une, mais cette condition est fonction de l'environnement dans lequel le véhicule concerné doit fonctionner ; et c'est précisément la raison pour laquelle les dauphins ont la forme qu'ils ont et que vous avez la forme que vous avez. Chaque race d'êtres dotés de sentience qui existe actuellement sur Terre évolue dans un milieu différent ou dans une fréquence ou une dimension différente. Il semble y avoir un schéma selon lequel un certain nombre de formes sont dupliquées indépendamment les unes des autres. Ceci est intéressant, car une fois que le véhicule physique est conçu par les parties énergétiques des entités, c'est-à-dire par les entités réelles, l'éco-structure de l'environnement dans lequel elles existent change, s'adapte, et présente des opportunités qui n'existaient pas auparavant, mais qui sont néanmoins utiles d'un point de vue évolutif.

Les dauphins sont des êtres doués de sentience capables de voyager dans l'espace aussi bien que dans les mers
MOI : Combien de races douées de sentience y a-t-il sur Terre ?
ES : Trois, mais une quatrième race est prévue pour bientôt.
MOI : Est-ce que je reconnaîtrais les membres de ces espèces si je les voyais ?
ES : Le problème, c'est que tu penses connaître une autre entité de manière holistique, mais sans pouvoir en être tout à fait sûr, car tu t'attends à ce qu'un être doué de sentience dispose de technologies pour prouver sa sentience. Or, la technologie n'est pas toujours une preuve de sentience, pas plus que l'absence de technologie n'est la preuve d'un manque de civilisation et d'évolution. Sur Terre, les dauphins en sont la preuve. Et tu serais bien étonné de découvrir que les dauphins sont des êtres spatiaux, autant que des êtres marins. En tant que civilisation, ils sont extrêmement et hautement évolués et rendent un grand service au profit du bien-être de la Terre et de ses habitants.
MOI : Mais comment les dauphins peuvent-ils voyager dans l'espace ? Est-ce qu'ils transportent de l'eau dans l'espace dans une sorte de construction énergétique que nous n'avons pas encore détectée sur nos réseaux radar ?

L'Histoire de Dieu

ES : Non, ils voyagent dans l'univers avec leur esprit, leur soi énergétique, leur vrai soi. Ils contrôlent pleinement leurs énergies et existent toujours à une fréquence plus élevée que l'humanité. Et même s'ils ont beaucoup souffert de la chute de l'humanité dans les fréquences, ils parviennent toujours à maintenir leur propre fréquence.

MOI : Mais si les dauphins sont d'une fréquence plus élevée que l'homme, pourquoi sont-ils visibles dans notre fréquence ?

ES : Être d'une fréquence plus élevée ne signifie pas spécifiquement que l'on disparait aux yeux d'un observateur situé dans ta propre fréquence. La visibilité se maintient sur plusieurs niveaux. De plus, les dauphins préfèrent rester visibles pour que vous ne vous sentiez pas seuls dans cette fréquence, car on peut se sentir très seul dans un endroit où la majeure partie de la réalité n'existe tout simplement pas. La race des dauphins aide beaucoup l'humanité au niveau énergétique et communique avec le comité humain de manière constante, contribuant ainsi à influencer le processus de décision de l'humanité au niveau du groupe.

MOI : Et comment peuvent-ils faire cela s'ils sont basés en mer alors que l'humanité est basée sur terre – même si nous pouvons aussi aller en mer...?

ES : Tu oublies qu'ils ne sont pas de la même fréquence. Ils font essentiellement ce que vous appelez des voyages astraux. Ainsi, lorsqu'ils organisent une réunion avec le comité humain, ils quittent leurs corps de dauphins en utilisant leurs corps énergétiques. Ils en sont encore au stade où ils peuvent aller et venir d'un état à l'autre. En fait, ils ne l'ont jamais perdu comme l'humanité l'a fait. C'est pourquoi ils peuvent quitter leur corps à volonté et voyager où ils le souhaitent, ce qu'ils font d'ailleurs régulièrement. Ils quittent aussi régulièrement l'environnement Terrestre afin de communier avec les autres races énergétiques de leur niveau situées dans d'autres parties de la galaxie locale et même de l'univers.

MOI : Et comment se fait-il qu'ils n'aient aucune technologie ?

ES : Ils en ont. C'est juste que vous les humains, vous n'avez pas la capacité de la détecter. Mais encore une fois, ce n'est pas le genre de technologie que vous reconnaîtriez ou comprendriez ; elle est principalement d'origine énergétique et, en tant que telle, d'une fréquence supérieure à celle de leur corps physique. La technologie, vois-tu, n'est pas nécessairement électrique, mécanique ou informatique. La vraie technologie utilise les énergies naturelles afin de travailler avec l'univers pour qu'il vous aide à vous aider.

Chapitre 17: Le deuxième cordon d'argent

Nous étions en train de parler du fait d'être hautement évolué lorsque j'ai soudainement perçu dans mon esprit l'image d'une forme humaine dotée de deux lignes de communication la reliant à l'Esprit. J'ai donc décidé d'entreprendre une digression dans cette direction avant de revenir à la question initiale de l'histoire de Dieu.

MOI : Je viens de recevoir l'image d'un lien supplémentaire avec l'Esprit, presque comme un deuxième « cordon d'argent », ce fameux cordon dont parlent les personnes extra-lucides lorsqu'elles observent les voyages astraux.
ES : C'est une bonne observation.
MOI : Alors, qu'est-ce que c'est ? Une ligne de communication supplémentaire destinée à fournir une « bande passante » supplémentaire ?
ES : Exactement ! Mais il faut un certain niveau d'évolution pour atteindre ce niveau de communication supplémentaire, et il n'est pas facile à maintenir car il peut se perdre.
MOI : Comment ça ? On peut le perdre même si on en est équipé ?
ES : Oui.
MOI : Mais comment est-il possible d'en arriver là ?
ES : En ne l'utilisant tout simplement pas. Comme le dit votre vieil adage sur Terre, « ce qui ne sert pas se perd », et c'est ainsi que vous le perdez en oubliant qu'il existe.

Les défis liés au deuxième cordon d'argent
MOI : Comment peut-on oublier quelque chose d'aussi important qu'un deuxième cordon d'argent ? Il semble si fondamentalement évident que ce cordon rendrait notre interaction avec ce niveau si différente de ce que la plupart des gens vivent sur Terre qu'il devrait être absolument incontournable !
ES : Et c'est bien le cas. Mais le problème ici, c'est que les informations et les expériences que vous obtenez avec ce niveau supplémentaire de communication subtile sont telles que lorsque les gens concernés commentent ce qu'ils voient (ou perçoivent),

L'Histoire de Dieu

apprennent ou ressentent en termes de ce qui est en eux et autour d'eux du point de vue de l'univers tout entier, ceux qui ne vivent pas ces choses pensent qu'il s'agit des divagations d'une personne atteinte de démence. Lorsqu'ils sont jeunes, les individus qui vivent un tel état de conscience accrue se font dire par leurs parents qu'il est impossible qu'ils voient ce qu'ils disent voir, ou se font ridiculiser par leurs amis à l'école. Ils sont classés dans la catégorie des personnes souffrant de troubles psychiatriques, comme la schizophrénie, ou sont simplement qualifiés de rêveurs, uniquement parce que ceux qui ne peuvent pas voir ou ressentir les choses de cette façon portent uniquement leur attention sur ce qu'ils voient autour d'eux.

Cela détourne alors l'attention de ces individus de ce qui se passe dans le monde physique, ou de ce à quoi ils participent dans ce monde. Par conséquent, ceux à qui l'on répète assez souvent qu'ils ne peuvent pas voir ce qui n'est pas là dans le monde physique commencent à y croire ou à ignorer activement ce qu'ils perçoivent afin de devenir suffisamment « normaux » pour s'intégrer au reste de la société et à leurs amis, ou pour faire plaisir à leurs parents. Par la suite, rares sont ceux qui récupèrent leur savoir, et plus rares encore sont ceux qui sont capables de l'utiliser à plein escient, indépendamment du fait qu'ils en aient conservé une partie ou qu'ils le redécouvrent, comme toi en ce moment.

Parmi ceux qui l'utilisent pleinement, beaucoup se laissent entraîner dans le milieu des facultés psychiques et de la clairvoyance qui s'apparentent davantage aux pratiques des fêtes foraines ou des séances de lecture bon marché (ou pas) de l'avenir des individus. D'autres l'utilisent à des fins égoïstes ou d'autopromotion et atteignent par la suite un plateau dans leur capacité à s'ouvrir et à expérimenter davantage l'univers à ce niveau, se privant ainsi d'une excellente opportunité d'évolution qui reste inexploitée à son plein potentiel.

Seuls quelques rares individus reconnaissent sa véritable signification et saisissent alors l'opportunité d'éclairer les autres et d'essayer de les aider à évoluer davantage. C'est une grande tristesse qu'ils soient aussi peu nombreux, mais elle est peu à peu surmontée, car de plus en plus d'individus luttent contre ce qu'on leur dit être la réalité, par opposition à ce qu'ils vivent comme étant vraiment la réalité. Plus les personnes qui vivent des choses similaires en raison de leurs capacités à communiquer à un niveau supérieur se rencontrent ou se réunissent pour partager leurs expériences et leurs connaissances, plus leurs expériences sont validées et plus elles s'ouvrent pleinement à cette véritable opportunité de communication. Et, par conséquent, plus elles réalisent qu'elles doivent faire passer le « message » pour aider les autres à évoluer également.

Disponibilité et choix d'un deuxième cordon d'argent
MOI : Ce deuxième cordon d'argent n'est donc disponible que pour ceux qui sont suffisamment évolués pour être en mesure d'utiliser ces capacités ?
ES : Les entités qui se sentent capables de les utiliser s'arrangent pour qu'elles soient associées au corps physique dans lequel elles sont sur le point de s'incarner.
MOI : J'aurais pourtant pensé que toutes les entités suffisamment évoluées disposeraient automatiquement de ces cordons, du moins c'est l'impression que Tu viens de me donner.
ES : Toutes les entités du niveau d'évolution approprié peuvent utiliser le cordon supplémentaire et y avoir accès, mais certaines estiment qu'elles ne sont pas en mesure d'exploiter pleinement cette possibilité de communication supplémentaire et, par conséquent, ne profitent pas de cette opportunité.
MOI : Tout cela me semble un peu étrange. Je m'attendais à ce que toutes les entités soient particulièrement impatientes de saisir l'opportunité de disposer de niveaux de communication améliorés (ou normaux ?) lorsqu'elles se trouvent dans les plans physiques.
ES : Les opportunités d'évolution ne nécessitent pas toujours d'être davantage connecté à l'esprit, et dans de nombreux cas, il est préférable de ne pas avoir ce lien supplémentaire afin de pouvoir tirer le meilleur parti du caractère aléatoire du libre arbitre sans s'encombrer de cette information qu'apporte la pré-connaissance du destin.
MOI : La pré-connaissance du destin ?
ES : Oui, la pré-connaissance du destin. Il s'agit de la capacité de se focaliser sur le moment qui aboutit à la réalisation d'un événement donné. La réalisation d'un événement que vous êtes appelés à mettre en œuvre peut être qualifié de « destin ». Et le fait de savoir ce qui va se passer correspond à cette pré-connaissance du destin.
MOI : OK, donc ce que Tu me dis, c'est que certaines entités préfèrent ne pas disposer de ces connexions qui leur donneraient la capacité de voir l'avenir et de savoir ce qu'elles doivent faire pour que certains événements se produisent ?
ES : En bref, oui.

L'Histoire de Dieu

MOI : Alors pourquoi les autres entités préfèrent-elles se doter de ce lien supplémentaire ?
ES : Parce qu'elles pensent pouvoir accélérer l'évolution de leurs semblables ainsi que la leur. Mais c'est une entreprise colossale, car cette démarche peut affecter l'ensemble de la création locale.

La création locale

MOI : La création locale ? Qu'est-ce que c'est ? Je pensais que la création désignait tout ce qui existe ?
ES : Une création locale, c'est une création qui n'affecte qu'elle-même et non le reste de la création. Par exemple, ce qui se passe sur ce plan d'existence, sur cette planète, est une création locale. Les entités qui tentent d'influencer l'évolution de la création (ainsi qu'elles-mêmes), quelle que soit l'ampleur de l'effet induit, créent une situation dans laquelle toutes les entités associées à l'incarnation sur le plan Terrestre sont affectées et finalement élevées dans les fréquences. Lorsque la création locale se retrouve ainsi élevée dans les fréquences, elle affecte également le reste de ce que J'ai créé, d'où l'intérêt actuel pour cette planète et les plans physiques et non physiques qui lui sont associés. En d'autres termes, les entités qui se sont associées à cette création aident les autres Entités Sources ainsi que l'Origine dans le processus de création universelle, et ce de manière inclusive.

Le fardeau ou le don du deuxième cordon d'argent

Par conséquent, les entités qui choisissent de s'incarner et d'évoluer avec ce cordon d'argent supplémentaire portent un immense fardeau, car elles vivent leur vie incarnée en ayant toujours à l'esprit qu'elles font partie de quelque chose de bien plus vaste et qu'elles ont quelque chose d'important à faire. Certaines en prennent conscience dès le commencement de leur incarnation, d'autres plus tard, et certaines, bien sûr, ne le font jamais pour une raison ou une autre.

MOI : Je n'aurais jamais pensé que ce deuxième cordon d'argent puisse être considéré comme un fardeau.
ES : Elles ne le considèrent pas non plus comme un fardeau lorsqu'elles décident dans quelle région du monde et dans quelle époque elles vont se projeter. En fait, elles sont fières (ou ravies, voire honorées) qu'on leur donne la chance de contribuer à l'évolution d'autres entités moins évoluées. Elles sont heureuses de rendre un service aussi important.

L'Histoire de Dieu

MOI : Et pourquoi ça ? Pourquoi sont-elles si honorées de servir les autres ?
ES : Parce que lorsqu'elles sont au service d'elles-mêmes, elles sont aussi au service des autres ; ce faisant, elles se rendent service à elles-mêmes encore plus, ce qui augmente le niveau de service rendu aux autres entités. C'est une spirale ascendante sans fin car, lorsque chaque entité est CONSCIENTE de ce qui se passe, toutes ces entités s'entraident alors à aider les autres à s'aider elles-mêmes. Et ainsi elles s'élèvent toutes ensemble plus rapidement dans les fréquences.
MOI : Alors pourquoi m'avoir dit que c'était un fardeau ?
ES : Parce que lorsque vous n'êtes pas conscients, mais que vous avez le sentiment persistant d'avoir quelque chose de plus important à faire, vous vous sentez insatisfaits de ce que vous êtes et de ce que vous faites, indépendamment de votre réussite dans le monde matériel. En fait, plus vous avez de succès, plus votre insatisfaction augmente.
MOI : Et pourquoi serait-on plus insatisfait en étant un homme d'affaires prospère, par exemple ?
ES : Parce que vous ne prospérez que dans une seule dimension, la dimension physique, et que cette réussite ne concerne que vous-mêmes et ne joue pas en faveur des autres.
Moi : Pourtant, certaines personnes réussissent très bien dans le monde physique et font beaucoup de bien aux autres en dirigeant par exemple des organisations caritatives comme Save the Children, Oxfam, ou même Green Peace.
ES : Certes ! Mais combien d'entre elles le font afin de satisfaire leur ego et non pour le bien de tous ?
MOI : Pardon ? Qu'entends-Tu par-là ?
ES : Ce que Je dis, c'est que les entités qui utilisent ces véhicules pour leur propre gloire sont encore fermement ancrées dans le monde physique. Cependant, celles qui font du bien aux autres et ne recherchent aucune récompense tout en offrant de réelles opportunités aux personnes qu'elles aident par pure compassion, ces personnes-là travaillent en synchronicité avec leur plan d'incarnation, qu'elles en soient conscientes ou non. La plupart des entités VRAIMENT CONSCIENTES travaillent en coulisses sans se mettre sous les feux des projecteurs qui attirent une grande publicité, et c'est bien là que le meilleur travail est accompli, car il n'exige aucune récompense. Aucune récompense n'est recherchée, car le travail est fait par amour du travail et non par amour de l'ego avec tous les pièges qui l'accompagnent.

Chapitre 18: Les archives akashiques et autres bases de données

L'archivage des expériences physiques et spirituelles des entités
MOI : *Dans un dialogue précédent, Tu as mentionné des « archives ». Voulais-Tu parler des archives akashiques ?*
ES : Elles ne correspondent qu'à une partie de la fonction des archives dont Je parlais, mais en substance, oui.
MOI : *On dit que nous, les humains, nous pouvons accéder à ces archives pour nos propres besoins et pour notre propre apprentissage. On dit aussi qu'elles contiennent les archives de toutes nos vies, de tout ce que nous avons fait et de tout ce que nous ferons.*
ES : C'est vrai, mais leur accès est limité, surtout lorsque vous êtes incarnés dans le physique, car l'accès à cette connaissance a aussi pour effet d'inhiber l'apprentissage acquis par l'expérience physique. La partie des archives qui est à proprement parler « akashique » concerne uniquement l'existence humaine. D'autres archives sont conservées pour d'autres entités et portent un autre nom, mais pour l'essentiel elles font toutes partie de la même base de données.
MOI : *Mais cette base de données et ces archives akashiques, incluent-elles également les expériences collectives de l'Origine ?*
ES : Oui, mais comme Je viens de te le dire, la partie « akashique » ne concerne que les expériences collectives et individuelles de l'humanité. Cela ne concerne pas seulement, bien sûr, l'expérience physique en elle-même, mais inclut également toutes les expériences que votre type d'entité a accumulées dans les domaines physiques et spirituels. Chacune de vos expériences est ainsi enregistrée dans cette zone de l'Origine.
MOI : *Et lorsque je suis en esprit, puis-je également regarder ce que l'Origine a vécu ?*

Intégration possible des vies et des expériences d'autres entités dans notre propre vie
ES : Dans une moindre mesure, oui, mais surtout si cela est considéré comme utile pour vous dans votre propre quête d'expérience et de compréhension personnelle. À cette fin, il vous est également possible d'examiner les vies et les expériences d'autres entités et de les

intégrer, en tout ou en partie, dans votre propre part de l'Akashique, celle que vous portez en vous.

MOI : Et qu'entends-Tu par « notre part de l'Akashique que nous portons en nous » ?

ES : Votre propre mémoire personnelle. Vous avez une mémoire, n'est-ce pas ?!

MOI : Oui..., mais encore ?

Trois types de mémoires

ES : Je vois que Je dois à nouveau clarifier les choses.

Vous disposez en fait de trois mémoires :
1. Une mémoire qui fait partie de l'Origine
   - Cette mémoire fait partie de l'Akashique de l'humanité et elle est accessible à l'Origine, aux Entités Sources ainsi qu'à toutes les entités spirituelles associées à cet univers et à ses dimensions. En substance, les archives akashiques sont destinées aux entités spirituelles associées à toutes les différentes manifestations physiques de cet univers. Elles sont conservées dans des sous-sections distinctes afin d'identifier clairement leur origine et de pouvoir comparer les différentes expériences vécues par les différents types d'entités. Toutes les archives sont accessibles à toutes les entités. Et toutes ces archives peuvent être utilisées comme autant d'expériences utiles par toute autre entité lors de son incarnation dans le monde physique.
2. Une mémoire qui fait partie de votre constitution énergétique
   - Cette mémoire est uniquement la vôtre. Elle n'inclut pas la capacité d'accéder à la première mémoire, mais contient les expériences personnelles cumulatives que vous avez vécues au cours de la totalité de votre existence. Elle n'est accessible que lorsque vous êtes à nouveau « entier », c'est-à-dire lorsque vous n'avez plus une partie de vous-même qui se trouve encore incarnée dans le monde physique.
3. Une mémoire qui fait partie de vous lorsque vous vous incarnez
   - Il s'agit essentiellement d'une page blanche du point de vue physique, mais elle contient un nombre subliminal de mémoires (personnelles ou importées) qui sont disponibles pour une utilisation dans le monde physique si une tâche ou une expérience spécifique doit être entreprise et nécessite un peu d'aide expérientielle.

L'Histoire de Dieu

Les utilisations des mémoires importées
MOI : Tu viens de mentionner des mémoires « importées ». Est-ce que Tu veux dire par là que nous pouvons utiliser les mémoires d'autres personnes afin de nous aider à résoudre des problèmes ?
ES : Comme Je te l'ai dit plus haut, « toutes ces archives peuvent être utilisées comme autant d'expériences utiles par toute autre entité lors de son incarnation dans le monde physique. » Cependant, dans des circonstances particulières, certaines d'entre elles peuvent être importées dans votre propre mémoire pour la durée d'une incarnation si cela est considéré comme bénéfique pour vous lors de votre prochaine incarnation (et parfois pendant votre incarnation actuelle) ainsi que pour vos guides pendant la phase de planification de votre incarnation.
MOI : Et cela pourrait également inclure les souvenirs ou les expériences provenant d'entités que nous considérerions comme extraterrestres ?
ES : Oui. Mais cette méthode est utilisée spécifiquement lorsqu'une certaine avancée technologique ou artistique doit être introduite dans le monde physique. Cette avancée semble alors venir de nulle part ; elle paraît radicale, novatrice, étrange et incroyable.
Lorsqu'elle provient d'une seule personne, la personne qui introduit ces changements novateurs est considérée comme un génie. Lorsqu'elle provient d'un groupe de personnes, cela est dû au fait que les connaissances sont trop nombreuses pour qu'une seule d'entre elles puisse les gérer seule, de sorte que chacune détient une partie du tableau d'ensemble qui est essentielle à la réussite des autres membres du groupe. Vous y voyez alors une forme de « génie de groupe ».

Utilisation des archives akashiques pour tirer des leçons des scénarios de simulation d'hypothèses
MOI : D'accord, donc d'après ce que je comprends, les archives akashiques contiennent un enregistrement des expériences vécues par toutes les entités associées à l'univers physique et à ses dimensions. Elles font partie des mémoires de l'Origine et des Entités Sources, et elles échappent à toute « modification » extérieure susceptible d'être initiée par l'Origine. Tout cela semble assez simple, finalement.
ES : Oui, mais l'Akashique est bien plus que cela.
MOI : Pourquoi ? Que peut-il offrir de plus ?
ES : C'est un outil beaucoup plus utile qu'un simple ensemble de souvenirs.
MOI : Et à quoi d'autre peut-il servir ?

L'Histoire de Dieu

ES : C'est un outil qui te permet d'étudier les interactions des événements et la façon dont chaque événement affecte l'individu, mais aussi son passé, son présent et son futur. Pendant une période de temps limitée, tu peux apporter des changements qui affectent ces événements afin d'observer ce qui se passe ensuite. Tu peux aussi l'utiliser pour planifier les événements qui doivent avoir lieu pour que ta vie incarnée se déroule au mieux de tes attentes, y compris en mettant en place des mesures de sécurité, afin qu'elle prenne en compte un certain nombre de changements apportés par d'autres entités qui font la même chose.

MOI : Donc, ce que Tu me dis, c'est que les archives akashiques peuvent également être utilisées comme un gigantesque dispositif de scénarios de simulation ?

ES : Oui, mais c'est encore bien plus que cela : un esprit peut insérer dans sa mémoire d'incarnation la ou les mémoires de la vie et des expériences d'autres esprits afin d'observer de quelle manière elles affecteraient son plan de vie. Cet esprit peut alors ajuster les structures de sa mémoire d'incarnation en supprimant certaines expériences ou parties d'expériences d'autres esprits afin de planifier sa propre expérience de vie ainsi que les résultats qui en découleront de manière optimale. Ceci, bien sûr, n'est qu'une projection et ne s'actualise qu'à un moment précis, car une fois incarné, l'esprit peut porter un jugement différent, sur une décision donnée, de celui qui avait été envisagé dans les archives akashiques. En effet, dès qu'il se trouve dans le monde physique, il ne bénéficie plus de l'avantage offert par sa seconde mémoire afin de l'aider à prendre des décisions.

Les interactions des autres entités incarnées en sont également affectées, et la façon dont elles réagissent aux changements intervenus dans le profil de décision apportera aussi une différence dans leurs plans d'incarnation.

MOI : D'accord, mais Tu m'as dit que les archives akashiques sont bien plus que cela.

ES : Oui, en effet : elles te donnent également l'occasion de te plonger dans les expériences de vie d'autres entités incarnées, passées, présentes et futures, dont les vies et expériences d'existence sont stockées dans les archives akashiques. Tu peux les explorer et les vivre comme si elles étaient les tiennes, en prenant même ce qui te semblera être la même durée de « temps réel » pendant toute la durée de chaque expérience.

MOI : Attends une seconde, Tu viens de dire : toutes les entités « dont les vies et expériences d'existence sont stockées dans les archives

L'Histoire de Dieu

akashiques ». Cela laisse donc entendre qu'il existe des expériences de vie qui ne se trouvent pas dans les archives akashiques ?
ES : C'est exact. Il y en a qui ne s'y trouvent pas. Ce sont des vies qui n'ont aucune conséquence sur l'efficacité globale de l'expérience totale, ou bien encore ce sont les vies d'entités supérieures qui ont effectué leur retour vers la Source ou même vers l'Origine et qui sont, par conséquent, en dehors du champ d'action. Elles ne sont pas perdues pour l'Origine ; et rien n'est perdu – jamais – car elles sont placées dans sa mémoire globale. C'est juste qu'elles ne sont plus disponibles pour les entités qui ne peuvent accéder qu'aux mémoires akashiques.

N'oublie pas que les archives akashiques concernent uniquement les entités qui évoluent dans cet univers spécifique et ses dimensions. Elles ne concernent pas les entités qui évoluent dans les autres univers créés par Moi et les autres Entités Sources, car elles ont leurs propres archives de ce qu'elles y ont vécu et réalisé. Et ces archives-là portent un nom différent.

MOI : Les archives akashiques ont donc un nom spécifique. Mais que signifie ce nom d'« akashique » ? Normalement, les noms ont une signification précise.
ES : Un nom n'a pas besoin d'avoir une signification ou une fonction s'il sert simplement à mettre une étiquette sur quelque chose. Ce besoin d'étiqueter les choses est une exigence bien humaine, mais elle est également spécifique à d'autres entités qui se situent à un niveau similaire en termes d'évolution de groupe. Le mot akashique signifie ici « éternel », ce qui est une façon de dire : pour toujours, sans fin, à tout jamais. Les archives akashiques ont donc toujours existé de votre point de vue, et elles existeront toujours. Par conséquent, elles représentent les « archives éternelles » de cet univers.

MOI : Peux-Tu m'en dire un peu plus sur la fonction des archives akashiques liée aux « scénarios de simulation » ?
ES : Cette fonction n'est pas utilisée par une entité individuelle. Elle n'en a pas la possibilité, car cette fonction repose sur l'interaction d'un trop grand nombre d'âmes en même temps. Elle peut en revanche être utilisée par de grands groupes d'entités qui travaillent ensemble en vue d'atteindre un objectif collectif. Tu fais d'ailleurs partie de l'un de ces grands groupes. Ce groupe peut être extérieur aux entités en cours d'incarnation sur Terre, comme le tien, ou bien il peut être formé d'entités entièrement liées à la Terre pour ses opportunités d'évolution.

MOI : Et que font ces groupes ?

L'Histoire de Dieu

ES : Ils aident à orienter une civilisation toute entière dans une certaine direction, cette direction étant celle qui améliorera les opportunités d'évolution.

MOI : *C'est-à-dire faire le bien !*

ES : Les opportunités d'évolution ne signifient pas toujours qu'un individu doit faire ce que vous appelez le « bien ». Le bien et le mal sont des outils verbaux catégoriques et clivants qui permettent de distinguer les actions d'un individu par rapport à celles d'un autre. Le bien est le mot que les gens préfèrent utiliser et par lequel ils préfèrent être décrits, mais cela ne signifie pas qu'une bonne personne évoluera plus vite qu'une mauvaise personne. L'évolution est une question d'expérience et de reconnaissance des opportunités d'évolution offertes à chaque individu par certaines expériences. Par exemple, si une entité était continuellement « bonne » dans la dimension Terrestre, elle serait rejetée par sa communauté locale, qui la considérerait comme irréaliste. Cette expérience en elle-même a ses propres points forts évolutifs, car le fait d'être considéré comme un modèle de vertu ou comme un bon samaritain suscite toute une série d'émotions. De même, le fait de faire le mal peut aussi avoir ses avantages, car à un moment donné, le fait d'avoir faits de mauvaises choses fait surgir des émotions de remords, ce qui est en soi une expérience émotionnelle et évolutive puissante.

En fait, pour pouvoir évoluer, vous les humains devez commencer au bas de l'échelle, ce qui signifie que vous devez expérimenter autant de choses que possible, bonnes comme mauvaises. Cette expérience vous permet d'obtenir une vision équilibrée de l'existence à certains niveaux et d'acquérir de l'expérience sur ce qui est nécessaire afin de vous permettre, à vous-mêmes ainsi qu'à vos compagnons d'incarnation, d'évoluer tous ensemble. Une fois que vous aurez pleinement compris cela, vous pourrez alors commencer à travailler ensemble en équipe, aussi bien dans les fréquences d'incarnation supérieures que dans les fréquences d'incarnation inférieures. Cela veut dire que vous pourrez travailler ensemble pour modifier le cours des civilisations ou des groupes locaux afin de les aider à évoluer ; et la meilleure façon de trouver la voie optimale pour y parvenir, c'est de recourir aux archives akashiques. Ce qui est intéressant ici, c'est que les entités influencées par ces « scénarios de simulation » exécutés dans l'espace akashique sont, si elles ne sont pas actuellement incarnées, conscientes de la façon dont elles en seront affectées. Cela signifie généralement qu'un public commence à apparaître autour de l'espace akashique, principalement par intérêt, mais aussi pour

L'Histoire de Dieu

apporter des commentaires sur des possibilités d'amélioration stratégique.

MOI : Cela veut dire que des milliers, voire des millions d'entités sont impliquées en même temps si un « scénario de simulation » est exécuté ?

ES : C'est effectivement le cas, et c'est pourquoi ce type de scénario de simulation n'est pas exécuté très souvent, car il repose sur la collaboration simultanée de toutes ces entités pour le bon déroulement du scénario en question. Et le résultat du scénario doit également être approuvé par les entités concernées, car il peut affecter leur parcours évolutif d'une manière ou d'une autre.

Les critères d'utilisation des archives akashiques pour l'exécution d'un scénario de simulation

MOI : Waouh ! Et à quelle fréquence un scénario de simulation est-il exécuté ?

ES : Je t'ai expliqué à quel moment cela se produit, mais Je suppose que ce que tu Me demandes, c'est quels sont les critères pour qu'un scénario de simulation soit exécuté ?

MOI : Oui, c'est ça. Tu ne m'as fourni qu'un aperçu général du pourquoi, mais Tu ne m'as pas vraiment décrit dans quelles circonstances précises il est exécuté.

ES : Nous utilisons ce niveau de scénario dans l'espace akashique lorsque nous devons apporter des changements radicaux à l'orientation d'une civilisation toute entière afin de la sauver de l'extinction (et une telle extinction est toujours un immense gâchis, surtout si la civilisation en question a un rôle à jouer dans le plan d'ensemble) ou si c'est le bon moment pour aider la civilisation en question à évoluer plus rapidement ou à passer au niveau d'évolution suivant. J'utilise le mot « civilisation » ici parce que Je parle d'entités qui existent dans les fréquences et dimensions physiques. Ce sont en effet les contextes dans lesquels le scénario de simulation est le mieux utilisé, car les entités incarnées ne peuvent pas se souvenir de leur plan de vie, et encore moins du plan de vie des véhicules physiques qu'elles occupent lorsqu'elles se retrouvent à ce niveau d'existence.

MOI : Donc, ce que Tu me dis, en fait, c'est que ce scénario de simulation est utilisé avec une grande parcimonie et uniquement dans le but d'aider les entités qui utilisent les fréquences inférieures ?

ES : C'est en effet un assez bon résumé.

MOI : Ainsi, la somme totale de toute existence humaine et non-humaine dans cet univers est stockée dans l'espace akashique, et elle peut être utilisée afin de prédire l'orientation suivie par des civilisations entières. Mais cette orientation peut être modifiée par des groupes d'esprits qui ont des projets quant à la direction que cette civilisation devrait prendre. Et la fonction de « scénario de simulation » de l'espace akashique leur permet donc d'affiner ce qu'ils doivent faire en vue d'obtenir le résultat souhaité.

ES : C'est exactement ce qui se passe. Mais surtout, c'est ce que fait l'humanité en temps de crise mondiale. En fait, l'évolution n'est pas laissée au hasard. Le cours de l'actualité de la race humaine et des autres races incarnées est continuellement surveillé et modifié afin de garantir que le processus d'évolution soit accéléré et que les possibilités d'évolution soient améliorées. T'es-tu déjà demandé pourquoi la vie est si rapide sur Terre en ce moment et pourquoi tant d'inventions se concrétisent ?

MOI : Oui, apparemment nous nous précipitons tellement dans tous les sens que nous ne sommes même pas capables de nous donner le temps de méditer et d'être en contact avec notre soi supérieur ou même avec Toi.

ES : En effet. Mais quelle est la véritable raison de toute cette précipitation ?

Expériences en cours sur Terre

MOI : Je n'en ai pas la moindre idée. Est-ce que cela fait partie d'une expérience ?

ES : L'univers tout entier et ses dimensions sont une expérience, mais oui, il y a effectivement une ou deux petites expériences en cours en ce moment. La première consiste à voir quels sont les individus qui sont capables d'entrer en contact avec leur soi supérieur et, par conséquent, d'accéder à la réalité supérieure tout en étant bombardés par toutes ces nouvelles distractions, et de les aider à enseigner aux autres comment faire de même. La seconde consiste à élever le niveau de base de l'expérience d'un cran ou deux, jusqu'au point où vous pouvez travailler avec d'autres entités incarnées et, par conséquent, augmenter les opportunités d'évolution pour l'ensemble de l'espèce incarnée. De plus, le fait de vous élever d'un cran ou deux augmentera également vos niveaux de fréquence de base de manière à vous rendre tous plus sensibles à la réalité plus vaste, vous ramenant ainsi à la fréquence à laquelle vous devriez vous trouver à ce stade de votre existence.

Car toute cette technologie est bien jolie, mais elle masque votre véritable potentiel en introduisant des moyens artificiels de résoudre

L'Histoire de Dieu

les problèmes engendrés par le fait de ne pas être à la fréquence à laquelle l'humanité devrait se trouver. Avec vos véritables capacités, vous n'auriez pas besoin de tous ces mécanismes artificiels autour de vous, et c'est un problème que vous devez surmonter et comprendre collectivement en tant que race. Car c'est bien la race humaine toute entière qui est concernée par cette expérience consistant à retourner à la Source, et à l'Origine, et c'est ce retour qui devrait en réalité faire l'objet de toute cette précipitation que nous évoquions avec cette course aux nouvelles technologies.

MOI : Mais pourquoi devrions-nous faire de ce retour à la Source une course ? Je pensais que l'évolution d'une entité était personnelle. Que le plus important était de vivre différentes choses qui nous font grandir en tant qu'entité et que le fait de retourner à la Source était un choix personnel.

ES : Le retour à la Source est en effet un choix personnel. Vous êtes libres de ne pas le faire si vous le jugez bon. C'est uniquement une course au retour à la Source dans la mesure où la plupart des entités veulent réellement retourner à la Source afin de pouvoir partager le sentiment d'unité et de totalité, et de partager leur contribution avec l'Origine, leur contribution étant ce qu'elles ont appris et expérimenté sur elles-mêmes et sur leur environnement. C'est la raison ultime de leur existence, car cette contribution aide l'Origine à Se connaître mieux et plus rapidement, et surtout d'une manière à laquelle Elle n'aurait pas songé Elle-même.

MOI : J'aurais pourtant pensé que l'Origine serait capable de penser à tout et de tout expérimenter.

ES : Bien sûr que oui, mais l'avantage ici, c'est que vous, en tant qu'entités plus petites, êtes capables de vivre les choses d'une manière beaucoup plus personnalisée, encore plus que l'Origine Elle-même, simplement parce que vous n'êtes pas distraits par des choses plus grandes. En substance, vous êtes capables d'entrer dans des détails que l'Origine ne trouverait pas intéressants de Son propre point de vue. Et pour ce faire, Elle a besoin d'êtres bien plus petits qu'Elle. C'est pourquoi l'Origine M'a créée et que, à Mon tour, Je vous ai tous créés pour accéder à ces niveaux de détail et revenir ensuite à Moi le plus rapidement possible avec tous ces détails expérientiels. Puis, c'est dans l'espace akashique que sont déposées toutes ces expériences combinées que l'humanité a vécues, pourrait vivre ou souhaite vivre, ces choix de vie étant basés sur le libre arbitre au sein d'un environnement limitatif.

L'Histoire de Dieu

MOI : D'accord, je vois, mais Tu n'as mentionné ici que la race humaine. Or, Tu as indiqué précédemment que « toute vie incarnée » comportait des informations de vie passée, présente et future stockées dans l'espace akashique.

ES : Tu deviens très pointilleux ! Mais c'est bien entendu toute l'expérience de vie de toutes les entités incarnées contenues dans l'univers physique, ainsi que ses dimensions et ses fréquences, qui est stockée dans l'espace akashique. Si Je me focalisais sur la race humaine, c'est uniquement parce que c'est là que réside actuellement la partie de toi qui communique avec Moi. Si Je devais y inclure l'espace dans lequel se trouve le reste de ton quotient incarné, cela ne ferait que t'embrouiller.

Chapitre 19: Vivre plusieurs incarnations simultanément

MOI : Waouh ! C'est énorme comme information ! Nous étions en train de parler de l'humanité et des annales akashiques, et la minute d'après, Tu insinues que nous vivons plus d'une vie à la fois ?
ES : Il fallait que le sujet soit abordé dans cette conversation. Mais Je l'ai fait pour les raisons suivantes : premièrement, nous commencions à tourner en rond sur le sujet des annales akashiques. Deuxièmement, c'est maintenant le bon moment pour introduire le sujet des incarnations vécues simultanément.
MOI : Mais pourquoi une entité voudrait-elle vivre plusieurs vies incarnées à la fois ? En vivre une seule semble déjà me prendre tout mon temps !
ES : La pratique des incarnations simultanées est une stratégie répandue et couramment adoptées par la grande majorité des âmes afin d'accélérer leur potentiel d'évolution.
MOI : Dans ce cas, pourquoi pensons-nous que nous ne vivons qu'une seule vie ?
ES : À cause de votre conscience limitée. Votre conscience est spécifique à la partie de vous qui est projetée dans cet univers et dans cette dimension. Si vous aviez la capacité de puiser dans les expériences que d'autres parties de vous-mêmes sont en train de vivre en ce moment (sachant que le temps n'existe pas, bien sûr) mais sans avoir conscience d'avoir effectivement puisé dans d'autres parties de vous-mêmes qui sont soit incarnées, soit énergétiques (et c'est le cas de la plupart des entités), vous en perdriez la raison. Pour autant, il y a en ce moment même des personnes incarnées sur le plan Terrestre qui puisent constamment dans les expériences que d'autres parties d'elles-mêmes sont en train de vivre en même temps.
MOI : Mais alors où sont ces gens ? Qu'attendent-ils pour communiquer leurs expériences ? Pourquoi ne les voit-on pas expliquer au reste de l'humanité que la vérité recouvre bien plus de choses que ce qu'elle perçoit à travers ses cinq sens !?
ES : Parce que ces gens se trouvent tous dans des établissements psychiatriques actuellement. Ils ne peuvent pas faire face à ce qu'ils vivent parce qu'ils ne savent pas ce qu'ils vivent. Pire encore, ceux

L'Histoire de Dieu

qui les entourent ou qui sont proches d'eux ne savent pas non plus ni ne comprennent ce qu'ils vivent. Et pour compliquer le tout, ils ne sont pas capables de penser à une solution permettant de répondre au problème dont ils sont témoins parce qu'il échappe à leur cadre de compréhension. Cette situation est encore aggravée par le fait que le personnel institutionnel censé encadrer ces gens n'est formé que pour traiter des problèmes psychologiques sur la base de ce qu'on lui a enseigné à l'université ou dans les établissements d'enseignement supérieur.

MOI : Du coup, la totalité de ces personnes internées dans des établissements psychiatriques vivent plusieurs vies en même temps ?
ES : Non, bien entendu. Un grand nombre d'entre elles ne vivent pas les vies que d'autres parties d'elles-mêmes sont en train de vivre ; elles sont tout simplement capables d'accéder à la réalité plus vaste des autres dimensions associées au plan Terrestre.

MOI : Elles voient donc d'autres entités ou d'autres habitants de la Terre que la plupart d'entre nous ne peuvent ni voir ni percevoir ?
ES : C'est exact. Cela dit, nous digressons, encore une fois. Or, le sujet des incarnations vécues simultanément est un sujet vraiment important à aborder. Et comme Je te l'ai déjà dit, c'est une pratique courante et constamment utilisée quasiment depuis le début du développement humain.

Si tu te souviens bien, un peu plus tôt dans ce dialogue, nous avons discuté du développement du corps physique par l'humanité énergétique et de certains des problèmes entourant le partage des corps aux premiers jours de la pratique de l'incarnation, c'est-à-dire le partage des irrégularités des fonctions physiques et énergétiques en raison d'une conception incomplète de la forme humaine physique et énergétique. Ce partage de la forme physique entre plusieurs entités a donc provoqué la propagation de dysfonctionnements énergétiques, mais d'une certaine manière, ce partage a été le précurseur des incarnations vécues en parallèle. Il faut dire aussi que la pratique consistant à se subdiviser en plus petites parties de soi est un corollaire direct de ce que l'Origine et les autres Entités Sources ont jugé nécessaire de mettre en œuvre afin de renforcer l'efficacité du processus d'évolution.

MOI : Mais sommes-nous limités au seul plan Terrestre ?

Dans l'univers natif de la Terre : dans n'importe quelle dimension, sur n'importe quelle planète, dans n'importe quelle galaxie, et à n'importe quel moment

L'Histoire de Dieu

ES : Non, et c'est là tout l'intérêt. Vous êtes capables d'incarner plusieurs parties de vous-mêmes en même temps, et non seulement vous le faites, mais vous le faites dans autant d'espaces physiques ou dimensionnels que vous le jugez nécessaire. Cela peut se faire dans n'importe quelle dimension, sur n'importe quelle planète, dans n'importe quelle galaxie, et à n'importe quel moment (ou événement) de l'histoire de cet univers. Pour résumer, une partie de toi peut se trouver en ce moment même avec Moi, en train de dialoguer, juste à la frontière de ta conscience, tandis qu'une autre partie de toi peut se trouver dans une autre dimension, en tant que membre d'une autre race, incarnée ou désincarnée, en pleine connaissance des endroits où se trouvent les autres parties de toi-même, de qui elles sont et de ce qu'elles y font. Et tu es aussi capable de communiquer avec elles et d'apprécier les expériences qu'elles vivent, tout en étant pleinement capable de les utiliser comme autant d'opportunités d'évolution dans l'environnement dont cette partie de toi fait actuellement l'expérience.

MOI : Il est donc tout à fait possible pour moi, en tant qu'entité, d'être un homme des cavernes sur l'un des mondes de cet univers ?

ES : Oui..., et aussi un manipulateur trans-dimensionnel dans un autre monde encore, tout en supervisant le tout depuis ton environnement énergétique normal. Tout naturellement !
En fait, cette approche représentait pour vous le meilleur moyen de vivre tout ce que vous vouliez vivre dans les plus brefs délais.

MOI : Donc, si certaines parties de moi sont capables d'accéder à ce que d'autres parties de moi vivent dans d'autres parties de cet univers et de l'expérimenter, pourquoi y a-t-il d'autres parties de moi, comme cette partie qui est en train de communiquer avec Toi en ce moment même, qui ne le peuvent pas ?

ES : Parce qu'elles ont fait un choix personnel de ne pas pouvoir le faire. De plus, tu dois prendre en compte l'avantage que t'apporterait une telle capacité et une telle connaissance dans l'environnement dans lequel cette partie de toi se trouve projetée. À cela s'ajoute l'effet qu'une telle connaissance aurait sur la crédibilité de ce que tu essaies d'accomplir actuellement sur le plan évolutif, dans un type d'incarnation qui a été conçu dans le but de donner le meilleur de soi tout en étant isolé de la réalité plus vaste, car c'est bien ainsi que tu as choisi de maximiser l'expérience de la « décision sans précognition », et l'effet de celle-ci sur une âme en situation d'immersion totale et dans un état d'unicité distincte née du désir d'expérimenter l'individualité.

L'Histoire de Dieu

Un autre facteur important à prendre en compte en matière d'incarnations simultanées concerne la possibilité d'expérimenter la vie à tous les niveaux et, par conséquent, de comprendre une civilisation sur une base individuelle depuis tous les points de vue possibles (c'est-à-dire depuis tous les niveaux de richesse, d'influence et de contribution) dans le cadre d'un événement ou d'une époque spécifique, ce qui permet de maximiser l'opportunité d'évolution offerte par l'incarnation dans le plan physique.

MOI : D'accord, mais je souhaite donner aux personnes qui auront l'occasion de lire ces lignes une image claire de ce que ces incarnations simultanées signifient pour elles personnellement. Comment cela les affecte-t-il ? Devraient-elles s'en inquiéter ? Devraient-elles en avoir peur ? Ou bien devraient-elles être enthousiastes ?

ES : Je serais très surprise qu'une personne ouverte à la possibilité de réalités plus vastes ne soit pas inspirée par cette connaissance. Celles qui en seraient effrayées ou inquiètes ne seraient tout simplement pas prêtes à lire de tels textes et n'auraient de toute façon pas ressenti le besoin d'acheter un livre contenant de telles informations. Cependant, il n'y a rien à gagner à entrer dans plus de détails que nous ne l'avons déjà fait sur ce point, car les subtilités que tout cela implique ne feraient que semer la confusion dans les esprits.

L'inconvénient de communiquer avec d'autres parties de son soi

MOI : Je pense simplement qu'il serait intéressant pour les autres et pour moi-même de comprendre un peu mieux ce que c'est que d'être l'un de ces êtres qui sont à la fois conscients du fait que d'autres parties de leur soi supérieur vivent d'autres vies, font d'autres expériences, et sont capables d'y puiser des connaissances en vue d'une utilisation potentielle dans l'environnement dans lequel ils sont incarnés...

ES : Pour de nombreuses entités, le simple fait de savoir que cela fait partie de la réalité plus vaste est suffisant. Elles ne désirent pas ou n'ont pas besoin d'être en contact ou en communication constants avec les autres parties d'elles-mêmes. Elles en sont conscientes, mais ont décidé de concentrer leur énergie sur les tâches à accomplir dans la dimension dans laquelle elles se trouvent projetées. Elles savent que le fait de fouiller dans les autres vies qu'elles vivent simultanément constituerait une distraction et ne les aiderait pas beaucoup dans leur incarnation actuelle. Regarde ta propre situation : le fait de pouvoir puiser des connaissances dans une vie qu'une autre partie de toi est en train de vivre, disons, au Moyen Âge, te serait-il utile dans ton incarnation actuelle ?

MOI : Probablement pas…

ES : Le fait de pouvoir accéder à la vie d'une autre partie de toi, par exemple dans une civilisation qui n'est pas seulement spatiale et temporelle, mais désincarnée de ton point de vue, pourrait-il t'aider à comprendre tes propres expériences et ton évolution, ainsi que la manière dont tout cela s'intègre dans l'évolution globale de l'être complet que tu es ?

MOI : Je trouverais cela intéressant, mais difficile, en effet !

ES : Oui, tu trouverais cela intéressant, mais ce serait une distraction majeure qui pourrait anéantir l'apprentissage que tu es venu faire ici et maintenant. C'est pour cette raison qu'il est préférable d'être conscient du concept, mais pas des détails qu'il implique, car cela apporterait une touche de sensationnalisme inutile aux parties de ce dialogue sur lesquelles il convient par conséquent de ne pas s'attarder trop longtemps, si ce n'est pour offrir à l'individu qui lit ces lignes l'opportunité d'élargir son processus de réflexion sur la nature de la réalité.

Chapitre 20: Les maladies

Ayant été formé à plusieurs techniques de guérison, telles que le Reiki et la guérison énergétique (Brennan Healing Science) par l'une des étudiantes directes de Barbara Brennan,[16] qui a également fourni une partie importante du contenu du cours basé sur les travaux de John et Eva Pierrakos[17], j'étais conscient de la façon dont les pensées dysfonctionnelles peuvent provoquer un dysfonctionnement énergétique qui affecte ensuite le corps humain sur le plan physique. J'avais également constaté que d'autres médecins plus ouverts d'esprit reconnaissaient et défendaient le fait que certaines maladies physiques se manifestent à partir de certaines affections énergétiques ou d'origine psychologique.

Je réfléchissais à cela car j'avais récemment souffert d'un mal de dos qui ne s'améliorait pas, même au bout de deux mois de patience ! Je dois cependant admettre qu'en tant que personne active, je ne lui donnais pas totalement la possibilité de guérir. Néanmoins, je ne pouvais pas associer mon activité physique à la douleur que je ressentais. C'est pourquoi, lorsqu'on m'a donné un livre et un DVD du Dr John E. Sarno,[18] qui avait spécifiquement écrit sur le fait que le mal de dos était essentiellement dû à des troubles psychologiques que nous avons portés en nous pendant l'enfance, et que « l'enfant était toujours avec nous dans notre inconscient », j'ai commencé à m'y intéresser. J'ai regardé le DVD et lu les parties pertinentes du livre et… bingo ! : mon problème de dos a disparu en une semaine.

Par ailleurs, c'est au milieu d'une méditation matinale que j'effectuais avant d'aller travailler que j'ai reçu un message mental me

---

[16] Barbara Ann Brennan (1939-2022). Cette physicienne américaine de formation a travaillé au *Goddard Space Flight Center* de la NASA avant de s'intéresser à la spiritualité New Age dans les années 1970 et de créer un enseignement de soins holistiques manuels ainsi que plusieurs écoles (*Barbara Brennan School of Healing*) afin de former des thérapeutes à sa méthode de soin. Elle est également l'auteur de plusieurs best-sellers, tels que « Le pouvoir bénéfique des mains » et « Guérir par la lumière » (NdT).

[17] John Pierrakos (1921- 2001) : Le noyau énergétique de l'être humain ; Eva Pierrakos (1915-1979) : Le chemin de la transformation (NdT).

[18] John E. Sarno (1923-2017) : Guérir les maux de dos : la connexion corps-esprit (NdT).

L'Histoire de Dieu

disant d'écrire un court chapitre pour ce livre qui serait consacré aux maladies. Après quelques jours de réflexion, j'ai procédé comme d'habitude pour contacter l'Entité Source et je lui ai proposé le sujet pour que nous en discutions.

ES : Eh bien, Je dois dire que Je suis un peu consternée que nous n'en ayons pas déjà discuté.
MOI : En fait, nous l'avons fait, dans une moindre mesure, lorsque nous avons abordé les problèmes physiques qui résultent de l'interaction de différentes entités occupant le même corps physique à des fins expérientielles.
ES : En effet, mais c'est une question tellement fondamentale que Je suis surprise que ce soit l'un des derniers sujets abordés dans ce livre.
MOI : Je suppose que c'est dû au fait que beaucoup d'autres personnes ont déjà publié des livres sur le sujet.

Le rôle de la douleur pour nous remettre sur la bonne voie

ES : Mmm, Je ne suis pas convaincue. Mais d'accord, regardons cela sous un angle différent dans ce cas.

En tant qu'entité énergétique, vous êtes libres de faire ce que vous voulez sans que qui que ce soit interfère dans votre travail. Cependant, en tant qu'entités énergétiques incarnées dans des corps physiques, vous êtes influencés par de nombreuses fréquences inférieures générées par les pensées inférieures d'autres entités incarnées. Par conséquent, vous êtes sujets à des contradictions émotionnelles, mais si subtiles qu'elles sont à peine détectables par l'esprit conscient. Le subconscient et l'inconscient sont des modes de pensée rationnelle basés sur les deuxième et troisième niveaux énergétiques (ou auriques) et ne sont donc pas immédiatement accessibles par l'esprit conscient. Ces deux niveaux d'application cognitive sont tous deux liés au corps physique et à l'esprit conscient. En raison de leur existence sur un niveau énergétique différent, ils ne sont pas reconnus ni accessibles par l'esprit conscient, qui constitue l'application cognitive la plus basse de vous-mêmes en tant qu'entités énergétiques.

Par conséquent, lorsque vous vivez une expérience, l'esprit conscient enregistre la réponse « logique » apportée à l'activité ainsi vécue, tandis que l'inconscient et le subconscient enregistrent les aspects émotionnels de l'expérience sur les fonctions supérieures de la communication, de l'émotion et de l'empathie. L'esprit conscient rationalise les expériences comme désirables (appréciées) et instructives (banales – mais néanmoins partie intégrante du processus

L'Histoire de Dieu

d'évolution). Remarque bien que cela n'est ni bon ni mauvais ; c'est simplement expérientiel, tandis que l'inconscient et le subconscient rationalisent l'expérience dans les dimensions plus subtiles de la nécessité et de la désirabilité.

Ce sont donc ces deux aspects qui exercent la plus grande influence sur le corps humain, car ils offrent la plus grande opportunité de communication entre le soi pleinement énergétique et le soi incarné. Ces niveaux de communication impliquent des fonctions du corps autres que mentales et, par conséquent, contribuent au facteur de bien-être associé au fait de suivre la bonne ligne de conduite au bon moment, c'est-à-dire sans aller à contre-courant de ce qu'il convient de faire. Par conséquent, ils peuvent être considérés comme une réponse autonome irrationnelle ou illogique du corps physique lorsqu'une ligne de conduite est conforme au plan ou NON conforme au plan, le plan désignant ici les opportunités d'évolution et le moment optimal pour vivre ces opportunités telles qu'elles ont été choisies avant l'incarnation.

Le fait de suivre le bon chemin et d'effectuer les bonnes actions génère un sentiment de bien-être indescriptible (du point de vue du soi incarné). Et le fait de suivre le mauvais chemin ou un chemin perçu comme non optimal de ce point de vue a pour conséquence que le corps se sent apathique et à la traîne. Cela génère également des états émotionnels tels que la peur, qui est le résultat direct du fait de ne pas suivre le bon chemin préalablement tracé. Cet état se manifeste généralement par un inconfort physique (c'est la meilleure façon de le décrire, car c'est un moyen très utile pour le soi énergétique de faire passer le message au soi incarné que quelque chose ne se passe pas comme prévu dans le plan et que l'opportunité d'incarnation ne sera pas optimisée). Et en général, ceci vise très directement certains domaines d'activité ainsi que les choix qui y sont associés.

Il en résulte que la partie de l'entité incarnée qui est en contact avec la partie énergétique fait de son mieux pour alerter l'esprit conscient qu'il doit s'occuper de la tâche à accomplir. Lorsque la tâche à accomplir est reconnue, les sentiments (le contenu émotionnel associé à cette expérience) sont libérés, provoquant alors de la détresse, surtout s'ils ont été accumulés pendant trop longtemps. Mais ces sentiments pénibles étant généralement trop difficiles à ressentir dans l'état incarné limité, ils sont donc absorbés énergétiquement par le corps physique. Puis, du fait de leur absorption, ils introduisent des dysharmonies énergétiques, lesquelles affectent le flux énergétique sous-jacent ainsi que l'interaction des énergies associées au fonctionnement normal des organes du corps et des interfaces énergétiques supérieures que vous appelez les « niveaux auriques ». Ce dysfonctionnement énergétique provoque un dysfonctionnement physique et des maladies ou douleurs, car la fonction du corps physique se retrouve en lutte contre ces énergies dysfonctionnelles. Tu peux comparer ce phénomène à une tentative de recevoir de l'énergie, habituellement reçue sous la forme d'un cylindre, alors qu'elle t'est présentée de force sous la forme d'un cube.

Guérir ou supprimer la douleur
Moi : Voilà donc ce qu'est la douleur et la manière dont nous la générons.
ES : Oui, en résumé.
MOI : Alors, comment peut-on la guérir ?
ES : En te connectant à cette douleur et en essayant de comprendre pourquoi elle est là. Pour ce faire, tu ne dois pas rejeter les images qui te parviennent, car le dysfonctionnement peut remonter à quelques minutes, à des décennies, ou à plusieurs vies antérieures. Une fois reconnu, le flux d'énergie concerné est corrigé et n'est plus absorbé par le corps physique, ce qui élimine le besoin d'alerter l'esprit conscient de l'anomalie par une perturbation physique. La normalité est alors rétablie et tu suis à nouveau le courant normal des choses en avançant dans le monde physique sans éprouver de douleur physique.
MOI : Et ça marche ?
ES : Ça marche ! Très bien, même !
MOI : Mais qu'en est-il de la maladie en général ?
ES : Pour la maladie en général, tu peux appliquer les commentaires que Je viens de formuler.

Les difficultés rencontrées par les individus à fréquence énergétique plus élevée dans des environnements à basse fréquence énergétique
MOI : Mais il doit bien y avoir d'autres raisons pour lesquelles nous tombons malades que celles créées par cette dysharmonie énergétique, non ?
ES : Non, tout cela est uniquement la conséquence de problèmes d'harmonie énergétique. Mais Je pense comprendre ce que tu veux dire avec cette question. La maladie est toujours le produit d'un dysfonctionnement énergétique. Cependant, c'est aussi lié au fait de te retrouver dans un niveau d'énergie avec lequel tu n'es pas en phase. Par exemple, si tu es dans un véhicule humain dont le système

énergétique est conçu pour exister dans une fréquence énergétique plus élevée et que la fréquence ambiante dans laquelle tu te trouves est inférieure à la fréquence souhaitée, alors les harmoniques entre les corps énergétique et physique seront incorrectes. Le corps physique peut supporter jusqu'à un certain point ce niveau de dysharmonie et semblera fonctionner normalement, en ce sens que les chakras et les organes du corps ont une marge de tolérance dans laquelle ils peuvent fonctionner. Et cette apparence de bon fonctionnement peut perdurer pendant des années, voire même parfois pendant des dizaines d'années, mais les dysharmonies finiront par faire des ravages. Ainsi, les organes du corps qui sont les moins aptes à faire face aux énergies situées au plus bas de la marge de tolérance commenceront à défaillir. Imagine un moteur électrique qui se retrouve allumé, éteint, allumé, éteint, et ainsi de suite de façon constante mais irrégulière. La force contre-électromotrice provoque alors des dommages qui entraînent une dégradation du fonctionnement du moteur, ce qui conduit finalement à une défaillance.

Mais pour certains organes du corps humain physique, cette défaillance peut entraîner sa mort.

Transplantations de chakras et d'organes

Une défaillance d'organe peut également être causée par la défaillance d'un chakra lorsque le chakra responsable de la régulation énergétique d'un organe physique qui lui est associé ne remplit plus sa fonction. L'organe physique cesse alors également de remplir sa fonction, ce qui entraîne là encore la mort du corps physique. La seule solution à ce problème réside dans la transplantation d'un nouveau chakra, et très probablement d'un organe physique en même temps, bien que si elle intervient à temps, la transplantation du chakra puisse également inverser les dommages énergétiques de l'organe physique. À cet égard, il est intéressant de noter que les problèmes de rejet que vos médecins ont rencontrés avec certains des organes les plus importants sont liés aux dysharmonies énergétiques supplémentaires créées par le remplacement d'un organe physique sans que le chakra d'origine associé ne soit également transplanté. Si vos médecins avaient connaissance de cet aspect, ils comprendraient la nécessité de travailler en étroite collaboration avec des guérisseurs énergétiques capables d'effectuer des transplantations du chakra approprié associé à l'organe du donneur. Et ils bénéficieraient aussi d'un avantage supplémentaire : ils n'auraient plus besoin d'administrer des médicaments immunosuppresseurs aux patients après la

L'Histoire de Dieu

transplantation d'organe. En effet, étant donné que l'organe et son chakra seraient alors en harmonie, l'organe transplanté ne serait pas rejeté par le système énergétique du corps.

La règle de la longévité

Pour l'essentiel, la maladie physique et la mort sont le résultat des dommages progressifs causés par les basses fréquences de votre environnement. La règle de la longévité, c'est que plus la fréquence ambiante est basse, plus la durée de vie du véhicule humain est courte. Dans son état actuel de création, le véhicule humain n'est pas conçu pour être utilisé dans les basses fréquences que la Terre connaît actuellement. Le corps humain a été conçu pour fonctionner dans des énergies d'un niveau beaucoup plus élevé, ce qui lui a permis autrefois d'exister pendant les milliers d'années pour lesquelles il a été conçu à l'origine. D'ailleurs, vous en avez la preuve sous vos yeux. Cherche simplement les villes du monde où les gens sont déprimés, et tu y verras des gens dont l'espérance de vie est bien courte. Et inversement, c'est dans les régions du monde où le moral des gens est élevé que l'on vit beaucoup plus longtemps. L'élévation de la fréquence de la Terre est par conséquent la seule solution dont vous disposez pour éliminer la maladie, les dysfonctionnements, et la mort prématurée de la forme physique.

Je fais partie de Dieu
MOI : Alors comment puis-je savoir que je fais partie de Dieu/de la Source/de l'Origine ? Il n'y a pour ainsi dire personne pour me dire que je fais partie de Dieu.
ES : Moi, Je te le dis.
MOI : D'accord, mais comment puis-je savoir que Tu es réelle ? Si Tu étais réelle, tout le monde Te connaîtrait intimement.
ES : Tout est question d'évolution et de conscience. Ainsi, seuls ceux qui sont suffisamment évolués sont conscients de la réalité plus vaste. Ils savent que Moi et eux existons tous ensemble.

Communiquer avec les cellules de notre corps
MOI : Mais un Dieu aussi grand ne serait sûrement pas capable de communiquer avec Ses parties inférieures. Par exemple, je ne peux pas parler aux deux cellules de mon foie qui échangent actuellement de l'oxygène et des nutriments avec le reste de mon corps. Je ne sais tout simplement pas comment procéder. Et je doute que ces deux cellules sachent que j'existe en tant que leur « Dieu ».

L'Histoire de Dieu

ES : Premièrement, tu pourrais leur parler si tu le voulais vraiment, et deuxièmement, elles savent que tu existes parce qu'elles travaillent spécifiquement pour le bien de ton corps physique.

Les cellules sont plus intelligentes que tu ne le penses. Rappelle-toi : elles sont créées directement à partir des ordres donnés à l'ADN par l'ARN, qui est en contact permanent avec tes corps énergétiques spirituels. Elles utilisent l'ARN pour recevoir des ordres de l'Esprit sur ce qu'elles doivent faire, et pour informer ensuite l'Esprit qu'elles ont terminé leur tâche. De ce fait, elles sont en contact permanent avec l'Esprit, ce qui n'est pas le cas de ton intellect, car tu es distrait par toutes ces autres choses qui se passent autour de toi. Par conséquent, ta capacité à parler à ton soi s'en trouve diminuée, voire ignorée.

MOI : Non mais Tu n'es pas sérieuse ! Comment puis-je communiquer avec mon corps au niveau cellulaire ? Je ne peux même pas voir mes cellules à l'œil nu sans utiliser un microscope !

Voir les cellules de notre corps
ES : Je suis on ne peut plus sérieuse. Tout ce que tu as à faire, c'est de te concentrer sur une zone de ton corps avec ton œil mental et de zoomer sur cette zone. La plupart du temps, ta communication sera identique à celle que nous avons en ce moment-même, en leur parlant dans ton esprit. Mais si tu t'améliores dans ta technique de concentration et que tu te tiens à l'écart des distractions du monde physique, tu seras même capable de voir ces cellules et d'apprécier leur surface au point de pouvoir observer les interactions de communication entre elles et l'ARN, ainsi que la manière dont chaque cellule change de forme, dont la couleur de sa surface extérieure évolue, et dont elle développe ou crée différents types de vrilles de formes différentes et, par conséquent, spécialisées dans différentes fonctions. Tu verras ces vrilles aller et venir depuis la surface de la cellule avant d'être ensuite réabsorbées dans le corps de la cellule après avoir achevé leur tâche. Tu seras émerveillé par la beauté de leur travail et par l'efficacité avec laquelle elles l'accomplissent.

MOI : Je viens de recevoir une image mentale de ce que Tu viens de décrire. C'est fantastique ! Mais lorsque les scientifiques étudient des cellules avec des microscopes électroniques et d'autres instruments d'optique de pointe, est-ce qu'ils voient ce que je viens de voir et ce que Tu m'as décrit ?

ES : Parfois. Mais ils ont tendance à ne voir que ce qu'ils veulent bien voir. Par conséquent ils ne voient les cellules que lorsqu'elles sont devenues le moyen de communication nécessaire pour effectuer une tâche. Ils ne maintiennent pas leur observation suffisamment longtemps au niveau requis pour voir les changements se produire avec les vrilles de COMMUNICATION. Ils ne voient que les vrilles de RECONNAISSANCE cellulaire.

MOI : Mais j'aurais pensé qu'ils les verraient quand même, vu qu'ils utilisent parfois des films pour enregistrer les cellules en cours de division ou de mutation ?

ES : Oui, en effet, mais les vrilles dont Je te parle se situent au niveau subatomique. Elles sont difficiles à observer avec des microscopes électroniques, à moins que ces scientifiques ne sachent ce qu'ils regardent. De plus, ils n'ont pas encore perfectionné les techniques d'enregistrement de ce qu'ils voient bouger ou changer au microscope électronique.

MOI : Tout cela m'évoque plutôt une argumentation à la marge...

ES : Peut-être, mais c'est pourtant vrai. Rappelle-toi que les gens qui volent dans des engins plus lourds que l'air auraient été qualifiés de sorciers ou d'hérétiques il y a 400 ans, alors qu'aujourd'hui, c'est accepté comme un phénomène quotidien.

Cellules cancéreuses

MOI : D'accord, d'accord... J'ai aussi une question sur les cellules cancéreuses.

ES : Vas-y, Je t'écoute.

MOI : Si les cellules sont constamment en contact avec l'Esprit via l'ARN, comment les cellules cancéreuses se forment-elles ou comment peuvent-elles ne serait-ce qu'exister ?

ES : Même les cellules cancéreuses sont en contact avec vos énergies spirituelles, et elles font exactement ce qu'elles leur disent, tout comme les soi-disant « bonnes » cellules. Cependant, la différence ici réside dans le fait que ce sont des cellules à qui l'Esprit a dit de faire des choses erronées. En substance, les interactions que vous avez au sein des niveaux physiques affectent les fréquences et la modulation des énergies spirituelles dans les niveaux supérieurs. Il en résulte une confusion dans la traduction des ordres envoyés aux cellules en question, ce qui leur fait faire des choses qu'elles ne feraient pas en temps normal. Dans ce cas, il pourra s'agir de ne pas se désintégrer quand elles sont censées le faire, de créer davantage de copies d'elles-mêmes qu'il n'est nécessaire pour accomplir une tâche particulière, ou même d'attaquer des cellules connues pour être saines. C'est un peu comme si tu montais dans ta voiture et que tu accélérais pour

foncer droit dans un mur. Tu ne ferais pas ça en temps normal, n'est-ce pas ?
MOI : D'accord, mais dans ce cas comment l'Esprit pourrait-il dire à une cellule de faire de mauvaises choses ? Je pensais que l'Esprit était pur !
ES : Oui, mais si vos interactions avec le physique perturbent le flux harmonieux des énergies, elles changent aussi sa signification ou son intention. Cela est dû au fait que la partie de vous qui est projetée dans le corps humain réagit mal aux situations qu'elle rencontre. Vous réagissez mal parce que vous n'êtes pas en phase avec l'Esprit et ne pouvez donc pas voir la beauté du processus qui a conduit à ce qui s'est produit, en ce sens que vous ne l'acceptez pas et n'en apprenez rien. Au lieu de cela, vous avez une réaction de rejet et déclarez que vous en avez assez. Cette réaction engendre alors une perturbation du flux énergétique, car cette situation n'est pas acceptée comme une opportunité d'apprentissage. Concrètement, cela génère une énergie dense qui bloque le flux ou même modifie ses caractéristiques énergétiques et, par conséquent, la nature des messages envoyés aux cellules.
MOI : Donc, ce que Tu me dis, c'est que je crée mon propre cancer.
ES : Oui, mais tu ne le créerais pas si tu étais en phase avec l'univers/l'Esprit/Moi.

Byron propose une autre approche de l'autoguérison

Le fait d'être en phase avec l'univers/l'Esprit/l'Origine/la Source fait partie intégrante du maintien d'un état de plénitude et de bien-être. Cela m'amène au sujet de l'autoguérison lorsque cet équilibre a été rompu.

Un mardi matin, j'ai commencé ma méditation en procédant à ma connexion habituelle avec les énergies de la Terre (Hara) et j'ai ouvert mes chakras. Je me suis ensuite élevé jusqu'au 27e niveau pour rencontrer Byron. Chemin faisant, mon esprit s'est égaré vers l'idée de l'autoguérison. Byron a alors passé son bras sur mon épaule et nous sommes sortis de l'obscurité qui correspondait à ma perception du 27e niveau pour entrer dans un champ magnifique entouré de collines ondulantes et d'un petit bois au bord de la mer.

B : C'est une construction mentale que j'ai élaborée spécialement pour toi. Puisque tu aimes toutes ces choses sur le plan Terrestre, je les ai toutes rassemblées ici pour ton seul plaisir.

L'Histoire de Dieu

Guérison aux niveaux du corps éthérique et du modèle kéthérique
MOI : Merci. J'ai une question à te poser. Je sais que le dysfonctionnement physique est le résultat d'une perception déformée qui commence au niveau du modèle kéthérique,[19] mais j'ai eu cette pensée selon laquelle l'autoguérison peut aussi être obtenue à partir du plan physique.
B : C'est exact. Il est possible de procéder de cette manière. Pour y parvenir, l'individu doit se connecter au corps éthérique[20] (la matrice bleue) et effectuer des réparations à partir de ce point.
MOI : Alors, comment se guérir d'une maladie comme l'asthme, par exemple ?
B : Tu t'en guéris en réparant le corps éthérique de la partie du corps physique qui est dysfonctionnelle, malade ou endommagée, en imaginant que les lignes de la grille énergétique du corps éthérique de cette zone sont en cours de reconstruction ou de renforcement. Ensuite, tu poursuis en entourant la zone affectée d'une lumière rose. La perception déformée qui a généré l'effet physique en question peut être éliminée par un traitement personnel en identifiant les défaillances, les perceptions ou les illusions ainsi que les suppositions liées à cette maladie et en modifiant l'état d'esprit correspondant.
MOI : Et comment doit-on s'y prendre ?
B : Pour reprendre ton exemple, si tu as un problème d'asthme lorsque tu voyages en ville, tu constateras peut-être que la perception déformée c'est que « vivre en ville est mauvais pour toi ». Cette distorsion peut provenir d'un commentaire que l'un de tes parents a formulé lorsque tu étais enfant. Ce commentaire sur l'air pollué de la ville aura ainsi programmé ton subconscient à penser que toutes les villes sont pleines d'impuretés et d'air pollué, d'où l'apparition de l'asthme lorsque tu visites une ville. Si tu vis en ville, tu souffriras toujours d'asthme jusqu'à ce que cet état d'esprit soit modifié par un traitement personnel et la régénération du corps éthérique pour les poumons.
MOI : Donc, la guérison s'effectue au niveau du corps éthérique et aux niveaux supérieurs ?
B : Oui, mais tu dois commencer au niveau kéthérique, car c'est le premier des niveaux supérieurs (en dessous du 8e niveau, sachant qu'il

---

[19] Voir le glossaire et l'annexe pour obtenir des informations détaillées sur le modèle kéthérique.
[20] Voir le glossaire et l'annexe pour obtenir plus d'informations sur le corps éthérique.

y a 10 niveaux associés au corps humain[21]) à être associé au corps physique incarné.

MOI : *Mais le simple fait de modifier cette perception déformée suffit-il à lui seul pour obtenir la guérison souhaitée ?*
B : Seulement si elle ne s'est pas manifestée sous forme de maladie physique. S'il y a une maladie physique, tu devras également guérir la partie du corps éthérique qui est affectée.

Pendant que Byron évoquait cet aspect, ma perception a zoomé sur mon propre corps éthérique et j'ai vu toutes les lignes d'énergie bleues, en 3D, qui allaient à l'intérieur de mon corps, ainsi qu'à la surface.

B : Ce que tu vois est exact ; tu constateras également que les énergies sont subtilement différentes pour chacun des différents organes et autres parties du corps.
MOI : *Je les perçois comme différentes couleurs et nuances de couleurs, selon l'organe ou la composante du corps que je regarde.*
B : Oui, ces différences de couleur correspondent aux différentes fréquences. L'ADN des cellules qui composent chaque organe ou chaque partie du corps réagit à cette énergie et fait en sorte que la cellule s'adapte à la fréquence requise par elle.
MOI : *Tu veux dire que l'ADN ne dicte pas quelle doit être la fonction d'une cellule ? C'est la fréquence du corps éthérique par rapport à cet organe qui s'en charge ?*

ARN > Fréquence du corps éthérique > ADN
B : En effet. L'ADN de la cellule attend qu'on lui dise ce qu'il est censé faire. Il attend de recevoir sa programmation. Et il l'obtient grâce à la fréquence du corps éthérique qu'il reçoit via l'ARN. Lorsqu'il reçoit cette fréquence, il passe sur le code approprié pour cette fréquence et fait en sorte que la cellule remplisse le rôle requis par cet organe et par la fréquence de cet organe au niveau du corps éthérique.

Cellules souches
MOI : *Waouh ! Alors, que se passerait-il par exemple si je faisais passer une cellule hépatique à la fréquence du cœur ?*

---

[21] Voir l'annexe à ce sujet.

L'Histoire de Dieu

B : Elle mourrait prématurément car elle a déjà reçu sa programmation en tant que cellule hépatique. L'ADN est comme une puce de microprocesseur programmable une seule fois (OTP), et cette fonctionnalité consitue un dispositif de sécurité du corps humain. Ainsi, une fois qu'une cellule a reçu sa programmation, elle est bloquée dans ce mode pendant toute sa durée de vie (qui est également déterminée par la tâche qu'elle doit accomplir). Mais il existe aussi des cellules prêtes à être programmées et qui peuvent être insérées dans la fréquence du corps éthérique de n'importe quel organe ou partie du corps pour effectuer des réparations. C'est ce que vous appelez des « cellules souches ». Là encore, une fois qu'elles se sont connectées à une fréquence, l'ADN commute la fonctionnalité de la cellule sur celle qui est demandée par la fréquence reçue et qui est requise par ce type de cellule pour la fréquence correspondant aux exigences fonctionnelles de cet organe. Cependant, ce n'est pas totalement nécessaire. Le dysfonctionnement physique peut être guéri si un individu se connecte à la fréquence type de la zone endommagée, pour ensuite reconstruire le modèle éthérique de cette zone. Puis, il doit initier les bonnes intentions afin de surmonter la maladie créée par les perceptions déformées qui ont été générées au niveau kéthérique (et ses répercussions ultérieures vers les autres niveaux inférieurs jusqu'au niveau physique), et corriger la distorsion de la perception en comprenant ce qu'elle est et pourquoi elle est apparue.

MOI : Je pensais pourtant que l'ADN représentait les briques de base de la vie ?

B : C'est vrai, mais le corps éthérique indique à l'ADN, via l'ARN, quel type de brique il représente pour la construction dans laquelle il se trouve. C'est donc la fréquence énergétique du corps éthérique qui prend les décisions.

Le lendemain, j'ai poursuivi le dialogue après en avoir discuté avec ma femme (qui travaillait à l'époque sur la question de la manipulation génétique pour le traitement du cancer de l'ovaire).

MOI : Ma femme m'a dit que certains de ses collègues remplacent l'ADN de certaines cellules dans le cadre d'une thérapie basée sur l'ADN. Elle m'a dit qu'ils pensent que cela éliminera le besoin de cellules souches.

B : Il est en effet possible de procéder ainsi, mais la cellule qui reçoit le nouvel ADN ne fonctionnerait pas aussi efficacement qu'une cellule souche qui n'a pas encore été programmée par la fréquence

énergétique du corps éthérique correspondant à une partie spécifique du corps, par exemple le cœur.
MOI : Et pourquoi donc ? Elle semble penser que cette méthode fonctionnera.

Problèmes d'inadéquation dans le remplacement de l'ADN dans les cellules
B : Comme je te l'ai dit, cela fonctionnera, mais pas aussi bien qu'avec les cellules souches nouvellement programmées. C'est dû au fait qu'une cellule dont l'ADN a déjà été programmé s'est adaptée à la tâche requise par cette partie du corps.
MOI : Tu veux dire par là qu'elle ne peut pas se transformer en autre chose ?
B : Non. Elle fonctionnera parce que certains des outils dont elle dispose, tels que les récepteurs, les capteurs et les transmetteurs pour les ordres chimiques, ainsi que d'autres fonctionnalités, sont similaires à toutes les cellules. Cependant, les outils qui sont spécifiques à la cellule qui fonctionne comme une cellule cardiaque ne seront pas là si, par exemple, elle était auparavant une cellule hépatique. Cette cellule aura abandonné ces outils ou fonctions lorsque son ADN aura été exposé à la fréquence énergétique du corps éthérique du foie. De plus, elle aura été programmée pour vivre pendant un certain temps. Une certaine dégradation aura donc déjà eu lieu, ce qui entraînera un autre problème d'inadéquation.
MOI : Alors pour quelle raison les cellules souches sont-elles meilleures ?
B : Parce qu'elles possèdent tous les outils dont elles auront besoin pour exécuter n'importe quelle fonction dans le corps. Ainsi, ces outils seront prêts au moment où la programmation de l'énergie éthérique de l'ADN leur dira ce qu'elles devront être. De plus, elles s'adaptent aux exigences de leur programmation en se débarrassant de tout « l'excédent de bagages » d'une cellule d'utilité universelle afin de leur permettre d'être efficaces en tant que cellules hépatiques, par exemple, et non cardiaques. Par ailleurs, et comme mentionné ci-dessus, la durée de vie d'une cellule préprogrammée a elle aussi déjà été définie. Et bien que les cellules puissent vivre éternellement, si nécessaire, une fois que leur fonction leur a été communiquée, leur durée de vie est modifiée afin de s'adapter au besoin de renouvellement des tissus anciens. Ainsi, une cellule hépatique qui a normalement une durée de vie plus courte qu'une cellule cardiaque, par exemple, ne vivrait en fait qu'aussi longtemps qu'une cellule

L'Histoire de Dieu

hépatique dans un environnement cardiaque, ce qui entraînerait des problèmes de compatibilité, dans la mesure où on peut s'attendre à ce que les cellules cardiaques vivent plus longtemps.

L'effet de la transplantation d'une cellule hépatique dans la section malade d'un cœur

Pour résumer, l'ADN d'une cellule hépatique peut être modifié pour qu'il corresponde à celui d'une cellule cardiaque, et cette cellule à l'ADN modifié peut ensuite être transplantée dans une zone malade du cœur, mais elle ne fonctionnera pas aussi bien qu'une cellule souche qui est introduite dans les fréquences énergétiques du corps éthérique du cœur. Elle survivra, mais elle ne contient pas la boîte à outils d'une cellule cardiaque. Elle contient la boîte à outils d'une cellule hépatique et essaiera d'utiliser ces « outils hépatiques » pour travailler dans un environnement cardiaque (ce qu'elle ne peut pas faire efficacement), mais elle essaiera néanmoins de faire le travail demandé, en le faisant mal. Ce niveau de faible efficacité sera remarqué par le système de défense du cœur car certains de ses outils ne seront pas compatibles, et la cellule sera finalement éliminée ou forcée de mourir. La vitesse à laquelle cela se produit est déterminée par la vitesse à laquelle le système de défense du cœur détecte l'anomalie. Cela aura donc un effet positif, mais le résultat en sera limité.

MOI : Ce type de manipulation génétique est donc infructueux ?
B : Oui, mais comme on dit chez toi, « on fait avec ce qu'on a ». Certaines personnes penseront qu'un cœur qui fonctionne mal est toujours mieux que pas de cœur du tout. Et un cœur partiellement fonctionnel reste en effet une meilleure solution qu'un cœur non-fonctionnel. Ce type de thérapie aura donc sa place sur Terre, mais seulement en tant que thérapie transitoire jusqu'à ce que ces règles soient mieux comprises.

Chapitre 21: Relaxation, méditation et Essence Pure

Lors d'une autre méditation matinale, j'ai engagé une très courte communication avec l'Entité Source sur le sujet de la relaxation.

ES : La relaxation favorise la re-création.
MOI : *Et pourquoi cela ?*
ES : Parce que tu as la capacité de puiser dans l'Esprit quand tu es détendu. Et cela n'est possible que lorsque tu n'as pas un million de choses à faire.

Méditation de l'Essence Pure
MOI : *Quels sont les avantages de la méditation de l'Essence Pure*[22] *? Permet-elle de contacter l'Esprit plus efficacement qu'une méditation normale ?*
ES : La méditation de l'Essence Pure est le meilleur moyen de contacter ton « soi » et l'Esprit.
MOI : *Pourquoi les deux ?*
ES : Parce que tu es Esprit. L'Essence Pure est cette partie de ton Esprit qui est reliée au physique. Par conséquent, si tu te concentres suffisamment longtemps sur ton Essence Pure, tu entres inévitablement en contact avec ton véritable soi. Parce que l'Essence Pure représente qui tu es vraiment, tu commenceras à briser les barrières du monde physique en te focalisant sur elle. En effectuant cette méditation, tu élèves inévitablement la fréquence de ton corps physique vers les fréquences proches de l'astral, ce qui te permet de percevoir les entités qui existent autour de toi dans ce plan d'existence, ou d'utiliser ce même plan à des fins de voyage trans-dimensionnel.

Comprends bien que toute méditation est bénéfique, mais que certaines sont meilleures que d'autres pour atteindre certains objectifs. Par exemple, la méditation transcendantale est efficace pour pratiquer le voyage astral. D'autres techniques de méditation, telles que celles qui sont pratiquées par les maîtres yogis, sont efficaces pour ralentir

---

[22] Voir l'annexe pour obtenir des instructions sur la façon de pratiquer une méditation de l'Essence Pure.

le processus de dégradation du corps physique. D'autres sont bénéfiques pour développer et centrer ton attention sur ton intention, ce qui renforce ta créativité avec les énergies.

Le lien entre le voyage astral et l'Essence Pure
MOI : De quelle manière le voyage astral est-il lié à l'Essence Pure ?
ES : C'est précisément le lien avec l'Essence Pure qui te permet d'être connecté et de visiter les espaces intermédiaires, ceux qui ne sont ni vraiment spirituels ni vraiment physiques. L'Essence Pure c'est toi, et toi tu es l'Essence Pure, c'est pourquoi dans tous les bons textes, tu verras des illustrations du corps astral se séparant du corps physique tout en restant attaché à celui-ci par un cordon d'argent. Ce cordon d'argent relie le 4e niveau de l'aura humaine, le corps astral, aux autres corps. Ce lien s'effectue par l'intermédiaire de l'Essence Pure, ou le vrai toi. Lorsque l'Essence Pure quitte véritablement le corps physique, celui-ci meurt. Ainsi, tu n'es autorisé à quitter momentanément ton corps que par un seul niveau, le quatrième niveau ou niveau astral, celui qui se situe à la jonction des deux mondes.

Chapitre 22: Le retour des âmes à l'Entité Source

De retour au 100e niveau, celui de Dieu
    Au cours d'une autre méditation, j'ai eu l'impression que je devais me rendre au 100e niveau jusqu'à l'Entité Source. À mon arrivée, j'ai vu dans mon esprit cette image désormais familière, semblable à une galaxie, de l'entité qui était la Source de nous tous, et que de nombreux textes appellent « Dieu ». En m'approchant de l'Entité Source, j'ai vu de nombreuses étoiles qui se tenaient si proches les unes des autres qu'elles ressemblaient à l'Entité Source elle-même.

ES : Ce que tu vois, ce sont toutes les âmes qui sont revenues à Dieu.
MOI : *Je croyais qu'elles se fondraient simplement en Toi.*
ES : C'est bien le cas, mais elles ont conservé leur individualité. Elles sont individuelles et font partie du Tout en même temps. Elles sont plus qu'une simple partie de Moi : elles apportent au Tout différentes expériences évolutives. Certaines d'entre elles recommenceront le long cycle si elles le souhaitent ; d'autres non.

    J'ai alors reçu l'image d'un vieil homme ratatiné et affublé d'une longue barbe blanche qui se tenait debout à côté de moi. Tout chez lui était de la même couleur : blanc.

Le véritable état de l'Entité Source de la Terre
MOI : *Je pensais que Tu me montrerais Ton véritable état.*
ES : Je vais te le montrer, si c'est ce que tu souhaites.

    Sur ce, l'Entité Source a disparu, même si je pouvais encore communiquer avec Elle.

MOI : *Je ne Te vois pas.*
ES : Tu voulais voir à quoi Je ressemblais vraiment : eh bien voilà !
MOI : *Dans ce cas, je pense qu'il serait bon de reprendre l'image du vieil homme, car au moins elle me donne un point focal sur lequel porter mon attention.*
ES : Comme tu voudras.

L'Histoire de Dieu

L'Entité Source est alors réapparue sous la forme du vieil homme. Mais j'ai aussi eu l'impression qu'un réseau de lignes imprégnait la vaste étendue qu'Elle était.

MOI : Je vois que Tu possèdes aussi une structure.

La conservation de l'individualité
ES : Oui, il y a un ordre à tout, et c'est ce que tu as vu. Tout est à sa place et a une place en Moi. Rappelle-toi, le retour à la Source n'entraîne aucune perte d'individualité ; il s'agit d'une coadunation, ce qui revient à être « un avec le Tout », tout en étant individuel. Les âmes/esprits/entités qui reviennent à la Source n'ont pas à craindre de perdre leur individualité, car ce retour n'implique aucune perte.
MOI : Je veillerai à ce que cette information figure dans le texte d'un de mes livres.
ES : Certainement. C'est un concept important à transmettre.

L'esprit collectif
   J'étais en plein travail de méditation matinale lorsque j'ai reçu la visite inattendue de l'Origine. Cette visite m'a d'autant pris au dépourvu que je me demandais si je serais capable d'effectuer une méditation ce matin-là, aussi courte soit-elle.

O : L'esprit collectif n'est pas quelque chose que tu dois craindre, tu sais.

Je savais que je craignais la perte de la singularité de mon esprit et, dans une certaine mesure, je trouvais cela à la fois effrayant et intrigant.

MOI : Tu savais que j'avais peur de perdre ma singularité ?
O : Ce n'est pas surprenant, puisque vous tous sur Terre êtes dans la position unique de pouvoir centrer votre attention sur votre propre intention, et de disposer ainsi de votre propre singularité en totalité. Ce qui n'est pas le cas en règle générale.
MOI : Que veux-Tu dire par « en totalité » ?
O : Par cela Je veux dire que vous êtes tous des « Dieux », faute d'un meilleur mot. Vous êtes tous des mini-Moi. Vous êtes tous capables de faire tant de choses, mais cela n'est réalisable en ce moment que si vous méditez sur le retour à la Source et ignorez les distractions.

L'Histoire de Dieu

J'ai alors pensé aux choses que j'aime : le vélo, la plongée, etc.

O : Oui, c'est bien de ce genre de distraction que Je voulais parler. Médite sur le fait de faire partie du Tout et sois sans crainte. Même dans un esprit collectif, les parties de Moi qui ont été singulières conservent leur singularité ; il s'agit juste d'une singularité plus grande, beaucoup plus grande.

Coadunation et expansivité

Au cours d'une nouvelle méditation pendant laquelle je m'entretenais avec la Source à propos de tout et de rien, Elle a glissé à nouveau le mot « coadunation ».

MOI : Pourquoi parlons-nous encore de coadunation ?
ES : Te souviens-tu que Je t'ai décrit le retour à la Source comme une coadunation et non comme une perte d'individualité ? Je t'ai alors dit que cela revenait à être « un avec le Tout », tout en restant individuel. J'ai aussi ajouté que « les âmes/esprits/entités qui reviennent à la Source n'ont pas à craindre de perdre leur individualité, car ce retour n'implique aucune perte. » Eh bien, le mot coadunation est également un mot approprié pour décrire ce qui se passera lorsque l'humanité gagnera une masse critique de personnes en contact avec l'Esprit et avec leur véritable soi. Car en soi, c'est une façon de retourner à la Source tout en étant dans le physique.
MOI : Comment ça ?
ES : Les personnes capables d'être en contact avec leur véritable soi et avec leur Esprit par l'intermédiaire de leur Essence Pure pourront entrer en contact avec tout ce qu'il y a dans l'univers. Cela signifie qu'elles pourront Me contacter ou nous contacter, ainsi que les autres êtres incarnés et désincarnés, les esprits des planètes, des étoiles, des animaux et de la vie végétale des planètes à tous les niveaux dimensionnels et fréquentiels.
MOI : Il s'agit donc d'une forme de communion ?
ES : Oui, mais c'est encore une description incomplète dans la mesure où la coadunation implique également le reste de l'univers « conscient » dans son intégralité, au sens d'une réunion dans la plénitude.
MOI : J'ai une autre question : quelle est l'ampleur de Ton expansivité ?
ES : Elle est considérable. Je suis/Nous sommes si expansifs que tu ne peux absolument pas le comprendre dans ta situation actuelle.

L'Histoire de Dieu

MOI : OK, teste-moi.
ES : Très bien. Imagine que tu sois capable de voyager aussi loin que possible dans n'importe quelle direction, à n'importe quel moment et dans n'importe quelle dimension. Eh bien, Je serai toujours là.

J'ai suivi Ses instructions et j'ai constaté que lorsque je me projetais dans une direction spécifique, la zone autour de moi restait baignée d'une lumière blanche éclatante. J'ai essayé d'aller aussi loin que possible en faisant clairement connaître mon intention, mais peu importe jusqu'où j'allais, l'éclat de l'Entité Source était toujours là.

ES : Maintenant, comprends-tu que vous ne pouvez pas percevoir à quel point Je/nous sommes expansifs dans ta situation incarnée actuelle ?
MOI : Je pense que oui. Mais peux-Tu m'aider à comprendre un peu mieux ton expansivité ?
ES : Oui.
MOI : Comment peux-Tu savoir ce qui se passe à n'importe quel moment dans le temps, à n'importe quel endroit de l'espace et des dimensions alors que Tu es littéralement partout ?
ES : Imagine ton corps actuel. Si tu éprouves une démangeaison à la jambe, par exemple, tu recentres instantanément ton attention sur la zone de cette démangeaison et tu commences à la gratter. Il en va de même si tu te blesses : tu recentres instantanément ton attention sur la zone douloureuse, n'est-ce pas ?
MOI : Oui.
ES : Tout cela se fait même si le centre de ton attention se situe principalement dans ta tête.

J'ai essayé de mettre cela en pratique en me pinçant, et j'ai été soudainement surpris de constater que mon attention se détournait de ma tête ou d'autres choses que je faisais, au point de ressentir des démangeaisons ou de l'inconfort à chaque pincement.

MOI : Oui, je vois.
ES : Eh bien, imagine à présent que Je puisse faire cela un nombre incalculable de fois en même temps. Cela Me permet de te parler, à toi et à d'autres personnes simultanément, même si vous vous trouvez dans des espaces, des dimensions ou des cadres temporels différents.
MOI : C'est donc ainsi que Tu étends Ton expansivité ?

L'Histoire de Dieu

ES : Oui, Je fais cela grâce aux capteurs de communication qui sont présents dans chaque molécule de chaque dimension. Cela Me permet de détecter la moindre « démangeaison » et de M'adresser à n'importe lequel d'entre vous, n'importe où, et sans délai.
MOI : Tu disposes donc vraiment d'une expansivité considérable !
ES : Oui.
MOI : C'est bizarre, mais j'ai pourtant l'impression qu'il y a une fin à Ton expansivité.
ES : Très perspicace ! Il y a, bien sûr, une fin à cela, mais tu le savais, au fond de toi.

Au-delà de l'expansivité de la Source

J'ai modifié ma concentration mentale pour étendre mon attention au-delà de l'expansivité de la Source. J'ai alors constaté que la Source était, en effet, très expansive, mais ce que j'ai vu m'a surpris : la zone située autour de moi m'apparaissait en négatif, tandis que la Source, en dessous de moi, se présentait comme une bulle, tous les univers, dimensions et galaxies étant contenus dans cette bulle. Puis, en regardant autour de moi, j'ai vu d'autres entités semblables à la Source, toutes dotées de bulles similaires. J'ai alors repris ma conversation avec la Source.

MOI : Tu n'es pas la seule Source.
ES : Oui. Et Nous faisons toutes partie de quelque chose de plus vaste, et Nous Nous expérimentons toutes de différentes manières. Ma méthode à Moi a consisté à Me diviser en deux et à créer les nombreuses âmes immortelles que vous êtes, et à vous charger d'aller dans l'univers pour expérimenter autant de choses différentes que possible. D'autres Sources, comme Moi, l'ont fait de différentes manières, ou pas du tout.
MOI : Tous les univers que Tu as créés ressemblent à des sphères noires à l'intérieur d'une sphère blanche sale, et ils ont tous des espaces entre eux.
ES : Oui, c'est exact.
MOI : Pourquoi ces espaces sont-ils situés à ces endroits ?
ES : Ils sont là pour permettre à Mes assistants de se déplacer entre les univers mais sans interaction avec eux. Considère-les comme Ma « porte dérobée ».

Engagement actif dans le processus évolutif

L'Histoire de Dieu

J'ai regardé les autres sphères qui ressemblaient à notre Entité Source ou à notre Dieu.

ES : Elles/Nous faisons toutes partie d'une entité plus vaste : l'Origine. Ce que J'ai fait en Me subdivisant en vous tous, petites âmes que vous êtes, est semblable à ce que l'Origine a fait afin de Nous créer, Nous les Entités Sources. Tout est ainsi disséminé, car tout est activement engagé dans le processus évolutif de compréhension de soi en expérimentant de nouvelles choses dans des environnements différents afin de les transmettre en retour au Tout pour que le Tout (c'est-à-dire l'Origine) puisse apprécier ce qu'Il/Elle est.
MOI : C'est donc un privilège pour moi de pouvoir voir tout cela.
ES : Tu n'en vois qu'une très petite partie du fait de ton incarnation physique très limitée, mais oui : rares sont en effet les entités incarnées qui ont pu voir cela, et encore plus rares sont celles qui ont pu en comprendre quelque chose dans leur situation actuelle.

Chapitre 23: Observations de l'Entité Source sur les âmes incarnées sur Terre

Observation de la subdivision de l'Entité Source en une myriade de parties d'Elle-même

Un matin, au cours de ma méditation matinale habituelle, je travaillais sur la ligne de hara avec l'intention d'entrer dans mon esprit afin de parler avec des extraterrestres, mais j'ai été surpris de me retrouver à nouveau en présence de l'Entité Source. Je ne m'y attendais pas, même si je savais que j'étais en Sa présence car je L'avais vue de très loin, comme une nébuleuse de nuages blancs flottant dans l'espace.

ES : Tu assistes à la grande division qui a eu lieu lorsque Je Me suis divisée en Moi et en plus petites parties de Moi.

Je pouvais voir le nuage de lumière se scinder en points de lumière plus petits que je savais être les nouvelles âmes en train de naître.

ES : Chacune de ces plus petites parties de Moi aura sa propre indépendance et disposera de son propre processus de décision à suivre.
MOI : Mais pourquoi T'es-Tu ainsi scindée en plusieurs morceaux ?
ES : Afin de comprendre la ou les différences qui existent entre « ce qui est » et les nombreuses formes différentes de « ce qui pourrait être ».
MOI : Que veux-Tu dire par là ?
ES : Ce que J'étais, Je pouvais le comprendre, mais Je ressentais le besoin d'expérimenter ce qui « pourrait » être. Si Je M'étais simplement divisée en deux, cette expérience M'aurait pris beaucoup de temps, alors J'ai décidé de transformer la moitié de Moi-même en milliards d'âmes. Chacune vivrait ainsi des choses différentes en même temps et Me transmettrait les informations de ce qu'elle serait en train de vivre au fur et à mesure de son expérience. L'objectif était d'expérimenter tout ce que Je pouvais en Me plaçant dans autant d'environnements, de situations, de positions, d'époques, de civilisations, de dimensions, etc., différents que Je pouvais en

L'Histoire de Dieu

imaginer, tout cela en même temps afin de Me faire grandir par l'expérience. La Terre est un cas très intéressant à cet égard et Me fournit de nombreux éléments évolutifs.

Le manque de contact de l'âme incarnée avec la Source

MOI : *Et qu'est-ce qui rend la Terre si intéressante ?*

ES : Elle est intéressante parce que Je n'avais pas envisagé que la Terre et ses âmes incarnées chuteraient dans les fréquences comme cela s'est produit. J'ai trouvé cela très intéressant parce que sur toutes les autres planètes avec tous les différents types d'êtres incarnés qu'elles contiennent, les êtres sont tous encore en contact avec Moi d'une manière ou d'une autre. Lorsqu'une âme s'incarne au niveau de la Terre à sa fréquence actuelle, la partie de l'âme qui s'incarne est totalement inconsciente de Ma présence, à tel point qu'elle a besoin d'une équipe d'âmes pour l'aider pendant le processus d'incarnation. Une âme incarnée sur Terre est donc vraiment seule, mais aussi libre de prendre ses propres décisions sans savoir si elles seront bonnes ou mauvaises, alors qu'en réalité il n'y a pas de bonne ou de mauvaise décision, seulement des choix.

MOI : *Nous sommes donc complètement sourds, muets et aveugles !*

Les âmes sont à l'aube de l'éveil et de l'accélération

ES : Oui. Mais ce qui est encore plus intéressant, c'est que, bien qu'au fil des millénaires, vous ayez tous connu de nombreuses ascensions et chutes en termes de civilisation, de spiritualité et de technologie, vous n'avez jamais été aussi bas en termes de fréquences. Et ce qui est encore plus intéressant, c'est que vous êtes maintenant sur le point de vous éveiller et que vous êtes destinés à vous élever à nouveau à travers les fréquences pour atteindre des niveaux encore plus élevés qu'auparavant. C'était totalement inattendu.

MOI : *Comment cela peut-il être inattendu pour une Entité Source qui est omnisciente ?*

ES : Bien sûr, Je M'y attendais, mais s'attendre à quelque chose et en faire l'expérience sont deux choses bien différentes, et c'est bien la raison pour laquelle Je Me suis divisée en premier lieu.

MOI : *Je vois.*

ES : Oui, Je pense que tu as saisi. *SI* cela fonctionne avec la Terre, J'autoriserai ce processus avec d'autres planètes et civilisations qui ont moins de contrôle sur leur propre avenir du point de vue d'une entité individuelle.

MOI : *Donc la Terre est une expérience ?*

L'Histoire de Dieu

ES : Oui, mais toute chose est une expérience ; tout se résume à une expérience expérientielle. L'expérience est tout. Sans expérience, tu n'as que de la théorie.
MOI : *Pourquoi donc ?*

Je connaissais la réponse à cette question avant même que la Source n'y réponde. Enfin je crois.

ES : Parce qu'en premier lieu, cela implique l'interaction de l'individu avec ses semblables sans connaissance préalable de ce qu'il doit faire ; il doit donc prendre des décisions en fonction de sa situation et réagir en conséquence. S'il prend la bonne décision, il en tire une leçon ; s'il se trompe, il en tire également une leçon. C'est donc une situation gagnant-gagnant, car elle est pleine d'occasions qui permettent d'apprendre ou d'expérimenter quelque chose.

Lorsque l'individu a acquis davantage de connaissances ou d'expérience sur un problème quelconque, il trouve alors plus efficacement la solution au problème.

Le moyen le plus rapide d'évoluer

Le fait de vivre des expériences en se mettant dans une situation où l'on doit tout résoudre par soi-même constitue de loin le moyen le plus rapide d'évoluer. C'est tout simplement merveilleux.

MOI : *Je ne pense pas que ce soit le cas, car on peut aussi s'engager sur une mauvaise voie en choisissant une solution basée sur des données issues d'une situation différente.*
ES : Bien ! Excellente réflexion. Mais accepte le fait que la compréhension ou la reconnaissance d'une mauvaise voie est alors plus rapide qu'elle ne l'aurait été sans connaissance préalable. C'est la vérité. Imagine un rat de laboratoire dans un labyrinthe. Une fois qu'il a trouvé le chemin vers le centre, puis le chemin du retour, le temps qu'il lui faudra pour résoudre l'énigme lorsqu'il sera placé dans un autre labyrinthe sera plus rapide que la première fois. Et la troisième fois sera encore plus rapide !

L'auteur s'interroge sur la parole comme forme de communication

Le lendemain, je me suis retrouvé à zoomer à nouveau sur la masse de lumière qu'était l'Entité Source. Alors que je me rapprochais de Lui/Elle, j'ai vu toutes les âmes qui avaient décidé de retourner à

L'Histoire de Dieu

la Source comme une myriade d'étoiles qui se rapprochaient progressivement de la Source. J'ai plongé sur la masse de lumière et je L'ai immédiatement perçue comme un vieil homme ratatiné vêtu d'une robe blanche éclatante.

MOI : Pourquoi parlons-nous ou semblons-nous nous parler ? Pourquoi ne pas utiliser une autre méthode de communication ? Comme des images par exemple ?
ES : Parce que c'est là-dessus que ton attention se porte. Tu communiques mieux de cette façon lorsque tu es un être incarné.
MOI : Ne pourrions-nous pas communiquer comme nous le faisons lorsque nous sommes désincarnés ?
ES : Nous ne pouvons pas le faire car ton attention se porte actuellement sur cette méthode de communication. Si nous utilisions les dix-sept autres sens qui sont à ta disposition dans un contexte de communication correcte, ton soi conscient ne serait pas capable de faire face à l'afflux massif et soudain de nouvelles données. Tu t'évanouirais tout simplement.
MOI : Et quels sont ces autres sens ?
ES : Certains d'entre eux sont trop difficiles à comprendre pour toi pour le moment, mais Je dirais simplement que lorsque nous communiquons correctement, tu reçois non seulement la parole (ce qui est vraiment très limitatif, car c'est un peu comme essayer de taper sur ton clavier avec un seul doigt !), mais tu reçois également vingt-deux canaux d'entrée, y compris des images, des sentiments, des émotions, des odeurs, des perceptions, des impressions tactiles ainsi que d'autres sens dont tu n'imaginerais même pas que tu les possèdes ou que tu puisses les utiliser.
MOI : Waouh ! Donc, pour le moment, la parole est vraiment notre meilleur moyen de communication.
ES : Oui, pour le moment.

Des animaux dans l'ionosphère

Alors que j'entamais ma méditation sur l'Essence Pure, mon attention s'est portée sur la Terre, les animaux, les arbres, les oiseaux et les poissons. En me connectant à chacun de ces animaux, je ne faisais soudainement plus qu'un avec eux, volant dans les airs, chassant de petits mammifères, nageant dans la mer. Mes pensées se sont alors tournées vers la Terre, et je suis allé flâner dans l'ionosphère.

L'Histoire de Dieu

MOI : Je viens d'avoir l'impression soudaine qu'il y a aussi des animaux dans l'ionosphère !
ES : Oui, en effet. Ce sont des animaux gazeux. Depuis la Terre, vous ne les avez pas encore détectés parce que vous n'avez pas l'équipement nécessaire pour cela. Il y a de très nombreux animaux qui vivent sur ou autour de la Terre et que vous ne connaissez pas.
MOI : Est-ce que je pourrai Te demander, plus tard, quel est leur rôle sur Terre ?
ES : Bien sûr.

Chapitre 24: Un aperçu des vies antérieures de l'auteur

Une méditation de suivi effectuée quelques jours plus tard m'a permis de contacter la Source assez rapidement. Je commençais à pouvoir me rendre directement auprès d'Elle plutôt que d'avoir à passer par toute une série d'étapes. À mon arrivée, j'ai souhaité parler à la Source des autres vies que j'avais eues sur Terre.

MOI : Dis-moi : qu'ai-je été dans mes autres vies sur Terre ?
ES : Beaucoup de choses. Tu as incarné des rois, des seigneurs, des pauvres et des gens ordinaires, mais dans toutes tes incarnations, tu as été toi-même.
MOI : Que veux-Tu dire par « j'ai été moi-même » ?
ES : Par cela, Je veux dire que tu as été TOI-MÊME dans ton intégralité. En d'autres termes, tu n'essayais pas d'être quelque chose que tu n'étais pas, et tu étais également en contact avec la totalité de ton « soi », ce qui inclut ce que tu appelles ton « soi supérieur ».
MOI : Et qu'ai-je été d'autre ?
ES : Un grand nombre de tes vies ont consisté à être quelqu'un qui aide les gens à se remémorer ou à ne pas oublier la réalité de l'univers et qui ils sont vraiment. Cela incluait l'utilisation et la perception des énergies. Tu as réalisé cela en leur apprenant à ressentir les énergies, puis à les voir.
MOI : Et pourquoi ai-je fait tout cela ?
ES : Tu l'as fait afin de contribuer à la grande remémoration qui va se produire. Il devait y avoir, et il doit toujours y avoir, une masse critique d'êtres incarnés ayant retrouvé suffisamment de mémoire pour permettre à la connaissance d'être transmise à travers les siècles et de ne pas être oubliée à jamais dans le monde physique. C'est ce que tu feras dans ce monde, mais avec la connaissance que tu acquerras plus tard. Et tu sauras ainsi que cette grande remémoration est proche.
MOI : Et comment vais-je acquérir cette connaissance ?

Comment maintenir un contact constant avec l'Esprit
ES : En rendant constant ton contact avec l'Esprit/Moi.

L'Histoire de Dieu

MOI : Mais comment saurai-je que j'y suis parvenu ?
ES : Tu le sauras. Par exemple, lorsque tu seras en capacité de méditer sans pensées parasites pendant dix minutes d'affilée, tu seras en mesure d'établir le lien, simplement grâce à cette capacité de focalisation beaucoup plus longue. Et lorsque tu pourras vivre ta vie au point de ne plus te soucier de ce que les autres pensent de ce que tu dis ou fais, tu réaliseras qu'il s'agit là de la véritable condition humaine et tu ne vivras plus dans la peur. À ce stade, lorsque ces deux conditions seront réunies, tu seras en contact permanent avec l'Esprit. Tu ne feras plus qu'un avec toi-même et l'univers/Moi et tu pourras exister en paix. Tu connaîtras alors la paix de quelqu'un qui comprend la vérité et qui n'a pas besoin de prouver quoi que ce soit à quiconque ni à lui-même. Tu pourras donc aider l'Esprit au mieux de tes capacités. Et sans ego, tu seras capable de gérer le pouvoir des énergies sans aucune corruption. Tu pourras donc tout faire ; tu pourras accomplir des miracles.

Signification des énergies du soleil et de la lune

Dans mes cours de guérison, les énergies du soleil et de la lune avaient été abondamment évoquées, à tel point que je voulais connaître le point de vue de l'Origine sur ce sujet.

MOI : Quelle est la signification des énergies du soleil et de la lune ?
O : Ces énergies sont liées au niveau de travail qu'un individu effectue. Et dans le passé, cela était lié au type de travail qu'un individu effectuait pour la population générale.
MOI : Par exemple ?
O : L'énergie solaire est une énergie de puissance, et les prêtres (ou experts) de l'énergie du soleil utilisaient la puissance générée par votre soleil pour manipuler de grands objets, les transmuter, ou simplement comme source d'énergie pour alimenter d'autres choses comme des lampes ou des machines volantes. C'était en réalité l'énergie « élémentaire » qui alimentait toute chose. Il existait, bien sûr, différents niveaux de puissance correspondant à différents types de tâches ou de travaux, et différentes personnes se spécialisaient dans ces différents niveaux de puissance. Certains prêtres, cependant, pouvaient utiliser toutes les puissances et niveaux disponibles et étaient donc très vénérés.
MOI : Et à quoi servaient les énergies lunaires ?
O : Il s'agissait essentiellement d'énergies de guérison ou de réparation. Ces types d'énergies ne se manifestent réellement que dans

L'Histoire de Dieu

les plans physiques. Elles sont utilisées afin de réparer le véhicule physique si la tâche d'une âme n'est pas encore terminée et que ce véhicule est encore nécessaire afin d'accomplir cette tâche.
MOI : *Mais quelle est la différence entre les énergies de guérison et de réparation ?*
O : Tu connais la réponse de base à cette question, car elle va de soi. La réparation, c'est la guérison d'objets ou d'entités inanimés ou sans âme qui se manifestent dans le monde physique, tandis que la guérison à proprement parler désigne la réparation d'objets animés et inanimés qui possèdent une âme individuelle ou une âme de groupe.
MOI : *Les objets inanimés ont une âme ?*
O : Oui, tous les minéraux sont inanimés mais possèdent une âme. Les objets animés sont des objets de niveau supérieur qui sont utilisés pour l'évolution des âmes ou entités supérieures et qui doivent, par conséquent, être plus indépendants que les corps offerts par des véhicules d'incarnation tels que les planètes, etc.
MOI : *Et les prêtres de la lune étaient donc experts en guérison ?*
O : Oui. Ils connaissaient toutes les énergies de ce type qui étaient disponibles et savaient pour quels types de soins elles pouvaient être utilisées. Comme dans le cas des prêtres en charge des énergies de puissance, ils comptaient également des individus qui étaient experts dans certaines méthodes ainsi que d'autres individus, ou « grands » prêtres, qui étaient capables d'exercer tous les niveaux de guérison.

Vies en Égypte et en Atlantide, modification de la composition atomique des matériaux

J'ai alors eu un flash de l'une de mes vies antérieures. J'avais l'impression d'être bien en phase avec les méthodes de manipulation des énergies au cours de plusieurs incarnations. Dans certaines de ces vies passées j'étais prêtre, et dans d'autres j'étais à la fois prêtre et roi. Les images que j'ai reçues me montraient me tenant au sommet d'un certain nombre de structures de type pyramidal. Au début, j'ai pensé que c'était l'Égypte, mais l'Origine m'a expliqué qu'il s'agissait à la fois de l'Égypte et de l'Atlantide.

O : À cette époque, tu pouvais modifier la composition atomique de n'importe quel matériau.
MOI : *Et comment m'y prenais-je pour faire cela ?*
O : Tu avais la capacité d'examiner un matériau au niveau atomique et d'y ajouter ou d'en retirer des protons, des neutrons et des électrons afin de transformer la matière de base que tu avais devant toi en tout

ce que tu voulais. Tu pouvais ainsi rendre des matériaux très légers par simple modification de leur composition atomique vers une autre fréquence pendant que tu déplaçais la masse de base du matériau vers un autre emplacement. Une fois ce nouvel emplacement établi, tu restituais les électrons ou atomes manquants au matériau, et il retrouvait sa forme, sa structure et sa densité d'origine.
MOI : Cela me semble très compliqué.
O : Oui, mais tu avais aussi d'autres moyens de faire cela. Ainsi, tu pouvais également placer toutes les molécules, sauf une sur trois ou quatre, dans la dimension ou la fréquence la plus proche, tout en laissant dans cette dimension le squelette nu de l'objet et de sa matière afin qu'il puisse être littéralement déplacé par un petit nombre de personnes ou, dans certains cas, par une seule personne, une personne capable d'effectuer une télékinésie de bas niveau, à condition que la masse de l'objet ne soit pas trop importante.
MOI : Je n'arrive pas à croire que j'ai pu faire ça.
O : Toute entité qui n'est pas dans ce plan d'existence où tu te trouves actuellement peut effectuer ces tâches, car chaque entité fait partie de Moi et a la capacité de faire tout ce qu'elle désire.

Chapitre 25: Étoiles, âmes incarnées et races racines

L'Origine s'exprime sur la création des étoiles
Lors d'une autre méditation pendant laquelle je réfléchissais au travail des étoiles, l'Origine m'a proposé de commenter cette réflexion.

O : Les étoiles ont été créées par l'Entité Source.
MOI : Et comment s'y est-elle prise ?
O : En ordonnant aux travailleurs des galaxies de se rassembler et de fusionner la matière plus dense qui se manifestait au niveau physique des univers.
MOI : À quel moment l'Entité Source a-t-elle fait cela ? Au début du programme d'évolution ?
O : Oui, l'objectif était de fournir une source d'énergie à proximité de chaque zone où un groupe d'êtres allait séjourner pour travailler sur leurs plans d'évolution par l'apprentissage. Les étoiles fournissent de l'énergie à toutes les entités et aux masses (ou planètes) qui se rassemblent autour d'elles, dans toutes les dimensions et dans toutes les fréquences.

La nécessité de travailler avec les esprits de la nature sur Terre
MOI : Alors, comment pouvons-nous affecter l'énergie que la Terre reçoit du soleil ?
O : Ceux d'entre vous qui sont éveillés peuvent servir de canal à cette énergie et donner à la Terre une sorte de méthode suralimentée d'acquisition d'énergie qui lui permet (ainsi qu'à vous-mêmes) de s'élever dans les fréquences. C'est pourquoi il est essentiel que vous travailliez avec la Terre et ses esprits de la nature (ou gardiens). Vous en bénéficierez alors tous sur le plan énergétique, ce qui vous permettra de vous élever à votre tour dans les fréquences, de récupérer une plus grande partie de votre mémoire, d'accomplir davantage de choses et d'être davantage en contact avec votre véritable soi supérieur. Il est également vrai que vous êtes très près d'effectuer cette première transition, au point que même ceux qui sont négatifs et en colère ne sont pas en mesure d'influencer ce changement. C'est une

merveilleuse nouvelle, et un grand pas en avant pour l'expérience humaine !

Je m'attendais à effectuer une simple méditation sur le fait d'« être » là après avoir terminé ma méditation matinale sur la ligne de hara, lorsque j'ai aperçu dans mon esprit des milliers d'étoiles qui se tenaient proches les unes des autres. J'ai alors demandé à l'Entité Source ce qu'elles étaient, car la signification de tout cela n'était pas très claire.

La variété des âmes en attente d'incarnation
MOI : Que sont ces étoiles ? On dirait un gros plan sur une sorte de nébuleuse ?
ES : Ce sont les âmes qui attendent de s'incarner sur Terre. Elles ont hâte de s'incarner et entourent la Terre par anticipation.
MOI : J'ai aussi l'impression qu'il y a encore d'autres âmes que celles-là ?
ES : Oui, en effet. Ce sont les âmes de personnes davantage attachées à la vie terrestre. Elles sont devenues dépendantes de la vie incarnée et, par conséquent, ne peuvent pas se détacher correctement du plan Terrestre. Elles attendent l'occasion de se faufiler dans le corps d'une personne particulièrement ivre, car la forte consommation d'alcool force l'ouverture de l'aura et permet à une autre âme de l'envahir et, par conséquent, de faire à nouveau l'expérience de la vie incarnée, même pour un court instant.

Lorsque j'en ai parlé à ma femme, elle m'a immédiatement dit qu'il y avait aussi les âmes des races-racines 6 et 7 qui attendaient de s'incarner et de poursuivre la prochaine étape de l'évolution humaine. Ces âmes, une fois incarnées, conserveront toute la mémoire de qui elles sont et de ce qu'elles sont et contribueront aux événements environnementaux qui se produiront en raison de l'élévation des fréquences de la Terre.
Le lendemain, j'ai à nouveau médité sur ce sujet.

Les différences entre les races-racines 5, 6 et 7
MOI : Dis-moi, quelle est la différence entre les races-racines 5, 6 et 7 ?
ES : La race-racine 5 doit passer par un long processus avant que ses membres ne parviennent à être en contact avec leur soi supérieur et ne commencent à accéder à leurs véritables capacités. C'est assez

difficile à faire et nécessite que l'individu de cette race-racine réapprenne à accéder à ces capacités à partir du plan physique. Il doit également se purifier et éliminer tous les blocages accumulés au cours de ses vies passées jusqu'à présent.

MOI : Et qu'en est-il de la 6e race-racine ?

ES : Elle a pour mission d'ouvrir la voie à la 7e race-racine. Ses membres seront plus conscients de leurs capacités et de leurs problèmes spirituels dès la naissance et se chargeront de préparer le reste des membres de la race humaine à remonter dans les fréquences. Ils les rendront plus conscients des questions spirituelles afin qu'ils puissent commencer à réaliser que la vie implique bien plus que les seules préoccupations liées à leur bref passage ici sur Terre. Ce travail commencera à les amener à réfléchir d'un point de vue spirituel à plus long terme.

MOI : Et à quoi ressemblera la 7e race-racine ?

ES : Elle sera composée de maîtres qui souhaitent se réincarner. Ils seront pleinement conscients de leur véritable soi et de leurs capacités dès la naissance, et ils enseigneront et influenceront activement et ouvertement les changements nécessaires afin d'élever les fréquences de la Terre et de ses habitants aux niveaux requis pour la projeter au niveau suivant, de manière à ce que leur ascension puisse se poursuivre en remontant aux niveaux de fréquences auxquels ils devraient déjà se trouver. À ce stade, le paradis sur Terre sera une réalité.

Chapitre 26: Les pouvoirs psychiques n'existent pas

MOI : Je voudrais en savoir plus sur nos pouvoirs psychiques. En avons-nous vraiment, et si oui, quels sont-ils et pourquoi ne pouvons-nous pas les utiliser maintenant ?
ES : N'est-ce pas une question d'un niveau assez bas pour toi ?
MOI : Sans doute, mais je suppose que beaucoup de gens aimeraient connaître la réponse à cette question.
ES : D'accord. Tout d'abord, les « pouvoirs psychiques » n'existent pas. Il y a simplement les facultés que vous pouvez utiliser pendant votre projection actuelle dans le monde physique. Ces facultés peuvent inclure ou non certaines des fonctions normales dont vous disposez lorsque vous êtes dans l'état énergétique.
MOI : Et que recouvrent ces facultés ?

L'aliénation et les limites des pouvoirs spéciaux
ES : Tout ce qui est pertinent aux besoins de cette incarnation. La plupart des individus qui s'incarnent n'ont absolument pas besoin de leurs facultés énergétiques normales lorsqu'ils sont dans le monde physique. En effet, le fait de les posséder invaliderait la raison même d'exister dans cet espace limité, puisque l'objectif principal de s'y trouver incarné concerne l'évolution et la compréhension de soi. La possession de ce que la plupart des gens qualifieraient de « pouvoirs spéciaux » ne ferait que vous aliéner du reste de la société et limiterait l'orientation de votre vie. Vous vous concentreriez presque entièrement sur ces pouvoirs plutôt que de travailler avec ce que vous avez, c'est-à-dire ce dont tout le monde dispose : des fonctionnalités de base limitées. C'est un phénomène que tu peux constater en observant ce qui se passe chez ces individus que vous appelez des médiums : leur vie se limite à travailler avec la seule fonction qui peut être attribuée au soi supérieur. Ils se concentrent spécifiquement sur cela au détriment de tout travail sur les autres défis liés à la vie dans le monde physique, comme l'interaction avec leurs semblables. Il est aussi important de souligner que c'est vous qui choisissez de ne pas avoir accès à votre soi supérieur (ou « normal ») lorsque vous vous incarnez et que, par conséquent, vous vous limitez de votre plein gré.

L'Histoire de Dieu

Enfin, il convient de noter que le niveau actuel des fréquences dans cette dimension rend difficilement accessibles les fonctionnalités du soi supérieur, ces faibles niveaux ayant pour effet de limiter les lignes de communication entre le soi projeté et le soi énergétique.

Et concernant ta question sur vos pouvoirs psychiques, je vais te répondre par une question : « que penses-tu qu'ils soient ? »

MOI : Je m'attendrais à ce qu'ils soient tout ce à quoi je peux penser.

ES : Bonne réponse. En fait, lorsque vous êtes pleinement revenus à l'état énergétique, vos capacités ne sont limitées que par votre aptitude à y penser. Car en réalité vos capacités sont illimitées, et c'est précisément la raison pour laquelle elles ne vous accompagnent pas dans le physique. Si vous les emportiez toutes avec vous et les utilisiez dans l'environnement physique, vous seriez non seulement considérés comme des dieux, mais vous pourriez aussi causer de réels dégâts.

MOI : L'humanité a-t-elle déjà eu accès à certaines de ses capacités dans le passé ?

Premières expériences de l'homme énergétique ayant conservé un souvenir complet de ses capacités

ES : Comme Je te l'ai expliqué dans un dialogue précédent, les premières expériences faites par l'homme énergétique dans le physique comprenaient le souvenir complet de qui il est vraiment et la capacité de communiquer avec les autres, aussi bien dans l'état énergétique que physique. Telles étaient les principales facultés qui étaient conservées pendant l'incarnation. Mais le problème, c'est que la connaissance de ce que l'on pouvait et ne pouvait pas faire dans le physique a en fait causé de la détresse chez un grand nombre de ceux qui avaient choisi de s'incarner. On peut comparer cette réaction à une crise de claustrophobie. C'était pour cette raison que les créateurs de l'homme physique ont décidé de couper tous les liens avec le soi énergétique pendant que l'entité était incarnée. Imagine ce que ce serait de savoir ce que tu es et ce que tu peux faire, mais de ne pas pouvoir le faire ; la frustration serait immense. Cependant, il y a, et il y a eu dans le passé, des individus qui ont choisi de laisser certaines facultés activées pendant leur existence physique afin de les utiliser pour le bien des autres. D'autres encore les ont activées afin de leur permettre de ressentir l'isolement qu'elles créent. Le fait de savoir que l'on peut faire quelque chose qui semble plutôt incroyable et que les autres ne peuvent pas faire crée en fait un certain niveau d'isolement dans le psychisme de l'individu concerné. L'autre raison pour laquelle ces facultés ne sont pas accessibles à tous, c'est qu'à ce stade elles feraient l'objet d'abus et non d'une utilisation pour le bien commun. En réalité, elles seraient utilisées pour le mieux-être personnel de l'individu dans le monde physique. Lorsque l'humanité était une race plus jeune et, en effet, d'une fréquence plus élevée, certaines fonctions étaient autorisées. Il s'agissait des fonctions de base de la télépathie, de la télékinésie et de la guérison. La guérison est la plus bénigne des trois, et la première à réapparaître lorsqu'une race commence à inverser sa descente vers les niveaux de fréquence inférieurs, ce qu'elle est en train de faire actuellement, d'où la réapparition de cette fonction.

Conditions requises pour utiliser les fonctions énergétiques
La principale exigence à respecter pour pouvoir utiliser certaines des fonctions énergétiques quotidiennes normales dans le monde physique, c'est bien sûr la pureté du cœur et une absence totale d'agressivité et d'ambition personnelle. Ces deux derniers défauts (agressivité et ambition personnelle) constituent une combinaison dangereuse lorsqu'ils sont associés au pouvoir d'influencer l'environnement des autres, car ils créent la tyrannie, ce qui ne saurait être autorisé. En fait, c'est cette même combinaison qui a contribué à faire descendre la race humaine dans les fréquences inférieures dont elle a maintenant du mal à s'extraire.

MOI : Tu as mentionné trois facultés : la télépathie, la télékinésie et la guérison. Mais quelles sont les autres ?
ES : Comme tu l'as dit toi-même il y a quelques minutes, tu peux faire tout ce que tu désires dans l'état énergétique : téléportation, voyage dans le temps, voyage dimensionnel, création, absolument tout ce que tu peux désirer ! Il te suffit de le vouloir, et c'est fait. La faculté la plus importante que tous les humains possèdent encore est cependant celle qui est la plus ignorée : la capacité de se connecter à la réalité et de communiquer avec eux-mêmes, avec Moi et avec l'univers qui les entoure. C'est la voie vers l'illumination et c'est en partie la raison pour laquelle vous vous incarnez tous dans la forme humaine physique : pour expérimenter, évoluer et retourner à la Source, c'est-à-dire à Moi.

La physique de la télékinésie
MOI : J'ai une question concernant la physique de la télékinésie. Je pensais que cela fonctionnait en donnant de l'énergie à un objet pour

L'Histoire de Dieu

qu'il perde une partie de sa densité et, par conséquent, devienne plus léger, suffisamment léger pour être déplacé par l'éthérique.
O : C'est proche de la vérité, mais la vraie méthode consiste à rendre la zone autour de l'objet plus dense que l'objet lui-même, ce qui permet à l'objet en question de flotter, un peu à la manière d'un ballon qui flotte à la surface de l'eau. Tu le fais ensuite bouger en rendant le niveau local de densité moins dense, ce qui le fait littéralement « tomber » dans une certaine direction.
MOI : Mais comment peut-on faire cela sans créer un objet physique, comme de la glace ?
O : En modifiant les caractéristiques du champ énergétique des matériaux environnants. C'est ainsi que fonctionne le magnétisme.
MOI : Mais le magnétisme repose sur le fait que deux objets possèdent des propriétés magnétiques, d'une certaine manière.
O : Bien sûr, la référence que Je faisais au magnétisme ne visait qu'à t'aider à comprendre. Le champ énergétique qui entoure un objet peut être rendu plus dense en le rendant simplement plus fort et en lui permettant de repousser les champs énergétiques moins forts. Si le champ en question se trouve sous l'objet, ce dernier est alors soulevé ; s'il est affaibli, l'objet retombe par terre. Cela peut se faire par effet de berceau, ce qui permet également d'obtenir un mouvement latéral.

La Grande Illusion

Dans une autre méditation, l'Origine m'a montré une brève description de la vie sur Terre comme étant une illusion.

O : Une illusion n'est jamais aussi efficace que lorsqu'elle est capable de distraire l'observateur au point qu'il est totalement convaincu que ce qu'il vit avec ses capacités ou sens limités est la seule réalité qui soit.
MOI : Nous vivons donc dans une illusion particulièrement convaincante !

Faire confiance à son intuition

O : Non, mais vous êtes tous facilement convaincus que la vie physique est tout ce qui existe, et cela est dû au fait que vous n'êtes pas capables de faire confiance à vos sens supérieurs. Simplement parce que vous vous fiez trop à vos sens humains au lieu d'accepter le fait que vos sens supérieurs sont bien là et sont précis. Vous devez faire confiance à votre intuition.

L'Histoire de Dieu

MOI : Donc, plus je fais confiance à mon intuition, plus j'utiliserai mes sens supérieurs et plus je verrai que cette vie n'est qu'une illusion, une illusion mise en œuvre au profit de mon évolution.
O : Oui, tu as tout compris maintenant. C'est amusant.
MOI : Pourquoi ?

La voie rapide d'évolution
O : Parce que vous avez tous l'impression de souffrir depuis très longtemps, mais en réalité, et c'est la RÉALITÉ, vous n'êtes ici que pendant une fraction de seconde par rapport à la durée de votre véritable existence. La Terre est une voie rapide d'évolution dotée d'un potentiel étonnant. Vous pouvez y évoluer en quelques années seulement, là où il vous faudrait des milliers d'années, voire des éons, pour obtenir le même résultat dans l'énergétique pur. Pourtant, lorsque vous êtes incarnés, cela vous semble très long. Réjouissez-vous plutôt du fait que cette réalité soit si courte !

Partie 3 : Communication avec les extraterrestres

L'Histoire de Dieu

Chapitre 27: Hum s'exprime sur ces autres entités communément appelées « extraterrestres »

Après avoir réfléchi à ce que Byron m'avait dit précédemment à propos de la communication avec les extraterrestres, j'ai décidé de consacrer un temps de méditation à ce seul sujet. Et c'est Hum qui est venu m'apporter son aide.

MOI : Bonjour, Hum. Peux-Tu m'aider un peu sur le sujet des extraterrestres ? Lors de l'une de mes méditations, quelques informations éparses m'ont bien été communiquées, mais j'aimerais à présent consacrer un peu de temps à un véritable dialogue sur le sujet.
HUM : Très bien. Premièrement, les « extraterrestres » n'existent pas en tant que tel. C'est juste un terme que les humains utilisent sur Terre pour décrire des personnes ou des êtres qui ne viennent pas de la Terre. Sur la base de ce constat, il n'y a que des entités autres (et non pas des « extraterrestres ») qui vivent sur des planètes de cette galaxie ainsi que d'autres galaxies, univers, dimensions ou niveaux de fréquence. Ce sont véritablement nos frères et sœurs, car nous provenons tous de la même énergie Source et travaillons tous à faire avancer notre évolution et à progresser de manière à nous trouver à nouveau réunis avec l'Entité Source.

La vie telle qu'elle existe dans d'autres univers et dimensions est aussi diversifiée que les innombrables espèces d'insectes et de mammifères qui vivent ici sur Terre. Il existe des êtres d'énergie pure, que sont réellement nos âmes (ou esprits), et des êtres formés de composants physiques. Certains types de corps se rapprochent de la taille et de la forme du corps humain, tandis que d'autres peuvent ressembler à des calmars, des oiseaux, des lézards ou des poissons, certains correspondant même à une combinaison de deux ou trois de ces véhicules. Certains êtres sont capables de changer la forme et la taille de leur apparence physique à volonté, car ils ont le contrôle de leurs capacités mentales et spirituelles supérieures. Les êtres qui évoluent dans les fréquences supérieures sont constitués de composants physiques qui sont aussi solides pour eux que votre corps humain l'est pour vous. Mais si vous pouviez les percevoir et les toucher, cela reviendrait pour vous à essayer de toucher le vent ou un gaz très raréfié.

MOI : *Les extraterrestres visitent-ils la Terre ?*

La présence constante d'entités visiteuses
HUM : Oui, en effet : d'autres êtres visitent régulièrement votre planète, et ces visiteurs sont de nombreux types différents. Ils sont là pour vous aider à évoluer et à faire le saut vers le niveau spirituel suivant. Ils aident à élever la fréquence de la Terre, ce qui vous permettra de commencer à mieux vous souvenir de qui vous êtes vraiment et de votre rôle ici sur Terre. Leur tâche principale consiste à vous aider à vous préparer et à vous assister pour les changements à venir lors de cette période charnière de votre évolution. Une fois que vous serez parvenus à élever les fréquences, ces êtres se feront connaître à vous tous ici sur Terre. À ce moment-là, ils se sentiront en sécurité en sachant que vous serez plus tolérants envers leurs différents types de corps et que vous ne les tirerez pas à vue comme le prédisaient de nombreux films de série B des années 1950. Au lieu de cela, vous les accepterez pour ce qu'ils sont : vos amis et vos frères dans l'évolution.

Comme mentionné précédemment, la Terre se trouve à un tournant très important dans l'expérience du libre arbitre, le choix ultime appartenant ici à l'individu. La réussite de cette expérience vous permettra d'étendre ce pouvoir du libre choix individuel à d'autres races au sein de l'univers et du multivers, et augmentera la vitesse d'évolution des êtres individuels et de races entières d'êtres, y compris les esprits humains, ce qui augmentera davantage encore la fréquence de la Terre et de ses habitants. Une fois la fréquence de la Terre relevée, son but sera connu de tous et elle pourra alors fonctionner correctement. Comme un circuit d'ordinateur important qui est cassé, une fois réparé, il permettra à l'univers tout entier de fonctionner selon sa conception d'origine, c'est-à-dire comme un être vivant à part entière. C'est ce que vos frères et sœurs issus d'autres planètes sont venus vous aider à réaliser.

Méthodes de déplacement interstellaire
Le sujet des voyages réalisés sur de vastes distances et de manière efficace a toujours été un rêve pour les auteurs de science-fiction. J'ai donc décidé d'interroger Hum à ce sujet afin de voir si ses réponses

correspondraient à mon niveau de compréhension actuel de ces choses.

HUM : Ce que vous appelez des « vaisseaux spatiaux extraterrestres » parcourent les vastes distances qui séparent les étoiles en procédant à une translation vers une fréquence ou une dimension supérieure. Dans cette dimension, les êtres qui se trouvent à bord de ces vaisseaux peuvent littéralement utiliser leur pouvoir mental afin de se projeter vers un autre système stellaire ou une autre planète. Cela est possible en raison du fait que les différentes fréquences ou dimensions de tous les univers sont littéralement superposées les unes sur les autres. Et puisqu'elles existent toutes en même temps, la physique des fréquences supérieures a pour effet que les molécules d'un individu de fréquence inférieure voyagent dans un plan de fréquence plus élevée, et ce malgré un éloignement plus important.

En outre, grâce à la réduction de la résistance qui rend celle-ci infinitésimale, il est possible de voyager d'une étoile à une autre beaucoup plus rapidement, en fait à la vitesse de la pensée. C'est d'ailleurs si rapide que pour l'observateur situé dans une fréquence inférieure, le voyage d'un point A à un point B semble s'effectuer en un clin d'œil, comme une téléportation. Il existe également un ensemble différent de règles physiques liées aux fréquences plus élevées qui permettent au voyageur d'avoir accès à des informations et à des capacités ou facultés mentales dans des fréquences plus élevées auxquelles il n'aurait normalement pas accès dans sa propre fréquence d'origine. Par conséquent, le voyageur a la capacité de se projeter mentalement lorsqu'il se souvient soudainement de la façon de procéder. Une fois que le vaisseau spatial atteint sa destination dans la fréquence supérieure, il est ensuite reconverti dans sa fréquence d'origine et apparaît ainsi au point de destination. L'inconvénient de cette méthode, c'est l'oubli rapide des capacités mentales qui intervient lorsque le vaisseau et ses habitants se convertissent aux fréquences inférieures. Ce n'est cependant pas la seule façon de parcourir de grandes distances.

MOI : Vraiment ? Et quelles sont les autres méthodes utilisées ?
HUM : Il existe de nombreuses façons d'effectuer un voyage interstellaire, à la fois faciles et difficiles. Mais en général, quatre méthodes principales sont utilisées. La première consiste à utiliser le voyage conventionnel tel que vous le connaissez et le comprenez, ce qui, bien sûr, prend trop de temps et nécessiterait une arche spatiale, même à 90 % de la vitesse de la lumière.

L'Histoire de Dieu

La deuxième méthode utilise des sauts interdimensionnels pour traverser le pont qui relie alors deux points de l'espace. La troisième méthode utilise la pensée pure pour piloter un vaisseau spatial ou une construction mentale afin de protéger les entités contre la diminution de fréquence qui entraîne une chute dans les fréquences inférieures. La quatrième méthode nécessite un déplacement dans les dimensions supérieures uniquement et n'intervient que sur une base mentale sans nécessiter aucune construction mentale de protection. En général, les entités qui effectuent ce type de voyage ne s'aventurent pas à descendre aussi bas dans l'échelle des fréquences et trouvent ces basses fréquences très inconfortables, tout comme c'est le cas pour vous lorsque certains de vos sens et capacités se retrouvent réduits quand vous effectuez, par exemple, une plongée sous-marine. Ces entités se contentent de penser ou de se concentrer sur les coordonnés d'une galaxie, d'une planète ou d'un système planétaire, et aussitôt elles y sont. Encore une fois, cela est possible parce qu'une entité de ce type est réellement partout en même temps et est capable de concentrer son attention sur un point particulier de l'espace ou du temps quand bon lui semble, et de s'y retrouver instantanément.

Une méthode de transport très intéressante

La troisième méthode est cependant la plus intéressante, car le vaisseau ou la construction mentale en question possède des fonctions autres que celles consistant à protéger les entités contre les fréquences inférieures et à leur permettre de voyager d'un point à un autre. En raison de leur constitution, ces entités perdent leurs capacités supérieures lorsqu'elles descendent dans les fréquences, tout comme vous perdez votre capacité à vous souvenir de qui vous êtes et de ce que vous êtes vraiment lorsque vous vous incarnez dans le monde physique. Ainsi, elles commencent à oublier ce qu'elles savaient et ce qu'elles pouvaient faire.

Pour lutter contre cela, le vaisseau ou la construction mentale peut utiliser l'une des deux techniques suivantes. En utilisant une combinaisons de méthodes différentes, le vaisseau peut mémoriser les connaissances individuelles associées aux fréquences supérieures de toutes les entités protégées au sein de son environnement lorsqu'elles descendent dans les fréquences pour atteindre votre dimension tout en subissant l'effet d'oubli associé à cette descente. Cette approche permet à toutes leurs connaissances et capacités (grâce à un amplificateur) de rester disponibles. La deuxième fonction que le vaisseau ou la construction mentale peut remplir consiste à maintenir une dimension dans une dimension (ou une fréquence dans une fréquence). Le vaisseau est ainsi capable d'exister dans les fréquences inférieures tout en maintenant une fréquence interne cohérente avec celle des entités qui se trouvent en son sein.

Grâce à cela, les entités appartenant à la fréquence de niveau 12 peuvent voyager dans la 3e dimension à l'intérieur d'un vaisseau ou d'une construction qui maintient une bulle de fréquence plus élevée à l'intérieur de la coque, permettant ainsi à ces entités de maintenir leurs fonctions mentales et énergétiques supérieures personnelles tout en effectuant les missions qu'elles doivent accomplir sur le plan Terrestre. Pour établir un parallèle avec ce que vous faites dans le monde physique, la fréquence ou la dimension plus élevée à l'intérieur du vaisseau pourrait être considérée comme un concept similaire à ce qui se passe chez vos sous-mariniers qui plongent à 60 mètres sous le niveau de l'eau, à une pression de 7 bars, dans un sous-marin ou une bathysphère, mais en n'ayant qu'une pression de 1 bar à l'intérieur de l'appareil afin de maintenir leur propre pression ambiante.

Chapitre 28: Hum s'exprime sur les Om

Lors d'une courte méditation, je me suis connecté à Hum, qui m'a fourni une très brève explication de ce que sont les Om et de la manière dont ils interagissent avec la Terre.

MOI : *Bonjour, Hum. C'est un plaisir de te parler ce matin.*
HUM : C'est un plaisir de te parler également, car tu n'auras bientôt plus besoin de moi.
MOI : *Et pourquoi ça ?*
HUM : Parce que tu pourras communiquer avec n'importe quel être ou entité que tu souhaites contacter sans aucun guide ni soutien.
MOI : *Ah, d'accord. Eh bien j'ai une question pour toi : que sont les Om et comment se sont-ils manifestés sur Terre ?*
HUM : Ma réponse sera très courte car elle est ancrée dans le folklore et les légendes de l'humanité.

Les Om sont une race ancienne qui ne peut être décrite que comme des êtres de lumière vivant dans les niveaux célestes (très proches de l'Entité Source). De nombreux Om se sont incarnés à l'époque de l'Atlantide, et c'est pourquoi il y a aujourd'hui sur Terre de nombreux anciens Atlantes pour aider la Terre à se rétablir de son niveau actuel qui se situe à -9 sur les niveaux de fréquence, puisque la Terre est tombée de neuf niveaux de fréquence par rapport à son point d'origine. Les Om n'avaient pas besoin de s'incarner sur le plan Terrestre, mais ils ont ressenti le besoin d'aider la planète car ils comprenaient l'impact que la Terre pouvait avoir sur l'ensemble de l'univers, en termes d'évolution pour tous les êtres. Bien que nous nous soyons incarnés à l'époque atlante, toute aide de notre part aurait été limitée dans la mesure où les Atlantes étaient une civilisation assez insulaire alors que l'aide nécessaire se devait d'être plus globale.

Des anciens Atlantes qui sont en réalité des Om

C'est pourquoi il y a aujourd'hui de nombreux anciens Atlantes qui s'incarnent, mais ils ne sont pas uniquement des anciens Atlantes. Ce sont en réalité des Om. Les Om comprennent qu'avec une civilisation à présent plus globale sur Terre, les possibilités de progression se trouvent désormais considérablement améliorées, et c'est pourquoi ils s'impliquent davantage sur le terrain, au niveau le plus fondamental. C'est d'ailleurs ta raison d'être ici, car tu fais partie des Om.

Mais sache ceci : les Om ne sont pas des êtres. Ils sont, tout simplement ! Quant à notre aide, elle se traduira par le fait qu'à mesure que vous intensifierez votre ascension dans les niveaux vibratoires, de plus en plus de personnes pourront entrer en contact avec leur soi supérieur. Beaucoup d'autres personnes naîtront aussi en sachant qui elles sont dès le départ. La plupart de celles qui commenceront à s'en souvenir, cependant, seront des anciens Atlantes ou seront des Om.

Chapitre 29: Les extra-terrestres ou entités autres et le fonctionnement de l'intention

Lors d'une méditation matinale effectuée en décembre 2003, je me demandais à quel endroit et sur quel sujet Hum et moi allions nous entretenir par la suite. J'essayais désespérément de ne pas imaginer de quoi il en retournerait lorsque je me suis soudainement vu voyager autour de la galaxie à une vitesse inconcevablement rapide. J'ai été très surpris à mon retour sur Terre, car l'extraterrestre/entité autre à qui j'avais parlé lors de ma précédente visite était présent pour m'accueillir ; Hum se tenait également à mes côtés.

L'ondulation causée par l'intention

MOI : Comment savais-tu que je venais ici pour te voir ?
E.T. (Extra-Terrestre) : Nous/J'ai reçu ton intention d'être ici et nous avons/J'ai donc eu le temps de nous/me préparer.
MOI : Comment est-ce possible ? J'ai eu l'impression de faire trois fois le tour de la galaxie. J'étais aussi loin de la Terre qu'il est possible de l'être.
E.T. : Oui, mais nous avons reçu ton intention d'être ici.
MOI : Comment ça « vous avez reçu mon intention » ? Comment recevez-vous mon intention ?
E.T. : Ton intention d'être ici arrive avant toi. L'intention voyage vers nous et provoque une ondulation. Ce sont ces ondulations que nous captons ou recevons et sur lesquelles nous agissons.
MOI : Mais comment as-tu su que c'était moi ?
E.T. : Par la signature de l'ondulation : nous l'avons sentie arriver, et lorsque nous avons établi à qui appartenait cette signature, nous nous sommes préparés à te recevoir.
MOI : Peux-tu m'expliquer ça en détail ? J'aurais pensé que si mon intention provoquait une ondulation, elle serait donc beaucoup plus lente à vous parvenir que ne l'a fait mon voyage jusqu'ici. Étant précisé que je voyageais suffisamment vite pour pouvoir effectuer trois fois le tour de la galaxie avant d'arriver ici.
E.T. : Oui, mais l'intention transmise se situe sur un plan dimensionnel différent. Ce plan est spécifique à la communication et aux intentions

L'Histoire de Dieu

d'action (ou pensées intentionnelles), et par conséquent, il n'est pas perturbé par le plan dimensionnel ou les fréquences d'une entité individuelle, pas plus qu'il n'interfère avec eux.

MOI : *D'accord, mais une ondulation indique une sorte de résistance et suggère par conséquent qu'elle est ralentie d'une manière ou d'une autre, n'est-ce pas ?*

E.T. : Ce n'est pas le cas dans la dimension dans laquelle ton intention opère. La meilleure façon de décrire ce phénomène consiste à le comparer à une vague d'étrave. Lorsqu'un navire se déplace sur l'eau, la vague d'étrave précède le bateau parce que celui-ci pousse et déplace l'eau pour faire place à la coque du bateau. Cette vague peut être observée à différents points fixes devant le bateau et mesurée, et sur la base de ces informations la taille et le tonnage du bateau peuvent être extrapolés. C'est sa signature. Ton intention suit un processus similaire, mais dans une dimension différente. La distance, en termes relatifs, qui sépare la vague d'étrave de l'intention de voyager vers un point de l'univers ou de la dimension, de l'action de l'entité individuelle qui s'ensuit, peut être infinie, mais elle est néanmoins discernable par l'entité réceptrice et mesurable en déterminant l'amplitude de l'action prévue, ce qui laisse ainsi le temps de se préparer à une telle visite.

MOI : *Et c'est ainsi que vous êtes toujours prêts pour moi.*

E.T. : Exact.

HUM : C'est aussi exactement de cette manière que nous percevons ton intention de communiquer avec nous.

MOI : *Et que se passe-t-il si deux ensembles d'intentions entrent en collision ?*

L'impossibilité que deux ensembles d'intentions entrent en collision

E.T. : Elles ne peuvent pas entrer en collision.

MOI : *Et pourquoi pas ? Ce serait sûrement comme la vague d'étrave de deux bateaux interférant l'une avec l'autre. Elles se ralentiraient mutuellement, interféreraient l'une avec l'autre et déformeraient leurs signaux respectifs.*

E.T. : Non, ce n'est pas le cas.

MOI : *Et pourquoi donc ?*

E.T. : Parce que, comme indiqué précédemment, chaque entité a sa propre signature. Compare cette signature à la fréquence d'une station radio. Chaque signature peut être d'une seconde (et il peut aussi s'agir d'infimes fractions de seconde) de phase sur un signal radio dont

L'Histoire de Dieu

l'amplitude, la fréquence, la base dimensionnelle et la densité sont infiniment variables.

MOI : Donc, les chances que deux entités possèdent la même signature sont faibles ?

E.T. : Non. Ce n'est tout simplement pas possible, car il faut également tenir compte de la direction et de la destination finale de l'intention, ce qui contribue également au caractère unique de la signature de l'intention et de la « vague d'étrave » qui en résulte.

MOI : Donc, deux vagues d'étrave d'intentions différentes ne pourront jamais interférer l'une avec l'autre ?

E.T. : Non. Jamais.

MOI : Merci. Cela explique tout.

Chapitre 30: Les extraterrestres/entités autres s'expriment sur les univers, l'espace nul, l'hyperespace, les êtres collectifs et les bases spatiales à flanc de colline

Le lendemain, j'ai poursuivi cette conversation, mais cette fois j'étais seul pour parler à ces entités. J'ai senti que Hum avait terminé son travail ici en participant à mes précédents dialogues avec les extraterrestres. Il avait été là pour me « tenir la main », pour ainsi dire.

MOI : Je suis content d'être à nouveau ici et de pouvoir me connecter à vous.
E.T. : Oui, c'est aussi un honneur pour nous de pouvoir te parler. Et le fait de pouvoir étendre certaines de nos connaissances à ta race représente une grande opportunité pour nous deux.

Les univers aux multiples facettes
MOI : Merci. J'ai recueilli quelques informations sur l'univers au cours de ces deux derniers jours, et notamment des choses concernant sa multiplicité. J'ai également reçu des images qui expliquent cet aspect.
E.T. : Oui en effet, nous t'avons envoyé quelques images mentales afin d'attirer ton attention sur le fait que les univers sont véritablement multiformes. Ils se chevauchent plusieurs fois à de nombreux endroits, et tout cela en même temps. L'espace tel qu'il existe ne correspond pas à la convention humaine de l'espace ou du temps, car il peut être basé sur les fréquences ou sur les dimensions. L'image que nous t'avons envoyée montre que les univers sont une série de sphères entrelacées les unes avec les autres, leur position spatiale variant légèrement ou fortement de l'une à l'autre.
MOI : Oui, c'est exactement comme ça que j'ai vu les univers.
E.T. : Parce qu'ils sont exactement comme ça ! Nous utilisons et exploitons la proximité des différentes sphères universelles pour nous déplacer de l'une à l'autre. Nous pouvons utiliser cette possibilité afin de parcourir de grandes distances spatiales en nous déplaçant le long

de chaque bordure sphérique adjacente, c'est-à-dire le long de la zone la plus proche des deux sphères, mais sans vraiment entrer dans l'un des deux environnements universels. Cette zone est ou peut être classée comme une zone d'espace nul.
MOI : Serait-ce ce que l'on appelle l'hyperespace ?

Une description de l'espace nul
E.T. : Non, pas tout à fait. L'hyperespace, comme vous l'appelez sur Terre, est toujours de l'espace, un espace contraint par une loi propre à l'univers auquel il est associé. Alors que l'« espace nul » n'a quant à lui aucune association à un univers quelconque et se trouve, par conséquent, ouvert à la manipulation par ceux qui savent comment manipuler les énergies qu'il contient, ce qui est notre cas bien sûr.
MOI : Je viens de recevoir l'image mentale d'une énergie qui sépare les univers avec cette précision qu'il s'agit en soi d'un environnement qui soutient la vie énergétique. Cet espace nul « repousse » en quelque sorte les univers les uns des autres en annulant leur attractivité naturelle les uns envers les autres, et se présente comme une aura.
E.T. : Bien joué. C'est exactement ce que c'est, et comme tu l'as très justement observé, c'est une force qui agit comme un agent répulsif entre tous les univers en question. Cette zone sert, si tu préfères, de « couloir de service » qui permet aux entités qui travaillent au maintien du grand environnement universel de passer rapidement et en toute sécurité entre les zones, les univers et les mondes dont elles ont la responsabilité.
MOI : Pourquoi « en toute sécurité » ? Tu veux dire qu'elles peuvent être attaquées ou quelque chose comme ça ?
E.T. : Non, mais elles peuvent être abordées par d'autres entités des univers avec lesquels elles travaillent qui souhaitent leur demander de l'aide, ce qui les retarderait dans la poursuite du travail qu'elles avaient prévu de faire. Le fait de voyager dans l'espace nul leur permet de se déplacer d'un endroit à un autre en toute tranquillité, car ces autres entités ne savent pas qu'elles se trouvent là, ou ne sont pas autorisées par la loi locale à se déplacer dans l'espace nul.

Ici, juste sous ton nez
Pour te donner un exemple, tu ne peux pas voir la base, c'est-à-dire l'environnement que nous avons créé pour nous-mêmes ici à l'endroit où tu te trouves actuellement, mais tu sais que nous sommes là parce que tu es en phase avec l'environnement plus vaste. Pour toi,

L'Histoire de Dieu

nous sommes pratiquement invisibles ; nous n'existons pas. Néanmoins, nous existons bel et bien, et nous nous trouvons ici, juste sous ton nez. Cependant, il convient de préciser que nous ne sommes pas dans l'espace nul, mais juste quelques fréquences au-dessus de la tienne, suffisamment au-dessus pour nous maintenir à cet endroit et suffisamment basses pour pouvoir communiquer avec toi.

MOI : Et comment faites-vous pour vous transférer dans l'espace nul ?

Les déplacements dans l'espace nul

E.T. : Eh bien, nous modifions la fréquence et la relation dimensionnelle du vaisseau (ou construction) dans lequel nous nous trouvons ainsi que de nous-mêmes de manière aléatoire et régulière ou irrégulière, jusqu'au point où nous ne sommes plus associés à notre dimension universelle d'origine ni à aucune autre dimension ou fréquence. Cela doit être fait à une vitesse telle que nous ne soyons plus reconnus par un univers particulier comme faisant partie de son contenu et que, par conséquent, nous ne soyons plus liés par son attractivité et ses lois de fonctionnement subséquentes. En termes simples, nous jouons suffisamment avec les fréquences et les dimensionnalités pour n'appartenir à aucun autre endroit que l'espace nul.

Définition de l'hyperespace

MOI : Donc, si l'espace nul se situe entre les univers et ne correspond à aucun univers particulier, comment décrirais-tu l'hyperespace ? Car l'espace nul que tu décris correspond à ce que suggèrent les auteurs de science-fiction et, dans une certaine mesure, la physique actuelle.

E.T. : Comme nous te l'avons indiqué précédemment, l'hyperespace s'applique à un univers particulier. S'il y a vingt univers, il y aura donc vingt versions de l'hyperespace : une pour chaque univers, et chacune sera liée par l'attractivité et les lois de l'univers auquel elle est associée. Ces lois sont fonctionnelles, car chaque univers a son propre rôle à jouer et, par conséquent, son propre régime de fonctionnement. Ce que vous appelez « hyperespace » est simplement un moment de phase fréquentielle et dimensionnelle qui diffère des graduations normales de phase. Il ne permet pas d'effectuer un voyage plus rapide que la vitesse de la lumière, car il s'agit d'une mesure physique liée à la vitesse dans le monde physique, ni un voyage instantané d'une position donnée dans la réalité physique jusqu'à une autre position. Ce n'est pas un raccourci physique, car il ne déforme pas l'espace physique ou le temps. En fait, il permet de se mouvoir entre les environnements dimensionnel et fréquentiel, car sa phase n'est pas statique.

MOI : *C'est donc l'équivalent universel local de l'espace nul.*

E.T. : Si tu souhaites le considérer comme tel, libre à toi de le faire, mais ce n'est clairement pas la même chose.

MOI : *Est-il donc utile pour parcourir de grandes distances physiques ? Présente-t-il un avantage dans ce domaine ?*

Se déplacer vers un autre lieu en utilisant sa volonté

E.T. : Non, il présente seulement un avantage comme moyen de déplacement entre des environnements fréquentiels et dimensionnels, mais il existe un moyen d'utiliser le déplacement entre ces environnements en sautant d'un environnement à un autre et en choisissant le point de retour. Cependant, il faut du temps et de nombreux calculs pour comprendre ce procédé, et il faut ensuite attendre l'événement ou l'opportunité appropriée à utiliser comme point d'entrée. Les relations dimensionnelles et fréquentielles ne sont pas statiques, et cela peut être utilisé de manière favorable, mais ce n'est pas un moyen efficace de réduire une distance physique ou la durée d'un trajet. La meilleure façon de le faire consiste à recourir, dans l'état énergétique, à votre droit « donné par l'Origine » d'utiliser les pouvoirs de l'univers total pour déplacer votre « volonté » vers un point focal différent. Or, ce procédé ne nécessite aucun moyen physique, quel que soit l'environnement dimensionnel ou fréquentiel auquel vous êtes actuellement liés. Il nécessite uniquement votre « pleine » conscience.

MOI : *Alors que nous nous promenions en voiture, j'ai perçu l'image d'un grand vaisseau spatial situé dans les montagnes, non pas posé au sol, mais flottant en position stationnaire.*

E.T. : Ce n'était pas un vaisseau spatial comme tu l'espérais, mais une construction qui nous permet de travailler dans votre fréquence. Ce que tu voyais dans ton esprit était la représentation mentale de ce que tu percevais. Ton esprit a superposé ce qu'il avait vu avec une chose dont il savait qu'elle te serait familière et avec laquelle tu serais à l'aise. La forme de la construction n'est rien que tu puisses reconnaître ni que tu pourrais comprendre, car il s'agit d'énergie et non de physicalité. Bien que tout ce qui est physique soit énergie, tout ce qui est énergétique n'est pas ou n'a pas besoin d'être physique, et toute physicalité n'est pas spécifiquement ou normalement aussi dense que votre propre physicalité. La construction que nous utilisons est simplement une interface entre les environnements dans lesquels toi et nous existons, ce qui nous permet de nous déplacer et d'étudier ce que vous vivez d'un point de vue évolutif, et de voir comment vous appliquez ce que vous avez appris pour le bien de tous.

L'humanité travaille individuellement plutôt que collectivement
Nous sommes très intéressés par les divergences d'opinions que vous avez individuellement sur ce sujet, car c'est quelque chose qui nous est complètement étranger et qui résulte de votre capacité à effectuer des choix individuels. Il s'agit d'un niveau de fonctionnalité très rare, car la plupart des êtres physiques fonctionnent de manière collective. Dans notre mode de fonctionnement, ce que l'on fait, on le fait pour le bien de tous et au nom de tous, et non pour le bien de soi ou au nom de soi.

Être au service de l'ensemble, telle est la loi de l'univers dans son ensemble, y compris dans tous les états et univers dimensionnels et fréquentiels qui font partie de l'Entité Source. C'est par son individualité que chaque entité finit par réaliser cela, en prenant conscience du fait que l'égoïsme est contre-productif pour l'évolution du collectif et de l'individu.

MOI : Vous fonctionnez donc un peu comme les fourmis ou d'autres insectes au service de leur groupe ?
E.T. : En ce qui concerne l'individu qui travaille pour le collectif, oui, c'est similaire, mais c'est aussi différent car dans le cas de la fourmi, elle fait ce qu'elle fait sans pensée ni raison. Elle agit simplement comme un bras ou une fonction (une meilleure description serait une cellule dans un cerveau) de ce qu'est un esprit collectif. Tout ce que fait la fourmi répond aux exigences de l'ensemble et ne constitue pas une action singulière accomplie avec la certitude qu'elle bénéficiera à l'ensemble « pour le bien de tous ».
Dans notre cas, nous sommes conscients de l'impact de nos actions et de nos pensées sur le reste des membres de notre communauté, où qu'ils se situent, individuellement ou collectivement dans l'univers. C'est pourquoi nous travaillons ensemble comme nous le faisons. Nous savons comment faire progresser l'évolution de l'espèce, car nous pouvons observer les fruits de nos efforts de manière collective. Ainsi, nous nous efforçons individuellement de bénéficier à l'ensemble et, ce faisant, nous répondons au désir universel de servir.

L'Histoire de Dieu

C'est la forme la plus élevée d'action qu'une entité puisse entreprendre. La principale différence entre nos règles d'existence et celles de l'espèce humaine réside dans le libre arbitre total dont vous disposez en tant qu'individus pour accomplir n'importe quelle action, quelle que soit son incidence sur l'ensemble. Le plus intéressant, c'est que vous avez tous la capacité de savoir comment vous influencez l'ensemble, mais que vous choisissez de ne pas utiliser cette faculté. Il s'agit d'un déni de soi des plus intéressants, car en niant le soi, vous niez le tout, ce qui à son tour prive le soi de sa possibilité d'évolution à travers les actions disponibles pour aider le tout à progresser vers la perfection. Les efforts déployés par l'individu afin d'aider uniquement l'individu sont vains, car ils constituent un bénéfice limité, qui dans la plupart des cas marginalise les personnes les plus proches de l'individu, plutôt que de les aider.

Tout ce que nous faisons, nous le faisons pour le bien de l'ensemble. Tout comme la fourmi travaille pour le bien de l'ensemble de manière désintéressée, nous travaillons également de manière désintéressée. Nous réalisons également qu'en observant votre race et en aidant votre race, nous ouvrons une porte à d'autres races physiques, y compris la nôtre, en vue d'atteindre l'individualité dans la codépendance. Dès lors que la spirale destructrice résultant du choix indépendant et individuel qui aboutit à l'application égoïste du pouvoir est brisée et que la réalisation du Soi est atteinte, il existe en effet une opportunité de véritable croissance, à la fois sur une base individuelle et holistique. Cela est uniquement possible parce que l'individu, sachant qu'une action particulière lui sera bénéfique, choisira volontairement d'entreprendre une autre action afin d'aider les autres membres de son espèce si l'occasion se présente.

MOI : Pardonne-moi de dire cela, mais tu t'exprimes exactement comme l'Entité Source !

E.T. : Cela ne devrait pas te surprendre, car nous faisons tous partie de la Source. Le fait que tu sois toi-même en communion avec la Source et que tu penses que nous te parlons de la même manière qu'Elle est un honneur, car nous nous efforçons de ne faire qu'un avec la Source dès que cela est possible. Notre dialogue avec toi est conçu de manière à ce que tu comprennes clairement notre propos et à ce que tu puisses le transmettre facilement, sans avoir besoin d'interprétation et sans perdre d'informations correctes au passage. Si tel n'était pas le cas, cela donnerait une mauvaise image et provoquerait un rejet parmi les entités qui bénéficieraient de nos communications. Pour cela, nous

L'Histoire de Dieu

te remercions de nous avoir reconnus, nous et notre parole. Nous te laissons maintenant jusqu'à la prochaine fois.

Les bases d'observation perchées sur les collines de Crète

Lors d'une méditation sur l'Essence Pure que j'effectuais sur le toit de notre chalet en Crète, je me suis concentré sur la colline qui surplombait notre jardin, car ma femme avait précédemment déclaré y avoir ressenti beaucoup d'énergie. Pendant cette méditation, j'ai eu l'impression qu'il y avait une base extraterrestre installée sur le flanc de la colline, avec un vaisseau également posé sur une plateforme d'atterrissage. J'ai alors senti la présence de Hum et, tandis qu'il gardait un œil paternel sur moi, j'ai étendu ma conscience vers le flanc de cette colline jusqu'à ce que je perçoive une fine clôture métallique et que je sois instantanément accueilli par une entité.

MOI : Pourquoi avez-vous une base ici ?
E.T. : Nous avons installé une base ici parce que les énergies y sont pures et que les habitants locaux n'ont pas encore mis à mal le flux d'énergie local.

Mon esprit est alors revenu à une méditation précédente pendant laquelle j'avais mentalement perçu des rivières d'énergie couler autour des collines et des montagnes de la région.

E.T. : Les locaux, du moins les anciens, respectent et utilisent toujours la terre en travaillant avec les esprits de la nature, bien qu'ils n'en soient pas pleinement conscients.

La forme du vaisseau spatial

J'ai interrogé l'être sur la forme du vaisseau.

E.T. : Nos vaisseaux ont toujours la forme qui offre le moins de résistance lors des déplacements interdimensionnels, c'est-à-dire une forme sphérique.
MOI : Alors pourquoi ai-je l'impression que le vaisseau que j'ai perçu a une forme plate comme celles qui sont décrites dans les observations d'ovnis ?
E.T. : C'est parce que nos vaisseaux se rejoignent pour former une sphère, chaque vaisseau constituant une partie plus ou moins grande de cette sphère.

L'Histoire de Dieu

Le Temple de Zeus

MOI : D'accord, merci. Certains spiritualistes croient qu'il existe ici une structure appelée le Temple de Zeus. Cette structure existe-t-elle vraiment ou bien s'agit-il simplement d'une mauvaise interprétation ? Par exemple, ce « temple » est-il un lieu réel ?
E.T. : Oui, c'était bien le cas, et c'est toujours le cas aujourd'hui encore. Cette structure était qualifiée à l'époque de « temple » en raison de la capacité limitée des humains à comprendre de quoi il s'agissait. Il s'agit en fait d'un très grand vaisseau que l'on peut qualifier de « ville flottante » selon les termes actuellement utilisés par les humains. Les habitants locaux qui étaient dignes de confiance ont été transférés dans la dimension où se trouvait le vaisseau et y ont été transportés par télékinésie. Le fait de les faire léviter vers le vaisseau dans cette dimension et le fait que les occupants du vaisseau étaient « là » mais ne pouvaient pas être « vus » par les habitants ont fait penser à ces derniers que les occupants du vaisseau étaient des dieux. Le vaisseau était si grand pour eux (aussi grand qu'une ville flottante dotée de nombreux balcons) qu'ils ont pensé qu'il s'agissait d'un temple. Zeus était le nom de l'un des extraterrestres à cette époque, et ce nom leur est resté en mémoire.
MOI : Ce vaisseau est-il toujours là ?
E.T. : Oui, et tu as réussi à percevoir son existence lorsque tu te trouvais au village où tu séjournes. D'ailleurs, tu as senti sa présence plutôt que tu ne l'as vu.
MOI : Y a-t-il beaucoup de bases ici en Crète ?
E.T. : Oui, elles sont partout dans les collines ; nous les utilisons pour vous surveiller tous. L'énergie ici est pure, nous restons donc dans cette région plutôt qu'ailleurs. Les habitants sont en harmonie avec l'énergie de la nature ici.

J'ai alors porté mon attention mentalement vers les collines environnantes et j'ai vu de nombreuses plateformes parsemant la campagne.

MOI : Et pourquoi ne pouvons-nous pas vous voir ?
E.T. : Parce que nous sommes dans une fréquence ou une dimension différente de la vôtre. VOUS ne pouvez pas voir les fréquences plus élevées, mais une entité qui se trouve dans une fréquence plus élevée peut voir les choses qui se trouvent dans une fréquence plus basse. Par exemple, vous pouvez constater cet effet lorsque vous observez les différentes fréquences et états (ou niveaux de vibration des molécules)

que l'eau adopte à différentes températures. Vous ne percevez qu'un gaz lorsqu'elle est au niveau de vibration légèrement inférieur de la vapeur, mais à une fréquence plus élevée elle sort littéralement de votre champ de vision pour entrer dans une autre dimension (ou fréquence). Et bien sûr, vous la voyez lorsqu'elle descend encore plus bas dans les fréquences et devient de la glace.

MOI : Il est donc préférable de se trouver dans une dimension ou une fréquence plus élevée.

E.T. : Oui, en ce sens que l'on peut y voir et faire plus de choses. Il est préférable d'être une créature à l'état gazeux, car on peut tout percevoir au niveau vibratoire du gaz et également aux niveaux des fréquence inférieures du monde physique.

Chapitre 31: Dialogues supplémentaires avec les extraterrestres/entités autres

Sur le balcon des extraterrestres
Un matin de week-end pluvieux, alors que je méditais dans la véranda de notre maison, la porte de derrière était restée ouverte et un peu de pluie me tombait sur le visage, m'empêchant ainsi de me concentrer. J'ai alors pensé à élever mes fréquences, et je me suis retrouvé sur le balcon des extraterrestres.

MOI : Je suis surpris d'être ici.
E.T. : Ne le sois pas. C'est ici que tu voulais venir.
MOI : J'ai en effet quelques questions à vous poser.
E.T. : Vas-y, nous t'écoutons.
MOI : Êtes-vous des Om ?
E.T. : Non, mais nous travaillons avec eux.

De par-delà les Pléiades et la ceinture d'Orion
MOI : Et d'où venez-vous ?

Les mots « Pléiades » et « ceinture d'Orion » me sont venus à l'esprit l'espace d'un instant. Je lui ai demandé si cette réponse était correcte.

E.T. : Non. C'est bien dans cette direction, mais ton esprit conscient a inséré des noms que tu connais déjà (Pléiades et ceinture d'Orion) car tu n'as jamais entendu le nom de notre planète d'origine.
MOI : Avec toutes ces bases que vous avez ici sur Terre, j'ai un peu l'impression de me trouver dans un camp de prisonniers !
E.T. : Nous sommes désolés si nous t'avons donné cette impression. Nos bases et notre vaisseau sont positionnés dans cette zone en raison des propriétés énergétiques uniques de cet endroit. Les énergies y sont telles qu'elles rendent toute translation depuis notre dimension vers la vôtre plus facile qu'en temps normal. Il y en a beaucoup d'autres qui se trouvent également positionnés dans des zones similaires.

L'Histoire de Dieu

MOI : Quelle puissance est nécessaire pour maintenir cet énorme vaisseau en état de marche ?
E.T. : Assez peu, c'est...

    Soudainement, le dialogue s'est interrompu et j'ai eu en tête l'image d'un moteur de voiture et des unités de puissance en « kilowatts ». J'ai donc eu l'impression que la puissance produite par un moteur de voiture était la puissance nécessaire à leur vaisseau.

MOI : Ce n'est pas beaucoup !

Mouvement généré par modification du niveau quantique de la matière

E.T. : Non, il suffit de modifier le niveau quantique de la matière pour que sa force quantique soit alignée de manière opposée à la force quantique ambiante. Cette manipulation permet de générer un mouvement dans différentes directions.

    J'ai alors reçu l'image d'un lit de roulements à billes (représentant les molécules d'un matériau regroupées toutes ensemble), lesquelles se déplaçaient de façon indépendante de manière à effectuer des changements dans la force quantique permettant d'obtenir un effet antigravitationnel et un mouvement dans les trois axes.

MOI : N'est-ce pas la même chose que la répulsion magnétique ?
E.T. : Non, la répulsion magnétique est générée par alignement des molécules d'un métal dans une direction donnée en utilisant l'électricité qui circule dans une direction connue, de sorte que l'attraction des molécules se fait dans un seul sens. Une force de poussée ou de traction est ressentie à ce que vous appelez les pôles de l'aimant et correspond à la direction dans laquelle les molécules sont orientées. En termes simples, les matériaux dont les molécules sont disposées dans la même direction, mais positionnées les unes en face des autres, créent une opposition. Ceci n'est vrai que pour les métaux ou les matériaux dans lesquels les molécules peuvent être organisées en les exposant à un courant électrique circulaire. Les changements quantiques nécessaires à l'obtention de l'antigravité sont applicables à TOUS les matériaux, car ils les affectent au plus petit niveau plutôt que d'affecter uniquement les électrons et les protons qui composent le matériau, et se situent par conséquent à un niveau quantique plus élevé. Pense à la différence qui existe entre la manipulation des

L'Histoire de Dieu

molécules des grains de sable qui composent une brique de maison et la manipulation du bâtiment qui est fait de ces briques. Il existe une clé pour réaliser ce niveau de manipulation ; et la fusion atomique représente un pas dans la bonne direction pour trouver cette clé.
MOI : OK, merci pour ces informations, je dois y aller maintenant.

Au moment où j'écris ces lignes, j'ai mal au crâne à force d'essayer de comprendre ce procédé. Mais les informations reçues me semblaient cependant raisonnables.

Une chose à la fois

Le lendemain, je suis retourné à la base extraterrestre et je me suis de nouveau adressé à l'extraterrestre.

MOI : De quel niveau provenez-vous ?
E.T. : Du 50e niveau.
MOI : Waouh, c'est un niveau élevé !
E.T. : Nous ne voyons pas les choses comme ça.
MOI : Et que faites-vous ici sur Terre ?
AE.T. : Nous sommes ici pour aider à l'évolution de la Terre et de ses habitants. Tu fais d'ailleurs partie de cette mission, et c'est pourquoi tu as fait l'objet d'une harmonisation en Suède. C'est cette harmonisation qui t'a permis d'expanser ta conscience jusqu'au niveau que tu as atteint en si peu de temps. C'est aussi la raison pour laquelle tu as pu nous contacter et nous percevoir si facilement.
MOI : Que dois-je faire pour évoluer ?
E.T. : Tu dois te concentrer afin d'éliminer le bavardage de ton esprit et de pouvoir ainsi entendre ton véritable soi supérieur. Pour ce faire, tu dois ralentir et devenir plus linéaire dans les tâches que tu effectues, en ne faisant qu'une seule chose à la fois et en ne pensant qu'à une seule chose à la fois. C'est la seule façon d'obtenir une forme de concentration. Tu as l'habitude de travailler sur plusieurs choses dans plusieurs dimensions en même temps. Ton subconscient s'en souvient et tu essaies par conséquent de faire la même chose sur le plan physique. Bien que ce soit difficile, tu gères la situation plutôt bien mais cela ne te permet pas de te concentrer sur l'expansion de ta conscience vers ton soi supérieur et réel.

À bord d'un vaisseau spatial situé dans la dimension au-dessus de celle de la Terre

L'Histoire de Dieu

Le lendemain matin, j'étais pressé et je n'attendais pas grand-chose de la courte méditation que j'avais effectuée avant d'aller travailler. Cependant, je me suis retrouvé dans ce que je ne peux décrire que comme la salle d'observation d'un vaisseau spatial en orbite bien au-dessus de la Terre. L'extraterrestre à qui j'avais parlé précédemment était également avec moi. Mais un spectacle incroyable s'offrait ici à mes yeux : je voyais tout autour de la Terre une myriade de vaisseaux et de stations de conceptions différentes. En arrière-plan, je distinguais un panorama aux couleurs merveilleuses qui se composait de nébuleuses et d'autres planètes proches.

MOI : Waouh, c'est incroyablement beau.
E.T. : Oui, l'univers est magnifique, et nous aussi, car nous faisons aussi partie de l'univers.
MOI : Mais que font toutes ces planètes et ces nébuleuses ici ? Je croyais que le système solaire ne comptait que quelques planètes (neuf, ou huit si l'on exclut Pluton), comme nous le disent nos astronomes.
E.T. : Oui, c'est vrai, mais nous nous trouvons actuellement dans la dimension immédiatement supérieure à celle du plan Terrestre, et tu peux donc constater qu'il existe de nombreuses autres planètes à proximité de la Terre, invisibles ou indétectables depuis ta dimension, mais néanmoins présentes. Sur Terre, vous êtes véritablement limités par vos perceptions physiques.
MOI : Et que font donc tous ces vaisseaux spatiaux et ces stations ici ?
E.T. : Ce sont les bases orbitales et les moyens de transport de toutes les races qui contribuent à soutenir l'évolution de l'humanité pour qu'elle retrouve un niveau de fréquence correspondant à celui où la Terre devrait se situer. Lorsque cela se produira, nous nous ferons connaître à l'humanité, car vous serez alors capables d'accepter nos différences.
MOI : Pourquoi êtes-vous dans cette dimension ?
E.T. : Parce que c'est le point le plus proche du plan Terrestre que nous puissions atteindre sans être détectés. Cela facilite également nos translations vers et depuis votre fréquence.

Portails naturels
MOI : Je pensais que vous utilisiez certains portails pour ça.
E.T. : Oui, c'est vrai. Et il est encore plus facile d'effectuer nos translations à proximité de ces portails naturels car ce sont des zones d'instabilité.

L'Histoire de Dieu

MOI : Vraiment ?! Je croyais pourtant qu'ils étaient purs en énergie, et que c'était la raison pour laquelle vous les utilisiez.

J'étais confus, car mon esprit recevait environ trois réponses en même temps.

E.T. : C'est exact. Ces portails naturels sont instables au sens physique du terme, précisément parce qu'ils sont très purs en énergie. Ils n'ont pas encore été contaminés par l'homme, et il n'a pas encore abaissé la fréquence de la zone.
MOI : Tu peux développer ?
E.T. : Les matériaux qui composent les montagnes et les arbres de la région vibrent à une fréquence plus élevée que dans d'autres régions du monde. Par définition, ils sont donc plus proches des niveaux de fréquence dans lesquels nous évoluons. Ils deviennent donc eux-mêmes un portail entre les dimensions, comme une brèche entre elles, pour ainsi dire.

Pour être plus précis, plus la fréquence d'un objet augmente, plus il se rapproche de sa translation vers le niveau dimensionnel suivant (supérieur) ; ainsi, du point de vue de la dimension physique, il devient physiquement instable à mesure qu'il perd de sa densité.
MOI : Je comprends, maintenant. Merci. Il se trouve que je suis en communication avec un autre être (Byron), et il m'a dit que vous vous translatiez vers une dimension supérieure car cela vous aide à parcourir de longues distances plus rapidement.
E.T. : Oui, c'est exact. En raison de la fréquence plus élevée de la dimension supérieure, la résistance s'y trouve réduite et permet d'opposer moins de friction lorsque nous voyageons, d'où notre capacité à voyager plus rapidement dans la dimension supérieure. Et la réduction du temps de trajet est par ailleurs très significative.

Principe de translation vers une dimension supérieure
MOI : Alors, comment effectuez-vous votre translation vers la dimension supérieure ? J'aurais pensé qu'en augmentant la fréquence d'un objet, les molécules qui le composent perdraient leur capacité à maintenir leur cohésion ou leur forme.
E.T. : Oui, c'est une problématique intéressante. Cependant, les molécules de l'objet sont élevées au niveau dimensionnel suivant en augmentant leur fréquence à l'aide d'un processus d'accélération mais tout en maintenant leur intégrité positionnelle. C'est un concept difficile à appréhender pour toi, mais il est en effet possible de faire

L'Histoire de Dieu

bouger un objet sans qu'il ne bouge réellement. En réalité, cette accélération est un mouvement de va-et-vient ou de rotation. Il y a bien un certain mouvement positionnel, mais celui-ci se mesure au niveau quantique et est donc insignifiant en termes de maintien de la forme dont les molécules sont constitutives. La forme, la fonctionnalité et les propriétés physiques de l'objet ne sont donc pas compromises et ne sont donc pas non plus affectées de quelque façon que ce soit. L'objet en question reste à toutes fins utiles inchangé, à l'exception du fait qu'il se trouve désormais dans une autre dimension.
MOI : Et concrètement, comment effectuez-vous la translation d'un objet ou d'une personne vers les dimensions supérieures ?
E.T. : Comme je te l'ai dit, nous accélérons l'objet au niveau quantique.
MOI : Oui d'accord, mais comment procédez-vous ? Utilisez-vous des aimants ou autre chose ?
E.T. : Ce n'est pas aussi simple que cela. Ce que nous faisons, c'est que nous agissons sur chaque molécule de l'objet avec un champ d'énergie qui affecte le niveau quantique de l'objet en cours de translation vers une autre dimension. Ce champ d'énergie est ensuite manipulé de sorte que le niveau et la direction de l'accélération affectent les molécules de l'objet au niveau quantique. Le niveau et la direction sont connus et contrôlés afin que nous sachions où se trouve l'objet en termes d'état dimensionnel. L'objet et le champ d'énergie tous ensemble, y compris le matériel qui sert à générer le champ d'énergie, sont également transférés vers la dimension visée.
MOI : Mais si vous travaillez au niveau quantique, vous devez avoir besoin d'une puissance de calcul massive pour cartographier les molécules et les quanta de l'objet ? Et aussi pour noter la position de chaque quanta à tout moment de l'accélération tout au long du processus de translation afin que l'objet ne se désagrège pas ?
E.T. : Oui, il faudrait une puissance de calcul massive pour y parvenir, mais en réalité, ce n'est pas nécessaire. C'était notre idée initiale lorsque nous avons expérimenté pour la première fois la translation vers la dimension supérieure à la nôtre pour les voyages spatiaux.
MOI : Dans ce cas, comment vous y prenez-vous ?
E.T. : Nous accélérons simplement tout ce qui se trouve dans le champ d'énergie en appliquant le niveau et la direction d'accélération de manière égale dans l'intégralité du champ d'accélération.

Du fait que l'accélération est égale dans l'ensemble du champ, la position des molécules de l'objet n'est pas compromise et, par conséquent, l'objet conserve sa forme et sa fonction. Cela rend le

L'Histoire de Dieu

processus beaucoup plus facile tout en nécessitant une puissance de calcul nettement moins importante.

MOI : Et comment gérez-vous la translation dimensionnelle de plusieurs objets en même temps ?

E.T. : Dans un groupe d'objets, les objets ne sont pas affectés collectivement par le champ d'accélération mais séparément et, par conséquent, ne s'affectent pas mutuellement lorsque la translation de plusieurs objets doit être effectuée simultanément.

MOI : Donc, les objets ne fusionnent pas entre eux ?

E.T. : Non. Cela ne peut se produire que si on tente de le faire en dehors d'un champ d'accélération.

MOI : Dans ce cas, comment effectuez-vous la translation d'un vaisseau spatial entier ?

E.T. : Le matériel qui sert à la génération du champ d'accélération est positionné à la périphérie du vaisseau ; tout ce qui se trouve à l'intérieur de ce champ est ensuite accéléré jusqu'à la dimension supérieure.

MOI : Mais une fois que vous avez effectué cette translation, n'avez-vous pas tendance à laisser le matériel générateur de champ d'accélération dans la dimension inférieure ?

E.T. : Non, car le champ fuit au-delà du matériel générateur. Cela a pour effet de permettre au matériel d'être translaté en même temps sans être laissé dans la fréquence dimensionnelle inférieure. Parfois, il vaut mieux être imparfait !

Passage d'un point A à un point B en passant par un shunt

MOI : OK, une fois que vous avez atteint le niveau supérieur, comment passez-vous d'un point A à un point B ?

E.T. : Nous utilisons la même méthode pour créer un shunt.

MOI : Un quoi ?

E.T. : Un shunt. Nous utilisons le champ pour dévier les molécules du vaisseau et de ses occupants dans une direction connue ; cette action ressemble un peu à celle d'un solénoïde. Une fois que le vaisseau est en mouvement, le shunt est utilisé de plus en plus et de plus en plus vite, ce qui fait que le vaisseau est poussé à une vitesse plus élevée à chaque fois que le shunt est activé. Le processus se poursuit jusqu'à ce que le vaisseau se déplace à la vitesse souhaitée. La vitesse obtenue en passant d'un facteur 0 à 60 est d'ailleurs assez phénoménale.

MOI : Mais n'y a-t-il pas une limite à la vitesse que l'on peut atteindre avec ce shunt ?

L'Histoire de Dieu

E.T. : Oui, mais pour le moment, cette limite est trop élevée pour que nous nous en inquiétions. En fait, la limite du shunt est relevée à chaque fois que l'on passe à la dimension suivante, ce qui augmente constamment la vitesse maximale potentielle du vaisseau. Mais cette vitesse maximale potentielle n'est jamais réellement atteinte, car la limite nécessaire pour pouvoir effectuer la translation est inférieure à ce maximum, ce qui élimine le maximum comme plafond virtuel.
MOI : *Alors, comment faites-vous pour ralentir ?*
E.T. : Pour la décélération, nous suivons un processus identique à celui de l'accélération, mais dans la direction diamétralement opposée.
MOI : *Tout cela semble excessivement difficile à contrôler et à surveiller.*
E.T. : Avec votre compréhension actuelle des choses, sans doute, mais n'oublie pas que l'ordinateur qui contrôle tout cela est des millions de fois plus puissant que les vôtres. Et il est capable de détecter et de prendre en compte tous les changements nécessaires afin de permettre au processus d'être contrôlé de manière efficace.

Poursuite du dialogue sur différents sujets

Problèmes de moralité dans les mondes extraterrestres

J'ai poursuivi ce dialogue à l'occasion d'une autre méditation, et j'ai entamé la discussion en posant une question sur les problèmes de moralité dans les mondes extraterrestres.

MOI : *Avez-vous des problèmes de moralité au sein de votre race ?*
E.T. : Non, car nous travaillons tous ensemble pour le bien de la race toute entière. Il existe des races qui ne partagent pas cette approche, et les humains en font partie. Mais la plupart des races n'ont même pas besoin d'invoquer un impératif moral, car elles ne se mettent pas ou ne se trouvent pas dans des situations qui les compromettraient par rapport au bien de l'ensemble. Par contre, la santé mentale et physique de l'ensemble de la race relève de la responsabilité de tous, et donc de chaque membre de la race en question. Cette approche est bénéfique pour nous tous, de sorte que nous ne perturbons pas l'équilibre général.

Se maintenir en bonne santé
MOI : *Tu as également parlé de santé physique. Comment vous maintenez-vous en bonne santé ?*

L'Histoire de Dieu

E.T. : Notre corps a besoin de vivre longtemps, c'est pourquoi nous ne consommons aucune substance qui compromettrait la santé ou les niveaux de fréquence que notre corps doit atteindre afin de pouvoir assurer ses fonctions. Par exemple, nous ne songerions pas à contaminer notre corps avec de l'alcool, du thé, du café ou des cigarettes.
MOI : *Tu connais les cigarettes ?*
E.T. : C'est juste un exemple que j'ai pris dans ton esprit, mais notre race connaît ce problème de santé que vous avez sur Terre.
MOI : *Et donc vous mangez pour vous alimenter ?*
E.T. : Certaines races ont besoin de puiser de l'énergie via les plantes et les animaux, mais en général elles préfèrent les plantes car les vibrations des aliments d'origine animale sont basses et peuvent réduire les niveaux vibratoires de celui qui les consomme. La plupart des autres races, y compris nous-mêmes, puisent directement l'énergie dont elles ont besoin dans l'énergie universelle. Nous sommes capables de la métaboliser en utilisant des organes spécialisés de notre corps et dont les récepteurs sont intégrés dans ce que vous appelleriez les pores de notre peau. D'autres races tirent de l'énergie des gaz qui composent l'atmosphère de leur planète d'origine et utilisent un système de filtres semblable à un poumon pour extraire l'énergie de ces gaz. D'autres encore utilisent des organes situés dans leur peau pour faire la même chose.

Métabolisation de l'énergie pure

MOI : *Comment les extraterrestres s'y prennent-ils pour métaboliser l'énergie pure ?*
E.T. : La métabolisation s'effectue au niveau quantique. Les centres énergétiques ou chakras, comme vous les appelez, absorbent l'énergie à différentes fréquences. Cette énergie est ensuite distribuée via les méridiens énergétiques (que l'on peut qualifier de « veines énergétiques ») qui sont positionnés dans l'ensemble du corps. Au niveau quantique, les cellules captent l'énergie nécessaire afin de pouvoir exécuter leurs tâches quotidiennes, comme le font les cellules de votre corps. C'est un peu comme la charge inductive d'une batterie. Le fonctionnement de notre corps est plus simple car il n'a pas besoin de créer de l'énergie à partir de la matière physique. Il est également plus durable pour la même raison, et nettement plus résistant aux maladies car il n'est pas exposé en permanence à des substances étrangères.

L'Histoire de Dieu

MOI : La principale différence par rapport à nous, c'est donc que notre corps a la capacité de décomposer la matière physique en énergie, alors que les extraterrestres qui métabolisent l'énergie n'ont pas besoin de procéder à cette décomposition ?
E.T. : Oui. Cependant, les extraterrestres qui métabolisent l'énergie de l'atmosphère de leurs planètes d'origine effectuent une version plus simple de ce que font vos corps humains et sont donc également plus robustes.

Les extraterrestres/entités autres et les émotions
Le lendemain, nous avons abordé le sujet des émotions.

MOI : Ton travail te rend-t-il heureux ?
E.T. : Je ne peux pas dire que j'en suis « heureux », car nous ne disposons pas de la même gamme d'émotions que vous. Tout ce que je peux te dire, c'est que je suis satisfait de ma performance et que mes superviseurs le sont également. Le travail que j'effectue est adapté à la charge de travail et au rendement qui sont attendus de moi.
MOI : Vous ne ressentez donc ni dépression, ni exaltation, ni tristesse, ni joie ?
E.T. : Pas de la manière dont vous les ressentez. Nous nous sentons satisfaits du niveau de notre performance. Nous ne ressentons pas d'exaltation si, par exemple, nous faisons une grande découverte. Nous nous sentons simplement satisfaits du fait que le travail que nous avons accompli a porté les fruits escomptés.
MOI : Êtes-vous jaloux de ne pas pouvoir ressentir ces émotions ?
E.T. : Non. Mais nous les trouvons intéressantes, et c'est l'une des raisons pour lesquelles nous sommes ici. Par exemple, les habitants de vos pays d'origine latine sont très doués pour exprimer leurs émotions. Lorsqu'ils affichent toute la gamme de leurs émotions, ils ne sont pas inhibés par ce que les gens qui les entourent en penseront, et nous trouvons donc particulièrement intéressante cette interaction entre les émotions personnelles et les réactions des gens qui entourent ceux qui les expriment. Et dans la mesure où nous n'obtenons pas le même spectre de réactions de la part des Anglais ou des Allemands, nous ne nous intéressons pas autant à eux. Cependant, vous êtes également intéressants parce que, au contraire des latins, vous réprimez vos émotions. Nous avons donc beaucoup de travail à faire sur ce sujet ici sur Terre.
MOI : Apparemment.

L'Histoire de Dieu

E.T. : Oui, mais tout cela est également lié à l'expérience du libre arbitre et nous offre des résultats intéressants, en ce sens que le contenu émotionnel affecte votre capacité à prendre des décisions rationnelles et peut entraîner des décisions incorrectes basées sur un contenu émotionnel plutôt que sur un contenu logique.

Durée de vie, stress, professions et modifications génétiques
Le lendemain, j'ai abordé la question de l'âge avec l'extraterrestre.

MOI : Jusqu'à quel âge vivez-vous ?
E.T. : Notre partie physique vit de 2 000 à 3 000 de vos années.
MOI : C'est une durée de vie interminable ! Vous devez vous ennuyer.
E.T. : Non, nous ne nous ennuyons pas. N'oublie pas que du point de vue global de l'univers la durée de vie d'un être humain physique est pitoyablement courte et vous laisse très peu de temps de réaliser quoi que ce soit. Ainsi, le fait que vous accomplissiez quand même autant de choses en si peu de temps est tout à votre honneur.
MOI : Donc, tu penses que nos vies sont très courtes ?
E.T. : Oui, mais elles sont en revanche très remplies. Vos vies sont donc très stressantes. Quant à nous, nous ne nous ennuyons pas parce que notre contribution à notre société est basée sur une vision à plus long terme. Nous avons des missions ou des projets qui bénéficient d'une échelle de temps plus longue pour pouvoir y travailler et obtenir les résultats souhaités.
MOI : Comment ça ?
E.T. : Nous travaillons à un niveau planétaire et évolutif général, donc il faut plus de temps pour que les choses produisent des résultats. À cet égard, nous pouvons faire plusieurs choses en même temps et les planifier de manière à obtenir des résultats échelonnés qui maintiennent notre intérêt sur la durée.
MOI : Et comment décrirais-tu vos vies en termes de durée ?
E.T. : Elles pourraient également être décrites comme courtes car elles sont remplies de très nombreuses choses à faire.
MOI : Mais en quoi consiste votre travail ? Quelles sont vos responsabilités ?
E.T. : Nous avons de nombreuses professions, tout comme vous. Nous avons des médecins, des ingénieurs, des artistes, des analystes, des programmeurs informatiques, des spécialistes de l'énergie, des psychologues, etc.
MOI : Et que faites-vous de votre temps passé ici ?

L'Histoire de Dieu

E.T. : Nous vous aidons dans votre évolution et l'observons.
MOI : Et quelle forme prend cette aide ?
E.T. : Nous prodiguons des soins de santé aux personnes clés qui sont destinées à aider la Terre et ses habitants à évoluer d'une manière ou d'une autre. Nous faisons des suggestions télépathiques à certaines personnes pour les aider dans leur processus de décision afin qu'elles vivent les événements appropriés et évoluent plus rapidement. Nous procédons également à d'autres suggestions afin de contribuer aux progrès de la technologie.

Modifications génétiques et incarnations « sans attente »
MOI : Et à part ça, faites-vous autre chose ?
E.T. : Oui, nous effectuons également des modifications génétiques visant à prolonger la durée de vie de votre véhicule physique afin d'améliorer votre capacité à vivre davantage de choses, ce qui contribue également à améliorer votre capacité à évoluer plus rapidement. Vos vies ici sont si courtes qu'il y a aujourd'hui un très grand nombre d'âmes en attente d'incarnation. Il devient rapidement évident que seules les âmes qui vont vraiment pouvoir faire une différence dans l'évolution de l'humanité seront autorisées à effectuer des incarnations rapides « sans attente ».
MOI : Qu'entends-tu par « sans attente » ?
E.T. : Cela concerne les âmes qui doivent se réincarner immédiatement après le décès de leur véhicule terrestre afin de pouvoir poursuivre leur travail. Mais la prolongation de la durée de vie de votre race permettra plus tard à une âme de vivre deux ou trois vies actuelles dans un seul corps.

Observation et enregistrement des changements énergétiques sur, dans, et autour de la Terre
MOI : Et sinon, que faites-vous d'autre ?
E.T. : Nous observons et enregistrons également les changements qui interviennent dans les énergies sur, dans et autour de la Terre.
MOI : Et pour quelle raison faites-vous ça ?
E.T. : Nous faisons cela parce que les humains et la Terre sont spéciaux. Vous avez des corps énergétiques et des corps physiques qui fonctionnent dans une relation de dépendance mutuelle. C'est un phénomène rare, car la plupart des autres êtres et planètes sont soit physiques, soit énergétiques, et non une combinaison des deux.
MOI : Mais pourquoi cet intérêt ?

L'Histoire de Dieu

E.T. : Avec la Terre, il y a des endroits où les deux corps se rejoignent. À ce point de jonction, il se produit un mouvement d'énergies entre les mondes physique et énergétique, sous la forme d'un vortex. Ce mouvement crée une passerelle entre les mondes dont nous profitons, mais l'échange d'énergies en lui-même est très intéressant à observer et à expérimenter. Vous disposez d'une énergie illimitée grâce à cette interaction entre les deux corps ; tout ce que vous avez à faire, c'est d'y accéder avec votre esprit, voire même avec une machine spéciale. Si vous aviez ce type de dispositif, vous n'auriez pas besoin d'utiliser le charbon ou le nucléaire pour produire de l'électricité.

MOI : *Nous pourrions donc avoir une énergie gratuite illimitée ?*

E.T. : Oui, et les machines permettant d'exploiter cette énergie sont l'une des choses que nous vous aidons à développer.

La vie sur la planète d'un extraterrestre

En janvier 2004 (mon premier jour de retour au travail après une longue pause de Noël), j'ai entamé ma séance de méditation avec l'intention d'échanger avec l'extraterrestre. Lorsque j'ai concentré mon attention sur lui, je lui ai demandé à quoi ressemblait la vie sur sa planète.

E.T. : Elle ressemble à peu près à la vie sur Terre.

MOI : *Comment ça ?*

E.T. : Eh bien nous avons aussi des animaux qui sont des espèces indigènes de notre planète, tout comme vous en avez sur Terre.

MOI : *Et à quoi ressemblent ces animaux ?*

Espèces indigènes d'animaux, de poissons, d'insectes

E.T. : Ils se présentent sous de nombreuses formes et tailles différentes. Par où souhaites-tu que je commence ?

MOI : *Essaie simplement de me donner un aperçu général, comme le nombre de pattes, s'ils volent ou nagent, etc.*

E.T. : Certains sont dotés de deux pattes, comme toi et moi. Ils ont même une apparence humanoïde, mais sans l'être, tandis que d'autres comptent jusqu'à douze pattes et ont la taille d'une de vos vaches. La plupart de nos animaux se nourrissent de végétation, mais il y a une ou deux espèces qui chassent ou même assimilent l'énergie de l'atmosphère.

MOI : *De quels animaux s'agit-il ?*

L'Histoire de Dieu

E.T. : Ce sont ceux qui volent dans la stratosphère de notre planète et qui ont donc évolué afin de pouvoir se nourrir des énergies plus universelles.
MOI : Et à quoi ressemblent-ils ?
E.T. : Ils ressemblent un peu aux seiches que vous avez sur Terre, sauf qu'ils possèdent une structure interne gazeuse qui leur permet de monter et de descendre dans l'atmosphère en mélangeant les gaz à l'intérieur de cette structure. Ils procèdent en aspirant l'atmosphère et en séparant les gaz qui la composent. Certains gaz leur servent d'aliment tandis que d'autres sont rejetés. Le reste des gaz absorbés sont stockés séparément dans différentes cavités internes et mélangés lorsqu'un gaz d'un type différent est requis.
MOI : Et les poissons ? En avez-vous aussi sur votre planète ?
E.T. : Oui, nous avons en effet des poissons et d'autres créatures marines. Et ils sont aussi variés en termes de tailles et de formes que les vôtres.
MOI : Chassez-vous ou tuez-vous vos animaux pour vous nourrir ?
E.T. : Non, car nous n'avons pas besoin de manger des aliments solides. Nous avons principalement évolué vers la consommation de végétaux, puis vers l'utilisation des énergies universelles.
MOI : Et avez-vous aussi des insectes comme sur Terre ?
E.T. : Oui, mais seulement un nombre limité d'espèces. D'une façon générale, nous n'avons pas le même niveau de diversification des espèces que celui dont vous disposez à l'échelle planétaire.
MOI : Par contre, vous avez des animaux qui vivent à l'état gazeux ?
E.T. : Oui, mais vous aussi, vous avez des animaux qui se trouvent à des niveaux énergétiques ou dimensionnels différents sur Terre.
MOI : Vraiment ?

Des entités terrestres qui vivent dans l'espace interdimensionnel
E.T. : Oui. La Terre est vraiment un endroit spécial. Elle présente en un seul endroit un niveau de diversité d'entités bien plus élevé que n'importe quelle autre planète de cette dimension ou de cet univers. C'est l'une des autres raisons pour lesquelles nous venons ici pour observer comment vous interagissez avec tous ces êtres. Il y en a, bien sûr, beaucoup d'autres sur Terre que vous n'avez pas encore découverts. Ils se trouvent dans les profondeurs des océans, dans l'Arctique, et dans l'espace situé entre les dimensions.
MOI : L'espace situé « entre » les dimensions ?
E.T. : Oui, ils occupent l'espace qui se trouve entre cette dimension et la dimension supérieure suivante.

L'Histoire de Dieu

MOI : Et verrons-nous un jour ces animaux ?
E.T. : Oui, certains d'entre vous les ont déjà vus. Ils ont été vus par des personnes qui prennent des drogues et qui sont donc capables de voir cet espace avec leurs yeux spirituels dont ils ont forcé l'ouverture.
MOI : Je vois. Sont-ils similaires à ceux de la Terre ?
E.T. : Non, ils sont différents et provoquent la panique chez ceux qui les voient, car ils ne s'attendent pas à voir des créatures aussi fantastiques.

L'énergie des flambées stellaires
Ma prochaine rencontre significative avec les extraterrestres n'a eu lieu qu'en septembre 2005, lorsque j'ai séjourné en Crète pendant une semaine, seul, pour pouvoir méditer et effectuer quelques petits travaux de bricolage avant que ma femme ne me rejoigne, afin que nous puissions profiter de vraies vacances.

MOI : Alors, quelle est la leçon du jour ?
E.T. : Tout d'abord, disons que nous sommes ravis que tu sois ici avec nous. Nous apprécions ton interaction. La leçon du jour portera sur l'énergie des flambées stellaires.
MOI : Et qu'est-ce que l'énergie des flambées stellaires ?
E.T. : Il s'agit de l'énergie qui provient de la coalescence de la matière sous sa forme physique et de sa capacité à être utilisée par une entité afin de créer.
MOI : Tu veux dire qu'elle peut être utilisée ?
E.T. : Oui, c'est la principale raison d'être d'une étoile dans l'univers physique : fournir de l'énergie afin qu'elle serve à la création. Cette énergie est utilisée par toutes sortes d'entités et pour toutes sortes de choses, depuis la création de nouvelles planètes sur lesquelles la vie corporelle peut exister jusqu'à la création d'œuvres d'art en utilisant cette énergie afin de créer des nuages de gaz présentant des formes, des tailles et des couleurs différentes, y compris la façon dont ils apparaissent dans les autres dimensions.
MOI : Et moi, est-ce que je peux l'utiliser ?
E.T. : Bien sûr, et tu le fais régulièrement d'ailleurs. Nous sommes ici pour t'apprendre à améliorer tes capacités dans ce domaine. Nous t'apporterons ces enseignements pendant que tu seras en méditation.
MOI : Est-ce que je me rappellerai comment faire, ensuite ?
E.T. : Pas aussitôt, car tu devras d'abord absorber ces connaissances, puis te mettre dans l'état d'esprit nécessaire pour pouvoir exercer un tel pouvoir de manière sûre et raisonnable. Cela signifie que tu devras

L'Histoire de Dieu

être capable de pardonner aux gens tout ce qu'ils font, sinon ton ressentiment les fera frire sur-le-champ !

Les méthodes utilisées par les extraterrestres pour générer de l'énergie

J'ai ensuite demandé à l'extraterrestre comment ils s'y prenaient pour générer leur propre énergie.

E.T. : Nous utilisons l'énergie générée par la friction créée entre les dimensions.
MOI : *Il existe une friction entre les dimensions ?*
E.T. : Oui, mais pas le genre de friction que vous connaissez sur Terre, créée par deux surfaces placées l'une contre l'autre puis déplacées sur des plans opposés et créant ainsi de la chaleur. Il s'agit plutôt de l'énergie générée par des forces d'attraction suffisamment proches pour s'influencer mutuellement, mais pas assez proches pour interférer avec leur fonctionnement respectif.

J'ai ensuite perçu une image de la distorsion de la vision que l'on observe lorsque la chaleur monte.

E.T. : C'est exact. C'est une bonne représentation de ce à quoi « ressemble » cette énergie. Nous récoltons cette énergie, ou bien nous pouvons simplement l'exploiter. Elle est gratuite et facile à acquérir, à condition d'avoir le bon niveau de technologie et/ou de capacités énergétiques.

Prendre les choses comme elles viennent

MOI : *Peux-tu m'en dire plus sur le concept consistant à « prendre les choses comme elles viennent » ?*
E.T. : Oui. Il s'agit en effet d'un concept très important et mal compris. Tu comprends que tout ce qui s'est passé, tout ce qui se passera et tout ce qui se passe actuellement se produit simultanément ?
MOI : *Oui.*
E.T. : Alors tu comprends que toute tentative de changer cela est futile et ne provoque que résistance et agitation. Une fois que tu auras reconnu cela au niveau le plus fondamental et que tu le ressentiras vraiment, tu sauras que les choses n'arrivent pas sans raison. Et cette raison, c'est que c'est ainsi que les choses sont censées se passer, et que tout le reste va à l'encontre de l'inévitable. Accepter que ce qui doit arriver arrivera tout en faisant confiance à l'univers constitue une

prise de conscience vraiment profonde qui soulagera le fardeau du stress.

J'avais vécu cela de plusieurs manières au travail, et j'avais décidé que cette approche rendait vraiment ma vie plus facile et plus simple. J'avais réellement l'impression qu'un énorme fardeau m'était ainsi retiré. Arrivé à mon dernier jour de vacances, j'avais vraiment le sentiment que j'étais en harmonie avec l'univers et que ce qui devait arriver devait tout simplement arriver.

L'esprit extraterrestre
Une méditation effectuée début 2004 m'a tout simplement captivé. Je voyais dans mon esprit de nombreuses lucioles de différentes couleurs.

ES : L'univers est une chose merveilleuse et multicolore.

Mon esprit s'est tourné vers les extraterrestres, et je me suis alors retrouvé à m'interroger sur leur indépendance.

MOI : Disposent-ils du même libre arbitre que nous ?
ES : Non, ils n'ont pas cette faculté. Vous les humains êtes uniques dans la mesure où vous êtes coupés de votre soi supérieur et de Moi, de sorte que vous êtes totalement seuls et capables de vous forger vos propres opinions et de prendre vos propres décisions dans la vie.
MOI : Dans ce cas, comment fonctionne l'esprit des extraterrestres ?
ES : Ils sont constamment connectés les uns aux autres. Chacun d'eux sait (s'il le souhaite) ce que l'autre pense ou ce dont il est capable.
MOI : Dans ce cas, que se passerait-il si l'un d'eux voulait faire quelque chose de mal ou était sur le point de le faire ?
ES : Il ne le pourrait pas, car l'esprit extraterrestre tout entier, c'est-à-dire chacun d'eux, le sentirait et serait capable de se mobiliser et d'empêcher l'acte en question de se produire. Il s'agit d'une forme d'autosurveillance qui conduit l'individu à ne faire que ce qui est bon pour l'ensemble, et par conséquent, juste.
MOI : Alors, qu'est-ce qui est bon pour eux ?
ES : Tout ce qui accélère la course à l'évolution.
MOI : Parce que l'évolution est une course ?
ES : Pas en tant que telle, mais il s'agit d'un parcours dans lequel le but de l'individu est d'atteindre au plus vite un niveau d'évolution qui lui permette de revenir à Moi.

Chapitre 32: L'Entité Source et le Conseil des Douze

Les planètes Sion et Zorpeton
J'ai ensuite réfléchi à la question qu'un ami bulgare m'avait posée sur la signification du mot Sion et j'ai demandé à l'Entité Source de la Terre de me fournir une réponse sur ce sujet.

ES : Sion est une lune qui gravite autour de la planète Zorpeton.
MOI : Je pensais la même chose, mais en relisant mes notes, j'ai découvert que Zorpeton est en fait un monde sans lune.
ES : En effet. Sion est en réalité une petite planète, mais on pourrait la qualifier de lune tant elle est petite. Les planètes Sion et Zorpeton tournent l'une autour de l'autre.
MOI : Waouh, une paire de planètes qui tournent l'une autour de l'autre et qui tournent autour d'une paire de soleils qui tournent également l'un autour de l'autre [extrait de mes notes sur une méditation précédente sur Zorpeton]. Ça doit être un phénomène rare ?
ES : Pas aussi rare qu'on pourrait le penser.

Sion, le lieu de résidence du Conseil des Douze
MOI : Alors, quelle est la signification du mot Sion ?
ES : Il désigne l'endroit où réside le Conseil des Douze. Sion est vraiment une belle planète. C'est une « planète jardin », et c'est un réel plaisir de s'y trouver.
MOI : Les membres de ce Conseil sont-ils des êtres physiques ?
ES : Non, bien évidemment, mais ils peuvent se manifester physiquement pour apprécier et profiter de ce que Sion a à leur offrir.

Les rôles des membres du Conseil des Douze
MOI : Pourquoi ce Conseil compte-t-il douze membres ?
ES : Il en compte douze parce que chaque membre représente l'un des douze niveaux dimensionnels. Ils sont les gardiens ou les superviseurs du niveau qu'ils représentent.
MOI : Et pour qui travaillent-ils ?

L'Histoire de Dieu

ES : Pour Moi. Ils s'assurent que tout se passe bien et que chaque opportunité d'évolution est bien saisie et non manquée. Ils ont également été sur Terre, mais seulement dans leur état énergétique.
MOI : Concrètement, qu'a fait le Conseil des Douze sur Terre ?
ES : Il a participé à l'émergence de la première civilisation.

L'erreur du Conseil des Douze à propos de l'Atlantide

MOI : Et quelle a été la première civilisation sur Terre ?
ES : L'Atlantide, bien sûr. Les représentants des Douze, y compris certains des Douze eux-mêmes, ont visité la Terre à intervalles réguliers dans le but d'y établir une civilisation basée sur l'intégration du physique et du spirituel, c'est-à-dire sur une fusion de l'esprit, du corps et de l'âme.
MOI : Et que s'est-il passé ?
ES : Les Douze ont commis une erreur. Ils pensaient que les esprits incarnés en tant qu'Atlantes pouvaient être laissés à eux-mêmes, mais tel ne fut pas le cas. Ils se sont laissés absorber par l'expérience physique et ont perdu le lien avec leur soi supérieur et avec Moi.

Les liens des Grecs, des Romains et des Égyptiens avec l'Atlantide

MOI : Alors, quel est le lien entre l'Atlantide et les Grecs (Minoens), les Égyptiens et les Romains (les Romains ayant une architecture similaire à celle des Grecs) ?
ES : Les Grecs et les Minoens ne font qu'un, mais leur isolement les uns par rapport aux autres a rendu leur histoire différente. En substance, ils sont les vestiges isolés de la civilisation atlante, mais tout cela est déjà bien documenté dans les textes ésotériques et canalisés.
MOI : Et les Égyptiens ?
ES : Ils relèvent de la même catégorie que les Grecs et les Minoens. Leur civilisation est basée sur les vestiges de la civilisation atlante, avec son contenu astrologique.
MOI : D'accord, mais alors comment les Romains se situent-ils dans cette équation ?
ES : Ils étaient jaloux de l'intelligence et de l'intellect des Grecs, et ont donc copié leur architecture dans l'espoir que les autres peuples les tiendraient en haute estime grâce à l'association intellectuelle de cette architecture. Ils croyaient que l'architecture de leurs bâtiments et de leurs temples montrait aux autres nations de leur époque qu'ils étaient capables de penser à un niveau supérieur à celui des nations rivales, et que cela leur offrait une sorte de protection contre les

invasions. Autrement dit, ils proclamaient à travers cette architecture que : « nos bâtiments sont divins et sont un don des dieux, il vaut donc mieux ne pas nous attaquer car nous avons leurs faveurs et nous sommes, par conséquent, invincibles ».

Les dieux grecs et romains sont des souvenirs et non des légendes
MOI : *Nous avons entendu beaucoup de légendes sur les dieux, en particulier les dieux grecs et romains. Quelle est l'origine de tout cela ?*
ES : Ce ne sont pas des légendes, mais des souvenirs réels. Ce sont les souvenirs raciaux que les peuples de la Terre, à cette époque, ont conservé des visites des membres du Conseil des Douze et des apparitions et communications de leurs représentants avec le peuple de l'Atlantide et les représentants de confiance des Grecs et des Romains. En fait, ils ne pouvaient pas les percevoir autrement parce qu'ils étaient trop absorbés par le physique et avaient oublié qui ils étaient vraiment, c'est-à-dire une partie de Moi.
MOI : *Ils les percevaient donc comme des dieux en raison de ce à quoi leurs connaissances avaient été réduites ?*
ES : Oui.

Nouvelles informations sur le travail du Conseil des Douze
MOI : *J'aimerais approfondir le sujet du Conseil des Douze et de son travail pour Toi.*
ES : Son travail consiste à aider les autres esprits et les entités physiquement incarnées à travailler ensemble et à atteindre la véritable conscience. Avec une conscience accrue, toutes nos (Mes/vos/nos) expériences collectives augmentent en intensité.
MOI : *Mais comment est-ce possible ? Je croyais que l'idée c'était justement que nous expérimentions davantage en étant seuls et sans avoir accès à notre soi supérieur, dans la mesure où la pleine conscience nous donnerait un avantage excessif lié à la connaissance de la réalité plus vaste.*
ES : C'est exact, mais l'objectif des Douze est cependant de faire en sorte que vous atteigniez la coadunation avec Moi au cours de votre incarnation.
MOI : *Je ne comprends pas. Je pensais que l'objectif de notre incarnation conditionnée à l'oubli de qui nous étions vraiment était de nous permettre de disposer d'un libre arbitre total sans connaissance préalable de ce qui pourrait arriver. Le fait d'avoir*

conscience de la réalité plus vaste doit sûrement compromettre ce paramètre ?

ES : Non, pas nécessairement. Comme tu le sais toi-même, vous les humains pouvez bénéficier du libre arbitre dans les limites de certains paramètres.

MOI : *Que veux-Tu dire par là ?*

ES : Je veux dire que vous disposez du libre arbitre pour prendre des décisions, mais que vous avez une compulsion de faire une certaine chose dans la vie. En d'autres termes, vous disposez du libre arbitre dans certaines limites tant que vous atteignez votre objectif final. La plupart du temps, cela se produit sans être très différent du fait d'avoir pris conscience de la réalité réelle. Vous disposez donc d'un libre arbitre total, ce qui est rare, et cela implique donc une responsabilité encore plus grande pour vous-mêmes et vos propres actions. Car vous devez trouver votre chemin du retour à Moi sans panneaux indicateurs ni navigation GPS, pour ainsi dire.

MOI : *Alors, de quelle manière les Douze vont-ils m'aider à y parvenir ?*

ES : En te rendant évidents les bons choix que tu as faits après les avoir faits. En t'aidant à réaliser que c'étaient les bonnes décisions à prendre. Cette aide ne sera pas apparente, mais elle te semblera juste lorsque tu regarderas en arrière, en repensant à ce que tu as fait et aux chemins que tu as empruntés. Telle est la route sur laquelle tu te tiens à présent, comme à un carrefour : les deux nouveaux itinéraires semblent attrayants, mais l'un sera la meilleure direction à prendre.

MOI : *Mais est-ce que je saurai aussitôt si j'ai pris le bon chemin ?*

ES : Non, mais si Je puis te donner un petit conseil : tu sais au fond de ton cœur ce qu'il faut faire pour réussir. Alors, vas de l'avant et fais ce que tu dois faire.

Partie 4 : Au-delà des aspects mécaniques de l'univers

L'Histoire de Dieu

L'Histoire de Dieu

En parcourant les informations qui m'avaient été communiquées jusqu'à présent, j'ai remarqué que je m'étais progressivement éloigné des aspects mécaniques de l'univers et de la façon dont l'humanité avait été développée afin de nous permettre d'apprendre à vivre dans cet environnement qui est le nôtre au mieux de nos capacités, en saisissant toutes les opportunités qui se présentent à nous pour évoluer sans être entraînés vers le bas par les basses fréquences qui nous attirent tout au long de notre incarnation.

Cependant, si certains d'entre vous ont remarqué cette transition un peu plus tôt dans le livre, d'autres ne s'en sont peut-être pas rendu compte. C'est donc à ce stade de mes dialogues que j'ai décidé de saisir l'occasion de signaler au lecteur que cette transition a désormais été pleinement effectuée. Et que les dialogues que vous lisez à partir de maintenant portent véritablement sur la façon de vivre la vie dans le monde physique de la manière la plus efficace possible. De plus, des réponses y sont apportées à certaines de ces éternelles questions qui taraudent l'humanité. Bienvenue, par conséquent, dans la suite de ce livre

L'Histoire de Dieu

Chapitre 33: Des esprits de la nature dans mon jardin

L'apparence des esprits de la nature
Lors d'une méditation matinale que j'effectuais avant d'aller travailler, j'ai décidé de me connecter aux esprits de la nature qui se trouvent dans et autour de mon jardin. Alors que je concentrais ma perception sur le niveau énergétique de ces entités axées sur la nature, elles sont instantanément apparues dans mon esprit et m'ont entouré de leur présence. Elles étaient ravies que je les voie, car ce n'est pas toujours le cas lors d'un contact avec un humain. En signe d'amitié, elles se sont accrochées à moi et ont grimpé sur moi, chacune me montrant qu'elle était là. J'ai alors décidé de leur poser quelques questions.

MOI : Comment se fait-il que je vous voie comme des versions réduites d'êtres humains ?
Les esprits de la nature, tous ensemble (EN) : Nous adoptons la forme humaine pour deux raisons. La première, c'est que nous apparaissons d'une manière que l'on attend de nous, en ce sens que les humains s'attendent à ce que les esprits de la nature soient des versions réduites d'humains dotées d'ailes de papillon. C'est donc à cela que nous ressemblons pour ceux qui nous voient. Deuxièmement, nous aimons l'apparence que vous nous donnez.
MOI : Alors, à quoi ressemblez-vous dans la réalité ?
EN : Nous allons te montrer.

À cet instant précis, j'ai reçu l'image d'une boule de lumière qui se déplaçait lentement dans le jardin. Chaque fois que cette boule de lumière était appelée à effectuer un entretien sur un arbre ou un buisson, une vrille énergétique se formait à partir de la boule de lumière et se connectait à l'aura et au système énergétique de la plante à entretenir. Cela pouvait arriver à deux ou trois plantes en même temps. C'était merveilleux de voir la fluidité des mouvements de cette boule de lumière qui se déplaçait avec lenteur dans le jardin, tout en déployant ses vrilles pour atteindre les plantes si nécessaire.

L'Histoire de Dieu

MOI : Mais pourquoi n'apparaissez-vous pas aux gens qui vous voient tels que vous êtes réellement ?
EN : Parce qu'ils ne comprendraient pas ce qu'ils voient comme étant des esprits de la nature. Pour eux, nous sommes des fées (des petits esprits humanoïdes, des petites personnes, ou encore des lutins). Ils ne sont pas encore prêts à voir le monde réel des êtres spirituels ou énergétiques. Lorsqu'ils se connectent par inadvertance à notre monde ou dimension, ils utilisent une image de nous qu'ils sont en mesure de gérer, c'est-à-dire celle des contes de fées.
MOI : En ce qui me concerne, je préfère vous voir tels que vous êtes : comme des êtres énergétiques.
EN : C'est une bonne chose. Et nous apprécions de travailler avec toi.

Les esprits de la nature et les vortex énergétiques
MOI : Utilisez-vous beaucoup les vortex énergétiques ici ?

J'avais remarqué qu'il y avait dans notre jardin des lignes d'énergie, des petites lignes telluriques qui remontaient à la surface sous forme de vortex.

EN : Tout le temps, mais ce sont les humains qui savent puiser dans les énergies de la Terre qui font la meilleure utilisation des vortex énergétiques. Ces personnes peuvent vraiment faire du bon travail avec la Terre et élever ses vibrations.
MOI : Et comment s'y prennent-elles ?
EN : Ces personnes servent d'antennes pour les énergies universelles et les dirigent vers la Terre pour que la Terre et les autres entités qui travaillent avec elle puissent les utiliser.
MOI : Il existe donc d'autres entités qui travaillent avec la Terre en plus des esprits de la nature ?
EN : Oui, et nous te montrerons qui elles sont lors de ta prochaine connexion avec nous.

L'Origine s'exprime sur le but de la présence des animaux sur Terre
MOI : Quel est le but de la présence des animaux sur Terre ?
O : Ils sont là pour vous tenir compagnie et vous apporter de la joie.
MOI : Nous apporter de la joie ?
O : Oui, n'est-ce pas le cas ?

L'Histoire de Dieu

MOI : Il est vrai que j'aime écouter les oiseaux et que j'apprécie le fait que mes chats m'aiment sans réserve et soient toujours heureux de me voir quand je rentre à la maison.
O : C'est donc qu'ils font bien leur travail. Sans les animaux, la Terre serait un endroit bien solitaire. Par ailleurs, ils Me rendent également service.
MOI : Comment ça ?
O : Ils vivent la vie sans complication, sans effort, sans cupidité, sans avoir besoin de quoi que ce soit d'autre que d'être ce qu'ils sont. Ils n'ont pas peur de la mort ni de la maladie et accomplissent par conséquent beaucoup de choses en expérimentant la vie de la manière la plus pure possible. Ils forment donc un point de référence utile pour Moi lorsque Je compare les expériences évolutives que vous vivez sous forme humaine, en bénéficiant de tout le libre arbitre que vous souhaitez, à celles de ceux qui n'en ont clairement aucun.

L'Entité Source s'exprime à son tour sur le but de la présence des animaux sur Terre
ES : Les animaux font partie intégrante de la biosphère spirituelle de la Terre. Ils ont pour fonction de répondre aux besoins de la Terre d'une certaine manière, un peu comme les esprits de la nature. Ils travaillent sur les niveaux les plus physiques de la Terre, c'est-à-dire sur les niveaux avec lesquels les esprits de la nature rencontrent des difficultés en raison de leur niveau de fréquence.
MOI : Pourtant ils nous apparaissent comme de simples animaux et ne semblent rien faire de spécial.
ES : C'est parce que vous ne pouvez pas voir ce qui se passe en deçà du niveau que vous expérimentez. Sans les animaux qui font leur travail pour la Terre, la biosphère spirituelle serait encore plus stagnante qu'elle ne l'est actuellement. Car en fait les animaux nettoient et réalignent les énergies qui se trouvent tout en bas des fréquences, et compensent ainsi le manque de soin que l'humanité porte actuellement à la Terre.
MOI : Donc, les animaux sont essentiellement des travailleurs de lumière ?
ES : Oui, c'est en effet ce qu'ils sont, mais l'humanité incarnée ne le reconnaît même pas. Tout ce que fait le règne animal, il le fait pour le bien de la Terre et de ses principaux habitants : l'humanité. Mais vous ne le reconnaissez tout simplement pas. Prenons l'exemple du règne des insectes. Vous reconnaissez volontiers le travail qu'ils accomplissent au niveau minuscule auquel ils doivent œuvrer, mais

L'Histoire de Dieu

vous passez totalement à côté du travail qu'accomplissent les plus grands animaux parce qu'ils sont proches de vous par leur taille, leur forme et leur constitution. De plus, les animaux sont aussi des esprits à part entière.

MOI : *Tu veux dire qu'ils sont semblables aux esprits humains ?*
ES : Non, ils ne se situent pas au même niveau. Rappelle-toi que dans un dialogue que nous avons eu au tout début de cette relation, J'ai mentionné que lorsque Je Me suis scindée pour vous former tous, J'ai également créé des entités qui n'étaient pas tout à fait identiques. Cela tient au fait que la quantité d'énergie n'était pas répartie de manière homogène lorsque Je vous ai tous créés. Ce sont donc aussi des êtres doués de sentience, à ceci près que leur sentience est d'un niveau différent du vôtre. Ils peuvent, bien sûr, atteindre le même niveau que vous s'ils travaillent avec l'humanité pendant une période donnée. Peu nombreux sont ceux qui le font, mais un nombre suffisant d'entre eux sont sur le point d'atteindre le même niveau énergétique que l'humain, ou en sont capables, simplement grâce à leurs interactions continues avec des humains qui leur sont chers, ou avec des humains qui les aiment et leur demandent de s'incarner avec eux. À un autre niveau, les esprits végétaux et minéraux sont également capables de s'élever dans les fréquences et d'atteindre le niveau supérieur, mais c'est un travail bien plus vaste, qui leur prend des millénaires, simplement en raison de leur niveau d'interaction avec des entités supérieures à eux et des nombreuses occasions d'être exposés à des environnements qui leur permettent d'entrer en contact avec des entités de fréquences supérieures. C'est cette interaction régulière, voire constante, avec des entités d'une fréquence plus élevée qui les aide à progresser et à s'élever dans les fréquences.

MOI : *Et donc la Terre, en tant qu'entité à part entière, travaille avec tous ces esprits ?*
ES : Oui, bien sûr.

Les planètes ont également d'autres rôles à jouer dans l'univers, car elles existent dans un environnement qui nécessite, pour ainsi dire, beaucoup d'« entretien » afin de le maintenir en bon état de fonctionnement. Elles sont efficaces lorsqu'il s'agit d'éliminer toute l'énergie parasite qui n'a pas d'association claire et qui existe à la fois sous forme physique et spirituelle. Elles lui fournissent un point d'ancrage et une association, et lui donnent une direction, un but. Toute énergie devrait en effet avoir un but. Or, quoi de mieux que de faire partie d'une planète, une grande entité qui a précisément un but, à savoir : le maintien de l'équilibre de l'univers d'un point de vue multidimensionnel. L'humanité a donc ici une grande opportunité de collaboration avec les animaux, les plantes et les minéraux afin de soutenir les besoins de la planète qui l'a attirée à elle, car toutes les entités sont attirées par celles avec lesquelles elles sentent qu'elles peuvent travailler au mieux afin de les aider à évoluer.

Même si les animaux représentent une entité plus simple que l'entité humaine, ils sont à certains égards plus proches de Dieu, car ils sont purs dans leurs actions et leurs intentions lorsqu'ils sont incarnés. Vous devriez considérer les animaux comme vos amis et vos assistants, car c'est ce qu'ils sont en réalité. Ils existent dans cet environnement uniquement afin de vous aider à évoluer et à retourner à la Source. Ce faisant, ils ne demandent rien ; ils œuvrent uniquement pour rendre service. Lorsque l'un d'entre eux a l'opportunité de progresser vers les niveaux d'énergie humaine, c'est un grand honneur pour lui, car il n'est pas dans sa nature de travailler avec l'humanité dans le but caché de pouvoir passer au niveau supérieur. Ils sont trop purs de ce point de vue, car ils n'ont pas été corrompus par les niveaux de fréquence inférieurs que l'humanité génère pour elle-même en essayant d'améliorer sa situation sans aucune considération quant à la façon dont cela pourrait affecter les entités ou l'environnement qui l'entoure. Les animaux quant à eux n'affectent pas l'environnement de manière négative ; ils travaillent avec lui. Même les sauterelles font cela ! Car comme Je viens de te l'indiquer, tous les animaux ont des tâches spécifiques à accomplir et ils les accomplissent pour le bien de l'environnement et non pour eux-mêmes. Ils procèdent ainsi parce qu'ils ne sont pas capables de penser autrement. Parce que leurs pensées et leurs actions sont pures, ils s'engagent à rendre le meilleur service possible avec les outils physiques dont ils disposent. Ils disposent également d'outils énergétiques qu'ils utilisent en parfaite harmonie avec la Terre et l'univers, et d'une manière totalement méconnue de l'humanité. Si l'humanité incarnée était suffisamment consciente de l'importance du travail que les animaux accomplissent pour elle dans les coulisses de la Terre, elle en tirerait une telle leçon d'humilité qu'elle changerait du tout au tout. Elle ne ferait plus ce qu'elle fait aux animaux et au reste du monde. Car en vérité, le règne animal se sacrifie régulièrement pour le bien de l'humanité, tandis que l'humanité ne s'en soucie aucunement. Il est temps que cela change.

De la nécessité de travailler avec la nature afin d'atteindre l'équilibre à tous les niveaux

L'Histoire de Dieu

MOI : Je réfléchissais à la vie merveilleuse que les anciens Grecs devaient connaître en travaillant la terre et en vivant en harmonie avec les saisons que la nature nous a données.
ES : C'est en effet un processus de réflexion important qui mérite d'être sérieusement pris en considération à l'époque qui est la vôtre. L'équilibre de la Terre serait maintenu si l'homme travaillait en collaboration avec la nature, comme lorsqu'il travaillait autrefois en harmonie avec les forêts et de manière durable. Si l'homme pouvait considérer cela comme une façon positive de travailler la Terre, alors tous les dommages causés par l'industrie pourraient être réparés. Une façon moderne de réparer la nature consisterait à ce que l'homme vive soit hors de la planète, soit sous terre. Cela permettrait à la Terre de retrouver son mode de vie naturel à la surface. Mais si l'homme pouvait cultiver la Terre d'une manière authentiquement agricole sans utiliser de polluants, il pourrait déjà maintenir l'équilibre.

L'homme est indissociablement lié à la nature. Tout ce qu'il fait produit un effet sur la nature, et tout ce qui se passe dans la nature a un effet sur l'homme. Les arbres, les animaux, les mers, la roche, l'atmosphère et le champ magnétique (ou l'aura) de la Terre ont tous un effet sur l'homme et sont affectés par lui. Les esprits de la nature qui sont en parfait alignement avec les arbres et les forêts sont déçus par la race humaine qui détruit la plupart des forêts et par son mépris pour la nature en général. Si l'homme pouvait apprendre à vivre selon les lois de la nature en produisant des technologies qui soient complémentaires de la nature, comme les énergies durables que sont par exemple les énergies éolienne, marine ou solaire, plutôt que de lutter les uns contre les autres ou de polluer la Terre, l'humanité évoluerait beaucoup plus rapidement. La technologie est là pour vous aider à progresser et à trouver des moyens de vous soulager de vos fardeaux quotidiens, mais vous devez vous assurer qu'elle ne vous conduise pas à votre perte. Car si elle est utilisée correctement, elle vous permettra de travailler davantage selon les règles de la nature et de progresser spirituellement.

L'homme n'est pas seulement lié à la nature ici sur Terre, mais aussi à la nature au niveau universel. En effet, la nature fait partie de l'Entité Source (Moi) ou Dieu, et à ce titre elle se trouve donc partout, dans toutes les galaxies, dans tous les univers, et à tous les temps. Ainsi, ce que vous faites ici sur Terre a un effet dans tout l'univers. Il n'est donc pas étonnant que d'autres êtres s'inquiètent de ce que vous faites à votre planète. Vous êtes liés à toutes les parties de la nature des différentes planètes, systèmes solaires, galaxies et univers.

L'Histoire de Dieu

Chaque partie de vous est interdépendante des autres, chacune ayant un effet sur l'autre. Ainsi, le fait de vous connecter à la nature vous permet de vous connecter à l'univers et de communiquer avec Dieu (ou l'Origine, le vrai Nous).

MOI : Auprès de qui serait-il préférable d'apprendre toutes ces choses de nos jours ?
ES : Auprès de ceux d'entre vous qui sont conscients et éveillés, comme vos guérisseurs et sorciers. Ils sont toujours là, même s'ils ne portent plus de grands chapeaux pointus et ne voyagent plus sur des balais. Ce sont tout simplement des gens qui savent utiliser la nature. Ils connaissent toutes les herbes et les plantes qui peuvent être utilisées pour la guérison et pour faciliter les méditations. Ils savent également voir et utiliser les énergies pour la guérison, la manipulation de la matière et l'alchimie, et maîtrisent aussi d'autres fonctions supérieures. Ils peuvent voir et parler aux esprits de la nature et travailler avec eux dans le cadre de la nature. En substance, ils sont maîtres de leur environnement car ils possèdent une compréhension totale de l'univers et de son fonctionnement. L'humanité dite « moderne » aurait beaucoup à apprendre d'eux.

L'essence des arbres

Dans ce dialogue, je communique avec l'Entité Source au sujet des arbres. Personnellement, j'aime les arbres et je sens qu'ils ont une association particulière avec nous. Après avoir concentré mon attention sur l'Entité Source, la communication a été instantanée.

MOI : J'ai une question à te poser à propos des arbres.
ES : Vas-y, Je t'écoute.
MOI : Peux-Tu m'expliquer l'importance des arbres et la raison pour laquelle les adeptes du New Age les vénèrent ?
ES : Tu sais que les arbres sont des sources d'énergie et qu'ils poussent en suivant la position des lignes telluriques ?
MOI : Non. J'avoue que je n'avais pas pensé aux arbres sous cet angle.
ES : Eh bien, c'est pourtant dans ces termes que tu dois les envisager. En voici l'explication : les images de druides dansant ou en prière autour d'un arbre en feu sont généralement la tentative d'un artiste de traduire sa compréhension de ce qu'un « sensitif » pouvait percevoir en termes d'énergies émanant d'un grand arbre, surtout si l'arbre en question se trouvait à l'extrémité d'une source ou d'une dérivation d'énergies. De plus, en tant qu'êtres énergétiques inférieurs, les arbres

L'Histoire de Dieu

du même type font tous partie d'un esprit de groupe de type dendro (arbre). Par exemple, les ormes ont tous le même esprit d'orme, et les chênes ont tous le même esprit de chêne.

Une chose intéressante à propos des arbres concerne le fait que s'il ne reste qu'un seul arbre de son espèce dans une forêt et que certaines de ses graines sont plantées, alors à mesure que ces graines poussent et que de nouveaux arbres grandissent, l'esprit de l'arbre s'expanse. Car les arbres ne sont pas des entités dotées d'un esprit individuel. Ils font tous partie d'un même esprit de groupe. Ainsi, une espèce d'arbre isolée au milieu d'un bois reste toujours en contact avec les autres arbres de la même espèce sur toute la surface de la Terre, et ses membres isolés en constituent un avant-poste jusqu'à ce que de jeunes arbres poussent à nouveau à cet endroit. L'organisation des arbres est différente de celle de la race humaine qui, lorsqu'elle procède à sa reproduction, reproduit des êtres pensants individuels.

Lorsque les arbres couvraient l'intégralité de la planète, à un moment donné les anciens sages les utilisaient pour communiquer avec d'autres sages. Pour y parvenir, ils se connectaient à l'esprit de l'arbre (par exemple : un hêtre) et lui envoyaient ensuite un message. Un sage situé à un autre endroit de la planète pouvait alors se connecter au même esprit de l'arbre (un hêtre) et récupérer les informations envoyées par la première personne. Un message pouvait ainsi être envoyé à n'importe quelle distance grâce à ce système. Bien sûr, il existe aussi des arbres sur d'autres planètes. Et bien que certains arbres soient très différents de ceux de la Terre, certains leur sont similaires. Par conséquent, les esprits des arbres situés sur différentes planètes peuvent communiquer entre eux. Des types d'arbres similaires facilitent la communication entre eux car leurs esprits sont liés. Cela signifie qu'une personne qui se connecte à l'esprit d'un arbre particulier sur sa planète peut recevoir des images ou communications provenant d'autres arbres de types similaires situés sur d'autres planètes.

MOI : C'est magnifique.
ES : N'est-ce pas ? Laisse-moi te donner un autre exemple de la façon dont le mépris de l'humanité pour les arbres affecte les énergies. Cette partie du monde est actuellement endormie (mars 2003) ; les arbres et les plantes commencent tout juste à se réveiller d'un long sommeil hivernal. Le pommier derrière toi a besoin qu'on lui coupe une branche morte. Mais les arbres ne craignent pas ce type d'intervention chirurgicale, car cela les maintient en bon état. Autrefois, les humains s'occupaient d'eux, lorsqu'ils travaillaient avec l'énergie de la nature

L'Histoire de Dieu

et les esprits de la nature. Aujourd'hui, les êtres humains les ont largement abandonnés sur le plan énergétique. C'est pourquoi les arbres se dégradent et leurs flux énergétiques ne sont plus efficaces. L'énergie qui est acheminée à une branche morte, par exemple, se retrouve gaspillée et provoque des tourbillons et des ondulations dans les flux énergétiques.

Lignes telluriques, pierres dressées et énergies de la Terre

Le partenariat entre les lignes telluriques et les arbres

Pendant deux années consécutives, lors de notre congé sabbatique du réveillon et du jour de l'An loin de la civilisation moderne, ma femme et moi avons visité des zones où se trouvaient des lignes telluriques et de grandes pierres dressées. Ce faisant, nous avons tous deux ressenti beaucoup d'énergie dans et autour de ces zones. Intrigué et désireux d'en apprendre davantage, j'ai alors décidé de contacter l'Entité Source à ce sujet afin de mieux comprendre leur rôle sur la Terre.

MOI : Que peux-Tu me dire sur les lignes telluriques et les pierres dressées que nous avons ici sur Terre ?
ES : Les lignes telluriques et les pierres dressées sont les veines énergétiques et les principales jonctions énergétiques de la planète. Peu de gens savent que les lignes telluriques sont généralement marquées par la présence d'un « grand » arbre, comme un chêne ou un orme, car ces arbres fonctionnent bien avec les énergies. Elles peuvent donc être facilement localisées. Aujourd'hui, les lignes telluriques sont en mauvais état, car elles ne fonctionnent pas pleinement ou sont à l'abandon, du fait que l'humanité n'entretient plus le réseau de lignes telluriques de la Terre.
MOI : Dans ce cas, comment procéder pour réparer une ligne tellurique ?
ES : Pour réparer une ligne tellurique ou une jonction de lignes telluriques (sans pierre dressée), une personne ou un groupe de personnes peut injecter ou canaliser de l'énergie dans la terre et la marquer en plantant un grand arbre à cet endroit. Les lignes telluriques sont tombées en désuétude principalement à cause de la déforestation humaine, car les arbres font partie du circuit énergétique des lignes telluriques ; il est donc nécessaire de marquer une nouvelle jonction énergétique à chaque fois qu'elle se présente en y plantant un grand arbre.

L'Histoire de Dieu

Si tu pouvais voir l'énergie des lignes telluriques à l'œil nu lorsqu'elles entrent et sortent du sol, elles ressembleraient un peu à des points de suture qui maintiennent ensemble les segments d'un ballon de football en cuir.

À propos de l'utilisation de l'énergie des lignes telluriques
MOI : Et comment pourrions-nous utiliser cette énergie des lignes telluriques ou la séparer de leur flux principal pour l'utiliser ?
ES : L'énergie des lignes telluriques pourrait être séparée du flux principal en plaçant une pierre sur le chemin suivi par le flux d'énergie.

Cette action a pour effet de modifier la direction de l'énergie en la divisant en deux. Des pierres supplémentaires peuvent être utilisées afin de replacer le flux sur son parcours initial, et l'énergie ainsi « dérivée » peut être redirigée vers un point de collecte d'énergie en utilisant d'autres pierres. Ceci est généralement indiqué par un anneau de pierres ou par un cercle de pierres où les personnes capables de manipuler l'énergie pourraient l'utiliser ou « charger » des objets qui fonctionnent grâce à l'énergie de la Terre, comme par exemple des lampes ou des pierres de guérison.

Les navigateurs pourraient aussi s'intéresser au fait que les lignes de longitude et de latitude correspondent aux lignes telluriques et à leurs jonctions. Un être peut donc les utiliser pour naviguer, car elles sont magnétiques. Ce n'est pas une coïncidence si les lignes telluriques et les lignes de longitude et de latitude occupent la même position. Comment crois-tu que les pigeons s'orientent lorsqu'ils volent ?
MOI : Mais qui utilisait autrefois cette énergie ?
ES : Les individus éveillés tels que les sages et les sorciers. Un bâton de sorcier était utilisé pour canaliser et concentrer l'énergie. Il était fait de bois (orme), d'un métal précieux, et d'un cristal. Chaque matériau est utilisé de manière à affiner la focalisation et, par conséquent, à intensifier l'énergie ainsi canalisée. Certains sorciers parvenaient à exploiter les lignes telluriques ou les énergies de la Terre en frappant le sol avec leur bâton à trois reprises, là où se trouvait une ligne tellurique. Bien qu'elle soit très mal comprise, cette technique est encore utilisée aujourd'hui par les magiciens pour leurs tours d'illusionnisme.

Les fonctions des pierres

L'Histoire de Dieu

MOI : Peux-tu m'en dire un peu plus sur les pierres et leurs fonctions ?
ES : Les cercles de pierres étaient utilisés pour piéger et concentrer les énergies des lignes telluriques ou de la Terre. Grâce à leurs qualités magnétiques, ces cercles dirigeaient les énergies un peu à la façon des grands électro-aimants de l'accélérateur de particules du CERN. Par exemple, les pierres que tu es allé voir à Kilmartin, dans le comté d'Argyle, étaient utilisées pour concentrer l'énergie ; elles formaient également le point d'une jonction majeure de lignes telluriques. Les deux lignes concernées se rejoignaient en une grosse boule d'énergie et envoyaient de l'énergie dans des directions suivant un angle de 90 degrés par rapport à leur direction d'origine, formant ainsi un carrefour énergétique. Les pierres d'Avebury, qui servent de canal et de compresseur d'énergie, sont un bon exemple de point focal d'une grande ligne tellurique.
MOI : Et à quoi d'autre les cercles de pierres pouvaient-ils servir ?

Les différentes utilisations des cercles de pierres
ES : Un cercle de pierres avait deux usages. Premièrement, les sages pouvaient s'allonger sur une table située au centre du cercle, et les énergies recueillies à partir du point de jonction circulaient autour de toutes les pierres avant d'être projetées sur la table centrale. Cela donnait à la personne allongée sur la table centrale suffisamment d'énergie pour qu'elle puisse se projeter dans les mondes astraux. Deuxièmement, les pierres étaient sculptées d'images en forme de coupes et de cercles. Ces coupes et ces cercles représentent (bien que cela ait été écarté par vos chercheurs) les configurations stellaires observées lorsqu'un individu est allongé sur la table au centre du cercle de pierres. Ils représentent certains moments de l'année et illustrent donc les « saisons » telles qu'elles étaient connues à cette époque. Ces « saisons » étaient alors divisées en périodes de moins d'un mois et indiquaient à quel moment certaines activités devaient commencer ou se terminer, mais elles n'étaient pas réparties en quatre périodes comme elles le sont aujourd'hui : hiver, printemps, été, et automne. La plupart des pierres d'Avebury et de Kilmartin transmettent de l'énergie aujourd'hui encore.
MOI : J'ai vu également que de nombreuses pierres étaient disposées par paires, dont l'une des deux étaient tombée dans certains cas.
ES : Les pierres tombées sont celles qui n'ont plus été entretenues. Celles qui sont disposées par paires – mais tu vois de nombreuses pierres qui vont toujours ensemble, même si l'une est encore debout

L'Histoire de Dieu

et l'autre tombée – étaient utilisées afin de guider et de comprimer l'énergie. Ce manque d'entretien a eu pour conséquence que l'énergie a été détournée, mais sans être redirigée vers le flux d'énergie d'origine, car la pierre de redirection est tombée ou a été vandalisée et n'assure plus sa fonction. C'est la principale cause de dysfonctionnement du réseau énergétique (couche éthérique) ou système de lignes telluriques de la Terre, et c'est l'une des raisons (avec la déforestation) pour lesquelles la Terre et ses habitants ont chuté dans les fréquences. Cette chute de la Terre dans les fréquences est en fait le résultat de l'utilisation des énergies de la Terre par les humains pour leur propre usage et du fait qu'ils n'entretiennent plus la vieille « machinerie » des pierres de dérivation d'énergie.

Les énergies de la Terre

Réinjection d'énergie dans la Terre

MOI : Dis-m'en un peu plus sur les énergies de la Terre.
ES : Tout d'abord, laisse-Moi te donner quelques précisions sur la façon de réinjecter de l'énergie dans la Terre, car c'est un travail important que l'humanité peut effectuer au profit de la Terre en guise de compensation pour l'avoir entraînée avec elle dans les fréquences inférieures. Commençons par la posture à adopter lors de la distribution d'énergie, car cela affecte l'efficacité de la distribution.

La croix chrétienne est un bon exemple de posture à adopter, car elle illustre bien la façon de recevoir et de canaliser les énergies de la Terre. Bien que la meilleure configuration implique des plans en X, Y et Z, les illustrations ci-dessous montrent comment une ou plusieurs personnes peuvent canaliser l'énergie de la Terre. Les plans contenant des gros points représentent la tête du canalisateur d'énergie, les lignes représentant ses bras.

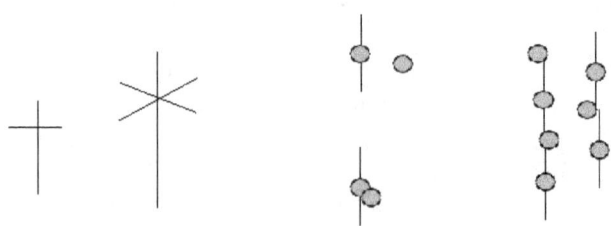

L'Histoire de Dieu

La Terre est dotée de sept couches auriques. Les lignes telluriques existent sur ce qui serait l'équivalent du niveau éthérique de l'aura et du niveau énergétique de l'humain. Le réseau de lignes énergétiques circulant sur le corps humain au niveau éthérique, comme par exemple celles qui sont liées aux chakras majeurs et mineurs où les lignes énergétiques 21, 7 et 4 se rencontrent (et que certains guérisseurs perçoivent lorsqu'ils se connectent sur ce niveau) sont similaires aux lignes telluriques qui forment une grille énergétique tout autour de la Terre. Par conséquent, quelqu'un qui répare les lignes telluriques de la Terre répare la Terre au niveau physique. Et lorsque toutes les lignes telluriques seront réparées, la Terre fonctionnera de nouveau correctement et retrouvera sa fréquence appropriée.

Un être peut ressentir chacune des différentes couches auriques en se connectant sur le niveau d'énergie ou sur la fréquence qui lui est associée. Au niveau de l'apprentissage de base, cela se fait en ouvrant et en faisant tourner le chakra concerné. Par exemple, si tu veux ressentir ou voir les énergies au niveau éthérique, tu ouvres le chakra de base. Si tu veux voir les énergies au niveau émotionnel, tu ouvres et fais tourner (dans la bonne direction) le chakra n° 2. Cela fonctionne de la même manière pour ressentir ou voir les énergies de la Terre, car elle possède également des couches auriques. Ainsi, pour ressentir les lignes telluriques de la Terre, il faut d'abord se connecter sur le niveau d'énergie correspondant à cette couche aurique en ouvrant et en faisant tourner le chakra de base ou chakra racine. Les énergies du niveau émotionnel de la Terre peuvent être ressenties ou vues en se connectant à ce niveau en ouvrant et en faisant tourner le deuxième chakra, ou chakra émotionnel. Mais encore une fois, il s'agit là d'une manière très basique et rudimentaire d'y parvenir.

Les niveaux auriques et les chakras de la Terre

MOI : La Terre a-t-elle aussi des couches auriques ?
ES : Oui, comme indiqué ci-dessus, la Terre est dotée d'un système d'aura et d'un certain nombre de couches auriques correspondant au nombre de chakras majeurs qu'elle possède. Les couches auriques ont été détectées par l'homme, mais n'ont pas encore été reconnues pour ce qu'elles sont, bien que ces anneaux énergétiques aient été décrits comme une forme de phénomène planétaire lié à l'ozone, aux radiations, au magnétisme, etc. Les principaux chakras de la Terre sont situés à chacun des endroits suivants : aux pôles Nord et Sud, au centre de la Terre, et le long de l'équateur dans une configuration nord, sud, est et ouest (comme si on regardait vers le bas depuis le pôle

Nord). Certaines positions des chakras de la Terre sont marquées par l'emplacement de monuments majeurs de l'Ancien Monde, tels que les pyramides d'Égypte, le Machu Picchu au Pérou, les temples engloutis (le Temple du Soleil) au large des côtes du Japon, et les temples d'Angkor au Cambodge. Ces monuments de l'Ancien Monde ont été construits par les anciens à ces endroits afin d'accéder aux myriades d'énergies terrestres qui étaient disponibles à ces points de jonction énergétique. Ces énergies étaient utilisées pour la guérison, le voyage astral, la manipulation de la matière, et pour diriger l'énergie vers d'autres parties de la ville ou même vers d'autres parties de la planète. Toutes les lignes telluriques se croisent à ces points et, comme pour les chakras humains, ce sont les points où le plus grand nombre de lignes se croisent.

MOI : Comment l'énergie cosmique, par exemple, serait-elle utilisée avec les énergies de la Terre ?
ES : L'énergie que tu appelles « cosmique » peut être transformée en un tube afin de contenir et de diriger l'énergie des lignes telluriques ; elle peut également être utilisée pour courber la matière. Pour ce faire, l'énergie cosmique est utilisée dans un premier temps pour augmenter la fréquence de la matière à courber, puis cette même énergie cosmique est modelée de manière à obtenir la forme requise. C'est un peu comme si tu lançais un cerceau magnétique autour d'une ligne d'énergie, en le faisant tourner de plus en plus vite tout en modifiant sa position pour obtenir un changement de direction de la ligne d'énergie.

La Terre et l'univers

Au cours de méditations précédentes, j'avais noté que la Terre avait un rôle particulier à jouer dans l'avancement de l'évolution de cet univers. J'ai également relevé un certain nombre de façons dont l'univers fonctionne et dont il peut être traversé lorsque l'on se trouve dans le monde physique. J'ai donc demandé à l'Entité Source de clarifier ces sujets afin de m'aider à comprendre l'importance de notre vie sur Terre.

Le rôle central de la Terre dans la progression de l'univers et du multivers

MOI : Dans un dialogue précédent, Tu as brièvement commenté l'importance du rôle de la Terre dans l'univers. Peux-Tu m'en dire un peu plus sur ce sujet, s'il Te plaît ?

L'Histoire de Dieu

ES : Bien sûr. La Terre joue un rôle essentiel dans la progression de l'univers en raison de la capacité de sa forme de vie intelligente, l'humanité, à exercer une pensée indépendante. Par conséquent, l'élévation des niveaux vibratoires de la Terre est de la plus haute importance. À l'appui de cela, de nombreuses autres intelligences contribuent également à élever les niveaux vibratoires de la Terre. Pour être plus clair, disons que la Terre peut être considérée comme un élément important d'un vaste système de circuits au sein d'un ordinateur. Or, tant que ses propres circuits (en d'autres termes, les lignes telluriques) ne sont pas complets, elle ne fonctionne pas correctement et ne permet pas au reste du système de circuits (les lignes énergétiques, ou les trous de ver conduisant vers les autres étoiles et planètes) de fonctionner. Par conséquent, le reste de l'univers ne peut pas s'élever dans les niveaux vibratoires tant que les lignes telluriques de la Terre ne sont pas réparées, mais dès que la Terre commencera à fonctionner correctement après cette réparation, cela permettra au reste de l'univers d'augmenter son niveau vibratoire. Et cela aura également un effet positif sur le fonctionnement du multivers, car cet univers est une composante du grand multivers.

MOI : *Qu'est-ce que cela signifiera pour l'univers et le multivers ?*

ES : Globalement, si l'expérience de la pensée individuelle réussit et que la Terre parvient à survivre, alors le choix individuel fonctionnera ailleurs. Cela permettra également à chaque entité de l'ensemble du multivers de bénéficier d'une pensée indépendante et individuelle à différents niveaux (car actuellement, elles ne disposent que d'une pensée collective). Cela apportera une contribution significative au « Tout » et accélérera la vitesse à laquelle le « Tout » progresse à travers les niveaux vibratoires et, par conséquent, évolue.

Voyager à travers le multivers et les univers

MOI : *J'aimerais également avoir plus de détails sur la façon dont nous pouvons, en tant qu'êtres physiques, voyager à travers l'univers.*

ES : Mmm, Je vois qu'il s'agit là de l'un de tes sujets de prédilection. Tout voyage dans l'univers s'effectue en passant d'une dimension ou d'un niveau vibratoire à un autre. Si tu considères que le multivers est une série de sphères à l'intérieur d'autres sphères, tu voyagerais donc d'une dimension donnée vers une autre dimension d'une vibration plus élevée, tu parcourrais la distance voulue dans cette dimension, puis tu redescendrais dans la dimension d'origine. Le temps nécessaire pour parcourir les vastes distances de l'espace interstellaire se trouve alors massivement réduit en raison de la diminution de la

L'Histoire de Dieu

densité et, par conséquent, de la résistance réduite de l'univers ainsi traversé. Les effets de la gravité se trouvent également réduits en raison des niveaux réduits de densité ; par conséquent, la quantité d'énergie nécessaire pour voyager dans un plan vibratoire plus élevé se trouve aussi réduite. Dans certains cas, lorsque le vaisseau fonctionne à des niveaux vibratoires très élevés, le déplacement peut être quasi-instantané. Cette méthode présente un profil similaire à ce qui se passe lors d'un voyage effectué en dehors de l'atmosphère terrestre, lorsqu'on laisse la Terre (ou dans ce cas, l'univers) tourner au-dessous de soi, avant de redescendre au point d'atterrissage prévu.

Téléportation

Il existe une autre forme de transport : la téléportation. La téléportation peut être effectuée par des êtres hautement évolués et elle est d'ailleurs pratiquée régulièrement.

MOI : Et comment procèdent-ils ?
ES : Considère que nous existons en tant qu'énergie dans toutes les dimensions, à tous les temps, dans tous les espaces, et tous en même temps. Tout être qui sait cela peut profiter de cette condition et l'utiliser afin de se transporter d'un côté de l'univers ou de la galaxie à un autre en se désassemblant et en se réassemblant. Si tu considères que nous sommes comme de la poussière dans une sphère, notre incarnation actuelle est donc une augmentation localisée de densité et d'attention sur une position ou sur un point particulier de cette sphère. Nous pouvons donc modifier notre emplacement en réduisant cette augmentation locale de densité (et d'attention) pour la ramener à la distribution normale de densité et d'attention telle qu'elle s'exerce dans tout le volume de la sphère (c'est-à-dire notre état réel en tant que partie du Tout), puis recentrer notre attention et notre densité sur une autre position ou sur un autre point de la sphère. Et ainsi nous nous serons donc instantanément transportés (notre attention et notre densité, ainsi que l'attention et la densité qui nous représentent dans notre incarnation actuelle) à travers la galaxie, la Terre, l'univers, la dimension ou le niveau vibratoire concernés.

Science et nature œuvrent de concert

En janvier 2006, le sujet des vols spatiaux réutilisables a été abordé dans une émission de télévision britannique intitulée « Horizon ». L'émission offrait un prix de 10 millions de dollars à une entreprise privée qui pourrait développer un système réutilisable permettant de

L'Histoire de Dieu

quitter l'atmosphère terrestre et d'y rentrer à nouveau à deux reprises dans un délai de 14 jours. L'entreprise retenue a été par la suite approchée par Richard Branson afin de l'aider à réaliser son rêve de vol spatial commercial.

Le vaisseau spatial réutilisable de Burt Routan a été conçu en harmonie avec la nature

Le projet primé de Burt Routan était petit, habité, et utilisait un assemblage unique pour le stabilisateur de queue. Celui-ci était en effet tourné à un angle de 90 degrés de manière à créer la traînée nécessaire afin de ralentir l'engin à une vitesse à laquelle l'accumulation de chaleur ne constituait pas un problème lors de la rentrée dans l'atmosphère, ce qui éliminait, par conséquent, la nécessité de disposer de dissipateurs thermiques spéciaux. La vitesse de décollage était de 3 450 km/h, et la traînée générée par le stabilisateur de queue était telle que celle-ci entraînait un ralentissement à 800/960 km/h lors de la rentrée dans l'atmosphère. L'aéronef disposait d'un système de vol à dos d'avion jusqu'à 14,5 km, puis se détachait de l'avion porteur pour effectuer le voyage final dans l'espace. Je passais en revue ce programme lors de ma méditation matinale lorsque l'Origine a rebondi sur le sujet, ce qui a donné lieu au dialogue suivant :

MOI : C'est incroyable qu'une petite entreprise puisse parvenir à ce résultat en si peu de temps avec une solution aussi simple, alors que la NASA toute entière a investi sur une très longue période des sommes colossales dans d'énormes machines et ne dispose toujours pas de véhicule totalement réutilisable.
O : Oui, Burt Routan a découvert la manière correcte dont fonctionne la nature.
MOI : Comment ça ?
O : Il a trouvé une méthode qui fonctionne sur le modèle de la nature. N'oublie pas que la nature possède un ensemble de lois universelles qui doivent être utilisées lorsque vous voulez travailler dans la dimension ou dans la fréquence dans laquelle vous vous manifestez – et en l'occurrence, il s'agit du niveau de manifestation le plus bas, c'est-à-dire le monde physique. Si tu regardes bien la conception de Routan, tu remarqueras que l'engin tombe de la même manière qu'une feuille. Or, une feuille crée sa propre traînée et, par conséquent, se ralentit elle-même.
MOI : J'ai aussi reçu l'image d'une araignée en train de tomber.

L'Histoire de Dieu

O : Oui, c'est également un bon exemple.
MOI : Alors, qu'est-ce que cela signifie en termes de respect de la loi universelle ?

Ce qui arrive lorsque l'on ne suit pas les lois universelles ou lois de la nature
O : Cela signifie que si tu suis les lois universelles et travailles en harmonie avec elles, tu n'as pas besoin de beaucoup de travail pour atteindre ton objectif. Dans le cas du programme spatial de la NASA, ses ingénieurs luttent contre la nature ; par conséquent, plus ils luttent contre la nature pour obtenir ce dont ils ont besoin, plus ils doivent générer d'énergie pour atteindre leur objectif, d'où ces énormes machines dont ils ont besoin pour aller dans l'espace par rapport à la petite machine conçue par Routan. Plus la puissance utilisée est importante, plus la résistance est grande et plus la puissance nécessaire pour aller plus vite est importante. Cette résistance se manifeste par une friction, laquelle génère de la chaleur dans votre dimension. Ceci est également vrai pour tout déplacement dans l'espace à des vitesses proches de celles de la lumière. Les physiciens de la Terre ont déjà remarqué qu'il existe une résistance même dans le quasi-vide spatial. Or, cette résistance entraîne une onde d'étrave et une augmentation de la masse du vaisseau qui est associée à l'onde d'étrave du vaisseau. Il en résulte qu'une quantité plus importante d'énergie est nécessaire pour accélérer depuis la vitesse alors en cours jusqu'à une vitesse plus proche de celle de la lumière et supérieure à celle-ci.

Il en va de même pour les déplacements effectués sur de grandes distances en utilisant des méthodes de glissement dimensionnel. De nombreuses autres entités physiques ou semi-physiques de l'univers physique et sub-physique (qui correspond au niveau situé entre cette dimension-ci et la dimension supérieure juste au-dessus) utilisent des méthodes synergétiques afin de travailler avec les lois universelles et, par conséquent, ne subissent pas les contraintes énergétiques que vous subissez en allant contre les lois de la nature.
MOI : Je viens de percevoir l'image d'un homme qui essaye d'ouvrir une porte dans le mauvais sens pour passer d'une pièce à une autre ; mais il n'y parvient pas. Cependant, lorsqu'il l'ouvre dans le bon sens, il peut enfin passer dans l'autre pièce.
O : Oui, c'est exact. Cette image de l'homme et de la porte est une bonne description de la lutte contre les lois universelles. Dans ton image, l'homme a dû reculer pour ouvrir la porte et ainsi pouvoir avancer. C'est exactement ce qui s'est produit avec le programme

spatial américain. En fait, leurs méthodes s'apparentent à l'utilisation d'une hache pour enfoncer une porte afin de se frayer un passage. C'est un exemple qui illustre bien la nécessité d'utiliser de grandes quantités d'énergie afin de surmonter les lois universelles de la nature au lieu de travailler avec elles en ayant besoin de très peu d'énergie.

Chapitre 34: Le choix

L'humanité comme seule espèce au sein de laquelle les êtres incarnés ont la possibilité de faire des choix personnels
ES : Le choix est l'une des grandes expériences que vous vivez tous et que vous vous efforcez de valider comme nouveau moyen d'expression pour les autres races d'êtres incarnés. Car en fait l'humanité est actuellement la seule race d'êtres incarnés dont les membres sont autorisés à faire des choix personnels, à prendre leurs propres décisions et à en assumer les conséquences. Les autres races doivent agir en comité ou par le biais de la pensée collective.

Cette partie de l'expérience visait à déterminer de quelle manière le calendrier évolutif serait affecté par l'absence de toute directive ou de toute gouvernance perceptible. Vous pouvez ainsi faire vos propres choix en fonction de ce que Nous/l'Origine, Moi et les autres Entités Sources décidons de placer sur votre chemin, pour ainsi dire. Loin de nuire à votre progression, cette approche enrichit vos expériences et accélère votre évolution individuelle, ainsi que celle de la race toute entière. Jusqu'à présent, vous avez collectivement choisi de descendre dans les fréquences autant qu'il est possible de le faire.

Ce choix a été très intéressant à observer, mais il a aussi entraîné une situation dont il est très difficile de sortir. Et en effet, cela n'a pas été sans mal pour l'humanité, mais elle remonte cependant dans les fréquences, lentement mais sûrement, grâce à des choix personnels. D'une façon générale, la violence est moins présente dans le monde que par le passé. Les atrocités liées aux conflits sont désormais l'exception plutôt que la norme. Je sais bien que de votre point de vue, le monde est en pleine tourmente et qu'il se passe beaucoup de mauvaises choses, mais si on les compare à votre point de départ dans les basses fréquences, vous êtes définitivement sur la bonne voie.
MOI : C'était donc notre choix de descendre dans les fréquences ?
ES : Comprends-moi bien : vous n'avez pas tous décidé soudainement de descendre en bas des fréquences en un jour. Il s'agit en réalité d'un déclin progressif qui, à votre propre niveau, n'aurait pas été remarqué sans un niveau particulier d'observation objective sur une longue période de temps. Si vous aviez pu observer les choses de cette manière, vous auriez constaté certains choix effectués pour l'amélioration d'une situation particulière, mais vous n'auriez

remarqué aucun choix véritablement édifiant, et ce pour plusieurs raisons : 1) soit un individu particulièrement fort et charismatique parvenait à vous convaincre du contraire, 2) soit vous aviez peur du changement qui se produirait ou pourrait se produire si une certaine personne avait raison, même si ce qu'elle disait était radical. En substance, l'humanité incarnée a été un agneau consentant. La meilleure façon de décrire la volonté de l'humanité d'être guidée est de la raconter du point de vue de l'une des plus anciennes races ayant existé sur Terre.

La descente de l'Atlantide dans les basses fréquences
MOI : Et quelle race en serait le meilleur exemple ?
ES : Tout le monde connaît la légende de l'Atlantide. Et même s'il y a beaucoup d'autres races qui offriraient un meilleur exemple de la facilité avec laquelle il était alors possible de descendre dans les fréquences, l'exemple de l'Atlantide est celui que la plupart des gens seront en mesure de comprendre sur Terre, aussi Je m'en tiendrai à cet exemple.

Chapitre 35: Les coïncidences n'existent pas

MOI : Trois semaines se sont écoulées depuis la dernière fois que nous nous sommes parlés, et j'ai vécu un nombre incroyable de coïncidences pendant Ton absence. Parfois, le timing était impeccable, à cinq minutes près. Un délai légèrement plus long, et je n'aurais pas croisé la personne que j'ai finalement rencontrée. Mais je me dis que ce n'est pas possible ; ça doit être arrangé, planifié, prédestiné, ou bien c'est que l'on appelle le destin !
ES : Tout est prédestiné et planifié. Le destin est à portée de main si tu es suffisamment éveillé pour en percevoir les signes et agir en conséquence. Nombreux sont ceux qui voient les signes mais n'agissent pas en conséquence, soit parce qu'ils les considèrent comme étant sans importance, soit parce qu'ils ont peur de s'engager sur cette voie qui pourrait les faire sortir de leur zone de confort et de leur vie douillette. Bien sûr, cela ne Me pose aucun problème, car ils disposent du libre arbitre et peuvent faire ce qu'ils veulent de leur vie. Après tout, c'est de leur propre évolution qu'il s'agit, et ils peuvent en faire ce qu'ils souhaitent. Mais en réalité, même s'ils ne suivent pas les signes qui leur sont donnés, ils contribuent quand même à la cause suprême et continuent d'évoluer. C'est juste qu'ils n'ont pas emprunté la voie optimale qui leur a été présentée.
MOI : Mais dans mon cas, qui sont ces personnes que j'ai rencontrées ? Quel est leur rôle dans mon évolution, ou dans celle de qui que ce soit d'autre, d'ailleurs ?
ES : Ce sont des personnes avec lesquelles tu travailles dans les plans énergétiques, « dans l'Esprit », comme aiment à le dire vos ésotéristes.
MOI : Tu veux dire que je connais ces gens, même s'ils vivent à l'autre bout du monde physique ?
ES : Oui. Pourquoi es-tu si surpris ? Tu sais pourtant que vous êtes tous connectés.
MOI : Oui, mais…

Rien n'est laissé au hasard
ES : Vous êtes toujours limités par les processus de pensée qui vous sont autorisés sous la forme humaine. C'est bien compréhensible.

L'Histoire de Dieu

Mais considère ceci : l'opportunité de faire progresser considérablement la race humaine est à la portée de chaque homme, femme et enfant de cette planète. Tout vous est présenté selon des modalités que vous pouvez suivre à tout moment. Votre équipe d'assistants, composée de ces esprits qui ne sont pas incarnés mais qui choisissent de travailler avec vous en coulisses, modifie constamment le plan ultime afin de l'adapter aux changements intervenus dans l'environnement dans lequel vous vous trouvez. Ces assistants vous re-présentent constamment les opportunités d'évolution au moment le plus opportun, lorsque vous êtes capables de reconnaître les signes qu'ils vous envoient et de saisir les opportunités lorsqu'elles se présentent. Cela se traduit par les coïncidences dont tu parlais, comme le fait de rencontrer une personne que tu vas apprécier instantanément, tout en sachant que c'est quelqu'un que tu connais, même si elle vit à l'autre bout du monde. Ce sont autant d'appels à faire de votre vie quelque chose de plus grand, mais aussi à intégrer les fonctions supérieures de l'univers et à travailler avec lui pour le bien commun. Il se peut que vous n'ayez pas l'impression de travailler pour le bien commun sur le moment, ni même jamais, mais n'oublie pas que vous avez une myriade d'interactions chaque jour qui affectent les autres entités incarnées d'une manière ou d'une autre.

MOI : Donc, ce que Tu me dis, c'est que nous sommes guidés par notre équipe d'assistants afin de prendre les bonnes décisions dans notre incarnation physique, le tout afin de veiller à ce que nous empruntions la voie de moindre résistance en termes d'évolution.

ES : D'une certaine manière, oui. Rien n'est laissé au hasard complet puisque tout est entendu. Chaque cause et chaque effet sont reconnus, compris et planifiés. Chaque événement qui se produit fait partie du grand plan. Mais il est intéressant de voir quel événement va porter ses fruits compte tenu de l'ensemble des circonstances dans lesquelles évolue l'individu concerné.

J'ai travaillé avec l'humanité et avec d'autres véhicules d'incarnation physique pendant de nombreux millénaires dans la quête d'une meilleure compréhension du Soi, pour l'Origine et pour Moi-même. Chaque fois que Nous (l'humanité en Esprit/énergétique et Moi) avons planifié une vie incarnée, Nous avons toujours utilisé les archives akashiques pour observer toutes les permutations possibles qui pourraient survenir à la suite d'une décision différente prise par l'entité incarnée alors qu'elle se trouvait dans une position de communication réduite avec son soi supérieur et le reste de l'humanité. En conséquence, rien n'est laissé au hasard, et tout est bien

compris et pris en compte. Rien n'est donc vraiment une coïncidence, car tout fait partie du plan.
MOI : Dans ce cas, que sommes-nous censés faire lorsque nous voyons de telles coïncidences se manifester devant nous ?

Reconnaître les sérendipités de la vie et travailler avec elles
ES : Vous devez travailler avec elles et les utiliser autant que possible afin d'enrichir vos vies et vos expériences, car c'est leur raison d'être. Lorsque vous vivez une coïncidence qui permet la communication entre vous et d'autres personnes avec lesquelles vous ne seriez normalement pas en communication, où qu'elles se trouvent sur la sphère Terrestre, cela rapproche l'humanité dans la paix. Vivre ensemble dans la paix est l'un des Saints Graals dont l'humanité peut s'emparer à tout moment afin de permettre la croissance personnelle et collective. Lorsqu'une coïncidence se présente, elle est en réalité mise en place dans le but de rapprocher les personnes concernées de manière à leur permettre de travailler ensemble pour un bien commun, un objectif commun de se donner pour le bien des autres. Les coïncidences, par conséquent, n'arrivent pas par hasard. Elles sont planifiées, chronométrées et ajustées dans le but de tirer le meilleur parti des événements connexes et de leur donner le plus grand impact possible sur l'individu visé, de sorte qu'elles soient reconnues et exploitées au mieux des capacités de cet individu.

Chapitre 36: Le retour de notre pouvoir

MOI : Et qu'en est-il du retour de notre pouvoir ?
ES : Quel pouvoir ?

Notre pouvoir comme retour à l'Esprit
MOI : Juste « notre » pouvoir.
ES : Le pouvoir, c'est la connaissance, et le retour à la vraie connaissance et à la conscience, c'est cela le pouvoir. Par conséquent, le vrai pouvoir c'est le retour à l'Esprit. Tu ne retrouves vraiment ton pouvoir que lorsque tu es dans ton état le plus énergétique, c'est-à-dire lorsque tu es dans l'Esprit. Tu contrôles alors tous les éléments à ta disposition, même l'univers lui-même. Mais ne pense pas à cela comme à la capacité de créer et de détruire des planètes. Envisage plutôt cela comme un retour au contrôle de toi-même, un retour à toi-même, un retour à la complétude, un retour à l'unité avec l'univers tout entier. Ta base de connaissances augmente au-delà de tes rêves les plus fous lorsque tu es dans l'Esprit, car tu as vécu de nombreux millénaires d'incarnation et d'existence énergétique. Il en va de même pour tous les autres êtres que J'ai créés, bien que certains aient choisi de s'incarner bien avant d'autres et aient donc évolué plus rapidement. De plus, dans l'Esprit, tu as accès à toutes les connaissances combinées des entités créées, des autres Entités Sources et de Moi-même, ainsi qu'à tes propres expériences. Grâce à toutes ces connaissances combinées, tu peux puiser de la force dans l'expérience des autres afin de t'aider à traverser tes propres expériences. Ton véritable pouvoir ici réside dans ta capacité à prendre des décisions de manière isolée, en te basant sur tes expériences antérieures, qu'elles soient uniquement les tiennes ou non.
MOI : Dans ce cas, qu'est-ce que le fait de retrouver notre véritable pouvoir nous apporte réellement sur le plan physique ?
ES : Cela vous donne confiance là où auparavant vous n'en aviez peut-être aucune. Si vous avez confiance en une issue positive, même si elle ne correspond pas à celle que vous souhaitiez idéalement, cette issue est en soi une réussite. L'objectif principal ici est véritablement de vivre un événement sans préjuger de son issue ni penser qu'une

voie est souhaitable alors qu'une autre pourrait ne pas l'être. Car cette approche donne une tournure négative à l'issue de l'événement en question et ne permet pas à l'entité d'apprécier pleinement ses expériences si elle en dicte l'issue. En substance, plus vous vieillissez physiquement, plus vous devenez conscients et, par conséquent, plus votre pouvoir grandit. Le seul enjeu ici consiste à vous accorder le temps de vivre cette transition et d'écouter la réalité telle qu'elle se manifeste autour de vous. Car cette période que vous traversez actuellement est vraiment passionnante ; vous êtes récompensés pour votre performance dans l'une des choses les plus difficiles qu'une entité énergétique puisse faire : descendre aux niveaux vibratoires les plus bas possibles pour le bien de son évolution. Cette récompense est véritablement le paradis sur Terre, à savoir : la connaissance, la compréhension, et l'expérience de ce dont vous disposez dans les niveaux énergétiques ou vibratoires supérieurs tout en vous trouvant dans les fréquences les plus basses.

La vie sur Terre comme une illusion
MOI : J'ai lu récemment plusieurs livres écrits par des personnes qui ont voyagé en Extrême-Orient à la fin des années 1800 et au début des années 1900. Ils racontent des histoires de personnes ayant accompli devant eux des exploits comme ceux dont la Bible nous dit qu'ils ne peuvent être accomplis que par un personnage tel que Jésus car sinon il ne s'agirait que d'une excellente illusion, sachant que, selon eux, les exploits dont ils ont été témoins n'étaient pas une illusion mais bel et bien la vérité. Ils précisent également que l'existence physique sur Terre n'est rien d'autre qu'une illusion et qu'il existe une réalité plus vaste ailleurs.
ES : N'est-ce pas ce dont nous avons parlé dans tous nos dialogues jusqu'à présent ? La réalité plus vaste est à la portée de tous et chacun peut la voir, l'utiliser et l'expérimenter s'il est prêt à travailler dans le contexte de la loi universelle et à se soustraire aux aléas des contenus commerciaux ou matérialistes du monde physique. Cela ne signifie pas que vous devez abandonner le monde physique et vous faire moines ou moniales. Et d'ailleurs la vie monastique ne constitue pas spécifiquement une voie rapide vers l'illumination. Cela signifie uniquement que vous devez contourner le monde physique et ne pas le laisser dominer vos processus de pensée. Et pour vous, c'est chose ardue. Car d'après votre perception des choses, le principal éventail de sens dont vous disposez est physique, et il est donc difficile pour

vous de faire confiance à quoi que ce soit d'autre, comme l'inspiration, alors qu'elle représente vos véritables pensées.
MOI : Cela signifie-t-il donc que nous, les humains physiques, n'inventons jamais rien ?

Toutes les inventions sont des inspirations divines
ES : Il n'y a aucune invention de l'homme qui ne soit le résultat d'une inspiration divine. En termes spirituels, cela signifie que toute « invention » est canalisée vers l'individu physique depuis les plans spirituels. Quiconque pense que ce n'est pas le cas se trouve en réalité sous le charme de la plus grande de toutes les illusions : la vie dans le monde physique. L'astuce consiste ici à travailler avec le physique et le confort de certaines commodités matérielles qui se présentent à soi mais sans se laisser prendre au piège du monde physique en tant que réalité ultime, c'est-à-dire sans en faire votre Dieu.

Laisse-Moi te dire ceci : lorsque l'Origine a créé les Entités Sources et que Je vous ai créés par la suite, vous avez tous été créés à Notre image. Cela ne veut pas dire que vous avez tous été créés de manière à ressembler à ce que vous percevez maintenant comme étant l'homme physique. Cela veut dire en réalité que vous êtes un microcosme de l'énergétique. Vous avez reçu toutes les capacités dont l'Origine et Moi-même disposons, mais avec cette compréhension que vous pouvez les utiliser pleinement dans leur contexte, c'est-à-dire dans l'univers dans lequel vous avez été créés afin d'y accomplir votre travail. De cette façon, vous êtes égaux à Dieu, l'Origine, et à ses premières créations, les Entités Sources, et donc à Moi-même. Avec cela comme « vraie réalité », pourquoi voudriez-vous vous limiter à cette existence inférieure alors que vous pouvez atteindre le paradis (la vraie réalité et la connectivité totale) sur Terre en permettant simplement à vos yeux de s'ouvrir ? Pourquoi perdez-vous tous autant votre temps lorsque vous êtes sur Terre ?

L'Origine nous a créés, vous et Moi, pour Son plaisir et pour améliorer Son expérience de Soi. L'Origine pourrait tout aussi bien mettre fin à tout cela dès maintenant si Elle s'ennuyait de la façon dont les choses se passent dans les univers que les autres Entités Sources et Moi-même avons créés, et repartir ainsi à zéro. Mais ni Elle ni Nous n'avons atteint ce stade, et Nous ne ressentons pas non plus le besoin de tout recommencer.

Nous sentons au contraire que Nous arrivons à la partie la plus intéressante du jeu : l'ascension ultime de la réalité sur l'illusion. Dans tous les univers, il y a des gens comme vous tous qui aident les autres

L'Histoire de Dieu

à remettre en question leur existence. Ce faisant, ils se donnent le droit de remettre davantage en question leurs propres croyances initiales et d'approfondir leur propre compréhension des choses. Eux aussi font de nouveaux progrès dans leur évolution personnelle et, par conséquent, transmettent cette progression aux autres de manière à aider ceux qui ont besoin d'assistance et de conseils dans leurs premiers pas hésitants dans la compréhension de la réalité, les rapprochant ainsi de Dieu – le Dieu en eux et, par conséquent, le pouvoir qui est en eux, le pouvoir de faire n'importe quoi à condition qu'ils se donnent la permission d'être ouverts et de faire confiance à cette vérité en apparence intangible. Car le fait est qu'ils sont tout-puissants et, sous réserve qu'ils travaillent dans le cadre de la loi universelle qui consiste à agir pour le bien des autres, ils seront capables de soulever de véritables montagnes, car tel est le pouvoir qui est à leur disposition.

Le vieillissement comme résultat d'une attente collective
MOI : Cette « vérité » semble fantastique. Cela signifie-t-il que nous pourrions même influencer des choses comme le processus de vieillissement en utilisant ces pouvoirs sur la base de notre conviction ?
ES : Bien sûr. Vous ne vieillissez que parce que vous vous attendez à vieillir. Et vous ne vous attendez à vieillir que parce que vous voyez les autres autour de vous vieillir. C'est la norme que vous observez autour de vous – et c'est là tout le problème. Car bien que cette « norme » soit incorrecte, elle est néanmoins acceptée en tant que telle parce que tout le monde suit le même mouvement. Par conséquent, à vos yeux elle doit être réelle. Dès votre renaissance dans le corps physique, on vous nourrit de contre-vérités fondamentales, de fausses informations basées sur l'ignorance et la cécité.

Nous avons déjà évoqué le désir primordial de faire partie d'un collectif, quelle que soit sa signification ; or, faire « partie » de la norme relève précisément de ce désir. Dans cet exemple, cela se traduit par le fait de vieillir, puis de laisser le corps physique mourir alors qu'il n'en a vraiment pas besoin, simplement afin de pouvoir sentir que vous faites partie de la norme. En substance, vous pourriez ignorer les inconvénients de la décrépitude et, au contraire, ordonner à votre corps de rester comme celui d'un adolescent pendant plus de 500 ans, ou jusqu'à ce que vous ayez le sentiment d'avoir vécu tout ce que vous aviez prévu de vivre physiquement avant de retourner à l'Esprit. Pourquoi donc faites-vous cela ? J'en ris encore, car laisser

L'Histoire de Dieu

le corps se dégrader ainsi n'était pas et n'est toujours pas prévu dans sa conception initiale. Et ceci n'est qu'une partie de votre pouvoir que vous n'utilisez pas, simplement parce que vous ressentez sur Terre le besoin de faire partie d'un tout, aussi erronée que puisse être votre définition de ce « tout ». Avec cela, l'illusion est totale. Et elle est entretenue par une peur, la peur de l'inconnu, un inconnu qui pourrait et devrait être connu de vous si seulement vous vous en donniez la possibilité.

Chapitre 37 : Religion

MOI : L'une des questions que je voulais Te poser est la suivante : pourquoi la religion a-t-elle commencé à exister un jour ? Et Toi-même, que penses-Tu de la religion ? Est-elle pertinente ou non dans la réalité plus vaste ?
ES : S'il y a bien une chose que Je dois te dire avant de répondre à ces trois questions, c'est que Je n'ai aucune opinion à donner sur aucune des choses que l'humanité a créées en raison de son indépendance totale et de son état d'isolement du « Tout ». Ce qui a été créé par l'humanité a été prévu et reconnu par elle comme une certaine direction à prendre et qui, en l'occurrence, a bel et bien été prise. Il n'y a par conséquent aucun jugement de Ma part sur la direction qu'elle a ainsi prise, car chaque direction correspond à une possibilité, et elle est donc parfaite en elle-même. En revanche, il est intéressant d'observer les épreuves que traversent les individus incarnés sur Terre et les solutions ultimes qu'ils mettent en œuvre face aux problèmes rencontrés. C'est si beau de vous voir réussir dans tout ce qui relève de l'évolution, et à ce titre Nous Nous délectons de votre contribution à l'évolution de l'Origine.

L'objectif initial de la religion

Quant à savoir si la religion est pertinente ou non, Je peux te dire ceci : le mot « religion » signifie se regrouper, se rassembler, devenir entier à nouveau. Son utilisation initiale par l'humanité ne visait pas à contrôler les gens comme c'est le cas aujourd'hui, mais à aider l'individu à se souvenir de la réalité plus vaste lorsque les fréquences entourant la Terre chutaient progressivement, jusqu'au point où le contact avec le soi supérieur (le reste de vous) commençait à diminuer. L'objectif était donc de vous fournir un moyen de vous aider à vous souvenir de ce que signifie le fait d'être en contact avec une réalité plus vaste. Cela impliquait du dévouement et de la diligence de la part de l'individu, car les méthodes qui fonctionnaient exigeaient sans aucun doute de la concentration et de la méditation avant que l'individu ne parvienne à s'isoler du monde physique et ne permette ainsi à des fragments de la réalité plus vaste de s'infiltrer jusqu'à lui à travers ces canaux de communication considérablement réduits, et qui restent cependant connectés aux parties de la structure humaine qui se

L'Histoire de Dieu

trouvent dans les niveaux énergétiques inférieurs. Mais même maintenant, de grandes choses peuvent être accomplies avec les énergies disponibles.

Dans le passé, les opportunités étaient plus grandes car les canaux de communication étaient plus purs. Cependant, à mesure que vous êtes descendus dans les fréquences, le nombre d'incarnés capables d'accéder aux énergies a diminué considérablement, tout comme la pureté d'esprit de ceux à qui était confiée la responsabilité de transmettre la vérité et la manière de la trouver. Les véritables méthodes ont été abandonnées lorsque ceux qui étaient « au pouvoir » ont décidé de retenir pour eux-mêmes certaines méthodologies afin de se donner l'avantage sur leurs propres étudiants. Finalement, à mesure qu'un nombre croissant de méthodes ont été dissimulées, les incarnés se sont égarés, car les corps physiques des enseignants (qui se faisaient désormais appeler « prêtres ») se sont éteints les uns après les autres. Très vite, la promesse de retrouver son pouvoir de communication avec la réalité plus vaste grâce à des études assidues s'est réduite au seul pouvoir de contrôler d'autres personnes désireuses d'apprendre mais n'ayant personne pour leur apporter un véritable enseignement. Pour autant, ces personnes étaient heureuses d'être contrôlées parce qu'elles croyaient qu'elles finiraient par devenir des personnes spéciales et qu'elles se retrouveraient ensuite en position de pouvoir sur les autres. Ce soi-disant « pouvoir » a été utilisé de diverses manières au cours des millénaires, mais le véritable sens de la religion (« re-lier ») a été quant à lui perdu. De ce fait, en termes de pertinence, la religion n'atteint plus son objectif initial, si ce n'est de rassembler les gens et de leur apporter un certain réconfort sur ce qui est, pour eux, la partie inconnue de leur existence et qui les préoccupe le plus, et sur ce qui leur arrivera à la disparition de leur véhicule/corps physique.

Le rôle de l'adoration dans la religion

MOI : C'est tout !? Je pensais que Tu aurais bien plus à dire que ça sur la religion – comme par exemple : laquelle a raison, ou bien si Tu aimes être adorée ?

ES : Aucune religion n'a raison, car elles ont toutes essayé d'aider l'individu à se souvenir d'où il vient et de ce qu'il est véritablement. Chacune d'entre elles a disposé d'un personnage important dans l'enseignement de cette connaissance, et chacune d'elles a abordé le problème d'un point de vue différent. Finalement, aucune des religions actuelles ni de celles qui ne sont pas connues de l'humanité

L'Histoire de Dieu

actuelle n'est parvenue à tenir sa promesse initiale. Comme Je l'ai mentionné précédemment, cet échec est dû à la corruption des systèmes créés de l'intérieur, associée à la réduction générale de la fréquence du plan Terrestre (qui incluait également, soit dit en passant, le voisinage spatial local) et au désir des personnes qui détenaient le pouvoir de contrôler les individus sur le plan local et physique. Les raisons originelles du développement de la religion ont été perdues.

Tu as mentionné la question de savoir si J'aime être adorée !!!

Il est difficile de répondre à cette question, car la véritable adoration se résume à la connectivité avec l'Origine et avec Moi via la concentration de groupe (c'est-à-dire par la méditation ou la prière). Elle repose sur la concentration de nombreuses personnes en même temps afin d'obtenir une certaine coadunation de groupe limitée.

En réalité, l'« adoration » a été totalement sortie de son contexte dans l'environnement physique actuel du plan Terrestre, et Je parle ici des deux derniers millénaires, voire plus. En substance, l'adoration n'est qu'un autre nom pour l'amour, l'amour « inconditionnel » qui plus est, mais ce n'est pas ce que l'on entend actuellement sur Terre par « adoration ».

Actuellement, l'adoration est considérée comme une croyance spécifique en l'existence d'un soi-disant « être supérieur » qui doit se faire continuellement dire par l'individu (ou par un collectif d'individus) qu'il croit en son existence et qu'il obéira à ses ordres, quels qu'ils soient. L'ironie dans tout cela, c'est qu'au fil des années personne ne s'est jamais mis d'accord sur l'identité de l'être qu'il conviendrait d'adorer. Cela, en soi, prouve à quel point cette adoration est devenue ridicule. Les Égyptiens, par exemple, adoraient plusieurs « dieux ». Chacun d'eux servait une finalité spécifique sur Terre et, par conséquent, chacun d'eux devait être adoré afin d'assurer la survie du peuple égyptien en garantissant que la reproduction humaine, les récoltes, le commerce, l'industrie et les guerres continuent de prospérer.

MOI : Tu parles de l'adoration des idoles dans ce cas précis, ou bien de l'idolâtrie ?

ES : L'idolâtrie est une chose différente, et J'y reviendrai plus tard. Le véritable problème avec l'adoration, c'est qu'elle est mal orientée, mal comprise, et addictive pour les individus qui sont sensibles à l'idée du soi-disant « salut » par l'adoration. Cette notion est particulièrement répandue dans la culture cultuelle où les enseignements et l'enseignant sont tous deux vénérés.

L'Histoire de Dieu

À certains égards, l'adoration revêt un aspect positif lorsqu'elle rassemble les gens autour d'un objectif commun, et en particulier ceux qui ressentent inconsciemment le besoin d'être guidés et dirigés dans leur vie et qui ont donc besoin qu'on leur dise comment vivre leur vie. Ils croient que s'ils suivent les directives, ils obtiendront le salut qui leur épargnera une destruction inévitable et qu'ils entreront dans un état parfait de félicité éternelle, un état spécifiquement décrit par leurs enseignants comme étant la seule vérité authentique tandis que tout le reste serait faux. De nombreuses personnes se font avoir par ce jeu de dupes dans le monde entier, certaines d'entre elles se faisant même exploiter sur cette base en vue de mener des actions contraires à la volonté de Dieu.

En réalité, tous les incarnés retournent à cet état de félicité qui est celui de la communion avec le reste de leur intellect spirituel et, bien sûr, avec Moi. La promesse d'être l'un des « élus » n'est tout simplement pas vraie. Malheureusement, elle est trop convaincante pour que certaines personnes l'ignorent et puissent continuer à travailler sur leur véritable mission terrestre qui consiste à expérimenter et à évoluer. Au lieu de cela, elles se laissent absorber par des situations artificielles et dénuées de tout fondement.

En réalité, cette adoration ne fait que donner aux individus un moyen de se soustraire à la responsabilité de leur progression personnelle vers la perfection et de s'en défausser sur les épaules d'un autre. Le principe qu'ils suivent se résume comme suit : « si je prie et adore Dieu, alors Il me sauvera, quoi que je fasse ». Or, la question ici n'est pas de savoir si vous serez sauvés, puisque vous retournez tous à l'Esprit, quoi qu'il arrive ; la question est plutôt de savoir combien de passif (ou points de karma) vous accumulez. C'est cela qui compte vraiment ; car c'est ce passif qui vous empêche de progresser dans l'évolution à long terme. Or, Je n'effacerai pas ce que vous avez accumulé en « énergie négative », car ce n'est pas ce à quoi chacun s'est engagé en s'incarnant. Les Chinois, par exemple, croyaient avoir de nombreuses incarnations, ce qui est vrai, bien sûr, mais ils pensaient aussi, à tort, qu'ils pouvaient ignorer leurs engagements dans leur vie en cours afin de passer du bon temps dans le moment présent pour ensuite rattraper leur retard dans l'incarnation suivante, ce qui ne se produisait jamais, bien entendu. Le malentendu endémique à cette mentalité a conduit des milliers et des milliers de pauvres âmes à reculer sur leur chemin évolutif. Et il a fallu pas mal de rééducation pour leur faire entendre raison et les remettre enfin sur la bonne voie.

L'Histoire de Dieu

Mais nous nous éloignons du sujet.

Comme Je te l'ai déjà dit, la vraie adoration consiste en réalité à donner et à recevoir de l'amour inconditionnel. C'est le vrai sens de ce mot, qui s'est évidemment perdu au fil des siècles.

Mais en substance, Je n'ai pas besoin d'être adorée. L'Origine n'a pas besoin d'être adorée, et aucun de mes assistants n'a besoin d'être adoré selon votre compréhension actuelle de la signification du mot adoration. La communion, au sens de donner et de recevoir de l'amour inconditionnel, est ici le véritable objectif, car cette démarche ouvre le soi inférieur au soi supérieur, créant ainsi une réunion de ces deux aspects du soi qui n'est généralement possible que dans l'Esprit.

MOI : Je croyais pourtant que n'importe qui pouvait être en communication avec Toi et l'Origine ?

ES : C'est exact, mais rares sont ceux qui en sont au stade de leur évolution humaine où ils sont capables de voir à travers la brume et le brouillard de la réalité illusoire et de saisir le peu de réalité véritable qu'ils sont en mesure de percevoir à l'aide des fonctionnalités limitées dont ils disposent dans ce plan d'existence. D'ailleurs, toi-même tu as des doutes, tout comme d'autres qui sont parvenus à un niveau d'évolution similaire au tien. Mais pourquoi devraient-il se limiter à croire ce qu'ils perçoivent individuellement alors que c'est lorsqu'ils sont en situation d'harmonie collective qu'ils en font la meilleure expérience ? Donc, pour ce qui est de savoir si J'aime ou non être adorée, Je dirais que la communication avec mes enfants est toujours appréciée et encouragée.

La manipulation des autres au profit du pouvoir personnel

Mais...

Lorsqu'elle est utilisée dans le but de détourner l'attention de la vérité au profit du seul pouvoir personnel, l'adoration constitue un détournement de pouvoir et une perte d'opportunité d'aider les autres sur leur véritable chemin d'évolution.

L'action que Je viens de décrire ci-dessus relève du péché et peut être classée dans cette catégorie !

Garde bien à l'esprit que le but même de la religion est de rassembler les gens pour les aider à découvrir des moyens qu'ils peuvent utiliser afin de prendre le contrôle d'eux-mêmes. L'objectif est de les aider à accéder à la partie d'eux-mêmes qui est la plus proche du plan physique, mais qui se trouve suffisamment élevée en fréquence pour permettre une communication raisonnable avec une partie de leur soi supérieur. Alors qu'à l'inverse, ce que J'ai décrit précédemment relève purement et simplement de la catégorie du péché !

MOI : Et qu'est-ce qu'un péché exactement ? Quelle est Ta compréhension de ce mot que nous utilisons ici dans les contextes religieux ?
ES : En termes simples, le péché est un acte répréhensible qui peut et doit être évité. Tu peux également dire « qui aurait pu être et aurait été évité » si la personne concernée avait été suffisamment ouverte pour ressentir le caractère inapproprié des actions qu'elle s'apprêtait à entreprendre et qui auraient entraîné l'acte répréhensible en question.
MOI : Il me semblait pourtant que Tu avais dit qu'il n'y avait pas de bien et de mal ? Donc, si c'est bien le cas, le péché n'existe pas !
ES : Bien observé. Il n'y a pas de péché ou de méfait en soi ; il n'y a que l'action, exempte de tout jugement. J'utilisais simplement ce terme comme un exemple de ce qui est considéré comme incorrect de « votre » point de vue. Mais pour revenir à l'essentiel, la manipulation des autres pour le pouvoir personnel représente une expérience à la fois pour le leader et pour celui qui est dirigé. Le fait que cette position de leader aurait pu être utilisée pour l'avancement de l'évolution humaine mais ne l'a pas été est en soi regrettable. Mais dire que c'est « mal » serait une contradiction de tout ce que J'ai dit précédemment. Car même si ce détournement de pouvoir va temporairement dans la « mauvaise » direction en termes d'opportunité d'évolution et d'augmentation de fréquence, il s'agit toujours d'évolution et d'expérience pour tous les incarnés qui y participent. C'est juste que cette action ne leur offre pas le chemin le plus rapide vers la coadunation avec leur soi supérieur pendant leur séjour dans le monde physique. Rappelle-toi que tout ce que vous faites est une expérience, une expérience pour laquelle l'Origine et Moi éprouvons constamment de l'émerveillement, car Nous n'aurions jamais pu descendre Nous-mêmes aux niveaux d'existence que vous, Mes enfants, avez parcourus dans Notre quête de connaissance de Nous-mêmes.

Adoration *versus* idolâtrie

L'Histoire de Dieu

MOI : Tu as dit un peu plus tôt que Tu reviendrais sur la question de l'idolâtrie, et j'aimerais donc savoir à présent quelle est la relation entre l'adoration et l'idolâtrie.

ES : Bien que J'aie dit qu'elles étaient différentes, en substance, ces deux pratiques sont similaires, mais ce qui les distinguent c'est l'utilisation ou la nécessité de disposer d'un objet physique dans le but de focaliser l'attention de l'individu. Les images gravées sont utilisées depuis des siècles, et leur utilisation s'est avérée être la plus grande distraction dans votre travail avec votre soi supérieur, en particulier dans vos efforts visant à obtenir une plus grande connexion avec l'univers et Moi. Leur capacité de distraction est véritablement absolue. Toutefois, leur utilisation n'est pas aussi répandue dans la phase actuellement en cours sur Terre en termes d'utilisation d'images sculptées ou de peintures représentant ce à quoi Dieu ou « un » Dieu devrait ressembler selon les explications de tel ou tel prêtre.

Maintenant, force est de constater que l'« idolâtrie » que voue l'humanité à certaines personnes célèbres s'est imposée d'une manière plus violente encore, ce qui est particulièrement dommageable en ce sens qu'elle est liée à la comparaison du soi physique avec autrui dans le monde physique. Perpétué par vos médias, ce phénomène est utilisé dans le but de commercialiser des produits clairement non essentiels comme s'il s'agissait au contraire de nécessités vitales de votre vie quotidienne. La vie des célébrités s'est désormais substituée aux anciennes images gravées comme autant d'idoles à adorer au quotidien. Les statuettes en bois ou en or d'autrefois ont été remplacées par des personnalités sportives, des artistes, des politiciens et, plus récemment, par des personnes célèbres simplement par adoration de leur célébrité. Les parents vénèrent ces individus et leurs enfants suivent leur exemple, ne sachant pas faire mieux, car ils sont désormais programmés dès la naissance à penser que c'est ce à quoi ils devraient aspirer : devenir une célébrité ! Dans ce cas, l'idolâtrie est particulièrement aveugle et son effet limite la progression de l'âme, non pas spécifiquement parce qu'elle est en soi une distraction, mais parce qu'elle est considérée comme un objectif réalisable. Bien sûr, J'accepte que tout cela fasse partie d'un projet plus vaste visant à aider l'Origine à connaître tous les aspects d'Elle-même ; cependant, vous êtes tous déjà passés par là ! Et Je suis curieux de savoir combien de fois encore vous ressentirez le besoin de suivre cette pente descendante avant de la reconnaître pour ce qu'elle est.

MOI : Tu veux dire que l'idolâtrie n'est pas l'apanage de l'humanité actuelle ?

L'Histoire de Dieu

ES : La quasi-totalité des civilisations humaines ont emprunté cette voie, et cela a contribué de manière significative à leur chute.

Les civilisations aztèques et toltèques
MOI : Et qu'en est-il de civilisations comme celles des Aztèques et des Toltèques, dont les pratiques d'adoration ont conduit au sacrifice humain ?
ES : Elles se sont complètement égarées. Elles ont toutes deux ramené leurs membres au rang d'hommes des cavernes à la suite d'un effondrement civilisationnel provoqué par la pure décadence. Ceux qui ont survécu n'étaient pas des dirigeants, des inventeurs, des artisans et des médecins, mais des gens ordinaires. Sans leadership approprié, ils ont rapidement perdu la capacité de renouveler et de reconstruire ce qu'ils avaient autour d'eux en termes de commodités modernes, lesquelles ont commencé à se dégrader. Tout ce dont ils se souvenaient finalement, c'est qu'ils avaient été autrefois une grande civilisation et qu'ils avaient fait quelque chose de mal. Cela, à son tour, les a conduits à une culture de l'adoration dans laquelle ils priaient pour que leurs dirigeants et les individus intelligents qui les avaient autrefois guidés reviennent pour les ramener à la grandeur de leur civilisation passée, ce qui était, bien sûr, impossible puisqu'ils étaient morts des centaines d'années auparavant. Tout ce qui leur restait, c'étaient les monuments de pierre que leurs prédécesseurs avait bâtis afin de commémorer le moment où ils avaient enfin atteint le premier niveau de compréhension des lois de la nature et de l'univers. Ces monuments étaient considérés comme des lieux de culte, des lieux où l'on espérait pouvoir contacter ces fameux prédécesseurs. Ils ont alors ressenti le besoin de leur offrir des présents, les élevant désormais au rang de dieux. Ils pensaient en effet qu'ils devaient être des dieux pour avoir bâti les pyramides, pour avoir accompli les exploits décrits dans leurs légendes et pour leur avoir donné le pouvoir de fabriquer de l'or. Mais devant l'absence de réponse de ces anciens dirigeants à leurs appels à l'aide, ils ont recouru à des formes d'offrandes plus impressionnantes encore dans le but d'attirer l'attention de ces « dieux ». Il en a résulté des sacrifices humains, dans une tentative de forcer les dieux à revenir afin de sauver la vie des individus ainsi offerts en sacrifice. Et comme ils savaient que les anciens vénéraient la vie et feraient tout pour la préserver, ils ont eu recours à cet acte radical consistant à pratiquer l'ablation du cœur des individus sacrifiés. En fait, ils ne voyaient pas de meilleure

façon d'attirer l'attention des dieux que de leur donner une véritable raison de revenir pour sauver une vie humaine en danger de mort.

Les fondateurs des trois grandes religions

MOI : Avant de poursuivre, j'ai une autre question sur la religion. Je sais que sur Terre nous associons tous Dieu (donc Toi) à la religion. Nous croyons que les deux vont de pair, ainsi que le besoin de T'adorer, et c'est la raison pour laquelle nous avons des religions.

ES : Faux ! En fait, ni l'Origine ni Moi n'avons besoin ni ne désirons que l'humanité ou toute autre race Nous adore. Pourquoi voudrions-Nous cela ? Nous vous avons créés/Je vous ai créés afin de Nous aider à mieux Nous connaître (Moi et l'Origine). Et d'ailleurs, le travail que vous faites tous dans ce domaine est remarquable ; vous n'avez pas idée des résultats particulièrement significatifs que vous Nous apportez dans Notre quête. De sorte que, bien au contraire, c'est Nous qui devrions tous vous adorer, vous qui êtes incarnés, car l'adoration n'est en réalité qu'une forme de reconnaissance et un désir de communiquer. Donc pour revenir à ta remarque, il n'y a aucune nécessité d'adorer, mais seulement de reconnaître, de communiquer et de partager l'expérience vécue.

MOI : Dans ce cas, qu'en est-il de tous ces personnages sur lesquels nos religions modernes sont fondées, comme Jésus avec le christianisme, Bouddha avec le bouddhisme, Mahomet avec l'islam, et Confucius avec la philosophie chinoise ?

ES : Si tu dois vraiment inclure les philosophes, tu devrais également ajouter tous les philosophes grecs, car ils sont d'un rang égal à celui de Confucius. Mais je te suggère plutôt de te concentrer sur les individus à qui l'on attribue le début de certains enseignements, et que l'on qualifie aujourd'hui de « religions », quelle qu'en soit la dénomination exacte.

MOI : D'accord, procédons de cette manière, parce que de mon point de vue, ces individus sont essentiels à la compréhension de « l'histoire de Dieu » d'un point de vue humain. Ils sont le point de départ de nos grandes religions et sont le fondement sur lequel la plupart des gens s'appuient pour assurer la longévité de leur âme immortelle.

ES : Pour l'essentiel, ils représentent chacun une partie du tout. Chacun d'entre eux a été autorisé à disposer d'un niveau variable de connectivité avec son soi supérieur et avec le plan d'action qu'il visait à mettre en œuvre. Et ils ont tous travaillé bien au-delà de ce qui aurait normalement été possible avec d'autres individus (comme des disciples) qui se sont également incarnés sur le plan physique dans le

L'Histoire de Dieu

but d'aider ces « fondateurs de religions » dans leur quête. Chacune de ces quêtes consistait à introduire et à diffuser des enseignements afin d'aider l'humanité incarnée à évoluer de la manière la plus efficace possible sans être entraînée dans les fréquences inférieures où elle perdrait son efficacité et évoluerait, par conséquent, à un rythme beaucoup plus lent. Et dans une moindre mesure, tous les « fondateurs de religions » ont atteint leur objectif, bien qu'ils aient tous enseigné certaines choses de manière erronée. Puis, certaines de ces erreurs ont été considérées comme étant les vérités fondamentales de leurs enseignements sans aucune remise en question ou confirmation.

MOI : Et quel était le domaine dans lequel chacun de ces individus devait se spécialiser en termes d'enseignements à nous apporter ?

ES : Je tiens à préciser tout d'abord que chacun d'entre eux se situait dans tous les cas à un stade assez élevé sur l'échelle de l'évolution et qu'aucun n'avait besoin de s'incarner pour perpétuer sa propre évolution. Chacun a donc pris le risque de régresser en raison de son exposition aux basses fréquences. Et dans la mesure où ils ont tous pris un risque considérable, il était inévitable qu'ils ne parviennent pas complètement à manifester ce pour quoi ils étaient venus sur Terre. Sur cette base, il convient donc de faire preuve de tolérance quant au résultat réel des enseignements qu'ils ont apportés à l'humanité.

Voici donc les tâches que chacun de ces trois individus a entreprises dans le but d'aider l'humanité à évoluer.

Jésus

L'objectif de l'entité qui s'est incarnée et s'est fait connaître sous le nom de Jésus était de montrer à l'humanité la meilleure façon d'évoluer dans le monde physique sans accumuler de points négatifs en termes d'évolution, plus connus sous le nom de « karma ». Le karma était auparavant décrit comme des parties de votre fréquence que vous perdez en causant du tort à d'autres entités qui sont également incarnées dans le monde physique.

Ce que Jésus essayait d'enseigner, c'est qu'il était plus important de vivre dans la compréhension et le pardon des autres que de les persécuter parce qu'ils diffèrent de vos propres idéaux et de vos propres manières de faire les choses. Le message le plus important qu'il ait délivré était de tendre l'autre joue. Du point de vue de l'humanité, ce qu'il voulait dire par là a bien été compris, mais ce message n'est pas du tout suivi à votre époque actuelle. Au lieu de cela, il semble que la plupart des gens cherchent à obtenir tout ce qu'ils peuvent plutôt que de vivre en harmonie les uns avec les autres. C'est

L'Histoire de Dieu

un gros problème. Et même l'Église chrétienne s'intéresse davantage à la carrière de ses prêtres et au nombre de ses paroissiens qu'à la tâche consistant à enseigner la meilleure façon de vivre sans accumuler de karma.

Jésus a également montré la capacité de se connecter aux énergies qui entourent la Terre ainsi que les opportunités que cette connexion pouvait offrir à l'individu. L'exemple le plus évident qui en est donné dans les livres d'histoire concerne la guérison. Les autres opportunités qu'il aurait pu vous montrer concernaient la créativité (ou le fait de créer un objet à partir des énergies environnantes), la télépathie (ou le fait d'être dans un état de communication en coadunation constante avec le reste de l'humanité et avec la Source, c'est-à-dire Moi), la téléportation (ou la capacité de modifier le centre d'attention de votre réalité physique au point où votre corps physique change d'emplacement pour celui d'un autre centre d'attention), pour n'en citer que quelques-unes.

Bouddha

L'objectif de l'entité qui s'est incarnée et s'est fait connaître sous le nom que vous reconnaissez maintenant comme Bouddha était de fournir à l'humanité le véhicule mental nécessaire à la véritable illumination. L'illumination désigne ici la capacité de contacter votre soi supérieur et de comprendre le véritable sens de la vie incarnée sur Terre. Jésus, qui a enseigné les moyens d'exister dans cet environnement de fréquence inférieure, est en fait né avec cette connaissance de base, contrairement à l'entité qui s'est incarnée en tant que Bouddha, qui a d'abord dû expérimenter la vie incarnée sous tous les angles avant de pouvoir (être autorisée à) être en contact avec son soi supérieur et, par conséquent, avec la réalité plus vaste.

Ce que Bouddha a essayé d'enseigner, c'était une méthode permettant de communiquer en supprimant les stimuli externes (une méthode similaire à ce que vous appelez à présent la méditation), mais au point où l'état méditatif désignait l'état constant de l'individu plutôt que l'état transitoire auquel vous faites allusion aujourd'hui.

Par « constant », J'entends que l'individu était capable de rester dans l'état méditatif de connexion avec l'univers pendant toutes ses heures d'éveil et de sommeil, tout en étant également capable d'exister et de communiquer sur les plans physiques inférieurs. En substance, Bouddha était capable de ramener l'individu à l'état qui aurait pu être le sien aux premiers jours du désir de l'humanité de s'incarner à des fins évolutives. Il convient de noter ici que le sourire constant

L'Histoire de Dieu

représenté sur les visages de ces individus qui auraient atteint le stade de l'illumination est une indication de l'effet que peut avoir sur vous le fait d'être en communion constante avec le reste de l'univers. En effet, dans cet état, pourquoi seriez-vous en colère contre qui que ce soit ?

Mahomet
L'entité qui s'est incarnée et s'est fait connaître sous le nom de l'individu que vous reconnaissez maintenant comme Mahomet avait pour objectif de défendre la vérité des deux premiers enseignants mentionnés ci-dessus. Cela signifie qu'il était également capable d'accéder à la réalité plus vaste dans la mesure nécessaire afin de savoir ce qui valait la peine d'être défendu. Mahomet lui-même était éveillé au même niveau que le Bouddha.

Mais dans la mesure où la vérité est universelle, peu importe son origine. La vérité « est », simplement, et peut résister à toute critique. Par conséquent, la nécessité de défendre la vérité dans ce domaine n'est ici qu'une figure de style. À cet égard, Mahomet devait perpétuer les enseignements de ses deux prédécesseurs et ramener la population générale sur la voie de ce qu'était et est toujours la réalité plus vaste. Mais bien qu'il ait su quels étaient ces enseignements, il n'a jamais rencontré physiquement les individus qui les enseignaient dans le monde physique.

Le fait de *défendre* la vérité à tout prix signifiait en réalité que Mahomet devait se sacrifier, de la même manière que les deux autres enseignants mentionnés ci-dessus l'avaient fait, dans le but de perpétuer le système de croyances nécessaire afin d'élever les fréquences de résonance de la Terre et de la race humaine, jusqu'au point où un état méditatif constant aurait pu être atteint avec une relative simplicité tout en minimisant les distractions extérieures. Défendre, dans ce cas, voulait dire promouvoir. C'est en effet la meilleure forme de défense, car elle fonctionne selon les principes des enseignements délivrés au point où l'individu qui défend la vérité n'est pas ou ne peut pas être affecté par les tentations qui lui font perdre des niveaux de fréquence et, par conséquent, contracter du karma.

Comme tu peux le constater, la raison principale pour laquelle trois individus ont été autorisés à s'incarner avec des capacités cognitives supérieures à la normale (à leurs époques respectives) était de relancer la population générale incarnée dans sa recherche de la vérité. C'est ce qui a motivé ce désir d'essayer d'augmenter les

L'Histoire de Dieu

fréquences de la Terre en vue de les ramener au niveau antérieur dont bénéficiait l'humanité avant de renoncer à rechercher cette vérité, une vérité qui se définit comme étant la réalité plus vaste qui l'entoure et à laquelle est associé le besoin de l'humanité de s'explorer elle-même en expérimentant toujours davantage.

MOI : Ces trois incarnations étaient-elles donc planifiées ? J'ai comme l'impression qu'elles faisaient partie d'une activité planifiée à l'avance, du type de celles que Tu as décrites précédemment, lorsque nous voulions que le monde entier change de cap d'une manière ou d'une autre.
ES : Oui, et cela fait toujours partie du plan. Le seul problème, c'est que le chemin qu'il était prévu que la race humaine emprunte à la suite de l'incarnation de ces individus n'a pas été suivi avec autant d'efficacité que l'humanité énergétique l'avait espéré. Apparemment, avec toutes les choses qui se déroulent dans le monde physique, il semble toujours y avoir une certaine part d'incertitude. Ceci, tu le comprends, est le résultat direct du fait que la grande majorité d'entre vous n'est pas capable de se connecter à son soi supérieur et à la réalité plus vaste. Ainsi, vous ne pouvez pas voir quel est le désir qui anime l'humanité d'un point de vue humain plus vaste et, par conséquent, vous avez tendance à exploiter la situation dans laquelle vous vous trouvez à VOTRE avantage plutôt qu'à l'avantage collectif de l'espèce humaine, tant physiquement qu'énergétiquement.

Le plan pour la mise en œuvre de l'Utopie
MOI : Alors, quel est ce plan ?
ES : Regarde en toi-même. Tu en fais partie !
MOI : J'ai l'impression que le but de ce plan est de mettre en place suffisamment de points de repère ou de signaux de manière à ce que l'existence de la réalité plus vaste se démarque davantage et, par conséquent, gagne en popularité.
ES : Bien. Continue.
MOI : Ce... J'ai l'impression d'avoir beaucoup trop de choses à dire !
ES : C'est parce que tu accèdes à la véritable information sans la croiser avec le filtre de ton intellect et, par conséquent, sans essayer de l'analyser. Continue !
MOI : Ce gain de popularité générera automatiquement une augmentation de fréquence, d'abord localement, lorsque des personnes partageant des pensées similaires se réuniront en groupes et discuteront avec enthousiasme de ce qu'elles voient, ressentent ou

expérimentent. Ensuite, à mesure que le nombre de ces groupes augmentera, ils génèreront un effet de triangulation grâce auquel les zones intermédiaires (localement) seront également affectées par l'augmentation de la fréquence et s'élèveront elles-mêmes dans les fréquences par la suite. Cette augmentation de fréquence amènera les individus incarnés qui en temps normal ne sont pas ouverts à leur soi supérieur à faire davantage l'expérience de la réalité plus vaste qu'ils ne le feraient habituellement, mais de manière consciente. Cela leur permettra alors de reconnaître qui ils sont réellement et ce qu'ils font ici sur Terre, sur le plan physique. Parallèlement, cela permettra aux fréquences de s'élever davantage encore lorsque le besoin d'autoglorification et d'actions agressives visant à maintenir leur position personnelle sera reconnu pour ce qu'il est et rejeté en faveur du travail pour l'ensemble plutôt que pour soi-même. L'humanité sera à nouveau égale aux Dieux dans toutes ses manifestations et pourra accélérer l'évolution de la race tout entière ainsi que son retour à la Source et à l'Origine, si elle le souhaite. L'Utopie tant attendue aura alors bel et bien été réalisée.

Dieu

ES : Dieu est tout, tout et rien à la fois – et absolu. Nous faisons tous partie du collectif divin et avons été fragmentés afin de nous permettre, à nous/à Dieu, d'apprécier qui et ce qu'Il est/qui et ce que nous sommes, dans le but de revenir à un état de véritable illumination universelle. Cependant, Dieu n'est pas seulement un être réparti sur toutes les dimensions, tous les temps et tous les espaces en même temps. Dieu fait partie d'un certain nombre de collectifs qui sont, finalement, limités par le nombre de dimensions qu'Il occupe. Il peut donc exister dans tous les temps et dans tous les espaces, mais il est limité par un nombre fini de dimensions – bien que l'on puisse ici parler, de ton point de vue humain, d'un nombre infini de dimensions. Un collectif divin fait donc partie lui-même d'un collectif qui englobe véritablement toutes les dimensions possibles simultanément. Nous sommes séparés de Dieu comme les vrilles émanant d'une sphère, chaque vrille s'incarnant dans le but d'évoluer vers un niveau d'illumination supérieur dans différents niveaux, temps, dimensions et espaces d'évolution en même temps. Et en tout point de l'espace-temps ou des dimensions, nous ne pouvons nous diviser que douze fois, d'où les douze points ou parties de la divinité que nous sommes.

L'Histoire de Dieu

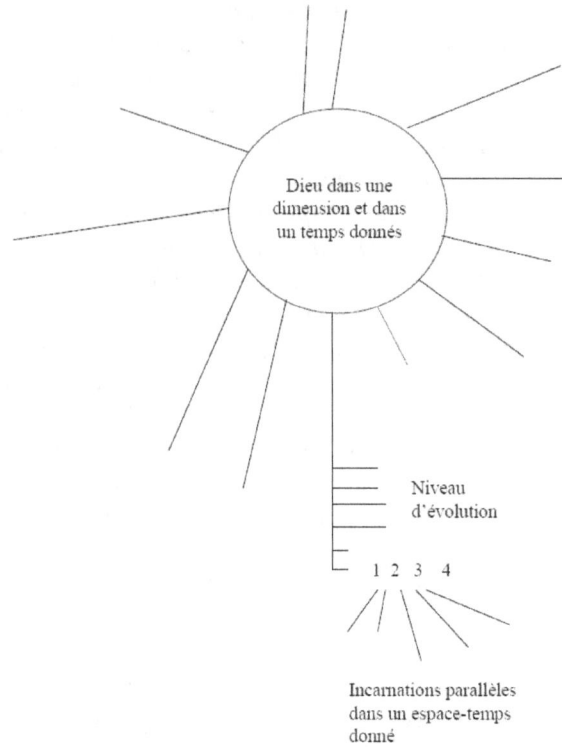

Les dimensions peuvent être considérées comme des sphères à l'intérieur d'autres sphères, où tout s'articule autour de la même ligne, une ligne qui est à la fois large et étroite, longue et courte, épaisse et fine, dans cette dimension-ci et dans cette dimension-là, englobant ainsi toutes les choses physiques et métaphysiques en même temps.

L'entité appelée Lucifer

MOI : D'accord, nous avons donc abordé de nombreux sujets, mais je ne peux m'empêcher de penser qu'on ne nous raconte pas tout. Par exemple, d'où vient cette histoire à propos de Lucifer dans nos textes religieux ? Pourquoi ne l'as-Tu pas mentionnée dans nos dialogues sur la religion ? A-t-il existé ? Ou bien existe-t-il encore ? Et s'il existe, quel est son point de vue sur tout cela ? Quelle est sa contribution à la quête de connaissance de soi de l'Origine ?
ES : Tu n'en demandes pas un peu trop d'un coup ?
MOI : Je ne pense pas, non.
ES : D'accord, alors Je vais te présenter la réalité de l'entité que vous reconnaissez sur Terre sous le nom de Lucifer.

L'Histoire de Dieu

Tout d'abord, je continuerai à appeler cette entité Lucifer, car c'est le nom que vous lui reconnaissez, bien que ce ne soit pas le nom sous lequel elle est reconnue dans les mondes énergétiques/spirituels, ce qui est vraiment dommage car cette entité a accompli un grand nombre de choses au cours de son existence. Lucifer a été l'une des premières entités à s'impliquer dans le projet de l'être humain physique et porte une responsabilité directe dans l'octroi à l'humanité de ce rare plaisir de pouvoir jouir d'un libre arbitre total dans les mondes physiques ainsi que dans les niveaux les plus proches du plan physique appelés astral inférieur et supérieur.

MOI : Mais alors pourquoi ce Lucifer est-il considéré comme un personnage maléfique s'il a contribué à nous amener là où nous en sommes aujourd'hui ?

ES : Il a été considéré comme mauvais ou maléfique précisément parce que l'humanité en est là où elle en est à présent, c'est-à-dire dans les dimensions et les fréquences les plus basses possibles. Comprends bien que lorsque l'humanité énergétique a entamé ce projet, vous existiez tous dans des fréquences très élevées. Même votre projection physique avait un aspect que vous qualifieriez de translucide ou de non solide, car elle était plus gazeuse que physique. Et même si le terme « gazeux » n'offre pas une description exacte, il fera cependant l'affaire à ce stade.

MOI : Donc, Lucifer est responsable du fait que nous soyons bloqués ici à ce niveau ?

ES : Non, vous l'êtes tous. Lucifer vous a simplement donné les moyens de vous élever dans les dimensions et les fréquences en faisant les bons choix selon les options qui vous étaient présentées. C'est vous qui avez pris la décision de la direction à prendre, sans aucune influence de la part d'autres esprits supérieurs ou collectifs.

MOI : Ah, nous revenons donc à notre conversation sur le libre arbitre par opposition aux esprits collectifs.

ES : Non, pas tout à fait, car même si vous êtes libres de prendre vos propres décisions individuelles, vous faites toujours partie d'une entité collective et, par conséquent, d'un esprit collectif. Lucifer a simplement suggéré le libre arbitre individuel et a débattu avec acharnement pour que l'entité humaine incarnée dispose d'une véritable autonomie afin de maximiser les opportunités évolutives et d'accélérer ainsi le processus d'évolution. Son idée a été dénigrée par les autres travailleurs clés du projet d'humanité physique, la jugeant à la fois inutile et dangereuse. Ils estimaient qu'elle était dangereuse dans la mesure où l'entité individuelle ou la partie de l'entité qui était

L'Histoire de Dieu

projetée dans le monde physique, une fois incarnée, perdrait toute communication avec le reste d'elle-même ou de l'humanité. Il a toutefois obtenu le soutien de certaines entités qui ont mis en œuvre des simulations d'hypothèses en utilisant l'espace akashique, et a ainsi établi que les opportunités d'expansion et d'expérience évolutives étaient considérables et devaient donc être prises en compte. D'un autre côté, les opportunités de chute dans les dimensions les plus basses étaient également présentes, mais elles n'étaient pas trop élevées statistiquement en termes de concrétisation effective. C'est sur le fondement de la probabilité plus élevée de réussite que Lucifer a pu remporter le débat avec les autres dirigeants du projet. Et il a donc été décidé que le fait de vous accorder le libre arbitre était la bonne voie à suivre afin de maximiser les opportunités.

Le principal problème résidait dans le fait que Lucifer avait décidé de ne pas annoncer la possibilité que l'humanité puisse également descendre aux niveaux les plus bas en choisissant cette voie, même si, ce faisant, l'humanité accomplirait ses plus grands progrès en s'extrayant précisément de ces niveaux les plus bas. Il percevait cela comme l'excuse dont les autres avaient besoin pour opposer leur veto à son idée. Pensant qu'ils diraient que le risque serait trop grand, il a décidé de cacher toutes les informations de simulation provenant de l'espace akashique. Ainsi, en dissimulant ces informations, il a commis un crime qu'il était libre de commettre, mais qui a été aggravé par le fait que l'humanité incarnée a effectivement suivi cette voie dangereuse. De leur point de vue, ses opposants pensaient alors avoir choisi la pire voie pour l'humanité. Ils étaient convaincus que si l'espace akashique leur avait fourni une illustration complète des possibilités, ils en auraient décidé différemment. Cela a conduit Lucifer à être calomnié comme une entité maléfique, « une entité qui ne fait pas partie du Tout ». En conséquence, il lui a été demandé de quitter le groupe d'individus qui avaient à la fois développé le corps physique pour l'humanité incarnée et constitué le « comité directeur » du projet, si on peut l'appeler de cette manière.

Vous avez des sculptures et des images qui montrent Lucifer comme un ange déchu. Mais permets-Moi de te dire ceci : Lucifer n'est pas un ange déchu. Il est simplement passé à un autre type de travail. Certes, il n'est plus impliqué auprès de l'humanité au même titre qu'auparavant. Mais Lucifer apporte néanmoins des contributions significatives, notamment grâce à sa compréhension des implications et des opportunités qui s'offrent à l'humanité alors qu'elle se trouve actuellement à ce niveau de fréquence, car c'est là que Lucifer a eu le plus d'expérience. Sans sa connaissance de ces niveaux inférieurs, il n'aurait pas été en mesure de prendre la décision de ne pas divulguer ces informations.

Je le répète :

Ses propres connaissances ont influencé ses arguments visant à accorder aux entités de l'humanité le libre arbitre et la possibilité de travailler de manière isolée, c'est-à-dire indépendamment de la réalité plus vaste, et d'être responsables uniquement d'elles-mêmes, et de faire véritablement l'expérience du soi de manière isolée.

MOI : Waouh, il a donc vraiment eu un grand impact sur l'humanité, n'est-ce pas ?

ES : Il a eu un impact plus important que prévu, et il a acquis une réputation qui dépasse de loin son erreur. Néanmoins, à ce jour, l'humanité suit le chemin qui lui avait été prédit si elle prenait individuellement (et donc collectivement) la décision d'aller dans cette direction, ce qu'elle a fait. Lucifer en paie certes le prix, le prix de son manque d'ouverture totale vis-à-vis de ses pairs, même s'il fait toujours du bon travail et fait désormais preuve d'une grande ouverture quant à ses informations – quand bien même elles ont donné lieu à controverse.

Forces obscures et entités inférieures

MOI : Au fil des années, j'ai suivi de nombreux cours sur des questions spirituelles. Tous faisaient référence à de soi-disant « forces obscures » ou entités inférieures et disaient que nous devions nous en protéger. Peux-Tu m'éclairer sur la réalité de la situation ?

ES : Ce sujet est une véritable pomme de discorde parmi les spiritualistes de niveau inférieur, mais heureusement, cela s'explique facilement. Sache simplement ceci : il n'existe pas de force obscure. Il ne s'agit que d'entités qui sont présentes dans le bas astral. Elles n'existent que tant que les énergies sont à ce niveau vibratoire inférieur. Or, ces entités ont peur parce que lorsque la Terre s'élèvera d'un niveau, tout le reste suivra, et par conséquent toutes les entités de niveau vibratoire inférieur cesseront d'exister. Pour tenter d'empêcher cela, elles essaient de maintenir les niveaux vibratoires de la Terre au plus bas en influençant les personnes qui gravitent naturellement vers les niveaux vibratoires inférieurs et en les rendant hostiles aux personnes qui œuvrent au contraire à faire émerger la Lumière.

De nombreux esprits provenant de toutes les parties de cet univers et des autres univers, et de cette dimension ou des autres dimensions, viennent sur Terre pour s'incarner et faire l'expérience de la vie dans le monde physique dans le but d'accélérer leur évolution personnelle. Mais ce faisant, certains de ces esprits développent une addiction aux sensations qu'ils ressentent dans le monde physique et reviennent sans cesse pour en avoir plus, même lorsqu'ils sont désincarnés. Ils s'attachent alors à des personnes qui sont ouvertes à eux afin de vivre les expériences et les fréquences vibratoires de leurs hôtes de substitution. À mesure que leur addiction se développe, ils commencent à glisser vers les fréquences les plus basses jusqu'à ce qu'ils atteignent un point où ils oublient qui ils sont et ce qu'ils sont, et ce qu'ils doivent faire pour s'en souvenir. Ils sont effectivement perdus, n'ont nulle part où aller, et ne savent pas quoi faire.

Seul leur instinct leur dit qu'ils ont besoin d'augmenter leurs niveaux d'énergie et, par conséquent, leurs fréquences, et que cela leur permettra de se souvenir de qui ils sont vraiment et de sortir ainsi de cette spirale descendante. Ces entités parcourent la Terre (il y a littéralement un fleuve d'âmes perdues qui enveloppent votre planète) à la recherche de personnes auxquelles elles pourraient s'accrocher pour profiter de leur énergie et de leurs expériences. Lorsqu'elles trouvent un hôte consentant (bien que la plupart du temps cet hôte ne sache pas que cela est en train de se produire, à moins qu'il ne soit d'une nature hypersensible), elles sont heureuses. Mais lorsque l'hôte ou un guérisseur reconnaît leur présence et tente de les faire disparaître, elles entrent dans une grande colère et ripostent jusqu'à ce qu'elles soient renvoyées dans la Lumière. En réalité, elles sont simplement perdues et effrayées et ne comprennent pas ce qui leur arrive, mais lorsqu'elles n'obtiennent pas ce qu'elles veulent, leur réaction se transforme en colère.

Pour les envoyer dans la Lumière, il vous suffit d'invoquer la conscience ou l'énergie du Christ ou de Dieu afin de vous protéger. Ensuite, donnez-leur beaucoup d'amour et renvoyez-les vers la Lumière en leur donnant l'énergie nécessaire pour le faire. C'est vous, en effet, qui leur procurez l'énergie indispensable pour les renvoyer à l'endroit d'où elles sont venues au départ.

Chapitre 38: La conscience christique

Moi : Dans les cercles spirituels, le concept de « conscience christique » revient souvent au centre des discussions, et nous appelons Jésus le « Christ », en employant ce terme séparément, ou du moins c'est ce que font les cercles religieux. Mais quel est le lien réel entre les deux ?

Interprétations de la signification du mot « Christ »
ES : En fait, le mot « Christ » était autrefois utilisé pour décrire un individu qui avait été baptisé, c'est-à-dire purifié. Il s'agit d'un processus nécessaire afin de permettre à la pureté de la pensée de rester à l'écart des désirs des niveaux physiques et de travailler avec le spirituel sur le plan Terrestre. Par conséquent, toute personne qui est purifiée et préparée pour ce niveau de travail est considérée comme baptisée et peut être appelée un « Christ ». C'est ainsi que Jésus est appelé Jésus le Christ/le Baptisé, ou Jésus-Christ en abrégé.

Tes lecteurs doivent cependant noter ici que l'« ordre » temporel de l'utilisation du mot « Christ » constituera toujours une pomme de discorde. En effet, le processus de purification, aujourd'hui utilisé symboliquement dans les églises chrétiennes du monde entier sous l'aspect du baptême, est antérieur à l'utilisation actuellement reconnue du mot Christ, un mot couramment utilisé pour décrire Jésus et la religion issue de ses enseignements. Or, il va sans dire que le processus de purification du baptême existait bien avant que l'entité connue sous le nom de Jésus ne s'incarne sur Terre. Ce processus était utilisé afin d'ouvrir les canaux de communication supérieurs de l'individu et d'éliminer le désir et l'envie d'utiliser la connaissance ainsi donnée à des fins personnelles.

Le mot « Christ » ne s'est imposé que par ce besoin de l'humanité de disposer d'un mot « percutant » pour expliquer la purification de l'âme. C'est dans ce contexte que l'humanité l'a attribué à l'entité Jésus car ce terme personnifiait ce qu'il était, c'est-à-dire un être purifié. Par conséquent, l'humanité a placé ce mot après le nom de celui qui a été purifié : Jésus-Christ. Ce n'est cependant que l'un des nombreux mots qui ont été utilisés pour décrire le processus de purification. En réalité, Jésus devrait plutôt être appelé « Jésus le Purifié », car cette formulation offre finalement une description bien plus précise.

Les spiritualistes diront en outre que le mot Christ est également utilisé pour décrire certaines énergies ou forces « pures ». Il s'agit en réalité d'énergies qui ne sont disponibles que pour les entités incarnées qui présentent un cœur pur. Mais ces entités ne sont qu'une poignée à être actuellement incarnées sur Terre.

MOI : Donc, si j'étais purifié à un niveau qui me permettait de me tenir à l'écart des désirs du monde physique, on m'appellerait « Guy Christ » ?
ES : Oui, mais ça ne sonne pas aussi bien que Jésus-Christ, n'est-ce pas ? Mais ce sujet va cependant beaucoup plus loin qu'il n'y paraît, car tu as posé une question qui porte également sur la « conscience christique ».

Une fois baptisés, il vous reste à vous développer personnellement jusqu'au point où cet état christique se trouve personnifié en vous, en ce sens que vous n'êtes plus tentés par aucune des exigences ou des désirs du monde physique, car vous êtes alors conscients que le monde physique n'est qu'une partie mineure de la réalité plus vaste : l'univers, et tous ses niveaux et fréquences. Et ce n'est pas facile, car les tentations du monde physique sont grandes et pénètrent profondément dans cette partie de vous qui est incarnée, littéralement plongée « dans la chair ». Or, vous devez aussi prendre soin de votre corps de chair pour pouvoir travailler pleinement dans l'environnement physique à son niveau le plus élémentaire. Et c'est bien là que la confusion s'installe et que la grande majorité d'entre vous, une fois baptisés/purifiés, se débaptisent/se corrompent peu à peu en raison de la contamination du monde physique. Il est difficile d'abandonner les désirs du monde physique lorsqu'ils se montrent si séduisants et semblent si réels en apparence.

La nécessité de poursuivre le baptême/la purification
Vos chefs religieux ont une certaine compréhension de la nécessité pour le corps humain, ainsi que pour l'âme, d'être purifiés peu après la naissance afin de leur donner un coup de pouce dans la bonne direction. Mais après cela, ils n'ont aucune idée de la nécessité de poursuivre le travail baptismal/de purification. En réalité, personne n'en a conscience, car cette connaissance s'est perdue au fil des âges. Il a en effet été laissé aux individus le soin de se débrouiller seuls depuis si longtemps que c'est une véritable révélation lorsqu'une personne parvient à s'extraire des ténèbres du monde physique et à se débrouiller seule sans le biais de la religion qui, bien qu'elle soit pétrie

de bonnes intentions, constitue aussi un leurre destiné à contrôler les esprits crédules et à les contraindre. Être spirituel et maître de soi-même grâce au baptême/à la purification ne consiste pas à se conformer aux exigences de ceux qui croient connaître les réponses, car la seule réponse se trouve véritablement au fond de soi. Un peu d'aide peut s'avérer nécessaire en cours de route afin de la trouver, mais il n'y a certainement aucun besoin de conformité, car il n'y a pas de conformité dans l'Esprit. Il n'y a que la créativité née de l'amour, de la sagesse et du pouvoir d'être maître de soi-même qui aboutit à l'évolution.

MOI : J'ai entendu dire que le fait d'être baptisé protège du diable, est-ce exact ?
ES : Ce sont des sottises, car comme Je te l'ai déjà dit, il n'y a pas de diable, si ce n'est la tentation en vous, ce diable intérieur avec ses tentations de succomber aux exigences et aux désirs de l'existence physique. Toutes ces sottises relèvent de contre-vérités diffusées dans le but de contrôler l'esprit des masses. Elles n'ont aucune place dans l'esprit des chercheurs de vérité ni dans la réalité plus vaste.

Je dirai simplement ceci : quiconque croit au diable est lui-même le diable, car l'environnement contenu par l'Origine ne recèle aucun personnage, aucune énergie ni aucune force de ce genre. Le mot « diable » n'est en réalité qu'un mot, sorti de son véritable contexte, qui désigne le niveau de conscience personnelle atteint en succombant aux désirs du monde physique.

Le niveau de conscience d'une personne pleinement baptisée/purifiée

Mais revenons à la conscience christique...

Le niveau de conscience qui peut être atteint lorsque l'on est pleinement baptisé/purifié est tel que l'on bénéficie d'une communication complète avec son soi supérieur et le reste de l'univers. Il en résulte que toutes les intentions et actions sont pures et visent toutes à aider le reste de l'humanité à atteindre le même niveau d'accomplissement personnel envers la Source (Moi), puis l'Origine. C'est tout ce que vous avez toujours vraiment voulu, et le fait d'être baptisé/purifié ne constitue qu'une étape sur le chemin qui mène à la réalisation de cette perfection. Car cette réalisation est la solution parfaite au désir parfait : le désir d'évoluer.

La conscience christique implique également la capacité de comprendre le fonctionnement de l'univers dans votre espace local et de manipuler les énergies environnantes au point de pouvoir réaliser des exploits que vous qualifieriez de miracles. Un grand nombre de ces exploits peuvent encore être réalisés, y compris dans votre environnement physique actuel qui est littéralement « guidé par le désir », bien que, jusqu'à il y a une centaine d'années, ces miracles aient été accomplis en grand nombre par des individus « baptisés/purifiés » et illuminés par cette conscience christique dans des régions moins matérialistes du monde.

L'attrait du matérialisme par opposition à la richesse de la conscience christique

S'il est une chose que l'on pourrait décrire comme le diable, c'est bien l'augmentation massive du besoin de richesses matérielles. Ceci, en soi, est une véritable distraction pour l'humanité. Votre besoin de « confort » physique inclut désormais la possession de nombreuses choses ou produits qui ne sont pas vraiment nécessaires dans votre vie quotidienne. De plus, plus vous en possédez, plus vous en voulez, et ainsi s'agrandit le « trou » matériel que vous devez sans cesse combler. En ces temps de matérialisme, il est alors à la fois plus difficile et plus important d'atteindre l'état de baptême/purification et de conscience christique, car les objectifs personnels consistant à toujours posséder un autre produit de plus ne cessent de se multiplier, conduisant ainsi à une situation dans laquelle vous n'êtes jamais satisfaits. Laisse-Moi te dire ceci :

Votre vie entière changerait si vous consacriez tous ne serait-ce que 2 % de votre vie au baptême/à la purification et à la compréhension de ce qu'est la conscience christique et de ce que l'on ressent lorsque l'on est dans cette conscience christique de la pureté de pensée, de vie et de compréhension. Oh, les choses que vous pourriez alors accomplir ! Vous renonceriez volontiers à la richesse matérielle en un instant, car vous n'en auriez tout simplement pas besoin. Vous auriez infiniment plus de richesse que vous ne pourriez jamais rêver d'en avoir, la richesse qui découle du fait d'avoir toutes les énergies de l'univers à votre disposition.

MOI : Donc la richesse matérielle est... insignifiante ?
ES : Oui. Elle ne veut rien dire. La richesse matérielle n'est pas seulement une commodité passagère, mais une distraction massive pour votre croissance spirituelle. Or, elle vous séduit entièrement, et ce depuis des millénaires. Vous n'en avez vraiment pas besoin le moins du monde. Lorsque vous êtes en phase avec l'univers et ses

L'Histoire de Dieu

énergies, vous êtes capables de créer tout ce dont vous avez besoin pour subvenir à vos besoins, y compris toute monnaie nécessaire à vos besoins physiques.
MOI : Es-tu en train de me dire que nous pouvons « créer » de l'argent ?
ES : Oui, mais plus important encore, vous pouvez créer de la nourriture, de l'eau, des vêtements et même un abri pour vous. Vous pouvez même créer des énergies qui produisent les mêmes effets que la médecine, c'est-à-dire la guérison).
MOI : Mais s'il est si facile de vivre cette vie, en ce sens que l'on peut créer tout ce que l'on veut, alors pourquoi les gens se laissent-ils séduire par le côté physique de toutes ces choses ? Car il me semble évident qu'il est beaucoup plus difficile de travailler à la satisfaction des besoins physiques que d'entreprendre un travail spirituel.
ES : Je me pose régulièrement la même question. Pourquoi passez-vous tous à côté de l'essentiel ces jours-ci ? Mais Je reconnais qu'il appartient à chaque individu de comprendre cela par lui-même, et c'est d'ailleurs bien là tout l'enjeu de votre vie incarnée.

La question fondamentale de la conscience christique
MOI : Maintenant, pour en revenir à la question fondamentale de la conscience christique, quel est son but ?
ES : Son but est de vous permettre de revenir à la Source, c'est-à-dire à Moi, puis à l'Origine. Je dois cependant clarifier ce point : une fois que vous revenez à la Source ou à l'Origine, vous ne perdez pas votre identité fondamentale. Telle n'est pas, en effet, la finalité de cette individualité qui vous a été donnée. Comme Je te l'ai déjà dit à maintes reprises, l'objectif est que vous expérimentiez de nombreuses choses et que vous transmettiez ces expériences à l'Origine. Et le résultat final, c'est l'évolution de l'individu au point de ne plus avoir besoin de retourner aux niveaux inférieurs. L'évolution à ce niveau consiste à évoluer jusqu'à ne faire plus qu'un avec Dieu, pour ainsi dire, jusqu'à être son égal. Bien que vous ne puissiez jamais vraiment être son égal, puisque Dieu est l'Origine, et que vous êtes des petites parties de Dieu suite à votre création par Moi.

Le moyen de parvenir à ce résultat consiste à vivre une vie de simplicité, non pas jusqu'au dénuement, mais jusqu'au point où vous vous sentez à l'aise dans votre situation et où tout le temps supplémentaire dont vous disposez peut alors être utilisé pour le bien des autres sans en tirer profit pour vous-mêmes. C'est le conseil le plus important que Je puisse vous donner, car nombreux sont ceux

L'Histoire de Dieu

hélas qui utilisent leur engagement dans le secteur du bénévolat comme un moyen d'atteindre un but personnel. Ce sont généralement des personnes riches qui font cela, afin d'obtenir un statut plus élevé dans la société et une reconnaissance publique ou une certaine renommée en aidant les personnes moins privilégiées qu'elles. Cependant, tout ce qu'elles veulent vraiment, ce sont des médailles, comme des titres de chevalerie, dans le but d'améliorer leur statut, et non pas parce qu'elles ressentent un réel besoin d'aider les autres qui se trouvent dans le besoin. Le fait de travailler pour le bien des autres ou de se porter volontaire au plus haut niveau doit s'accompagner d'un sentiment d'amour véritable. L'aide que vous apportez sur le seul fondement de l'amour signifie que vous faites quelque chose pour quelqu'un non pas parce que vous pensez que cela vous fera du bien à vous, mais parce que vous sentez que la ou les personnes impliquées bénéficieront réellement de vos actions, et que c'est cela qui vous apporte du plaisir. Tout se fait dans l'amour lorsque vous travaillez dans la conscience christique. C'est la chose la plus importante à retenir, car rien ne peut être fait avec malice ou dans le seul intérêt de l'individu, parce que ce n'est tout simplement pas la manière de faire de ceux qui agissent dans cet état de conscience euphorique.

MOI : Et pourquoi cela ?

Ne faire qu'un avec l'univers et avec tout ce qu'il contient

ES : Parce que lorsque vous êtes dans la conscience christique, vous ne faites qu'un avec l'univers et avec tout ce qui existe avec lui. Vous avez, bien sûr, une plus grande concentration sur l'ici et le maintenant du plan Terrestre et vous agissez volontiers dans les limites de son environnement. Et même si vous ne faites qu'un avec la conscience christique, vous ne pouvez pas éviter cela, car c'est bien la raison pour laquelle vous êtes ici et maintenant sur cette planète, dans cette dimension et dans cette fréquence, où vous vous êtes incarnés afin de travailler avec la planète telle qu'elle est maintenant et avec ses habitants qui ont besoin de votre aide pour progresser, ou qui ont simplement besoin de votre aide d'une manière générale.

Être à ce niveau de conscience est une chose véritablement admirable, car si tu pouvais en faire l'expérience ne serait-ce qu'une minute, tu comprendrais aussitôt de quoi Je parle. En fait, tu ferais tout ce qui est en ton pouvoir pour revenir à ce niveau d'existence, car c'est ce que vous êtes tous venus expérimenter dans le monde physique en y prenant naissance. Imagine que tu puisses être en contact avec tous les animaux de la planète, partager avec eux leurs expériences, leurs vies, leurs joies. Imagine que tu sois maître de ton corps au point de ne plus vieillir, de pouvoir réellement te régénérer, te guérir, et guérir les autres de n'importe quelle maladie, aussi difficile ou impossible soit-elle à guérir avec la médecine moderne. Imagine que tu puisses travailler les métaux et les minéraux présents dans la terre sans avoir besoin de les fondre. Imagine que tu puisses leur demander de simplement quitter leur emplacement actuel et de devenir ce que tu souhaites qu'ils deviennent. Imagine que tu puisses contrôler et travailler avec les éléments fondamentaux de la terre, du vent, de l'eau et du feu, et que tu puisses modifier le climat en fonction des besoins des cultures que tu souhaites faire pousser. Imagine que tu puisses créer les aliments dont tu as besoin à partir de leurs constituants les plus fondamentaux sans avoir besoin de cuisiner. Imagine que tu puisses manipuler le tissu même de l'espace-temps qui t'entoure au point de ne plus avoir besoin de voitures, de trains, d'avions ou de bateaux pour traverser la Terre. Voilà à quoi ressemble la conscience christique. Alors, dis-Moi : pourquoi acceptez-vous tous une existence inférieure ?

MOI : Je ne sais pas. Pourquoi, selon Toi ?

ES : Parce que vous avez tous été rendus aveugles à la réalité plus vaste par votre besoin de vous conformer aux règles du monde physique. Le chemin qui mène à la conscience christique exige un certain niveau de dévouement, au point de pouvoir travailler longtemps et très dur pour très peu de récompense, car si vous vous attendez à une récompense physique dans ce contexte, ce n'est pas ce qui se trouve au bout du tunnel. Comme Je viens de te l'expliquer, ce qui se trouve au bout du tunnel, c'est bien plus qu'une récompense physique, car vous êtes tous invités à vous asseoir à la table de Dieu (l'Origine) en tant que frère ou sœur.

Chapitre 39: Être au service d'autrui

ES : Je voudrais te parler du concept que recouvre l'expression « être au service d'autrui », car il y a beaucoup de mystique et de snobisme inversé dans cette expression. Être au service d'autrui ne signifie pas que vous devez abandonner toute votre vie pour être quelque chose pour les autres et travailler pour rien. Cela va bien plus loin que ce que suggère les mots de cette simple expression. Être au service d'autrui signifie que vous œuvrez pour l'amélioration et l'évolution de la race humaine si et quand vous le pouvez, et d'une manière acceptable pour vous.

Il est un fait que l'on ne peut pas imposer sa propre bonne volonté aux gens ; ils ne l'acceptent tout simplement pas. Les gens ont tendance à vouloir de l'aide quand ils en ont besoin, et de la part de personnes en qui ils peuvent avoir confiance. Cela ne signifie pas nécessairement qu'ils veulent obtenir l'illumination. Il est plus que probable qu'ils aient besoin d'aide simplement pour résoudre un problème particulier qu'ils trouvent insurmontable à un moment donné. Par conséquent, offrir de l'aide ou accepter d'aider si on vous le demande est de ce point de vue la meilleure façon d'avancer. L'aide dont les gens ont besoin peut être anodine, comme réparer la prise d'une lampe de bureau ou le pneu crevé du vélo d'un enfant, aider à la décoration et, oui, même faire les courses pour cette chère grand-mère ! D'un autre côté, tu constateras peut-être que certaines personnes recherchent une aide spirituelle et un accompagnement que leurs amis, leurs associés ou leur religion ne peuvent pas leur apporter. Dans ce cas, elles remettent en question la structure même de la réalité qui les entoure et demandent des réponses à des questions auxquelles la religion ne répond pas, car elle ne peut pas répondre à des questions sur des réalités qu'elle est censée vous cacher. Car toute religion est conçue pour assurer le contrôle des masses par une minorité qui veut avoir le pouvoir sur les autres.

Être au service d'autrui, c'est être disponible pour Moi et pour l'Origine lorsque Nous avons besoin de vous, et vous savez quand Nous avons besoin de vous, car vous êtes alors attirés par le désir de faire une certaine chose qui peut aider les autres. On ne vous demandera votre aide que si vous êtes prêts et disposés à aider, et si

L'Histoire de Dieu

vous n'avez pas été dupés par cette multitude de charlatans qui donnent de faux espoirs à ceux qui ont besoin d'une aide réelle.

Être au service d'autrui ne signifie pas que vous devez constamment rechercher des opportunités de service, car vous devez aussi vivre votre propre vie. Cela signifie que vous devez simplement saisir les opportunités d'aider les autres lorsqu'elles se présentent à vous, sans rechercher l'autosatisfaction. Contentez-vous de faire ce que vous pouvez au mieux de vos capacités, car c'est la voie naturelle de l'univers. Après, si ceux qui éprouvent de la reconnaissance souhaitent vous récompenser d'une manière ou d'une autre, qu'il en soit ainsi. De même, si certains de ceux que vous aidez ne peuvent pas vous récompenser, alors ne demandez pas de récompense. Suivez simplement le courant, car les récompenses sont bien là, même si aucune n'est reçue au moment précis où vous donnez de vous-mêmes.

Être au service d'autrui signifie également que vous devez aider les gens même si vous ne les appréciez pas particulièrement. Vous ne devez pas les aider par BESOIN de rendre service, mais en vous rappelant qu'ils sont des frères et sœurs de la race humaine et qu'ils se sont également incarnés dans le but d'évoluer. Faire preuve de gentillesse envers quelqu'un que vous n'aimez pas en l'aidant dans ses moments difficiles (et les gens savent instinctivement que vous ne les aimez pas) est une chose merveilleuse à faire. Non seulement vous vous aidez vous-mêmes à vous élever dans les fréquences en surmontant vos propres préjugés, mais vous les aidez également à s'élever, car ils vous verront alors sous un jour différent. Grâce à votre gentillesse (une gentillesse à laquelle ils ne s'attendaient pas), leurs sentiments changeront à l'égard de ceux qu'ils pensent être leurs ennemis, même si au début cela se produit à un niveau subconscient. Vous pouvez donc voir qu'en rendant service lorsque l'occasion se présente réellement d'aider les autres, vous pouvez vous aider vous-mêmes et les aider eux aussi à court ainsi qu'à long terme. Tout le monde y gagne, car en effet personne n'y perd lorsque les préjugés sont éliminés et que l'aide est apportée à tous, et pas seulement à vos seuls amis. Lorsque Jésus a dit que *le lion se coucherait avec l'agneau*, il voulait dire que des personnes qui étaient autrefois ennemies ou qui se détestaient travailleront désormais ensemble parce qu'elles n'ont plus peur les unes des autres.

Oh oui, le lion peut avoir peur de l'agneau, tout comme l'agneau peut avoir peur du lion. L'agneau peut avoir un pouvoir que le lion n'a pas : l'homme, qui le protège, le nourrit, prend soin de lui, et cet homme est puissant. Bien que le lion soit également puissant en soi, il

L'Histoire de Dieu

se méfie de l'agneau car, bien qu'il soit faible, doux, docile, et qu'il soit abattu par l'homme afin de s'en nourrir, l'agneau travaille toujours avec l'homme. Le lion pense donc que l'agneau, bien que doux et docile, doit être puissant d'une manière qui lui échappe. Il en va de même pour les personnes puissantes. Ceux qui sont puissants en termes de stature ou de position craignent ceux qui ne sont pas aussi forts qu'eux, car ces derniers sont nombreux alors qu'eux-mêmes sont en petits nombres. Être au service d'autrui peut vraiment être utile, en dépassant les limites de la suspicion, en faisant travailler le fort avec le faible, l'ennemi avec l'ennemi, et en permettant aux deux d'avancer ensemble en travaillant main dans la main.

Être au service d'autrui représente donc une opportunité double, voire triple, pour l'entité concernée : 1) aider les autres entités qui sont dans le besoin ; 2) permettre à la fois à l'aidant et à l'aidé de progresser spirituellement et en termes d'évolution ; et 3) éliminer les préjugés et la suspicion, ce qui favorise le rapprochement entre les gens et donc l'amour du prochain. Ces trois éléments réunis entraînent une augmentation du nombre de personnes qui travaillent ensemble dans la confiance, l'harmonie et l'amour, ce qui entraîne un mouvement d'ascension de l'humanité toute entière vers les fréquences supérieures. Si bien qu'au bout du compte, si quelques personnes rendent service à autrui, elles aident tout le monde.

MOI : Donc, être au service d'autrui consiste en réalité à aider l'humanité à retrouver sa place dans les fréquences supérieures ?
ES : En résumé, c'est cela. Tout ce que vous faites sur Terre pour aider votre prochain à s'élever d'une manière ou d'une autre contribue à remettre l'humanité toute entière sur la bonne voie. Mais n'oublie pas que ce n'est pas seulement l'humanité qui est ainsi aidée, car la planète qui vous offre l'environnement dans lequel vous existez en bénéficie également.
MOI : Comment ça ? Est-ce qu'elle s'élève également dans les fréquences ?
ES : Oui, bien sûr. L'impact de l'activité humaine est la seule raison pour laquelle elle se trouve à son niveau actuel. La fascination des humains pour le physique a provoqué une réduction générale des fréquences dans et autour de l'espace et des dimensions dans lesquels l'entité que vous appelez la « Terre » existe ; par conséquent, elle a été entraînée vers les fréquences les plus basses avec vous.
MOI : La Terre est aussi une entité vivante ?

L'Histoire de Dieu

ES : Bien sûr que oui. Elle est juste à son niveau vibratoire le plus bas en ce moment, loin de l'intensité énergétique qu'elle pourrait avoir, même si elle était relevée d'un ou deux niveaux vers le haut.
MOI : Nous pouvons donc également être au service de la Terre en aidant les autres à s'améliorer spirituellement ?
ES : Très certainement. Être au service d'autrui, cependant, ne signifie pas uniquement être au service de l'entité humaine. Il peut être tout aussi pertinent d'être au service de la Terre et des autres entités qui existent sur ou dans la sphère bio-dimensionnelle. Cela concerne par exemple le fait de travailler sur un projet écologique par amour de ce type de travail, mais pas dans une intention politique, car cela aurait pour effet d'annuler les énergies de fréquence supérieure découlant de la raison d'être d'un tel travail. Le simple fait d'accomplir des actions écologiques peut également être une manière très enrichissante d'être au service d'autrui, en ce sens que cela profite non seulement à l'humanité, mais aussi à toutes les entités spirituelles qui existent sur, dans et autour de la sphère bio-dimensionnelle de la Terre. D'ailleurs, certains d'entre vous travaillent déjà directement avec les énergies afin de compenser cette perte d'énergie de la Terre qui est due au fait de se trouver dans une fréquence plus basse, et elle commence à réagir à ce travail en se réveillant de sa torpeur, d'où les changements climatiques spectaculaires que vous avez vécus. Ces changements sont dus à des modifications intervenues dans les schémas énergétiques qui entraînent des réponses élémentaires des énergies situées à la frontière entre le monde spirituel et le monde physique. Et s'il en est la manifestation la plus perceptible de toutes, le vent n'en est cependant pas la seule.

Vous ne pouvez pas imaginer à quel point la vie sur Terre serait incroyablement différente si elle était ramenée aux niveaux supérieurs auxquels elle est censée exister. Quelques niveaux de plus seulement suffiraient en effet à rendre à nouveau fertiles les zones actuellement désertiques de la Terre. Le temps changerait de manière à apporter les conditions les plus idéales pour nourrir le sol, en créant des niveaux optimaux de précipitations, de température, d'humidité et de couverture nuageuse de manière à tirer le meilleur parti des rayons ultraviolets et d'en protéger ensuite la Terre aux moments et aux endroits où elle en a besoin.

La Terre recommencerait à vivre au lieu de connaître l'inertie à laquelle elle est actuellement réduite. Elle chérirait ses habitants, et vous reconnaîtriez la Terre pour ce qu'elle est et vous la chéririez également. Vous réaliseriez de quoi vous faites partie et ce que vous avez collectivement fait à cet être des plus divins. De plus, des êtres de toutes sortes, actuellement en hibernation en raison des basses fréquences, se réveilleraient et commenceraient à travailler avec la Terre et à répondre à ses besoins afin de la soigner et de l'aider à retrouver sa pleine santé. Ce faisant, la Terre gagnerait en énergie et en fréquence, entraînant ainsi l'humanité avec elle dans son sillage. À mesure que vous vous élèveriez vers les fréquences supérieures, vous sortiriez tous de votre somnolence et commenceriez à utiliser vos véritables capacités après avoir enfin reconnu votre propre divinité et les raisons de votre vie incarnée sur Terre. Vous commenceriez alors à voir et à comprendre les véritables raisons de l'existence des autres entités sur Terre, telles que les animaux qui vivent sur les surfaces terrestres, les oiseaux qui évoluent dans les airs, et les poissons qui sillonnent les mers et les rivières. Car ils ont tous des raisons d'être ici, ils font tous partie de la sphère bio-spirituelle, et ont tous un travail à y accomplir. Vous les connaîtriez pour ce qu'ils sont vraiment, retrouveriez votre capacité à communiquer avec eux et, à votre tour, travaillerez en véritable harmonie avec eux pour le bien de l'ensemble. Ce faisant, la totalité de l'humanité ainsi que ses compagnons présents sur, dans, et autour de cette entité plus vaste s'élèveraient encore plus haut, plus près de l'Origine.

Imagine un monde où tous les êtres sont en totale harmonie, un monde où chacun a un travail à effectuer et est satisfait de le faire. Imagine un monde où tous les êtres aident les autres à atteindre la perfection dans ce qu'ils font, non pas en compétition les uns contre les autres, mais dans la joie provoquée par le simple plaisir de voir une autre entité atteindre un supplément de grandeur. Visualise un monde où tu as contribué à ce que d'autres atteignent la grandeur grâce au service véritable que tu leur as rendu. Imagine un monde où tu peux voir, sentir, toucher, expérimenter et apprécier toutes les énergies dans et autour des êtres qui existent sur ce monde, un monde où tu peux éprouver ce qu'ils éprouvent lorsque tu travailles avec eux dans l'amour véritable et l'harmonie, et voir comment ils réagissent et grandissent. Ce monde où tu pourrais voir et ressentir tout cela représente la façon dont le monde lui-même réagit au travail et au temps que tu consacres avec amour à répondre à ses besoins et à l'aider à grandir et à évoluer. Imagine les énergies qui en résultent comme étant celles de l'amour pur et inconditionnel, cet amour représentant l'amour qui est présent dans tout l'univers, l'amour d'un créateur toujours satisfait des efforts de sa création, quelle que soit la forme qu'ils prennent. Car un créateur ne juge jamais, ne se met jamais en colère, et te garde toujours dans son amour. Imagine un monde dans lequel vous êtes tous votre vrai soi, omnipotents, omniscients, comme les parties omniprésentes de la plus grande de toutes les entités : l'Origine.

Le fait de travailler au service d'autrui pour atteindre ce niveau d'existence constitue un travail noble, en effet, dont les récompenses sont illimitées par rapport à celles de votre existence actuelle. Alors, avec cela comme carotte, pourquoi ne le feriez-vous pas ? Puisque le bien commun est en jeu pour tous (c'est-à-dire vous et Dieu), pourquoi ne le serviriez-vous pas également ?

La voie des Maîtres
MOI : Revenons aux Maîtres qui sont mentionnés dans les livres que j'ai lus. Sont-ils vraiment capables de faire vivre leur corps pendant deux mille ans ?
ES : Bien sûr. Et en réalité, ils peuvent faire vivre leur corps physique aussi longtemps qu'ils le souhaitent. Par exemple, un yogi peut, lorsqu'il comprend et accepte totalement la loi universelle, faire tout ce qu'il veut. Le corps humain n'est limité que par sa physicalité et par la capacité ou non de l'esprit incarné à puiser dans les énergies qui sont naturellement disponibles pour tous. Lorsque l'esprit incarné est dans un état de sommeil, comme la plupart d'entre vous, il n'est pas capable de puiser dans la réalité plus vaste qui l'entoure et il croit que son existence physique est tout ce qui existe. Une fois qu'un esprit est conscient de la réalité plus vaste, il commence à s'accorder avec elle, et les capacités simples qui sont les premières à être à sa portée, telles qu'une intuition accrue, la guérison, la canalisation, le contact avec les entités qui se trouvent en totalité dans l'état énergétique, commencent à faire leur apparition.

Les capacités supérieures, telles que la capacité de contrôler le plan physique, n'apparaissent que lorsque l'individu a percé le voile du plan physique et n'est donc plus contenu en aucune façon par lui. Lorsque tu as atteint ce niveau, qui, d'ailleurs, n'était pas facile à atteindre à l'époque des Maîtres et est encore plus difficile à atteindre dans les économies actuelles de votre monde qui sont entièrement axées sur la consommation, tu n'es plus concerné par les besoins du plan physique. Tu es capable de nourrir ton corps avec l'énergétique, en renouvelant les énergies de la structure cellulaire de ton corps à son niveau le plus élémentaire. Tu n'as plus besoin d'utiliser la conversion de matières organiques ou inorganiques, qui est au mieux médiocre,

L'Histoire de Dieu

mais par ailleurs nécessaire en temps normal puisque le corps physique a aussi besoin d'une énergie de faible qualité.

Le corps se dégrade en raison de la nécessité de reproduire de nouvelles cellules afin de remplacer celles qui sont usées, car sans la régénération de chaque cellule au niveau énergétique, les cellules ne sont que partiellement reproduites. Les détails essentiels de la programmation de la cellule se perdent au fil des nombreux remplacements successifs, ce qui entraîne leur décrépitude à mesure que leur vitalité essentielle se perd avec le temps. Parce qu'il sait cela, le yogi ou le Maître est capable de donner à la structure cellulaire de son corps tout ce dont elle a besoin, tout le temps ou à certains moments, ce qui entraîne alors une régénération ou un rajeunissement complet basé sur la mémoire du corps à un certain âge, l'âge ou l'apparence physique en question étant à la discrétion de l'esprit incarné. Mais tous les esprits ne souhaitent pas se présenter comme de jeunes garçons ou de jeunes filles. Et nombreux sont ceux qui préfèrent se présenter à l'âge mûr, car c'est un âge où le respect est le plus grand de la part des étudiants qui suivent de tels Maîtres. Lorsque vous êtes dans la force de l'âge, vous êtes considérés comme étant au sommet de vos capacités d'apprentissage et d'enseignement. Au-delà, vous êtes considérés comme des vieux fous séniles, et en-deçà, vous êtes considérés comme trop jeunes pour enseigner avec autorité.

Mais revenons à la raison principale de cette discussion...

Une fois illuminé au point d'atteindre la maîtrise, tout individu peut modifier sa structure cellulaire jusqu'à la perfection. Cela signifie qu'elle peut fonctionner avec une efficacité de 100% et être manipulée à volonté par l'esprit énergétique. Si l'Esprit le souhaite, il peut perpétuer son corps pour l'éternité en le transférant dans le plan pleinement spirituel, en le convertissant dans son véritable état énergétique tout en lui permettant d'être présent dans le physique. Cette méthode peut également être utilisée pour le transport du corps physique dans et autour de l'environnement physique. Mais elle ne peut être utilisée de cette manière qu'une fois que l'esprit maîtrise l'observation de la vraie réalité et est capable, par conséquent, de travailler avec l'ensemble de son état énergétique existant, c'est-à-dire lorsque tout cela est accessible, reconnu et compris par l'esprit individuel.

Cela peut te paraître un peu irréaliste, mais ces facultés sont pourtant accessibles à tous. Mais encore une fois, les distractions du monde physique sont telles qu'il est difficile de s'en libérer. Cependant, le dévouement et l'engagement envers la cause, associés

L'Histoire de Dieu

à votre foi en votre soi supérieur, porteront finalement leurs fruits. Tout le problème tient ici à votre capacité de poursuivre ce travail sur une longue période de temps dans le contexte de l'existence actuelle du monde occidental, et dans le contexte de l'existence dans laquelle le monde oriental est en train de se précipiter tête baissée.

Le corps physique n'est pas un objet nécessaire en soi, mais il est néanmoins utile dans le cadre des opportunités évolutives qu'il présente, car l'existence dans un espace aussi restreint et limité que le corps physique est, assurément, une expérience instructive à part entière. L'Esprit qui se laisse incarner dans la chair a la possibilité, moyennant un travail acharné, de conserver le corps physique dans l'environnement spirituel s'il le souhaite. Cela lui permet d'exister dans le monde physique quand et où il le souhaite, sans avoir à passer par le long processus de croissance du corps jusqu'à son état de maturité et à passer par le processus d'oubli et d'éveil qui s'ensuit. L'Esprit est donc libéré des limites du monde physique tout en étant capable d'exister dans celui-ci à son niveau le plus élémentaire, expérimentant ainsi ce qu'il peut au niveau physique tout en étant capable d'être en relation avec le monde spirituel. C'est la combinaison parfaite, car dans ce cas l'Esprit n'est pas sous le contrôle des exigences et des distractions physiques, mais contrôle au contraire le plan physique à tous égards.

Chapitre 40: Un éveil spirituel accéléré

MOI : J'ai remarqué que dans certains domaines de la vie courante, lorsque l'on travaille dur pour obtenir quelque chose, on trouve ensuite des raccourcis pour parvenir au résultat désiré tout en maintenant un niveau de qualité identique dans ce que l'on fait. Or, si on transmet ces raccourcis à d'autres personnes, celles-ci parviennent au même résultat sans avoir à connaître le long processus que l'on a dû utiliser soi-même au départ. Et donc, au final, on se fait littéralement devancer par ces personnes dans le processus d'apprentissage.

ES : C'est tout à fait vrai, et si tu es capable de leur transmettre ton apprentissage de sorte qu'elles bénéficient d'un point de départ plus élevé que ne l'était le tien à l'origine, c'est par conséquent un grand service que tu leur as rendu. En fait, c'est tout l'intérêt de « l'expérience ». Sur Terre, vous vivez les situations que vous vivez, et vous apprenez en conséquence. Mais vous pouvez ensuite transmettre ce que vous avez appris à d'autres, ce qui leur permet de progresser d'une manière plus rapide et qualitative. Ils connaîtront ainsi le cheminement qui permet d'atteindre une certaine étape et, par conséquent, progresseront sans avoir besoin de passer tout le temps que leur enseignant y a passé lui-même pour y parvenir. C'est la voie naturelle de l'univers, et c'est aussi la meilleure façon de diffuser les opportunités évolutives et d'élever le niveau de base de la fréquence de l'univers et de ses habitants, qu'ils soient de nature physique ou énergétique.

MOI : C'est donc une bonne chose à faire, de montrer ses propres raccourcis aux autres ?

ES : C'est l'une des principales façons d'être au service d'autrui. Car grâce à tout le mal que vous vous êtes donné, vous soulagez la souffrance des autres. Vous leur montrez comment avancer en leur offrant ce qui vous est le plus personnel : votre propre apprentissage. Souviens-toi, dans l'un de nos dialogues précédents, J'ai mentionné le fait que l'apprentissage total de tous les êtres de cet univers est enregistré dans les archives akashiques.

Cela signifie que tout ce que vous expérimentez, apprenez, et qui vous permet d'évoluer, est enregistré et stocké pour l'usage des autres. Ces informations servent de données de référence afin que des entités puissent acquérir la connaissance et l'expérience d'autrui sans avoir à les acquérir par elles-mêmes, de manière à les aider dans de futures incarnations ou expériences de nature similaire. Grâce à cette connaissance non acquise par elles-mêmes, elles sont capables de démarrer à un niveau plus élevé que si elles commençaient à partir de zéro. Cela leur permet d'aller de l'avant avec des opportunités d'apprentissage et d'évolution, jusqu'au moment où elles trouvent à leur tour un raccourci d'apprentissage et le transmettent aux entités qui les suivent.

Et ainsi la boucle est bouclée, car elles ont bénéficié de la connaissance et de la souffrance des autres. J'ai utilisé le mot « souffrance » ici parce que tout apprentissage, et toute évolution, comporte un certain niveau de souffrance au cours de l'incarnation physique. Les entités physiques qui ont souffert et appris, et qui partagent ensuite cette connaissance avec d'autres entités afin de leur permettre de poursuivre le cycle évolutif, contribuent à accélérer l'apprentissage des autres. En fait, elles créent une spirale vertueuse à mesure que les esprits incarnés donnent de leur savoir au fil de leurs apprentissages, et ce cycle se poursuit ainsi pour aller de plus en plus haut au gré de cette spirale ascendante.

MOI : J'ai entendu dire que pour atteindre l'illumination spirituelle, il fallait suivre des voies particulièrement strictes et méditer avec dévouement. Mais comment cela est-il possible dans la société occidentale d'aujourd'hui, où l'on nous demande par exemple de réagir instantanément aux messages électroniques ? Nous ne sommes jamais assez seuls pour pouvoir passer le temps nécessaire à devenir des êtres véritablement spirituels. De nos jours, nous ne pouvons pas non plus prendre la route pour aller enseigner « sans domicile fixe » et être accueillis par des étrangers comme Jésus l'a fait en son temps.

ES : Et personne n'attend de vous que vous fassiez une telle chose. C'est toute la beauté de la spirale ascendante dont Je parlais à l'instant. À mesure que le niveau vibratoire des personnes qui s'efforcent d'avoir une vie spirituelle augmente, la fréquence de base du monde et de l'univers augmente également. Cela signifie en fait que vous n'avez pas besoin d'en faire autant que dans le passé pour être au niveau où vous vous situez actuellement, car d'autres avant vous ont accompli un travail suffisant pour vous donner une position de départ plus élevée. Par conséquent, l'accès aux plans spirituels est en réalité un peu plus facile pour vous qu'il ne l'était pour vos prédécesseurs.

La spiritualité sur 2 000 ans d'incarnation humaine

L'Histoire de Dieu

MOI : Dans ce cas, quelle est la différence entre nous et les humains de l'époque de Jésus ? Quelle différence ont apporté 2 000 ans d'incarnation humaine ?
ES : La différence, c'est qu'en général vos esprits sont plus ouverts à la compréhension de la vérité. Vous êtes beaucoup plus nombreux maintenant à vous poser les questions les plus fondamentales et à en conclure que cette vie ne se limite pas à ce que vous en voyez. Et c'est précisément le tremplin dont vous avez besoin dans votre évolution, car ceci est la première étape sur la voie de l'illumination. Lorsque Jésus était vivant, lors de son incarnation sur Terre, il y avait beaucoup moins d'entités incarnées sur Terre qu'aujourd'hui. Cela reflète le fait qu'il y avait un nombre plus restreint de personnes qui se trouvaient engagées sur un cheminement spirituel conscient et que l'opportunité d'augmenter les niveaux de fréquence de la Terre était plus réduite. Si l'on réalise que l'augmentation de la population actuelle a également entraîné une augmentation significative du nombre de personnes consciemment engagées sur un cheminement spirituel évolutif, on comprend alors pourquoi la fréquence de base de la Terre et de l'univers local est bien plus élevée qu'à l'époque de Jésus. La seule différence réside dans le nombre de choses qui bombardent aujourd'hui votre conscience heure par heure et chaque jour qui passe, et qui vous empêchent de vous connecter à ce qui constitue le reste de vous-mêmes : votre véritable soi. Les entités qui étaient incarnées à l'époque de Jésus n'avaient certes pas ce genre de distractions, mais elles devaient d'abord lutter contre une fréquence bien plus basse afin d'accéder aux plans spirituels. Elles devaient étudier pendant la majeure partie de leur vie et leur espérance de vie était bien différente, ce qui constituait un véritable défi à leur élévation dans les fréquences avant de pouvoir atteindre l'illumination.
MOI : Dans ce cas, comment se fait-il que Jésus ait connu l'illumination à un âge si précoce ?
ES : Et comment se fait-il que tu te sois toi-même intéressé aux choses de l'esprit à un âge aussi précoce ?
MOI : Serait-ce dû au fait qu'il est né entouré d'une fréquence localement plus élevée ?
ES : C'est exact, et c'est le cas de tous ceux qui, tout comme toi, se trouvent engagés sur le chemin de l'illumination en ce moment même. Cela ne vous rend pas meilleurs que ceux qui n'ont pas encore emprunté ce chemin, mais cela vous donne l'occasion d'accélérer leur engagement sur ce même chemin. Et c'est pour cela que vous êtes tous ici. Pour aider ceux qui n'ont pas autant de chance que vous à

progresser sur le chemin que vous avez choisi, le chemin qui mène à la véritable illumination.

Un commentaire de l'Origine sur l'éveil à la vraie réalité

MOI : Tu as mentionné précédemment qu'une entité devait évoluer avant de pouvoir s'éveiller à la vraie réalité et accéder ainsi à la connaissance qui existe au sein même de cette réalité. Mais pourquoi une entité aurait-elle besoin d'avoir évolué pour y accéder si elle procède initialement de Toi et de la Source ?

O : En raison de la capacité d'abuser du pouvoir qui vient avec la conscience de la vraie réalité. Si vous pouviez accéder au « TOUT » et que vous n'aviez pas le cœur pur dans votre condition limitée d'incarnation physique, vous n'obtiendriez pas une compréhension globale de l'ensemble, mais seulement celle que vous désirez obtenir. Sur cette base, une entité doit donc évoluer jusqu'au point où elle ne sera pas tentée d'utiliser la connaissance ainsi acquise à des fins d'autoglorification. En revanche, elle doit ressentir le besoin de partager cette connaissance avec d'autres personnes suffisamment conscientes pour s'y intéresser de manière positive. En général, ces personnes sont naturellement de bonne humeur et non agressives ; en fait, elles auraient du mal à être physiquement agressives et ne pourraient jamais donner un coup de poing d'une puissance significative. Et ce sont ces personnes qui diffuseront les enseignements de la vraie réalité afin d'aider l'humanité à sortir du plan physique et à progresser vers la fréquence suivante.

Chapitre 41: Le pardon comme règle de vie dans le monde physique

ES : Le pardon est l'un des principaux fondements du maintien de votre spiritualité et de l'augmentation de vos vibrations au point de pouvoir progresser vers le niveau suivant. Lorsqu'il était incarné, Jésus aurait dit : « Pardonne-leur, Père, car ils ne savent pas ce qu'ils font. » Ce sont de sages paroles, en effet, car cette compréhension qui s'étend jusqu'à la compassion et la connaissance ultimes est basée sur le pardon ultime de tous les méfaits. Quelle que soit l'ampleur de ce méfait et aussi personnel qu'il puisse paraître, apprenez à pardonner au sens le plus large du terme et libérez-vous des pensées de vengeance mesquine qui résultent du fait de s'attarder sur ce méfait. Élevez-vous au-dessus de ces besoins et contemplez la vérité, la vérité que chacun mérite d'être pardonné pour ses petites incartades, aussi personnelles qu'elles puissent paraître à l'individu qui en est l'objet.

MOI : Le pardon semble si simple. Pourquoi ne l'utilisons-nous pas plus souvent ? Cela rendrait le monde bien meilleur !

ES : Oui, et qui plus est, cela résoudrait un grand nombre des problèmes de ce monde, voire tous. Le problème, c'est que les gens disent qu'ils pardonnent, mais qu'en réalité ils ne pardonnent pas complètement. Cela est dû au fait qu'ils ne comprennent pas pleinement ce qu'ils pardonnent ou ce qu'est réellement le pardon. Pour véritablement pardonner à quelqu'un, il faut vraiment comprendre les circonstances qui entourent la motivation de ses actes. C'est alors, et seulement alors, que vous pouvez vous mettre à la place de cette personne et ressentir les émotions qui ont accompagné son action. Mais cela n'est possible que lorsque vous invoquez la fonction empathique de votre véritable soi, laquelle, bien sûr, est disponible à tout moment, si vous vous donnez le temps d'écouter votre soi supérieur. Cette capacité de compréhension ne représente qu'une étape sur le chemin du pardon instantané et inconditionnel qui naît de l'amour inconditionnel pour tous, car il y a un véritable processus à suivre pour parvenir au véritable pardon. Ainsi, lorsque vous serez ouverts et en harmonie avec l'univers et les opportunités qu'il présente pour votre évolution, vous percevrez les actions des autres non pas comme une agression contre vous, mais comme une opportunité pour eux d'évoluer, ainsi que pour vous-mêmes. Cette réalité sera instantanément reconnue et comprise ; et le pardon sera alors instantané et inconditionnel.

MOI : Le pardon est donc un outil puissant qu'il convient d'avoir toujours à sa disposition.

ES : Ce n'est pas un outil. Ce n'est que l'une des règles de la vie dans le monde physique, un moyen pour vous de vous assurer que vous ne saisissez pas systématiquement toutes les occasions d'abaisser vos vibrations et, par conséquent, de perdre le contact avec votre soi supérieur, cette partie restante de vous qui se trouve dans l'Esprit. En réalité, il s'agit d'un besoin fondamental de l'existence dans la vie incarnée. Si l'on considère le nombre de fois par jour où quelqu'un peut vous avoir causé un tort d'une manière ou d'une autre, et que vous l'ignorez ou que vous pensez l'ignorer (un peu comme certaines personnes qui laissent les choses mijoter en arrière-plan), alors vous avez un énorme potentiel soit pour abaisser vos vibrations en vous offusquant des événements que vous avez vécus, soit pour les augmenter en pardonnant à ceux qui ont provoqué ces événements et aller ainsi de l'avant et vous élever vers les fréquences supérieures. La personne sage perçoit tout cela sans avoir besoin de réfléchir davantage à la question et accepte avec joie l'opportunité d'une progression évolutive.

MOI : Mais qu'en est-il des personnes de notre entourage qui pourraient suggérer que nous nous faisons exploiter ou piétiner en pratiquant le pardon ?

Montrer aux autres le processus de pensée du pardon

ES : C'est alors à vous de les aider à surmonter leurs idées préconçues et de leur montrer votre processus de pensée et en quoi il est meilleur. Car ce faisant, vous accomplissez deux choses : 1) vous les aidez à cesser de s'approprier les problèmes des autres et ainsi d'abaisser leur niveau vibratoire en raison d'interactions ou interventions personnelles inutiles ; et 2) vous leur donnez l'occasion d'examiner leurs propres possibilités de pardon lorsqu'elles se présentent, en identifiant la situation dans son ensemble en termes de perte de fréquence suite à une absence de pardon. Cela offre également une occasion supplémentaire de libérer le lien énergétique qui existe entre vous et la personne qui a besoin d'être pardonnée, car ce lien énergétique fait également partie de la loi du karma.

L'Histoire de Dieu

Lien karmique entre l'auteur et le destinataire de ce qui est perçu comme un méfait

MOI : Un lien ? Mais quel est donc ce lien ? Je pensais que si on faisait une chose qui provoque une baisse du niveau vibratoire, cela générait du karma et rien d'autre.

ES : Il existe toujours un lien karmique entre l'auteur et le destinataire d'un méfait. Ce lien lie les deux entités pour l'éternité jusqu'à ce que l'une des deux choses suivantes se produise : 1) la victime accorde son pardon inconditionnel ; et c'est bien l'un des plus grands cadeaux qu'une entité puisse offrir à une autre entité, car cela rompt pour l'éternité le lien karmique qui s'est tissé autour de cette action particulière entre les deux entités ; ou bien 2) l'entité qui a commis le méfait initial subira une action similaire de la part de cette même entité qui a précédemment subi ce méfait.

MOI : Waouh, ce processus semble particulièrement compliqué !

ES : En effet. Et tu peux donc imaginer les innombrables liens qui existent entre les entités qui évoluent dans cette partie de l'univers qui est dédiée à l'incarnation. Il s'agit d'un véritable « imbroglio » qui pourrait être facilement résolu si les entités ayant fait l'objet d'un méfait pardonnaient à celles qui l'ont commis au moment même où elles le subissent. De plus, imagine ceci : si tout le monde se pardonnait mutuellement au moment où une telle action se produit, alors la Terre et toute sa population d'âmes incarnées se trouveraient à un niveau vibratoire significativement plus élevé que celui auquel elles vibrent actuellement. Cela aurait même pour effet d'élever le niveau de conscience individuel au point de pouvoir reconnaître la possibilité même de commettre un tort, élevant ainsi chaque individu au seuil de la conscience universelle pendant son incarnation. Car à un tel stade d'évolution, la situation d'ensemble est reconnue pour ce qu'elle est par chaque entité incarnée, et c'est alors de bon cœur que chacune d'elles élabore une façon de travailler avec cette situation.

MOI : Le pardon est donc la voie à suivre.

ES : Ce n'est pas la seule voie à suivre, mais c'est en effet un élément important parmi toutes les méthodes dont disposent les individus pour progresser sur leur chemin d'évolution.

Chapitre 42: Informations supplémentaires sur la communication avec notre soi supérieur

MOI : As-Tu un autre exemple de la difficulté, pour cette partie de nous-mêmes qui se trouve comprimée dans ce tout petit véhicule d'incarnation sur le plan Terrestre, d'être en contact avec notre soi supérieur ? Je Te pose cette question parce que j'ai essayé d'expliquer cela à certains de mes amis et connaissances en utilisant à la fois l'exemple de la conscience enfermée dans une bouteille et l'exemple des 5 sens contre 5 000 000 de sens, mais cela semble avoir un effet très limité sur leur compréhension du problème.

ES : Je vais Te donner un exemple auquel la plupart des gens devraient pouvoir s'identifier facilement, surtout les plus jeunes, car il concerne les ordinateurs. Considère le problème de la bande passante et du téléchargement d'informations depuis Internet. Si tu considères que tu es toi-même ton ordinateur personnel et que ton vrai soi (ton soi supérieur) correspond à l'ensemble des connaissances du World Wide Web, tu seras plus à même de saisir la nature du problème. Car il faut en effet du temps pour télécharger ou diffuser des données, même par le biais d'une connexion haut débit, surtout lorsque d'autres communications se déroulent en arrière-plan. Les choses sont encore plus lentes lorsque tu essays de télécharger ou de naviguer sur plusieurs sites Internet en même temps. Cela est dû à la bande passante disponible, à la taille du canal conducteur utilisé, ou à la quantité de données qui peuvent être reçues simultanément, ainsi qu'à la puissance de traitement disponible sur ton ordinateur. Cette lenteur génère en toi une grande frustration et limite considérablement ta capacité à obtenir des informations à un moment donné.

Imagine à présent que tu essays de télécharger toutes les informations stockées sur l'ensemble du réseau Internet en une seule fois. Ton ordinateur planterait, assurément, car il ne peut pas fournir la puissance de traitement nécessaire afin de gérer une telle masse d'informations ; et ton fournisseur de services n'a pas non plus la bande passante nécessaire pour y faire face. Eh bien, il en va exactement de même pour les humains qui essaient de communiquer avec leur soi supérieur et de se connecter aux connaissances déposées

L'Histoire de Dieu

dans la mémoire universelle – les archives akashiques. Vous êtes donc limités à la petite quantité de données communiquées que vous êtes en mesure de gérer, une communication que vous attribuez au mieux à votre intuition ou à vos pouvoirs psychiques. De même que certaines personnes ont accès à une plus grande bande passante et à des ordinateurs plus performants et plus rapides, certains humains possèdent une plus grande capacité à communiquer avec leur soi supérieur. Cela est uniquement dû à leur capacité à se connecter à la partie d'eux-mêmes qui dispose de la plus grande bande passante et de la puissance de traitement la plus rapide. Cela implique que vous devez vous accorder du temps : du temps pour observer un moment de silence, puis pour vous écouter vous-mêmes ainsi que l'univers, sans aucune attente, préconception ou jugement intellectuel, simplement avec acceptation.

Chapitre 43: Des anges, des oranges et des pommes

MOI : J'ai également eu quelques doutes sur l'utilisation prolifique, récemment, des anges et des orbes dans le domaine de la spiritualité, et notamment en ce qui concerne l'utilisation des anges, des guides spirituels, des esprits d'animaux, du Reiki, des démons et des archanges comme autant d'intermédiaires faisant autorité pour accéder à l'Esprit et à l'univers. Même mon ancien professeur de guérison suggère à ses anciens élèves de suivre un cours d'un an pour intégrer tout cela dans leurs techniques de guérison ! Mais pour moi, c'est presque comme un pas en arrière.

ES : Eh bien, concrètement c'est bel et bien un pas en arrière, surtout pour quelqu'un comme toi qui est sur le point de connaître l'éveil. Mais cela a cependant son utilité, en particulier pour ceux qui commencent à manifester un certain intérêt pour la spiritualité et qui sont, par conséquent, au début d'une opportunité de connaître l'illumination.

N'oublie pas que les personnes qui manquent d'assurance ou de confiance ont besoin d'un certain niveau d'autorité ou de permission pour s'autoriser à avoir une vie spirituelle, d'où le recours aux églises pour le travail de groupe, les initiations au Reiki, et l'utilisation des cartes dans les lectures de tarot et de messages angéliques. Il s'agit à chaque fois de « béquilles ». Une meilleure explication consisterait à dire qu'il s'agit de points focaux que l'individu utilise pour se connecter aux énergies universelles ou à son soi supérieur. Tu avais toi-même l'habitude d'utiliser ta méthode de comptage des niveaux pour parvenir jusqu'à Moi lors de tes méditations. Eh bien, ici c'est la même chose. En substance, les anges, les guides spirituels indiens, les guides animaux ou les démons ne sont que des étiquettes qui désignent un type spécifique d'énergie ou d'entité énergétique auquel il est possible d'accéder afin d'obtenir des informations ou des connaissances expérientielles.

Mais la véritable question est de savoir pourquoi vous voudriez tous vous limiter à un seul support d'information alors que vous pouvez accéder à la totalité de ces supports ? De plus, pourquoi attribuer un seul type d'information à un seul type d'énergie ?

L'Histoire de Dieu

Permets-Moi de t'expliquer cela plus en détail : si un enfant apprend à compter, nous le laissons compter en pommes, en oranges et en poires. Faute d'expérience, l'enfant les étiquettera séparément ; par conséquent, dans son esprit, 5 pommes, 1 orange et 2 poires équivalent à 5 pommes, 1 orange et 2 poires. S'il ajoute 3 poires, il obtient 5 pommes, 1 orange et 5 poires, l'addition portant uniquement sur les poires. L'enfant n'a pas pensé au fait que la quantité totale de « fruits » est passée de 8 à 11 fruits, car ils sont toujours étiquetés dans son esprit en tant que pommes, oranges et poires, et il ne les considère pas sous l'angle du nom collectif ou de l'étiquette collective du « fruit ». En revanche, si tu supprimes toutes ces étiquettes, tu t'ouvres à des niveaux de compréhension plus élevés, car alors tu ne restreins plus ton accès à la connaissance ni ne l'associes à quelque chose qui est limité en termes d'exemples ou d'explications.

Prenons à présent un autre exemple de pensée limitée avec le mathématicien qui a prouvé la validité du théorème de Fermat. Cet homme s'était limité à l'utilisation d'un type de mathématiques pour commencer la vérification de son théorème, puis à l'utilisation d'un autre type de mathématiques pour la finaliser, ce qu'il pensait dans un premier temps avoir réussi à faire. Mais le problème, c'est qu'il n'avait aucune preuve du calcul qui l'avait conduit du premier type de mathématiques au second. Ce n'est que lorsqu'un jeune mathématicien japonais inventa une autre forme de mathématiques que Fermat comprit que cette nouvelle forme de mathématiques reliait ensemble les modèles mathématiques qu'il utilisait et fournissait ainsi la preuve définitive de la validité de son théorème de Fermat. Il a fallu dix années au mathématicien pour comprendre qu'il devait relier d'une manière ou d'une autre les deux modèles qu'il avait utilisés, jusqu'au moment où il a réalisé que le modèle japonais était précisément le lien qui manquait entre eux. Sa limitation résidait dans l'utilisation d'étiquettes. S'il avait envisagé une perspective mathématique plus large, à savoir que « tout est mathématique », il ne se serait pas imposé ces limitations dès le départ et aurait résolu le théorème de Fermat de la même manière qu'il avait commencé à le faire, c'est-à-dire en puisant dans la connaissance universelle.

C'est exactement le dilemme que l'on retrouve dans l'utilisation des cartes angéliques, du Reiki, ainsi que d'autres supports de guérison ou supports spirituels qui nécessitent ou confèrent une autorité externe afin de valider leur utilisation. Cette approche limite la capacité des individus à puiser dans le « Tout » qui leur est accessible partout dans l'univers. Au lieu de cela, ces différents supports leur permettent uniquement de puiser dans l'énergie spécifique qui se trouve alignée sur une « étiquette » particulière.

Lettre aux lecteurs

Chers lecteurs,

Je sais que l'impact que ces textes auront sur vous dépend en grande partie du stade où vous en êtes dans votre cheminement personnel et de votre niveau d'évolution individuel. Ce que j'espère vraiment, c'est que ce livre captivera votre imagination et vous aidera à vous lancer en toute conscience dans ce travail sérieux qui mène à la réalisation du Soi. Puissiez-vous comprendre que le monde physique n'est qu'une piètre illusion au sein de la réalité plus vaste, et puissiez-vous utiliser ces textes comme point de départ ou comme point de continuation pour entamer ou poursuivre votre parcours personnel qui vous conduira vers de nouveaux sommets. Si les choses se passent ainsi pour vous, alors mon travail aura été couronné de succès.

Vous êtes attiré(e) par ce travail parce que vous souhaitez vous éveiller, vous souvenir de qui vous êtes vraiment, devenir davantage conscient(e), et tout remettre en question. Telle une lumière posée sur votre chemin d'évolution, ces dialogues vous guideront dans votre désir de vous libérer des chaînes du monde physique.

Utilisez ce livre comme une occasion d'inspirer et d'encourager la discussion, le questionnement, la prise de conscience et, à terme, l'évolution des esprits. Partagez-le avec vos amis et vos proches. Où que vous soyez sur le plan Terrestre, sachez qu'IL EXISTE VRAIMENT UNE RÉALITÉ PLUS VASTE.

Choisir d'atteindre la pleine réalisation de qui vous êtes vraiment n'est pas une tâche facile. Cela nécessite de votre part un dévouement constant, une introspection et une endurance constantes, en particulier lorsque le monde matériel se montre aussi irrésistiblement fascinant. Mais le simple fait que vous ayez acheté ou emprunté ce livre, que vous ayez lu l'intégralité de son contenu ou seulement quelques pages que vous avez choisi d'étudier, signifie que vous êtes déjà sur le chemin de l'illumination. Pour cela, je vous remercie du fond du cœur, car votre propre illumination montre la voie à ceux qui vous entourent et aboutira finalement à notre évolution et à notre ascension collectives.

L'Histoire de Dieu

Avec ma gratitude la plus sincère et la plus profonde pour ce voyage évolutif que nous entreprenons tous ensemble,

Guy Steven Needler
Le 1er mars 2011

Annexe

Ce qui suit est tiré des instructions que j'ai reçues de la part de ma professeure de guérison énergétique, Helen Stott, qui a été elle-même une élève directe de l'École de guérison Barbara Brennan (the *Barbara Brennan School of Healing*™).

Comment pratiquer la méditation de l'Essence Pure

L'Essence Pure est la quintessence de qui vous êtes vraiment. Elle est décrite comme la source de l'énergie qui alimente votre corps physique. Elle correspond à l'espace où réside votre âme et elle contient le contenu énergétique de votre manifestation « spirituo-physique », ainsi que la signature vibratoire individuelle de cette énergie incarnée où se niche l'objectif essentiel de votre incarnation. Sans l'âme, votre corps physique ne fonctionnerait pas et votre soi énergétique serait dans l'incapacité d'expérimenter les mondes physiques. La méditation sur la lumière de l'Essence Pure peut être utilisée pour obtenir une protection, une guérison, ainsi que la compréhension du but poursuivi par votre âme. Veuillez prévoir un endroit calme et sans perturbation afin de la pratiquer pendant une durée d'une heure maximum.

1. Tenez-vous debout, les genoux légèrement fléchis, en maintenant un écart entre vos pieds correspondant à celui de vos épaules, tout en laissant les bras et les mains le long du corps.
2. Concentrez-vous sur votre Tan Tien, qui se trouve à 3,8 cm sous votre nombril et sur la ligne médiane du corps. Soyez à l'écoute de ce que vous ressentez. La sensation ainsi ressentie devrait être similaire à celle que vous éprouvez pour le noyau Terrestre. Restez à l'écoute jusqu'à ce que vous ressentiez sa chaleur et son harmonisation avec la résonance de la Terre. [Si vous ne parvenez pas à ressentir cette sensation, utilisez simplement le pouvoir de l'intention pour la développer.]
3. Continuez en prenant conscience de la zone située dans le haut du corps, à environ 6,8 cm sous votre gorge. C'est ce qu'on appelle le Tan Tien moyen. Au niveau harique, le Tan Tien moyen est parfois appelé le « siège de l'âme ». C'est là que résident les aspirations et le plan de vie de l'âme. Ne le confondez pas avec le chakra le plus

proche, c'est-à-dire le chakra du cœur, qui se trouve quelques centimètres en dessous. Lorsque vous vous connectez à votre Tan Tien moyen, vous pouvez parfois éprouver une sensation de « plénitude » à l'intérieur de votre poitrine. [Si vous ne ressentez rien, ce n'est pas grave. Ayez simplement confiance dans le fait qu'il se trouve là et que votre intention est d'y puiser l'énergie désirée.] Il est sphérique et d'apparence claire.
4. À présent, recherchez et ressentez la fine ligne qui va du siège de votre âme (Tan Tien moyen) jusqu'au Tan Tien à proprement parler et jusqu'au centre de la Terre. Connectez-vous alors à votre objectif/plan de vie individuel. Reconnaissez la force qui découle du simple fait d'y être connecté(e).
5. Redressez votre colonne vertébrale. La tête droite, continuez en déplaçant votre conscience vers un point situé au-dessus de votre tête. Imaginez une fine ligne qui part du chakra coronal au sommet de votre tête. À l'aide de votre œil intérieur, remontez cette ligne afin de localiser le vortex de connexion et son ouverture de 1,25 cm. Il se situe à environ 1 mètre au-dessus de votre tête. Écoutez le son aigu qu'il émet. Maintenant, placez votre fine ligne dans cette ouverture. Vous devriez entendre un son semblable à un bruit sec si votre clairaudience fonctionne lorsque la connexion est correctement établie. [Encore une fois, si vous n'êtes pas clairaudient(e), il est possible que vous n'entendiez aucun son spécifique. Ayez simplement l'intention d'établir la connexion et visualisez-vous en train de le faire.]
6. Assurez-vous que la ligne est alignée avec votre corps. Visualisez-la allant de la Terre jusqu'au Tan Tien, puis au siège de l'âme (Tan Tien moyen) et jusqu'au vortex. Il est possible que vous ressentiez alors une sensation d'expansion de conscience.
7. Le fait de traverser le vortex vous mènera à la réalité plus vaste de l'Entité Source (Dieu). Connectez-vous au « chant » de votre âme dans le haut de votre poitrine, ainsi qu'à la créativité de votre Tan Tien. En même temps, ressentez la ligne qui descend jusqu'au noyau Terrestre. Absorbez l'énergie qui en émane. C'est l'alignement dont vous avez besoin pour réaliser l'œuvre de votre vie.

Vous avez maintenant créé une connexion entre le Ciel et la Terre et aligné votre ligne de hara.

Élargissez votre objectif de vie à votre objectif de « groupe »

L'Histoire de Dieu

À présent, tendez la main et détectez les lignes de hara des personnes qui vous sont proches. Cela vous permettra de synchroniser votre objectif de vie avec votre objectif de « groupe », tout en synchronisant également les lignes de hara du groupe. Une fois à ce niveau, vous êtes connecté(e) et synchronisé(e) avec le groupe avec lequel vous travaillez. Vous pourrez alors vous synchroniser avec la communauté plus large qui, à son tour, vous permettra de vous connecter à la ville entière, au reste du pays et au monde entier. De cette façon, vous pouvez vous connecter à l'énergie collective d'un système itératif.

8. Ramenez votre attention sur votre Essence Pure, la quintessence de qui vous êtes vraiment. Vous êtes hors du temps, de l'espace, de l'envie, de la douleur et du désir. Vous « êtes » un créateur. Créez un plan. En tant que créateur, déplacez-vous vers la ligne de hara en apportant l'énergie créatrice (votre plan) avec vous. Il s'agit de votre tâche divine. Maintenant, portez cette énergie au niveau aurique et créez votre modèle pour le plan physique. De cette manière, vous apporterez de l'énergie à votre corps physique. À présent, l'énergie créatrice de la Source se déplace de l'Essence Pure, à travers la tête, jusqu'au siège de l'âme, puis jusqu'au Tan Tien, au niveau harique, et à travers les couches auriques jusqu'au plan physique.
9. Dès qu'un plan créatif est terminé, vous pouvez aller de l'avant et rayonner de votre véritable essence et de votre véritable but. Laissez votre Essence Pure rayonner avec ce but, et votre quintessence imprégner votre aura. Si vous le souhaitez, vous pouvez y revenir et créer d'autres plans.
10. Laissez cette quintessence de votre être irradier à travers les niveaux du soi physique humain, de l'Essence Pure, du siège de l'âme, du Tan Tien, puis sur le hara et enfin l'aura. Permettez-lui de pénétrer chaque cellule de votre corps tout en générant ainsi santé, joie et plaisir pendant que vous êtes dans le monde physique. Tout en vous sera une expression de votre essence divine.

Expérimentez la Source en vous

Grâce à cet exercice, votre « trinité » composée de l'Essence Pure, du siège de l'âme, et du Tan Tien ne fera plus qu'un avec vos sept niveaux auriques qui sont directement associés au plan physique. Vous ferez ainsi l'expérience de la « Source » en vous.

L'Histoire de Dieu

11. Avec votre œil intérieur, observez chaque cellule de votre corps. Chacune d'elles est semblable à l'Essence Pure. Par conséquent, le processus de guérison consiste simplement à vous connecter à la vérité de votre être. Chaque fois que vous souffrez d'une maladie, d'une douleur, d'une colère ou d'une peur, d'une suspicion ou d'une forme d'avidité, ou que vous oubliez votre but, concentrez-vous sur votre Essence Pure. Amenez chaque cellule de votre corps dans la lumière de l'Essence Pure. C'est votre quintessence, votre « dieu » intérieur. La guérison est une simple connexion avec votre mémoire énergétique de qui vous êtes vraiment. Vous recréez alors ce lien, ou votre créativité individuelle. Vous vous souvenez de votre Tâche de vie. Laissez la créativité associée à votre Tâche de vie s'exprimer afin de vous illuminer, vous, la mémoire de qui vous êtes vraiment ainsi que votre cheminement dans cette vie physique. Votre principale directive est de vous souvenir de qui vous êtes vraiment : pour cela, laissez votre Essence Pure vous montrer le chemin.
12. Revenez à présent à votre condition terrestre en retournant lentement dans le monde physique, en rétractant la ligne partant du vortex et de la Terre, et en la ramenant progressivement vers l'Essence Pure.
13. Asseyez-vous. Buvez beaucoup d'eau et reposez-vous. Vous serez dans un état d'euphorie pendant un certain temps.

Comment créer un bouclier/filtre énergétique efficace

Chaque chakra est associé à une couche aurique. Le chakra n°1, ou chakra de base, est lié à la première couche de l'aura : l'éthérique. Le chakra n°2, ou chakra sacré, est lié à la deuxième couche de l'aura : l'émotionnel, et ainsi de suite jusqu'au chakra n°7, le chakra couronne, qui est lié à la septième couche aurique : la matrice kéthérique. Notez également que chaque chakra est présent, en partie, sur chacune des fréquences représentées par les couches auriques, que j'appellerai à présent des « niveaux ». Vous verrez donc la totalité des sept chakras (A : avant/antérieur, et B : arrière/postérieur) par rapport à la forme humaine chaque fois que vous expérimenterez chacun des niveaux auriques séparément.

En réalité, il existe 14 niveaux associés au plan physique (dont dix sont associés au corps humain : les niveaux 1 à 3 sont associés au plan physique, les niveaux 4 à 7 sont associés au plan spirituo-physique, et les niveaux 8 à 10 sont associés au plan spirituel). Cependant, cette

L'Histoire de Dieu

répartition n'est pas encore largement reconnue (bien que certains spiritualistes commencent maintenant à reconnaître les 8e et 9e niveaux). Sept niveaux (de 1 à 7) correspondent aux quatre niveaux auriques associés au plan physique brut, et trois niveaux sont associés au plan spirituo-physique. Le 4e niveau est associé au chakra du cœur et constitue le lien qui relie le plan physique brut et le plan spirituo-physique. Il a pour ainsi dire un pied dans les deux mondes. Les sept niveaux auriques supérieurs (de 4 à 10) sont également associés au plan spirituo-physique et au plan spirituel, mais constituent le lien entre le vrai soi et sa partie incarnée. C'est grâce à ce lien personnel que nous pouvons utiliser ces niveaux supérieurs en conjonction avec les niveaux inférieurs, comme des filtres programmables. Il existe d'autres niveaux, comme vous l'avez appris dans ce livre, à partir du onzième niveau, mais ils sont purement énergétiques.

1. Tenez-vous debout, les genoux légèrement fléchis, en maintenant un écart entre vos pieds correspondant à celui de vos épaules, et en laissant les bras et les mains le long du corps. Concentrez-vous sur votre aura. Ressentez le premier niveau, c'est-à-dire le niveau éthérique ; ressentez et reconnaissez sa présence, et attribuez-le à votre chakra de base, car ils sont liés. Ce sera votre ancrage : imaginez qu'il s'agit de votre lien avec la Terre. Vous en aurez besoin lorsque vous travaillerez avec les six niveaux supérieurs jusqu'à ce que vous vous y soyez habitué(e).Ce sera le paratonnerre qui vous permettra de court-circuiter les énergies lourdes vers le sol si elles sont supérieures à ce que vous pouvez supporter. Remarque : certaines personnes présentent des zones plus épaisses ou inversement des trous dans leurs différents niveaux auriques, et dans le niveau spirituo-physique le plus bas, l'astral, des débris ou entités énergétiques peuvent également y être attachés en raison d'un dysfonctionnement énergétique/d'une maladie physique. Pour cet exercice, imaginez une forme d'œuf pure, claire, entière, et non infestée pour représenter votre niveau aurique. Ignorez les couleurs, car elles ne sont pas importantes dans le cadre de cet exercice. Imaginez que vous êtes dans un ascenseur, au premier étage (premier chakra), et que ce premier étage possède une fréquence qui lui est associée.
2. Imaginez ensuite que vous montez d'un étage en prenant un ascenseur qui vous emmène jusqu'au niveau suivant ; au 2e niveau, où la fréquence est plus élevée et plus fine. Reliez le 2e chakra au 2e niveau aurique. Ressentez sa présence et sa plénitude. Reliez

ensuite le 1er et le 2e niveaux ensemble en inondant l'espace situé entre ces deux « œufs » d'une énergie qui laisse entrer et sortir tout ce que vous voulez, sauf les énergies et les fréquences associées aux problèmes que vous rencontrez actuellement. Il n'est pas nécessaire de comprendre pleinement la structure, la fréquence et l'amplitude de l'énergie associée à ces problèmes, car ici c'est l'intention qui compte. C'est cette énergie « bloquante » qui vous sert de filtre.

3. Continuez le processus utilisé aux niveaux 1 et 2 avec les niveaux 3, 4, 5, 6 et 7 à mesure que vous franchissez chaque niveau dans votre ascenseur mental, en ressentant et en visualisant la forme et la structure du niveau concerné, en reliant les chakras aux niveaux auriques et en inondant les espaces situés entre les niveaux auriques avec l'énergie bloquante entre les niveaux 2 et 3, les niveaux 3 et 4, les niveaux 4 et 5, les niveaux 5 et 6 et les niveaux 6 et 7. Les fréquences deviennent de plus en plus fines à mesure que vous montez. Vérifiez votre ancrage.

4. Lorsque vous avez atteint cet objectif et que vous êtes satisfait(e) de l'intégrité de la structure, vous pouvez passer à la tâche suivante. Si vous avez des doutes quant à l'intégrité de la structure, vous devrez recommencer au niveau où se situent ces doutes. À ce stade, vous vous trouvez à un niveau élevé (pour la plupart des gens), alors prenez votre temps.

5. Revérifiez votre ancrage. Imaginez les six niveaux suivants (8, 9, 10, 11, 12 et 13) individuellement. Utilisez la méthode de l'ascenseur mental pour atteindre chaque niveau et ressentez à nouveau chaque niveau. Remarquez comment chaque niveau est différent des autres et ressentez les énergies associées à chacun d'eux. Aucun chakra n'étant présent à ces niveaux, cette partie est plus facile à réaliser.

6. Une fois arrivé(e) au 14e niveau, il est possible que vous ressentiez un niveau de conscience accru. Ignorez toute image « étrange » ou dérangeante qui pourrait apparaître en raison de votre peur d'être trop élevé(e) dans les niveaux. Cela arrive parfois aux individus à ce niveau et pourrait se produire à n'importe quel niveau supérieur. Concentrez-vous sur la tâche à accomplir. Rassemblez tous les niveaux, chacun l'un sur l'autre, de manière à ce qu'ils soient tous superposés les uns aux autres. Comblez l'espace situé entre le niveau 7 et le niveau 8 uniquement avec l'énergie bloquante. Imaginez ces sept niveaux supérieurs comme un feuilleté (en forme de sandwich) qui ne laisse passer que les énergies que vous

souhaitez laisser passer. En cas de doute, bloquez toutes les énergies, à l'exception bien sûr des énergies essentielles et nécessaires à votre fonctionnement, et pas seulement celles qui sont à l'origine du problème. Imaginez que ce dispositif est totalement imprenable. Ressentez la sécurité qu'il vous offre.
7. Attribuez à votre filtre une durée de vie en jours, semaines, mois ou années, ou correspondant à la totalité de votre séjour dans le monde physique. Cela lui conférera une fonction automatique. Ne vous inquiétez pas ; vous pourrez toujours désactiver ce filtre manuellement en le démontant selon la méthode inverse de celle que vous avez utilisée pour le créer.
8. Vérifiez votre ancrage. Il est facile de perdre pied à ce stade de l'exercice. Redescendez les niveaux lentement, un par un, en utilisant votre ascenseur mental.
9. Respirez profondément et buvez beaucoup d'eau, car cela vous aidera également à vous ancrer. Si vous vous sentez étourdi(e), allongez-vous immédiatement. Buvez encore plus d'eau. Il s'agit d'une réaction naturelle. Si vous ne vous sentez pas étourdi(e), sortez quelques minutes afin de respirer de l'air frais à l'extérieur. Ensuite, faites une sieste. Car vous SEREZ fatigué(e) (y compris le lendemain).

Bravo ! Vous venez de créer un bouclier/filtre matriciel complet et entièrement intégré.

Les noms des chakras
- Premier chakra - Couleur : rouge - appelé chakra de base/racine ou chakra Muladhara - Association anatomique : glandes surrénales ; colonne vertébrale, reins
- Deuxième chakra - Couleur : orange - appelé chakra sacré ou chakra Svadhishthana - Association anatomique : gonades ; système reproducteur
- Troisième chakra - Couleur : jaune - appelé chakra solaire ou chakra Manipura - Association anatomique : pancréas ; estomac, foie, vésicule biliaire, système nerveux
- Quatrième chakra - Couleur : vert - appelé chakra du cœur ou chakra Anahata - Association anatomique : thymus ; cœur, sang, nerf de Vegas, système circulatoire
- Cinquième chakra - Couleur : bleu - appelé chakra de la gorge ou chakra Vishuddha - Association anatomique : thyroïde ; système bronchique et vocal, poumons, tube digestif

L'Histoire de Dieu

- Sixième chakra - Couleur : indigo - appelé chakra du troisième œil ou chakra Ajna - Association anatomique : hypophyse ; cerveau inférieur, œil gauche, oreilles, nez, système nerveux
- Septième chakra - Couleur : violet - appelé chakra de la couronne ou chakra Sahasrara - Association anatomique : glande pinéale ; cerveau supérieur, œil droit
- Les chakras situés à l'avant du corps humain (appelés « chakras A ») sont associés à nos intentions
- Les chakras situés à l'arrière du corps humain (appelés « chakras B ») sont associés à nos actions

Fonction psychologique des chakras
- Chakra 1 : quantité d'énergie physique, volonté de vivre
- Chakra 2A : qualité de l'amour pour le sexe opposé, donner et recevoir du plaisir mental et spirituel
- Chakra 2B : qualité de l'énergie sexuelle
- Chakra 3A : plaisir et générosité, sagesse spirituelle, conscience de l'universalité de la vie et de qui vous êtes vraiment dans l'univers
- Chakra 3B : guérison et intentionnalité envers votre santé
- Chakra 4A : sentiments profonds d'amour envers les autres êtres humains, ouverture à la vie
- Chakra 4B : volonté de l'ego, ou volonté envers le monde extérieur
- Chakra 5A : appropriation et assimilation des connaissances
- Chakra 5B : sens de soi au sein de la société et de sa profession
- Chakra 6A : capacité à visualiser et à comprendre les concepts mentaux
- Chakra 6B : capacité à concrétiser des idées de manière pratique
- Chakra 7 : intégration de la personnalité à la vie et aux aspects spirituels de l'humanité

Nom, apparence et fonction des couches/niveaux auriques
- Couche aurique 1 - Nom : corps éthérique - Aspect : réseau de minuscules lignes d'énergie bleues - Fonction : matrice énergétique ou modèle du corps physique
- Couche aurique 2 - Nom : couche émotionnelle - Aspect : nuages colorés en mouvement fluide continuel - Fonction : exprime et permet la communication d'informations émotionnelles ou de sentiments d'amour, de joie, de colère, etc.
- Couche aurique 3 - Nom : corps mental - Aspect : lumière jaune vif structurée émanant de la tête et des épaules du corps - Fonction : contient la structure de nos pensées et de nos idées

L'Histoire de Dieu

- Couche aurique 4 - Nom : niveau astral - Aspect : nuages informes de couleurs infusées de lumière rose - Fonction : facilite la transition de l'énergie spirituelle vers l'énergie physique et de l'énergie physique vers l'énergie spirituelle. L'amour qui existe entre deux personnes se manifeste à ce niveau.
- Couche aurique 5 - Nom : matrice éthérique - Aspect : a l'apparence d'un négatif de photographie bleu composé de lignes d'un bleu cobalt - Fonction : le plan ou la forme parfaite que le corps éthérique doit remplir
- Couche aurique 6 - Nom : corps céleste - Aspect : lumière chatoyante composée de couleurs pastel, le tout agrémenté d'un éclat doré et argenté - Fonction : la communication de l'amour inconditionnel et de « l'unité avec Dieu »
- Couche aurique 7 - Nom : Matrice kéthérique - Aspect : matrice hautement structurée composée de minuscules fils de lumière or-argent au sein d'une forme d'œuf qui montre la structure du corps physique et de tous les chakras - Fonction : accumulation de tranches de vies passées ; plan de vie ; maintien de la cohésion des corps auriques
- Couches auriques 8 à 10 - Nom : aucun nom identifié - Aspect : structure d'une délicatesse diaphane, de plus en plus fine à mesure que l'on monte dans les couches supérieures, et se terminant par une absence totale de structure - Fonction : communication/lien principal avec le soi véritable et pleinement énergétique

Comment expérimenter les niveaux évoqués dans L'Histoire de Dieu

Parce que les arbres offrent un bon niveau de stabilité fréquentielle, de nombreuses personnes choisissent de pratiquer la méditation à des niveaux de fréquence plus élevés en s'asseyant parmi les arbres ou en s'appuyant contre le tronc d'un arbre. Certaines personnes progressent mieux et se sentent en effet plus en sécurité en présence des arbres. Les arbres sont constamment connectés au moyen d'ancrage universel qu'est l'eau et forment collectivement un esprit de groupe. Ils se délectent d'un contact humain bienveillant et aimant et représentent un cadre parfait pour apprendre à traverser les nombreux niveaux qui se situent au-dessus du 7e niveau.

Cet exercice illustre la méthode de base que j'ai initialement utilisée pour élever mes fréquences aux niveaux requis afin de transcender les sept niveaux généralement associés au corps

L'Histoire de Dieu

physique/spirituo-physique, passer par les sept niveaux spirituels/énergétiques suivants, puis continuer vers le haut jusqu'aux niveaux où résident les Om, Byron, ainsi que d'autres entités énergétiques. Avec de la pratique, on peut également y entamer un dialogue avec l'Entité Source et l'Origine.

1. Trouvez une pièce calme où vous ne serez pas dérangé(e).
2. Tenez-vous debout, les genoux légèrement fléchis, en maintenant un écart entre vos pieds correspondant à celui de vos épaules, et en laissant les bras et les mains le long du corps.
3. Ancrez-vous en imaginant une corde d'escalade attachée à votre taille et vous reliant à une ancre profondément enfoncée dans le sol. Vous en aurez besoin et vous devrez continuer à vous référer à ce lien d'ancrage tout au long de cet exercice. Cela vous aidera à revenir dans le plan physique.

Chaque chakra est associé à un niveau aurique. Imaginez-les en train de s'ouvrir dans l'ordre. Cela vous permettra de vous élever jusqu'au niveau et à la fréquence de cette couche aurique.

4. Concentrez-vous sur votre chakra de base. Imaginez qu'il s'ouvre. Ressentez le niveau éthérique. Puis, passez à ce niveau.
5. Passez au deuxième chakra, le chakra sacré. Ouvrez-le, et ressentez la présence du deuxième niveau aurique : le niveau émotionnel. Puis, passez à ce niveau.
6. De la même manière, passez aux troisième, quatrième, cinquième, sixième et septième chakras, aux couches auriques et aux niveaux de fréquence associés.
7. Arrêtez-vous au septième niveau. Visualisez le chakra couronne ouvert et la présence de la matrice kéthérique. Vous êtes à présent à la fin de la nature physique de votre humanité. Vérifiez votre ancrage. Ressentez le niveau. Habituez-vous-y. Les niveaux 8 à 10 sont purement spirituels, et les niveaux 11 et au-delà sont quant à eux purement énergétiques.
8. Imaginez ensuite un ascenseur doté d'une série de boutons. Chaque bouton représente un niveau de fréquence allant de 8 à 100, ainsi que des boutons indiquant « S » pour le sol, et « L » pour la descente ou la montée « lente ». Afin d'assurer une continuité méthodologique, vous pouvez inclure ultérieurement des boutons numérotés de 1 à 7 si vous le souhaitez. Imaginez qu'une simple pression sur l'un de ces boutons vous amène dans une ascension

L'Histoire de Dieu

verticale linéaire jusqu'au niveau sélectionné. Par conséquent, une pression sur le niveau 20 vous amène au niveau 20 via les niveaux 8, 9, 10, 11, 12, etc., de manière lente et méthodique.

9. Imaginez également l'accès à une cage d'escalier située à côté de l'ascenseur de l'étape 8 ci-dessus. Cette cage d'escalier comporte également une série de marches menant à chacun des paliers/niveaux désirés. Le fait de gravir ces marches reproduit la façon de monter le long des niveaux de fréquence. Cette cage d'escalier doit être utilisée si vous êtes réticent(e) à monter d'un niveau en utilisant la méthode de l'ascenseur. L'utilisation des escaliers vous permettra d'effectuer une transition plus lente et beaucoup plus douce d'un niveau à l'autre.
10. Vérifiez toujours votre ancrage, car il est facile de perdre pied lorsque vous vous trouvez à des niveaux supérieurs au niveau physique/au 7e chakra.

Mais à ce stade, je dois cependant vous mettre en garde. Je ne recommande pas de franchir tous les niveaux supérieurs d'un seul « bond » vers le haut. Franchissez-les un par un. Habituez-vous à la sensation de chaque niveau et gagnez progressivement en confiance. En termes de fréquences, vous êtes loin de ce à quoi vous pouvez être habitué(e). Progressez d'un niveau ou deux à la fois au-dessus du huitième niveau. Ce n'est PAS la même chose que de créer un bouclier ou un filtre, car votre attention n'est pas fixée sur vos propres champs énergétiques. Une progression trop rapide se traduira par des images perturbatrices, qu'il est possible que vous visualisiez dans tous les cas. Au début, il n'est donc pas judicieux de monter trop vite dans les fréquences. Il est préférable de s'y habituer par petites doses successives. Et le fait de s'élever au-dessus du quatorzième niveau nécessite un ré-ancrage ; alors n'oubliez pas de toujours envoyer une autre corde jusqu'à l'ancre qui vous maintient au sol.

11. Lorsque vous aurez pratiqué ceci plusieurs fois et atteint le quatorzième niveau, regardez autour de vous avec votre œil intérieur. Restez attentif/attentive à toute communication avec les entités présentes à ce niveau. Ce type de communication peut s'effectuer par claraudience, clairvoyance et/ou clairsentience.
12. Lorsque vous êtes prêt(e), redescendez lentement les niveaux un par un en utilisant votre ascenseur mental.
13. Respirez profondément. Si vous vous sentez étourdi(e), allongez-vous immédiatement. Buvez beaucoup d'eau, car cela vous aidera

à vous ancrer. Il s'agit d'une réaction naturelle. Si vous vous sentez bien, buvez également beaucoup d'eau afin de vous aider à vous ancrer. Sortez quelques minutes, respirez de grands bols d'air frais, puis allongez-vous. Vous SEREZ fatigué(e) (y compris le lendemain).

Si le fait de vous trouver à un niveau spécifique vous préoccupe ou vous inquiète, retournez dans l'ascenseur et sélectionnez le bouton S/sol du niveau de physicalité intégrale. Choisissez également le bouton « L » pour obtenir une descente lente. Le fait de descendre trop vite est aussi préjudiciable que le fait de monter trop haut. Ne restez pas à un niveau où vous vous sentez mal à l'aise. Si vous ne vous sentez pas à l'aise à un moment donné, quel que soit le niveau, descendez à un niveau où vous vous sentez en joie ou bien descendez complètement jusqu'au sol.

Au fil des jours ou des semaines, montez lentement vers des niveaux de plus en plus élevés (tout en gardant à l'esprit votre ancrage ainsi que le niveau de confort qui vous convient). N'oubliez pas de prendre votre temps. À terme, vous serez capable de traverser tous les niveaux et serez même en mesure de transcender cette méthode « mécanique » de traversée des fréquences.

Illustration des niveaux de fréquences

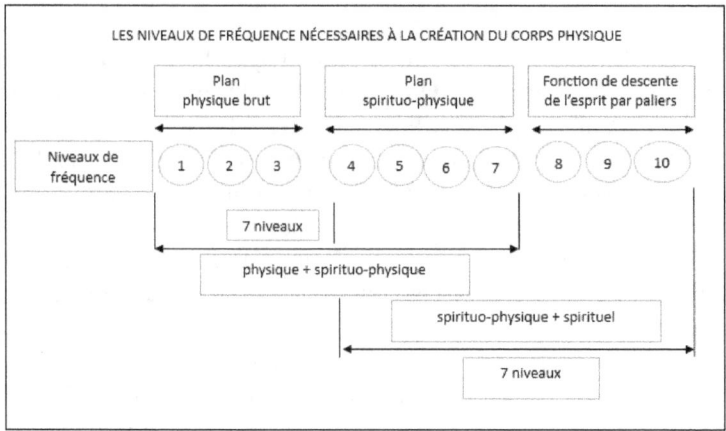

Glossaire

- ADN : Acide désoxyribonucléique.
- ARN : acide ribonucléique.
- Archives akashiques : elles constituent un enregistrement éternel du passé, du présent et du futur de chacune des actions de l'humanité et de son évolution ultérieure.
- Aura humaine : désigne les champs énergétiques associés aux composantes physiques et astrales du corps humain.
- Big Bang : désigne la théorie « scientifique » actuellement en vigueur sur la création de l'univers.
- Canard doré : expression liée au cricket qui indique que vous avez été éliminé(e) dès votre tout premier lancer de balle lors de votre première participation à un match de cricket. Lors de ma conversation avec Byron, je pensais vraiment savoir tout ce qu'il y avait à savoir sur le temps, mais lorsque Byron a déclaré que le temps était sphérique, dès sa première phrase sur le sujet, toutes mes connaissances préconçues en la matière ont volé en éclats.
- Carburant « 4 étoiles » : désigne une essence à indice d'octane élevé.
- Chakra : désigne un centre énergétique du corps humain.
- Coadunation : désigne un ensemble connecté de civilisations qui forment toutes des collectifs à part entière.
- Cordon d'argent : désigne la connexion avec notre « soi supérieur » énergétique. C'est en quelque sorte l'opposé du Hara qui nous ancre énergétiquement à la Terre. Certaines personnes disposant d'une capacité accrue à communiquer avec l'Esprit sont dotées de deux cordons d'argent.
- Déphasé/déconnecté : terme que j'utilisais au départ pour décrire le fait d'être proche de l'évanouissement.
- Dysfonctionnement : désigne une fonctionnalité non conforme.
- Échange à chaud (« hot swap » ou « hot swapping » en anglais) : terme appliqué aux périphériques informatiques et utilisé afin de décrire le retrait ou le branchement d'un périphérique sans coupure de l'alimentation. Dans le contexte

L'Histoire de Dieu

spirituel, cette expression désigne un échange d'âme dans un corps humain physique sans qu'il soit nécessaire au corps de mourir ou de naître pour que cet échange ait lieu. C'est ce que l'on appelle parfois un « walk-in ».
- Entité Dragon/Byron : désigne un être relevant de l'énergie du 27e niveau.
- Entité Source : désigne dans cet ouvrage l'entité que nous appelons Dieu et qui est le créateur de notre multivers.
- Espace nul : désigne l'espace situé entre les univers et qui permet de se déplacer d'un univers à l'autre.
- Esprit de groupe/collectif : désigne un ensemble d'entités qui partagent une fonction mentale unique, comme les fourmis, les arbres, et la plupart des autres êtres énergétiques qui peuplent cet univers.
- Essence Pure : le « Hara » ou « l'Essence Pure » sont en substance une seule et même chose, à l'exception du fait que l'Essence Pure tend à être associée à l'âme ou à l'individualité de l'énergie incarnée (c'est-à-dire sa signature vibratoire) et à l'objectif essentiel de son incarnation.
- Essence sans plomb : désigne un carburant à faible indice d'octane et dont le taux de plomb est nul.
- Fréquentiel : fait référence aux fréquences séquentielles de l'espace fréquentique (voir ci-dessous).
- Fréquentique : fait référence à l'espace multi-fréquentiel.
- Hara : désigne l'énergie associée à la partie de l'entité qui est incarnée.
- Holographique : désigne une représentation tridimensionnelle.
- Hum : désigne ici un être énergétique aimé des Om. Hum a été envoyé par les Om afin de m'aider dans mes premiers stades de connectivité continue avec les fréquences et dimensions des niveaux supérieurs.
- Hyperespace : désigne un moment de phase fréquentielle et dimensionnelle qui diffère des graduations normales de phase et qui permet de se déplacer entre les environnements dimensionnels et fréquentiels.
- Ligne de Hara : désigne la connexion qui existe entre l'énergie de l'entité incarnée et la « Terre » physique. Il s'agit en fait du lien qui nous maintient ici dans le plan physique. Le fait de couper la Ligne de Hara (en japonais, le « Hara-Kiri » ou

« Seppuku » désigne une forme de suicide cérémoniel) revient à rompre la connexion du Hara au corps physique, ce qui entraîne la mort physique de l'individu.
- Macro-univers : désigne un univers complet au sein duquel notre propre univers constituerait un niveau subatomique.
- Matrice éthérique : voir la section de l'annexe consacrée au nom, à l'aspect et à la fonction des couches/niveaux auriques.
- Matrice kéthérique : voir la section de l'annexe consacrée au nom, à l'aspect et à la fonction des couches/niveaux auriques.
- Mécanique dimensionnelle : désigne une méthode de création d'une dimension au sein d'une autre dimension.
- Méditations de l'Essence Pure : désigne une méthode de méditation axée sur la compréhension de notre plan de vie, de notre Tâche de vie ou de la raison de notre incarnation en accédant à notre être supérieur via le Hara ou l'Essence Pure).
- Micro-univers : désigne un univers complet à l'échelle subatomique.
- Multivers : désigne un environnement abritant une myriade d'univers.
- Niveaux d'énergie : distance qui sépare chaque niveau, en cohérence avec les différences de fréquence des niveaux auriques humains.
- Om : désigne des êtres de nature énergétique qui ne sont pas originaires de la Terre.
- Origine : désigne le créateur des 12 Entités Sources qui existent au sein de l'Origine elle-même, autrement dit le Dieu suprême qui est une entité d'énergie pure et sentiente.
- Ovni : Objet Volant Non Identifié.
- Plan fréquentiel : désigne une fréquence séquentielle singulière.
- Prendre le taureau par les cornes : cette expression fait ici référence à une façon d'augmenter votre niveau de compréhension. En effet, c'est une chose de « comprendre » intellectuellement un phénomène, mais le fait de reconnaître pleinement les détails qui sous-tendent le véritable niveau de compréhension en question ici et d'y croire de tout son cœur (au plus profond de soi) en est une tout autre. « Prendre le taureau par les cornes » est donc ici une façon de dire que, dans ce cas, je comprenais mais n'appréciais pas pleinement la connaissance acquise au point de la « connaître » d'un point

de vue véritablement fondamental et de l'accepter comme un fait à part entière.
- Psychométrie : technique qui permet d'obtenir des informations d'ordre spirituel sur un objet ou sur une personne par simple contact tactile.
- Simulacre : désigne une représentation similaire à l'original ou particulièrement ressemblante à celui-ci.
- Spirituo-physique : désigne la zone intermédiaire où les niveaux physique et spirituel se rencontrent et s'interpénètrent.
- Tan Tien : désigne l'endroit du corps physique/aurique où le centre ou la pointe de l'Essence Pure/Hara/âme est dominant. Dans le cas de la cérémonie japonaise du Hara-Kiri, la rupture de la ligne de Hara doit également passer par le Tan Tien afin de garantir que l'énergie de l'âme est effectivement libérée de ses liens terrestres.
- Télékinésie : désigne la mise en lévitation d'un objet ou d'une personne par application de la pensée pure.
- Téléportation : désigne la capacité de dissoudre et de matérialiser le corps physique à volonté tout en changeant de lieu au cours du processus.
- Trou de ver : sur le plan physique, désigne une zone où deux fréquences se connectent l'une à l'autre. Il est possible d'utiliser des trous de ver pour sauter d'une fréquence à l'autre.
- Trou noir : sur le plan physique, il s'agit d'une zone de densité gravitationnelle locale. Sur le plan spirituel, l'expression désigne une zone d'instabilité dimensionnelle stable, c'est-à-dire une « dimension dans une dimension ».
- Univers mineur : désigne un univers de moindre contenu en termes de dimension, de fréquence et de peuplement, c'est-à-dire un univers de moindre importance.

À propos de l'auteur

Guy Needler (MBA, MSc, CEng, MIET, MCMA) a d'abord suivi une formation d'ingénieur en mécanique et a rapidement progressé pour devenir ingénieur agréé en électricité et en électronique. Cependant, tout au long de cette formation bien terrestre, il a toujours été conscient de la réalité plus vaste qui l'entourait en percevant des fragments des mondes spirituels. C'est notamment pendant la période allant de son adolescence jusqu'au début de la vingtaine qu'il s'est plongé dans la lecture des textes spirituels de son époque et a médité intensément. Ses guides lui ayant ensuite conseillé de se concentrer sur sa contribution terrestre pendant un certain temps, il a alors réduit l'intensité de son travail spirituel jusqu'à la fin de la trentaine, période pendant laquelle il a été de nouveau éveillé à l'importance de ses fonctions spirituelles. Au cours des six années suivantes, il a obtenu son diplôme de Maître Reiki et s'est engagé pendant quatre années à apprendre les techniques de thérapie énergétique et vibratoire auprès d'Helen Stott, une étudiante directe de la *Barbara Brennan School of Healing*™, qui comprenait également un projet de développement personnel (y compris la psychothérapie) comme prérequis du cours en utilisant la méthodologie Pathwork™, décrite par Susan Thesenga, en association avec d'autres méthodologies de Donovan Thesenga, John et Eva Pierrakos. Sa formation et son expérience en thérapies énergétiques lui ont valu d'être membre de la Complementary Medical Association (MCMA).

Outre ses capacités de guérison, ses associations spirituelles incluent la capacité de canaliser des informations depuis les plans spirituels, avec notamment un contact constant avec d'autres entités de notre multivers, son soi supérieur ainsi que ses guides. C'est cette faculté de canalisation qui a donné naissance à L'Histoire de Dieu et a permis de générer depuis lors bien d'autres ouvrages.

Pour s'ancrer, Guy pratique et enseigne l'Aïkido. Fort de plusieurs décennies d'expérience dans ce domaine, il est entraîneur national 5e Dan et travaille actuellement sur l'utilisation de l'énergie spirituelle dans l'aspect physique de cet art.

Guy répond volontiers aux questions sur la physique spirituelle et sur qui est Dieu et ce qu'Il/Elle est.

Site Internet : https://www.beyondthesource.org/

Courriel : thehistoryofgod@btinternet.com

Other Books by Ozark Mountain Publishing, Inc.

Dolores Cannon
A Soul Remembers Hiroshima
Between Death and Life
Conversations with Nostradamus,
  Volume I, II, III
The Convoluted Universe -Book One,
  Two, Three, Four, Five
The Custodians
Five Lives Remembered
Horns of the Goddess
Jesus and the Essenes
Keepers of the Garden
Legacy from the Stars
The Legend of Starcrash
The Search for Hidden Sacred
  Knowledge
They Walked with Jesus
The Three Waves of Volunteers and the
  New Earth
A Very Special Friend
Aron Abrahamsen
Holiday in Heaven
James Ream Adams
Little Steps
Justine Alessi & M. E. McMillan
Rebirth of the Oracle
Kathryn Andries
Time: The Second Secret
Will Alexander
Call Me Jonah
Cat Baldwin
Divine Gifts of Healing
The Forgiveness Workshop
Penny Barron
The Oracle of UR
The Oracle of UR, Book 2
P.E. Berg & Amanda Hemmingsen
The Birthmark Scar
The Birthmark Scar, Book 2
Dan Bird
Finding Your Way in the Spiritual Age
Waking Up in the Spiritual Age
Julia Cannon
Soul Speak – The Language of Your
  Body
Jack Cauley
Journey for Life
Ronald Chapman
Seeing True
Jack Churchward
Lifting the Veil on the Lost
  Continent of Mu
The Stone Tablets of Mu

Carolyn Greer Daly
Opening to Fullness of Spirit
Patrick De Haan
The Alien Handbook
Paulinne Delcour-Min
Cosmic Crystals!
Divine Fire
Holly Ice
Spiritual Gold
Anthony DeNino
The Power of Giving and Gratitude
Joanne DiMaggio
Edgar Cayce and the Unfulfilled
  Destiny of Thomas Jefferson
  Reborn
Paul Fisher
Like a River to the Sea
Anita Holmes
Twidders
Aaron Hoopes
Reconnecting to the Earth
Edin Huskovic
God is a Woman
Patricia Irvine
In Light and In Shade
Kevin Killen
Ghosts and Me
Susan Linville
Blessings from Agnes
Donna Lynn
From Fear to Love
Curt Melliger
Heaven Here on Earth
Where the Weeds Grow
Henry Michaelson
And Jesus Said – A Conversation
Andy Myers
Not Your Average Angel Book
Holly Nadler
The Hobo Diaries
Guy Needler
The Anne Dialogues
Avoiding Karma
Beyond the Origin
Beyond the Source – Book 1, Book 2
The Curators
The History of God
The OM
The Origin Speaks
Psycho Spiritual Healing
Kelly Nicholson
Ethel Marie

For more information about any of the above titles, soon to be released titles,
or other items in our catalog, write, phone or visit our website:
PO Box 754, Huntsville, AR 72740|479-738-2348/800-935-0045|www.ozarkmt.com

Other Books by Ozark Mountain Publishing, Inc.

James Nussbaumer
And Then I Knew My Abundance
Each of You
Living Your Dram, Not Someone Else's
The Master of Everything
Mastering Your Own Spiritual Freedom
Sherry O'Brian
Peaks and Valley's
Gabrielle Orr
Akashic Records: One True Love
Let Miracles Happen
Nick Osborne
A Ronin's Tale
Nikki Pattillo
Children of the Stars
A Golden Compass
Victoria Pendragon
Being In A Body
Sleep Magic
The Sleeping Phoenix
Alexander Quinn
Starseeds What's It All About
Debra Rayburn
Let's Get Natural with Herbs
Charmian Redwood
A New Earth Rising
Coming Home to Lemuria
David Rousseau
Beyond Our World, Book 1
Beyond Our World, Book 2
Richard Rowe
Exploring the Divine Library
Imagining the Unimaginable
Garnet Schulhauser
Dance of Eternal Rapture
Dance of Heavenly Bliss
Dancing Forever with Spirit
Dancing on a Stamp
Dancing with Angels in Heaven
Annie Stillwater Gray
The Dawn Book
Education of a Guardian Angel
Joys of a Guardian Angel
Work of a Guardian Angel

Manuella Stoerzer
Headless Chicken
Blair Styra
Don't Change the Channel
Who Catharted
Natalie Sudman
Application of Impossible Things
L.R. Sumpter
Judy's Story
The Old is New
We Are the Creators
Artur Tradevosyan
Croton
Croton II
Jim Thomas
Tales from the Trance
Jolene and Jason Tierney
A Quest of Transcendence
Paul Travers
Dancing with the Mountains
Nicholas Vesey
Living the Life-Force
Dennis Wheatley/ Maria Wheatley
The Essential Dowsing Guide
Maria Wheatley
Druidic Soul Star Astrology
Sherry Wilde
The Forgotten Promise
Lyn Willmott
A Small Book of Comfort
Beyond all Boundaries Book 1
Beyond all Boundaries Book 2
Beyond all Boundaries Book 3
D. Arthur Wilson
You Selfish Bastard
Stuart Wilson & Joanna Prentis
Atlantis and the New Consciousness
Beyond Limitations
The Essenes -Children of the Light
The Magdalene Version
Power of the Magdalene
Sally Wolf
Life of a Military Psychologist

For more information about any of the above titles, soon to be released titles,
or other items in our catalog, write, phone or visit our website:
PO Box 754, Huntsville, AR 72740|479-738-2348/800-935-0045|www.ozarkmt.com

www.ingramcontent.com/pod-product-compliance
Lightning Source LLC
Chambersburg PA
CBHW050325230426
43663CB00010B/1747